# 고대한일관계사 연구 비판

최 재 석 저

景仁文化社

# 서 문

본서는 13편의 논문으로 구성되어 있다. 이 가운데 7편의 논문은 일본참모본부를 포함한 7인의 일본 고대사학자의 주장을 비판한 것이고, 4편은 4인의 서양 학자의 고대한일관계사와 관련된 내용을 비판한 것이다. 아울러 광복 이후 국내에서 발간된 일본연구지에 게재된 일본인 학자의 역사왜곡을 비판하고, 현행의 일본 고교 일본사교과서의 고대한일관계 및 고대사 관련 내용을 분석하였다.

본인은 지금까지 일본 고대사학자 30여 명의 고대한일관계사(일본고대사, 한국고대사 포함)를 비판한 바 있다. 그들은 모두 한결같이 『三國史記』 초기기록은 조작되었다고 주장하거나 혹은 고대 한국은 일본(야마토왜)의 속국 내지 식민지였다고 주장하였다. 본서에서 비판한 서양 학자들도 일본 학자들의 영향을 받아 고대 한국은 일본의 식민지였다고 주장하고 있다. 4인의 서양 학자의 논고를 보고 영문으로 된 올바른 고대한일관계사를 저술하여 세계 학계에 알려야 되겠다는 결심을 하게 되었다.

본인은 기본적으로 고대 일본의 정치적 상황(日本王의 王權의 정도, 日本의 官位 시행년도, 일본의 강역, 日本의 조선·항해 수준 등)을 올바르게 파악만 한다면 일본고대사나 고대한일관계사는 왜곡할 수 없다고 생각하고 있다. 지금까지 고대사를 왜곡한 사람들 가운데 고대 일본의 정치적 상황에 대하여 언급한 사람은 한 사람도 없었다는 사실에 의해서도 이 사정을 알 수 있을 것이다.

끝으로 경제성이 없는 본서를 출간해 주신 경인문화사 한정희 사장님과 편집부 여러분의 노고에 감사를 드린다.

2010년 월 일<br>저자

# 목 차

서문

제1장 1880년 일본참모본부의 『皇朝兵史』 비판 ........ 1
1. 머리말 ........ 1
2. 『皇朝兵史』가 인용한 역사서에 대하여 ........ 2
3. 고구려와 야마토왜의 관계 서술 비판 ........ 3
4. 백제와 야마토왜의 관계 서술 비판 ........ 4
5. 신라와 야마토왜의 관계 서술 비판 ........ 13
6. 맺는말 ........ 22

제2장 1892년 하야시 야스스케(林泰輔)의 『朝鮮史』 비판 ........ 27
1. 머리말 ........ 27
2. 백제와 일본 관계 ........ 28
3. 신라와 일본 관계 ........ 32
4. 고구려와 일본 관계 ........ 34
5. 가야와 일본 관계 ........ 35
6. 하야시 야스스케의 韓國史觀 ........ 38
7. 맺는말 ........ 40

제3장 미시나 아키히데(三品彰英)의 『日本書紀 朝鮮關係記事考證』 비판 ........ 43
1. 머리말 ........ 43
2. 『新羅花郞의 硏究』 등에 대한 비판 ........ 43
3. 『朝鮮史槪說』 비판 ........ 49
4. 『日本書紀 朝鮮關係記事考證』 비판 ........ 53
5. 맺는말 ........ 72

제4장 스즈키 야스타미(鈴木靖民)의 고대한일관계사 연구 비판 ........ 75
1. 머리말 ........ 75
2. 역사적 사실의 왜곡 ........ 77
3. 야마토왜의 묘사 ........ 82
4. 백제와 倭 관계 ........ 86
5. 신라와 倭 관계 ........ 89
6. 고구려·발해와 倭 관계 ........ 94
7. 가야와 倭 관계 ........ 96

8. '韓半島'와 倭 관계 ······ 99
9. 倭典 등 그 밖의 사항 ······ 106
10. 맺는말 ······ 109

제5장 스즈키 히데오(鈴木英夫)의 고대한일관계사 연구 비판 ······ 111
1. 머리말 ······ 111
2. '4세기부터 5세기 전반의 倭國과 朝鮮諸國' 비판 ······ 114
3. '5세기 후반의 倭國과 朝鮮諸國' 비판 ······ 119
4. '6세기의 倭國과 朝鮮諸國' 비판 ······ 122
5. '7세기의 倭國과 朝鮮諸國' 비판 ······ 131
6. 맺는말 ······ 138

제6장 이노우에 히데오(井上秀雄)의 고대한일관계사 연구 비판 ······ 141
1. 머리말 ······ 141
2. 『古代朝鮮』 비판 ······ 143
3. 『任那日本府와 倭』 비판 ······ 156
4. 맺는말 ······ 177

제7장 다무라 엔초(田村圓澄)의 고대한일관계사 연구 비판 ······ 181
1. 머리말 ······ 181
2. 신라왕자 金泰廉 일행의 일본방문 기사 ······ 182
3. 헤이조쿄(平城京·奈良)를 방문한 신라사인 ······ 187
4. 『일본서기』, 『속일본기』의 한일관계 왜곡기사에 대한 태도 ······ 189
5. 미마나(任那)와 다자이후(大宰府)의 왜곡 ······ 195
6. 신라와 일본의 관계 ······ 202
7. 당·신라·발해·일본의 4국 관계 ······ 209
8. 맺는말 ······ 213

제8장 광복 후 한국내 일본연구지에 게재된 일본인 학자의 역사왜곡 비판 ·· 215
1. 머리말 ······ 215
2. 『三國史記』 평가 ······ 217
3. 『日本書紀』 비판 ······ 218
4. 한국의 三國과 일본의 관계 ······ 220

5. 백제와 일본 관계 ······ 224
6. 미마나(任那)에 대한 서술 ······ 226
7. 백제의 야마토왜 경영 기사의 해석 ······ 233
8. 광복 전 日本人 學者들에 대한 평가 ······ 240
9. 日本硏究誌 간행의 목적과 현황 ······ 245
10. 맺는말 ······ 250

제9장 2007년 현재 일본 고교 일본사교과서의 내용분석 ······ 253
1. 머리말 ······ 253
2. 고대한일관계 서술 ······ 254
3. 고대 일본(왜)에 대한 서술 ······ 267
4. 맺는말 ······ 282

제10장 페놀로사의 東洋美術論에 나타난 고대한일관계사 비판 ······ 285
1. 머리말 ······ 285
2. 페놀로사와 일본 ······ 286
3. 고대 한일관계에 대한 기술 ······ 290
4. 在日 고대 한국 미술품에 대한 기술 ······ 296
5. 일본의 고대미술에 대한 기술 ······ 299
6. 쇼토쿠태자에 대하여 대한 기술 ······ 305
7. 맺는말 ······ 307

제11장 제켈의 불교미술론에 나타난 고대한일관계사 비판 ······ 317
1. 머리말 ······ 317
2. 고대 한일불교관계에 대한 기술 ······ 317
3. 호류지(法隆寺)와 쇼토쿠태자에 대한 기술 ······ 326
4. 8세기[나라 시대]의 일본 불교미술에 대한 기술 ······ 332
5. 쇼쇼인(正倉院)에 대한 기술 ······ 337
6. 맺는말 ······ 338

제12장 홀의 『일본사』에 나타난 고대한일관계사 비판 ······ 339
1. 머리말 ······ 339
2. 일본에 존재하는 古墳의 주인공 ······ 340
3. 일본열도에 정착거주한 민족의 성격 ······ 344

4. 일본의 핵심지역과 통치자 ……… 346
5. 일본의 한반도 진출설 ……… 349
6. 5～6세기 일본의 정치 상황 ……… 351
7. 7～8세기 일본의 정치 상황 ……… 354
8. 쇼토쿠태자에 대하여 ……… 357
9. 한·중·일 3국의 사인교환과 일본의 사찰·왕경조영과 기본법제정 ……… 360
10. 소가노우마코(蘇我馬子)의 정치적 역할 ……… 363
11. 맺는말 ……… 366

第13장 라이샤워의 고대한일관계사 서술 비판 ……… 369
1. 머리말 ……… 369
2. 고분에 대하여 ……… 370
3. 6세기까지의 일본의 정치 상황 ……… 371
4. 쇼토쿠태자에 대하여 ……… 374
5. 일본과 중국 관계 ……… 376
6. 한국과 일본 관계 ……… 381
7. 맺는말 ……… 388

참고문헌 391
찾아보기 403

# 본서 게재 논고의 발표지명과 연도

제1장「1880년의 일본참모본부의『皇朝兵史』비판: 고대한일관계를 중심으로」『민족문화연구』46, 2007.

제2장「1892년의 하야씨 야스스케(林泰輔)의『朝鮮史』비판: 고대 한일관계사를 중심으로」『先史와 古代』18, 2003.

제3장「三品彰英의『日本書紀』研究批判:『日本書紀 朝鮮關係記事考證(上)』을 中心으로」『東方學志』77·78·79 合輯號, 1993.

제4장「鈴木靖民의 古代韓日 관계사 연구 비판」『民族文化』25, 2002.

제5장「鈴木英夫의 古代 韓日關係史 연구 비판」『百濟研究』29, 1999.

제6장「井上秀雄의 古代 韓日 관계사 연구 비판」『民族文化』26, 2003.

제7장「다무라 엔초(田村圓澄)의 고대한일관계사 연구 비판」『民族文化』35, 2010.

제8장「韓國內 日本研究誌에서의 韓·日古代史 서술: 日人學者를 中心으로」『朴成壽教授華甲紀念論叢』, 1991.

제9장「2007년 현재 일본 고교 일본사 교과서 내용분석: 고대 한 · 일 관계사를 중심으로」『아세아연구』128, 2007.

제10장「E. F. Fenollosa의 東洋美術論 비판: 古代 韓日관계사를 중심으로」『美術史論壇』16·17합집, 2003.

제11장「디트리히 제켈의 불교미술론 비판: 고대 한 · 일 관계사를 중심으로」『아세아연구』114, 2003.

제12장「John W. Hall의 일본사에 나타난 고대한일관계사 비판」新稿.

제13장「Edwin O. Reischauer의 고대한일관계사 서술 비판」新稿.

# 제1장 1880년 일본참모본부의 『皇朝兵史』 비판

## 1. 머리말

管見에 의하면 고대한일관계사에 관한 최초의 저서는 1848년(嘉永 원년) 반 노부토모(伴信友)의 『中外經緯傳草稿』일 것이다. 그러나 이 저서는 『皇朝兵史』에 비하면 서명에도 나타나 있는 바와 같이 체계성이 뒤떨어진다. 그래서 그 저서에 대한 고찰은 차후로 미루기로 하고 우선 『황조병사』에 대하여 살펴보기로 한다.

『황조병사』는 1880년 일본 參謀本部가 간행한 저서로, 전쟁과 전투에 대하여 서술한 역사서이다. 이 참모본부는 표면적으로는 일본육군의 통수기관이며 내각에서 독립한 기관으로 국방과 用兵을 관할하는 기관으로 되어 있다. 그러나 우리는 1882년 비밀리에 중국에 파견되어 간첩활동을 하고 1883년에 돌아온 일본육군 대위 사코 가게노부(酒勾景信)가 일본육군의 참모본부가 파견한 간첩이라는 사실[1)]을 알고 있다. 또 그 시기를 전후하여 한국이 일본으로부터 침략을 받고 드디어 강점당한 사실이나 고대로부터 한국은 일본의 식민지였으며 또한 西三韓인 한국을 정벌하는 것은 시급을 요하는 과업이라고 한 『황조병사』의 내용 등으로 미루어 보아, 한국침략 기획에 적어도 참모본부가 가담하였을 것이라는 것은 충분

1) 최재석, 1993, 『統一新羅·渤海와 日本의 關係』, 一志社, 498쪽.

히 짐작할 수 있다.

여기서 우리는 일본 참모본부가 펴낸 『황조병사』 가운데서 고대한일관계사 부문에 주목하여 그 내용을 살펴보고자 한다.

## 2. 『皇朝兵史』가 인용한 역사서에 대하여

『황조병사』는 총 7권으로 이루어져 있으며 권마다 인용한 역사서를 적고 있다. 그러나 각 권마다 인용된 저서는 동일하지 않고 서로 다르다.

〈표 1〉 『황조병사』가 인용한 저서의 수량과 역사서

| 卷 | 數量 | 引用書 | | |
|---|---|---|---|---|
| 『황조병사』 卷1 | 13종 | ① 日本書記[2] | ② 古事記 | ③ 舊事記 |
| | | ④ 延喜式 | ⑤ 和各抄 | ⑥ 姓氏錄 |
| | | ⑦ 續日本記 | ⑧ 古事記傳 | ⑨ 日本書記通證 |
| | | ⑩ 大日本史 | ⑪ 豊後風土記 | ⑫ 肥後風土記 |
| | | ⑬ 古記拾遺 | | |
| 『황조병사』 卷2 | 7종 | ① 熱田社錫記 | ② 史徵 | ③ 續日本後記 |
| | | ④ 本朝文粹 | ⑤ 万葉集 | ⑥ 百濟記 |
| | | ⑦ 筑前風土記 | | |
| 『황조병사』 卷3 | 7종 | ① 水鏡 | ② 公卿補任 | ③ 三國史記 |
| | | ④ 東國通鑑 | ⑤ 紀氏系圖 | ⑥ 尊卑分脉 |
| | | ⑦ 聖德太子傳曆 | | |
| 『황조병사』 卷4 | 1종 | ① 隋書百濟傳 | | |
| 『황조병사』 卷5 | 5종 | ① 唐書 | ② 扶桑略記 | ③ 小右記 |
| | | ④ 北山抄 | ⑤ 西宮記 | |
| 『황조병사』 卷6 | 6종 | ① 續日本記 | ② 日本後記 | ③ 文德實錄 |
| | | ④ 三代實錄 | ⑤ 日本記略 | ⑥ 奥羽觀蹟聞老誌 |
| 『황조병사』 卷7 | 9종 | ① 數聚國史 | ② 日本後記殘編 | ③ 保則傳 |
| | | ④ 宇治拾遺 | ⑤ 勢陽雜記 | ⑥ 廟陵記 |
| | | ⑦ 松浦社本緣記 | ⑧ 今昔物語 | ⑨ 鳳凰紹運錄 |

2) 『황조병사』는 『日本書紀』나 『續日本紀』의 紀를 紀로 표현하지 않고 모두

『황조병사』가 인용한 저서는 모두 48종에 달하는데 권마다 인용한 저서의 종류는 <표1>과 같다.

## 3. 고구려와 야마토왜의 관계 서술 비판

고대한일관계를 편의상 고구려와 일본(야마토왜), 백제와 일본, 신라와 일본으로 나누어 살펴보기로 한다. 이 세 가지 가운데 신라와 일본에 관한 서술이 제일 많고 그 다음이 백제와 일본관계이다.

먼저 고구려와 일본 관계에 관한 서술부터 살펴보자. 『황조병사』는 고구려와 일본 관계에 대해 서술하고 있지만 한반도내의 관계인 고구려와 백제 관계에 대해서도 기술하고 있기 때문에 이 부분도 살펴보기로 한다.

475년과 548년에 고구려가 백제를 공격하였다고 기술하고 있는데 이 내용은 『삼국사기』에도 나온다. 즉 A-1, A-2는 『삼국사기』의 기사내용과 거의 동일하다. 그러나 백제왕이 신라와 미마나(任那)군대와 함께 고구려를 침공하였다는 A-3의 기사는 『삼국사기』에 나오지 않는다.

그러면 우리의 관심사인 고구려와 일본의 관계서술을 살펴보기로 한다.

야마토왜(야마토왜)가 군사를 거느리고 고구려를 쳤다(伐)는 B-2의 기사는 사실일 수 없다. 더욱이 야마토왜 군대가 고구려 왕궁에 쳐들어가서 많은 귀중품을 노획하였다거나 고구려가 또한 여러 가지 보화를 왜군에 헌상하였다거나 또는 고구려왕이 왜의 군대가 두려워 도망갔다 등의 기사는 동화 같은 이야기이다. 후에 언급하겠지만 국가형태도 갖추지 못한 당시 야마토왜의 정치적 상황은 접어두고라도, 야마토왜의 유치한 조선·항해수준의 시각에서도 한반도 공격은 고사하고 한반도에 건너오는 것조차 불가능하다.[3] 왜의 장군이 고구려로 쳐들어가니 고구려왕이 도주하고

'記'로 표현하고 있다.

고구려왕궁에서 노획품으로 많은 보물을 가져왔다는 B-2의 기사는 유치원 수준 아동 정도의 조작기사이다. 고구려사인과 백제사인이 동시에 일본에 왔다는 B-1도 현실성이 없다. 이러한 내용이 담긴 사료를 제시하면 다음과 같다.

A-1. 雄略 19년(475; 장수왕 63). 고구려왕 臣璉이 백제를 공격한지 7晝夜만에 加須利君을 생포하여 살해하였다(권 3).[4]

A-2. 欽明 9년(548; 양원왕 4) 正월. 고구려가 군대를 보내 馬津城(百濟)을 포위하였다. 백제의 사인 前部德率 眞慕宣文 등이 하직하여 귀국하였다(권 4).

A-3. 欽明 12년(551; 성왕 29). 백제왕이 신라·미마나의 군대를 모아 고구려를 쳐서 한성(위례성)의 땅을 얻었다(권 4).

B-1. 繼体 10년(516; 문자왕 25). 9월 14일. 백제사인과 고구려사인이 함께 왔다(권 4).

B-2. 欽明 23년 (562; 평원왕 4) 8월. 대장군 大伴狹手彥을 보내 군사 數万을 거느리고 고구려를 쳤다. 狹手彥이 백제의 계략을 사용하여 공격하여 고구려를 파하였다. 고구려왕은 울타리를 넘어 도망하였다. 狹手彥이 승리하여 고구려 왕궁에 들어가 7織帳을 노획하여 돌아와 천황께 헌상하였다. 갑옷 2부, 금장식 칼 2구, 銅縷 종 3구, 色幡 2竿, 笑女媛도 헌상하였다. 또 從女 吾田子를 蘇我稻目에 보내 鐵屋의 長安寺에 두었다(권 4).

# 4. 백제와 야마토왜의 관계 서술 비판

## 1) 전설시대와 5세기의 백제와 야마토왜(일본) 관계

A. D. 400년경 이전 시대를 일단 전설시대로 호칭하기로 한다. 『일본

---

3) 『日本書紀』 齊明 3년, 欽明 11년 9월 조 ; 『續日本紀』 天平宝字 6년 4월 17일 ; 圓仁, 『入唐求法巡禮行記』.

4) 『황조병사』의 기사의 위치는 편의상 본문에 권 1, 권 2 등으로 표시할 것이다.

서기』 오진應神 14년(403), 15년(404), 16년(405) 조에는 다수의 백제인이 집단적으로 야마토왜로 이주하였다고 기록하고 있다. 다시 말하면 A. D. 400년 전후에 백제로부터의 대규모의 집단이주민이 야마토왜에 이주하여 그곳에 정착한 것이다. 당시 일본열도의 원주민은 남녀 모두 문신을 하고 물속에 들어가 고기를 잡았으며 문자도 없는 극히 원시적인 생활을 하고 있었다.[5] 이렇게 볼 때 야마토왜의 시작은 백제로부터의 대규모 집단이주민이 정착한 A. D. 400년 전후로 보는 것이 타당한 견해일 것이다. 따라서 A. D. 400년 경 이전 시대는 역사성이 없는 조작된 시대일 수밖에 없다. 그래서 A. D. 400년 경 이전 시대를 일단 '전설시대'로 명명하고자 한다.

『황조병사』는 백제와 야마토왜의 관계에 관하여 전설시대에 1사례, 5세기에 3사례, 도합 4사례 정도 언급하고 있다. 지금 그 기사를 제시하면 다음과 같다.

> C-1. 神功攝政 47년(A. D. 247) 4월. 백제왕이 久氐·彌州流·莫古의 3人으로 하여금 조공케 하였다. 신라의 調使도 같이 왔다(권 2).
> C-2. 雄略 19년(475; 문주왕 1). 천황이 백제가 패한 것을 듣고 久麻那利의 땅을 汶州王에게 下賜하였다. (중략) 지금의 부흥은 실로 日本天皇의 再造에 힘입었다(권 3).
> C-3. 雄略 23년(479; 동성왕 1) 4월. 백제왕 文斤이 졸하였다. 天皇이 이것을 듣고 郡君의 둘째 아들 末多가 어리다 하더라도 총명하고 지혜로우므로 이를 세워 백제왕으로 삼았다. 짐(朕)이 그 머리를 쓰다듬었다. (중략) 筑紫의 병사 500인으로 호송하여 동성왕으로 삼았다(권 3).
> C-4. 雄略 23년(479; 동성왕 1). 이 해 백제의 貢賦가 평년의 것의 두 배였다(권 3).

C-1은 전설시대 기사이며 백제왕과 신라왕이 함께 야마토왜(일본)에 조공하였다는 내용을 담고 있다. 이렇게 볼 때 시대설정도 허구이고 그

---

5) 『三國志』 倭人傳 ; 『晉書』 倭人傳 ; 『北書』 倭人傳.

내용도 허구임을 알 수 있다. C-2는 야마토왜 왕이 백제왕에게 구마나리[熊津]라는 땅을 하사하였다는 내용으로 이 또한 허구이다. 그러나 이 기사 내용은 『일본서기』의 것과 동일하다.[6] 백제 汶州王이 왕도를 熊津으로 천도한 것을 일본사서는 야마토왜 왕이 백제왕에게 하사한 것으로 조작한 것이다. C-3은 『일본서기』 雄略 23년 4월 조 기사에서 가져온 것으로 보이며 양자가 흡사하다. 479년에 三斤王이 죽고 東城王이 즉위하였다는 『삼국사기』 기사를 일본 왜왕이 동성왕을 백제 왕으로 임명하였다고 조작한 것이다. C-4는 백제가 일본에 조공하였다는 기사이다. 백제, 고구려, 신라 가운데 두 나라 또는 세 나라가 동시에 일본에 조공하였다는 기사나 또는 일본왕이 백제 땅을 백제왕에게 하사하였다는 식의 역사서술은 초등학교 저학년 정도의 아동이 쓴 동화라면 몰라도 적어도 정상적인 성인이라면 이러한 역사는 쓰지 않을 것이다.

이렇게 볼 때 『황조병사』의 역사왜곡은 아주 유치한 수준의 왜곡이라고 말할 수 있다.

사료 C-1～C-4의 내용을 요약하면 다음과 같다.

(A) 백제·신라가 동시에 일본에 조공
(B) 일본왕이 백제왕에게 땅(久麻那利)을 하사
(C) 일본왕이 백제의 동성왕을 임명
(D) 백제가 일본에 조공

## 2) 6세기 백제와 야마토왜 관계

먼저 6세기 백제와 야마토왜 관계기사를 제시하면 다음과 같다.

6) 『일본서기』 雄略 21년 3월.

D-1. 繼体 3년(509; 무령왕 9) 2월. 使人을 백제에 파견하여 백제의 人民이 도망가서 미마나(任那)의 日本縣邑에 있는 자들을 모아서 이들을 백제로 돌려보냈다(권 4).
D-2. 繼体 6년(512; 무령왕 12) 4월 6일. 穗積押山을 백제에 파견하여 筑紫의 말 40필을 하사하였다(권 4).
D-3. 繼体 6년(512; 무령왕 12) 10월. 백제가 조공하였다(권 4).
D-4. 繼体 7년(513, 무령왕 13) 6월. 백제의 姐彌文貴장군, 洲利野爾장군이 穗積押山을 따라 入朝하였다(권 4).
D-5. 繼体 7년(513; 무령왕 13) 11월 1일. 백제의 姐彌文貴, 斯羅(신라)의 汶得至, 安羅의 辛已奚, 賁巴委佐, 伴跛의 既殿奚, 竹汶至 등을 불러 타이르고 巴汶滯沙를 백제에 判賜하였다(권 4).
D-6. 繼体 9년(515; 무령왕 15). 文貴 등이 물러가서 돌아갈 것을 청하여 천황은 物部連으로 하여금 호송케 하였다(권 4).
D-7. 繼体 10년(516; 무령왕 16) 9월. 백제 州利卽次장군이 物部를 따라 入朝하였는데 已汶의 땅을 받은 것을 감사하였다(권 4).
D-8. 繼体 23년(529; 성왕 7). 백제왕이 哆唎國守 穗積押山에게 말하기를 朝貢의 使人이 언제나 嶋崎를 피하여 풍파에 고생하였다고 한다(하략)(권 4).
D-9. 欽明 7년(546; 성왕 24) 正월 1일. 백제의 使者 中部奈率 己連 등이 돌아갔으며 (이때) 良馬 70필 배 10척을 賜하였다(권 4).
D-10. 欽明 7년(546; 성왕 24) 6월 1일. 백제의 中部奈率 掠葉禮 등으로 하여금 貢調케 하였다(권 4).
D-11. 欽明 8년(547; 성왕 25) 4월. 백제 前部德率 眞慕宣文, 奈率 欺麻 등을 보내 구원을 청하였다(권 4).
D-12. 欽明 9년(548; 성왕 26) 10월. 370인을 백제에 보내 得爾辛에 성을 쌓는 것을 도왔다(권 4).
D-13. 欽明 10년(549; 성왕 27) 6월 1일. 백제 將德 文貴, 固德 馬次文이 귀국하였다(권 4).
D-14. 欽明 11년(550; 성왕 28) 2월 1일. 使人을 백제에 파견하여 고구려의 軍事를 문의케 하였다. 천황이 지시하여 말하기를 본인(朕)이 듣기로 북쪽의 적(고구려)이 强暴하니 활 30具를 하사한다. (중략) 만약에 국가가 무사하고 오랫동안 日本의 官家가 되어서 朕을 섬기기를 원하면 奈率 馬武를 大使로 임명하여 入朝케 하라 (중략) 고 하였다. 백제왕이 고구려 포로 6口와 별도로 中部奈率 皮久斤 등으로 하여금 고

구려 포로 10口를 헌상하였다(권 4).

D-15. 欽明 13년(552; 성왕 30) 10월. 백제가 사인을 파견하여 석가불동상 1구 및 불경을 獻하였다(권 3).

D-16. 欽明 14년(553; 성왕 31) 正월 12일. 백제 上部德率 科野次酒 등으로 하여금 구원(병)을 청하였다. (중략) 6월 6일, 內臣을 백제에 파견하여 良馬 2필, 배 2척, 활 50張, 화살 50具를 보냈다(권 4).

D-17. 欽明 15년(554; 위덕왕 1) 7월. 백제 下部干率將軍 三貴, 上部奈率 物部烏 등으로 하여금 군대를 청하였다(권 4).

D-18. 欽明 15년(554; 위덕왕 1) 정월 9일. (전략) 금년의 전쟁은 전년에 비하면 대단히 위험하므로 出師의 시기를 어기지 않도록 하라. 內臣 佐伯連이 칙을 받들어 兵 1,000인, 馬 100필, 배 40척을 보내는 것을 허락한다(권 4).

D-19. 欽明 15년(554; 위덕왕 1) 5월 3일. 內臣이 수군(舟師)을 거느리고 백제를 구원하였다(권 4).

D-20. 欽明 16년(555; 위덕왕 2) 2월. 백제왕자 餘昌의 아우 惠를 파견하여 來朝하였다. 天皇이 明이 전사한 것을 듣고 대단히 슬퍼하고 특히 사인을 보내 惠를 津頭에서 영접하고 위로하였다(권 4).

D-21. 欽明 17년(556; 위덕왕 3) 正월. 惠(聖王의 子)가 돌아가다. 병기와 좋은 말(馬)을 주어 보냈다. 惠의 종자에게도 모두 선물을 하였다(권 4).

D-22. 敏達 4년(575; 위덕왕 22) 2월 4일. 백제가 조공하여 調를 올렸는데 이전보다 많았다(권 5).

D-23. 敏達 4년(575; 위덕왕 22) 4월 1일. 吉子皇子를 신라로, 吉子木蓮子를 미마나로, 吉士譯語彥을 백제로 파견하였다(권 5).

D-24. 敏達 12년(583; 위덕왕 30) 7월 1일. 詔하기를 (중략) 火·葦北의 國造 阿利斯登의 아들 達率日羅는 지금 백제에 있는데 현명하고 용기가 있어 朕이 그 사람을 얻어 함께 이 일을 도모하려고 하였으며 (중략) 국정의 요를 질문하였는데 日羅는 그 요체를 설명하였다 (하략) (권 5).

D-25. 敏達 14년(585; 위덕왕 32) 9월. 다찌바나도요히노미코토(橘豊日皇子) 왕위에 오르다. 이를 用明天皇이라 한다. 즉 蘇我氏의 자손이다 (권 5).

지금 위의 기사 D-1～D-25를 정리하여 표로 제시하면 <표 2>와 같다.

〈표 2〉 백제와 일본의 관계(『황조병사』)

| 내용 | 해당기사 |
| --- | --- |
| 일본사인 백제파견 | D-1, D-2, D-14 |
| 백제조공 | D-3, D-8, D-10, D-22 |
| 백제왕이 장군·사인·왕자 등을 일본에 파견 | D-4, D-7, D-11, D-15, D-16, D-17, D-20 |
| 백제·신라·安羅·伴跛 대표를 호출하고 땅을 백제에 주다. | D-5 |
| 백제대표 귀국 호송 | D-6 |
| 일본, 인부를 백제에 파견하고 성벽 구축 | D-12 |
| 백제사인·백제왕자 귀국 | D-9, D-13, D-21 |
| 백제에 군수물자 지원결정 | D-18 |
| 백제에 수군 파견 | D-19 |
| 동시에 신라·미마나·백제에 사인 파견 | D-23 |
| 일본왕 백제관리에게 국정 질문 | D-24 |
| 요메이(用明)천황은 蘇我氏 자손 | D-25 |

<표 2>를 통해 다음과 같은 사실을 알 수 있다.

(1) 일본이 백제·신라·安羅·伴跛 등의 네 나라의 대표를 동시에 호출하였다는 D-5와 백제가 일본에 조공하였다는 D-3, D-8, D-10, D-22의 기사는 조작기사이다.

(2) 표현이 불확실한 '三韓'과 미마나(任那)가 동시에 일본에 조공하였다는 D-25도 조작임이 분명하다. 646년(大化 2년)에는 三韓이 존재하지 않았으며 존재하였다고 가정하더라도 조공하지는 않았다.

(3) 백제 인민을 돌려보냈다는 D-1, 말(馬) 40필을 백제로 보내기 위하여 일본인을 백제에 파견하였다는 D-2, 활 30具를 백제에 보내기 위하여 일본사인을 임명하였다는 D-14의 기사 등은 윤색은 되었지만 내용은 사실이다. 또 D-14에는 백제왕이 일본이 지명한 백제관리 馬武를 大使로 임명하여 일본에 파견하라는 내용이 포함되어 있는데 이 부분은 조작이

다.[7] 이 기사 후미에 있는 고구려와 전쟁에서 잡은 고구려 포로 기사는 백제가 야마토왜를 경영한 6세기 백제와 야마토왜의 관계[8]를 알게 되면 곧 이해되는 기사이다.

(4) 사료 D 가운데 백제왕이 백제왕자·백제장군·백제사인 등을 일본에 파견한 기사가 제일 많아 7사례에 이른다. 이들은 야마토왜 경영 차 파견된 백제의 왕자와 관리들이다.[9]

(5) 백제사인의 본국(백제) 귀국을 호송하였다는 D-6, 370인이나 되는 인부를 백제에 보내 성벽을 구축케 한 D-12, 백제사인이나 백제왕자가 일본에서 귀국하였다는 D-9, D-13, D-21, 백제에 대한 군수물자지원을 결정하였다는 D-18, 백제에 수군을 파견하였다는 D-19 등은 기사내용이 윤색되어 있기는 하나 그 내용은 모두 사실을 반영한 기사로 보인다. 더욱이 일본이 백제관리 達率(백제 16관위 중 제2의 관위) 日羅에게 국정자문을 받았다는 D-24는 백제왕이 파견한 백제관리가 일본(야마토왜)을 경영한 사실[10]을 간접적으로 나타내고 있는 것이다.

(6) 위에 열거한 조작기사에도 불구하고 『황조병사』는 『일본서기』 처럼 다음과 같은 역사적 사실을 우리에게 알려주고 있다. 즉 야마토왜는 백제에 여러 번에 걸쳐 많은 종류의 물품과 인력을 제공하였는데 그러한 내용은 D-2, D-9, D-11, D-13, D-15, D-17, D-20에 담겨있다. 지금 이 내용을 정리하면 다음과 같다.

---

7) 『일본서기』는 欽明 5년 2월조에는 백제의 施德 馬武가 미마나의 使人으로서 日本府와 미마나의 旱岐 등과 이야기하였으며 同 11년 2월 10조에는 奈率 馬武가 일본왕의 신하이므로 일본천황을 섬기려면 馬武를 大使로 파견하라고 되어 있다. 施德은 백제관위 제 8위의 낮은 계급이고 奈率은 제 6의 관위이다.

8) 최재석, 2002, 「6세기의 백제에 의한 大和倭 경영과 法隆寺 夢殿의 觀音像」 『韓國學報』 109.

9) 위의 논문 참조.

10) 위의 논문 참조.

『황조병사』는 백제가 일본에서 인력을 징집하거나 물품을 징발한 것을 賜, 遣 등으로 표현하고 있지만 물품이 다양하고 그 수량이 막대하다는 시각에서도 賜나 遣의 표현은 왜곡이 있음을 알 수 있다. 모두 각 각 백제왕이 징집하고 징발한 인력과 물품들이다. 즉 백제는 야마토왜에서 良馬, 배(船), 활, 화살, 병기 등을 징발하였을 뿐만 아니라 인부와 병사까지도 징집하였다. 백제 성왕 26년(548)에는 인부 370인을 징집하여 백제의 得爾辛의 성벽을 축조케 하였다. 554년(성왕 32)은 백제가 신라와도 전쟁을 하고 고구려와도 전쟁을 하던 해이다. 이 해에 백제는 무려 1,000명이라는 병사를 야마토왜에서 징집하여 전쟁에 투입하였다. 말의 경우는 이 해에 100필 이라는 많은 수의 말을 징발하여 그 전쟁에 사용하였다. 이밖에 또 백제는 일본에서 막대한 양의 보리 종자를 가져오기도 하였다. 『일본서기』 欽明 12년(551; 성왕 29) 2월조에는 백제가 보리 종자 1,000석을 야마토왜에서 가져왔다고 기록하고 있다.

〈표 3〉 백제가 일본(야마토왜)에서 징집한 인력과 징수한 물품

| | 말(良馬) | 배 | 인부 | 활 | 화살 | 병기 | 병사 | 『황조병사』의 표현 |
|---|---|---|---|---|---|---|---|---|
| 512(繼体 6; 무령왕 12) | 40필 | | | | | | | 賜 |
| 546(欽明 7; 성왕 24) | | 10척 | | | | | | 賜 |
| 548(欽明 9; 성왕 26) | | | 370인 | | | | | 遣 |
| 550(欽明 11; 성왕 28) | | | | | 30具 | | | 賜 |
| 553(欽明 14; 성왕 31) | 2 | 2 | | 50張 | 50具 | | | 賜 |
| 554(欽明 15; 성왕 32) | 100 | 40 | | | | | 1000 | 遣함을 許함 |
| 556(欽明 17; 위덕왕 3) | ○ | | | | | ○ | | 賜하고 遣함 |

<표 3>에 나타나 있는 바와 같이 일본의 인력과 각종 물품을 징집하고 징발한 백제의 왕은 무령왕·성왕·위덕왕의 3대의 왕들이었다. 무령

왕·성왕·위덕왕 3대 왕의 일본경영에 대하여는 이미 구체적으로 언급한 바 있으므로[11] 여기서는 재론하지 않기로 한다.

(7) 여기서는 특히 D-25 기사에 주목한다. 이 기사는 일본천황 요메이(用明, 586～587)는 蘇我氏의 子孫이라고 분명히 밝히고 있다. 蘇我氏는 처음에는 백제왕이 파견한 백제사인의 지시를 충실히 이행하였으나 642년 경부터는 백제왕의 지시를 따르지 않고 독자적으로 일본왕 행세를 하다가 645년 마침내 백제왕으로부터 철퇴를 맞게 된다.[12] 그런데 蘇我氏를 주살한 하수인이 백제인이고 蘇我氏가 백제왕의 명령에 의하여 야마토왜(일본)를 통치하였다면[13] 蘇我氏 자신도 백제인일 수밖에 없다.

### 3) 7세기 백제와 야마토왜 관계

7세기 백제와 야마토왜의 관계를 다룬 기사는 다음 4사례 정도에 지나지 않는다.

E-1. 孝德 大化元년(645) 7월 10일. 고구려·백제·신라가 조공하였다(권 5).
E-2. 白雉 2년(651) 6월. 백제·신라가 조공하였다(권 5).
E-3. 天智 元년(662) 6월 28일. 백제가 달솔 万智 등을 파견하여 조공하였다(권 5).
E-4. 天智 2년(663) 2월 2일. 백제가 達(率) 金受 등을 파견하여 조공하였다(권 5).

『황조병사』는 645년 고구려·백제·신라 3국이 일본에 조공하였으며

11) 위의 논문 참조.
12) 최재석, 1999, 「백제 義慈王에 의한 蘇我入鹿父子 誅殺과 '大化改新'에 관한 『일본서기』의 기사에 대하여」 『民族文化論叢』 20(『古代韓日關係와 日本書紀』 수록) 참조.
13) 위의 논문 참조.

(E-1), 651년 백제·신라 두 나라가 조공하였고(E-2), 662년 백제가 조공하였으며(E-3), 663년 백제가 달솔 金受 등을 파견하여 조공하였다(E-4)고 기록하고 있으나 모두 『일본서기』를 그대로 옮겨놓은 것이다. E-1, E-2, E-3, E-4 모두 조작된 기사이다. E-4의 경우 '達率'이라 할 것을 '達'이라고만 하여 率자를 누락시켰다.

## 5. 신라와 야마토왜의 관계 서술 비판

신라와 일본 관계를 편의상 전설시대 관계, 5세기 관계, 6세기 관계, 7세기 관계 그리고 8세기 관계 등으로 나누어 살펴보는 것이 좋지 않을까 한다.

### 1) 전설시대 신라와 일본 관계

먼저 『황조병사』에서 이에 관한 기사를 제시하면 다음과 같다.

F-1. 垂仁(B. C. 29～A. D. 90) 때에 신라왕자 天日槍이 歸化하였다(권 1).
F-2. 景行 8년(A. D. 78). 보물의 나라가 있었는데 많은 금·은을 생산하였다. 栲衾新羅國이라 하였다. (중략) 新羅國 스스로 복속하였다(권 1).
F-3. 仲哀 9년(A. D. 200) 10월 3일. 드디어 和珥津을 출발하였다. 큰 고기가 배를 부축하고 바람은 順風으로 배를 빠르게 하여 노를 저을 노고를 하지 않고도 곧 신라 땅에 다다랐다. 바닷물이 가득 차서 신라국 안까지 미쳤다. 신라왕 波沙寐錦은 전전긍긍하여 어찌할 바를 몰라 국민에게 말하기를 신라국을 건국한 이래로 이와 같은 이변이 있었다는 것은 아직 듣지 못하였다. 하늘이 나라를 바다로 만들었다는 것은 아직 듣지 못하였다. 군대가 바다를 가득 채웠고 깃발은 태양에 빛나고 북소리는 하늘을 진동시켰다. 신라왕은 이것을 바라보고 두려워하고 복종하였다. 이미 깨닫고 말하기를 내 듣기에 동방에 神의 나라가

있는데 일본이라 하였으며 또한 聖王이 있는데 천황이라 칭한다. 이 필시 그 나라 일본의 神兵일 것이다. 어찌 거역하겠는가. 그래서 토지 지도와 호적서류를 바치고 스스로 포박되어 백기를 들고 와서 항복하여 머리 숙여 다음과 같이 말하였다. "지금부터 영원히 馬夫가 되어 봄·가을에 말빗과 말채찍을 헌상하여 매년 男女의 調를 진상하겠다"고. 즉 "맹세하여 말하기를 동쪽의 해가 서쪽에 돋고 또한 阿利那禮강이 역류하고 江의 돌이 솟아 별이 되는 경우를 빼고는 봄·가을의 아침 알현을 결하고 말의 빗과 채찍의 진상을 중지하면 천신·지신이 꾸짖을 것이다. 신라 백성 모두 신라왕을 죽이기를 바라고 있다. 그러나 황후가 말하기를 살인은 상스럽지 못하다"고. 그래서 그 신라왕의 포박을 풀고 마부(복속자)로 하였다. 진군하여 신라 왕도에 이르러 보물 창고를 봉하고 각종 서류를 거두고 杖矛를 신라왕의 문에 세워 후세의 표식으로 하였다. 신라왕 波珍干岐微叱己知를 質로 삼았는데 신라왕은 金·銀·彩色견직물·평직견 등을 80척의 배에 싣고 바쳤다. 이것이 이후 80척의 조공의 제도가 되었다. 고구려·백제 두 나라는 신라가 항복하였다는 소식을 듣고 비밀히 사람을 시켜 그것을 염탐케 하였다. 일본에 거역할 수 없음을 알고 항복하여 머리를 조아리고 말하기를 "금후 영원히 西蕃이라고 칭하고 조공을 게을리 하지 않겠다"고 하였다. 그래서 명하여 內屯官家로 정하였다(권 2).

F-4. 神功攝政 5년(A. D. 205) 3월 7일. 신라가 汙禮斯伐, 毛麻利叱智, 富羅母智를 파견하여 조공하였다(권 2).

F-5. 神功攝政 49년(A. D. 249) 3월. 荒田別, 鹿我別을 장군으로 삼고 신라를 쳤다. (중략) 드디어 比自鉢·南加羅·安羅·多羅·卓淳·加羅 7국을 평정하였다. 兵을 옮겨 서쪽의 方古奚津에 이르러 南蠻忱彌多禮를 함락시키고 그 땅을 백제에게 하사하였다(하략) (권 2).

F-6. 神功攝政 62년(A. D. 262). 신라가 조공을 하지 않았다. 襲津彦師를 보내 신라를 쳤다(권 2).

F-7. 應神 14년(A. D. 283). 진시황의 자손 弓月君이 백제에 와서 말씀 올리기를 臣의 나라 사람을 거느리고 귀화하려고 하였으나 신라가 거부하여 加羅에 체류하였다. 그래서 襲津彦을 加羅에 파견하여 이를 불러들였다. 신라는 襲津彦을 붙들어 3년 동안 돌려보내지 않았다(권 2).

F-8. 應神 47년(A. D. 316) 여름. 百濟·新羅가 入貢하였다(권 2).

F-9. 仁德 53년(A. D. 365). 신라가 조공을 하지 않았다. 5월에 竹葉瀨를

> 파견하여 그 책임을 책망하였다. (중략) 신라군이 크게 괴멸하였으며 승리에 편승하여 쳤으므로 (신라의) 사상자는 백·천명에 이르고 드디어 4읍의 인민을 포로로 잡고 귀환하였다(권 2).

위의 기사를 정리하면 다음과 같다.

| | |
|---|---|
| ① 신라왕자 일본에 귀화 | 1 사례 |
| ② 신라 복속 내지 항복 | 2 사례 |
| ③ 신라 조공 | 1 사례 |
| ④ 신라·백제 두 나라 동시 조공 | 1 사례 |
| ⑤ 신라 정벌 | 3 사례 |
| ⑥ 중국 진시황 자손 일본 귀화를 신라가 방해 | 1 사례 |

이상을 살펴보면 모두 동화같은 내용들이어서 비판을 가할 필요조차 느끼지 않는다. 그러나 F-3의 경우는 서술이 길기 때문에 약간 부연할 필요가 있다. 즉 일본이 신라정벌을 위해 바다에 배를 띄웠을 때 순풍이 불어 노를 젓지 않고도 신라에 도착하였을 뿐만 아니라 바닷물이 가득 차서 신라국 안 까지 밀려들어와 일본의 신라정벌을 도왔으며, 이를 본 신라왕은 겁을 먹고 스스로 포박되어 항복하여 영원히 일본의 신하가 되겠다고 맹세함과 동시에 금·은·비단 등 많은 양의 보물을 진상하였는데, 이를 본 고구려·백제도 항복하여 역시 앞으로 영원히 일본의 영토가 되어 조공을 바치겠다고 맹세하였다는 내용의 기사이다. 이러한 기사는 『일본서기』 神功皇后 기사와 유사하다.[14] 그러나 오진(應神) 47년이라는 기년(F-8)은 『일본서기』에는 존재하지 않는다.

14) 『일본서기』 神功皇后 섭정전기 冬 10월 3일조.

### 2) 5세기 신라와 일본 관계

『황조병사』에서 5세기 신라와 일본 관계에 관한 기사를 제시하면 다음과 같다.

G-1. 雄略 8년(404; 자비왕 7). 신라가 조공을 하지 않은지 8년이 되었다. 일본이 쳐들어오는 것이 두려워 고구려와 수교하였다(권 3).
G-2. 雄略 9년(465; 자비왕 8) 3월. 小弓 등이 진격하여 신라에 이르러 行近郡을 무찔렀다. 신라왕이 밤에 북소리를 듣고 官軍(日本軍)이 모두 喙地를 점령한 것을 알고 수백의 기마를 이끌고 도주하였다. 小弓이 추격하여 그 장수를 베었다(권 3).
G-3. 雄略 9년(465; 자비왕 8) 3월. 천황이 친히 신라를 정벌하려고 하였다. 神의 가르침이 있어 이를 중지하였다(권 3).
G-4. 雄略 23년(479; 소지왕 1) 8월. 천황이 崩할 때 征新羅將軍 吉備尾代가 신라정벌의 명을 받아 蝦夷 500명을 거느리고 吉備國에 이르렀다. 蝦夷가 서로 말하기를 天皇이 崩하였다. 이때를 놓쳐서는 아니 된다. 그래서 서로 거느리고 이웃 郡을 侵掠하였다. 尾代와 娑婆水門에서 싸웠다(周防國佐波郡에 있다). 蝦夷 趫捷이 잘 엎드리고 뛰어 화살을 피하였다. 尾代는 활을 가지고 空弦을 彈射하여 二隊를 넘어뜨렸다. (중략) 尾代가 몇 사람을 베고 추격하여 丹波浦掛水門에 이르러 쳐서 이를 섬멸하였다. 생각컨대 征新羅將軍의 호칭은 여기서 시작된다 (권 3).

G-1은 신라가 일본의 침공이 두려워 고구려와 수교를 맺었다는 기사이고, G-2는 일본이 신라 땅을 점령하였다는 소식을 듣고 신라왕이 도주하였다는 기사이고, G-3은 일본왕이 신라정벌계획을 세웠다가 중지하였다는 기사이고, 마지막으로 G-4는 일본의 신라정벌장군에 관하여 서술한 기사이다. 그러나 이 G-4는 중대한 사실을 내포하고 있다. 즉 신라정벌장군이 신라정벌의 명령을 받았지만 실제는 신라로 가지 않고 周防國(현재의 山口縣)과 丹波浦에서 전쟁을 하였다고 기술하고 있으니, 일본의 신라

정벌장군은 한반도의 신라로 가지 않고 일본열도 내에 있는 신라에서 전쟁을 한 것이 된다. 기사에 혼란이 있으나 일본열도의 모든 지명이 新羅·百濟·高句麗·伽倻로 되어 있는 점으로 보아[15] 그러한 가능성은 더욱 농후하다고 하겠다.

### 3) 6세기 신라와 일본 관계

6세기 신라와 일본 관계를 서술한 기사는 모두 13사례에 이른다. 먼저 그 내용을 제시하면 다음과 같다.

H-1. 繼体 21년(527; 법흥왕 14) 6월 1일. 近江毛野를 파견하여 兵 6만을 거느리고 신라를 쳤다. (중략) 海路를 눌러 고구려·백제·신라·미마나의 조공선을 유치하였다(권 4).
H-2. 繼体 23년(529; 법흥왕 16) 4월 7일. (전략) 신라·백제의 두 나라 왕을 불렀다(권 4).
H-3. 欽明 21년(560; 진흥왕 21) 9월. 신라, 於至己·知奈末을 보내 貢獻하였다. 대접하고 선물한 것(饗賜)이 평상보다 많았다(권 4).
H-4. 欽明 22년(561; 진흥왕 22). 신라가 久禮叱 및 伐干을 보내 朝貢하였다(권 4).
H-5. 欽明 23년(562; 진흥왕 23) 正월. 신라가 공격하여 任那官家를 멸망케 하였다(권 4).
H-6. 欽明 23년(562; 진흥왕 23) 7월 1일. 신라가 조공하였다. 체류케 하여 돌려보내지 않았다(권 4).
H-7. 欽明 23년(562; 진흥왕 23) 7월. (전략) 哆唎로 나가 副將軍 河邊瓊缶로 하여금 居曾山으로 나가 미마나(任那)를 멸망시킨 죄를 신라에 묻게 하였다(권 4).
H-8. 欽明 23년(562; 진흥왕 23) 11월. 신라가 조공하였다. 신라사인이 일본에 체류하여 귀국하지 않았다(권 4).
H-9. 欽明 32년(571; 진흥왕 32) 3월 5일. 坂田耳子를 신라에 파견하여 미

15) 최재석, 1990, 『百濟의 大和倭와 日本化過程』, 一志社, 124～132쪽.

마나(任那) 멸망의 상황을 묻게 하였다(권 4).

H-10. 敏達 4년(575; 진흥왕 36) 6월. 신라의 조공물이 평년보다 많았다 (권 5).

H-11. 敏達 9년(580; 진평왕 2) 6월. 신라가 조공하였는데 이를 돌려보냈다 (권 5)

H-12. 敏達 11년(582; 진평왕 4) 10월. 신라가 조공하였는데 또 이를 돌려보냈다(권 5).

H-13. 推古 8년(600; 진평왕 22) 2월. (전략) 境部臣을 大將軍으로 하고 穗積臣을 副將으로 하여 군사 1만여 명을 거느리고 신라를 쳐서 5城을 함락시켰다. 신라왕이 백기를 들고 官軍(日本軍)의 영내로 왔다(하략) (권 5).

위의 기사를 정리하면 다음 다섯 가지 범주로 정리될 것이다.

① H-1, H-13은 신라를 정벌하였다는 기사이다.

② H-2는 일본이 신라·백제의 두 나라 왕을 호출하였다는 기사이다.

③ H-3, H-4, H-6, H-8, H-10, H-11, H-12는 신라가 일본에 조공하였다는 기사로, 전체 13기사 가운데 7기사로 다른 어떤 기사보다 많다. 조공기사에 중점을 둔 것을 알 수 있다.

④ H-5는 신라가 미마나(任那) 官家를 공격하여 멸망시켰다는 기사이다.

⑤ H-7, H-9는 일본이 신라가 미마나(任那)를 멸망시킨 것을 책망하였다는 기사이다.

그런데 H-6의 내용은 『일본서기』의 내용과 상이하다. 즉 『황조병사』는 일본이 일본에 온 신라사인을 돌려보내지 않았다고 한 데 대하여 『일본서기』는 신라사인이 스스로 결정하여 신라로 귀국하지 않았다고 기술하고 있다.

### 4) 7세기 신라와 일본 관계

7세기 신라와 일본 관계를 서술한 기사는 6세기 신라와 일본 관계 서술기사에 비하여 아주 적게 나타나 있다. 6세기 것은 13사례에 이르나 7세기 것은 4사례에 불과하다.

I-1. 推古 10년(602; 진평왕 24) 2월 1일. 來目皇子를 將軍으로 하여 군사 2만 5천명을 거느리고 신라를 치게 하였다(권 5).
I-2. 推古 11년(603; 진평왕 25) 4월 1일. 當麻皇子를 장군으로 임명하고 신라를 치고 7월 4일에 播摩에 이르렀다(권 5).
I-3. 推古 31년(623; 진평왕 45). (전략) 小德大宅軍을 副將軍으로 임명하고 신라를 치게 하였다. 해군(舟師) 수만 명이 바다를 메우고 진군하였다. 두 나라의 使人이 바라보고 경악하여 도망쳐 돌아왔다. (중략) 신라가 크게 겁을 먹고 항복을 청하니 天皇이 여러 장군의 表를 듣고 이를 허락하였다(권 5).
I-4. 齊明 3년(657; 무령왕 4). 使人을 신라에 파견하여 승려 智達·間人連御廐·依網連稚子 등을 당으로 보내라고 하였으나 신라가 말을 듣지 않아 智達 등이 신라에서 돌아왔다(권 5).

위의 4기사 가운데 I-1, I-2, I-3은 일본이 장군을 파견하여 신라를 정벌하였다는 기사이고, I-4는 일본이 신라에 부탁하여 일본승려를 신라선편으로 당나라에 보내달라고 요청하였으나, 신라가 이를 거절하여 일본승려를 당나라에 보내지 못하고 그대로 귀국하였다는 기사이다. 4개 기사 가운데 이 I-4만이 사실을 전해주는 기사라고 하겠다. I-4는 일본의 조선·항해수준이 매우 유치함을 나타내는 것으로 매우 중요한 가치를 지닌 기사이다. 당나라 파견 일본 학문승들이 '新羅送使'의 배를 얻어 타고 일본왕경 ↔ 신라왕도 ↔ 당나라를 왕복한 사실[16]에 주목한다면 일본 內海

---

16) 『일본서기』 舒明 11년 9월조 ; 최재석, 1998, 『古代韓日佛敎關係史』, 一志社, 93～113쪽.

도 신라배로 왕래하였음을 알 수 있다.

### 5) 8세기 신라와 일본 관계

『황조병사』에 있는 8세기 신라와 일본 관계 서술을 제시하면 다음과 같다.

J-1. 天平 7년(735; 성덕왕 34) 2월 17일. 신라가 조공하였다(권 5).
J-2. 天平 8년(736; 성덕왕 35) 2월 28일. 從5位下 阿部繼麻呂를 신라에 파견하였다(권 5).
J-3. 天平 9년(737; 효성왕 1) 2월 15일. 使人을 파견하였는데 귀국하여 말하기를 신라는 禮를 어기어 使命을 받았다고 한다. 그래서 5位 이상 및 6位 이하의 官人으로 하여금 이를 논의케 하였다. 諸司 혹은 使人을 파견하여 그 이유를 힐문하거나 혹은 군사를 보내 곧 정벌하기로 하였다. 3월 17일, 大伴三中 등을 신라에 파견하여 힐문케 하였다. 4월 초하루, 使人을 보내 幣를 諸社에 바치고 신라의 무례를 고하였다(권 5).
J-4. 天平 15년(743; 경덕왕 2) 3월. 筑前國司가 上言하기를 신라사인 薩飡 金序貞이 入貢하였다고 한다. 從5位下 多治와 土作을 보내 신라의 調(진상품)을 檢校시켰다 (하략) (권 5).
J-5. 天平勝宝 5년(753; 경덕왕 12) 2월 9일. 從5位下 小野田守를 遣新羅大使로 하였다 (하략) (권 5).
J-6. 天平宝字 3년(759; 경덕왕 18) 9월 19일. 신라를 정벌하기 위하여 諸國에 지시하여 3년 기한으로 전함 500척을 만들게 하였다(권 5).
J-7. 天平宝字 4년(760; 경덕왕 19) 9월 16일. 신라가 조공하였다 (하략) (권 5).
J-8. 天平宝字 5년(761; 경덕왕 20) 正월 9일. 美濃·武藏 두 나라의 소년 각 20명을 뽑아 신라어를 배우게 하였다. 서부(신라) 정벌을 하기 위해서다(권 5).
J-9. 天平宝字 7년(763; 경덕왕 22) 2월 10일. 신라가 조공하였다(권 5).

신라가 일본에 조공하였다는 기사는 J-1, J-4, J-7, J-9로 전체 9개 기사

가운데 4사례에 이르고 일본이 신라를 정벌하였다는 기사는 J-6, J-8 등 2사례나 된다. 이 가운데 J-8은 신라를 정벌한 것이 아니라 정벌계획을 세웠다는 기사이다. 일본이 신라에 사인을 파견하였다는 기사는 8세기 이전에는 없었던 것으로 2사례나 된다. 그리고 J-1은 신라가 조공하였다고 되어 있으나 『속일본기』는 조공이 아니라 入京하였다고 기술하고 있다.

지금까지 살펴본 신라와 일본과의 관계 기사를 표로 나타내면 다음과 같이 된다.

〈표 4〉 신라와 일본 관계 서술(『皇朝兵史』)

| 내용 | 전설시대 | 5세기 | 6세기 | 7세기 | 8세기 |
|---|---|---|---|---|---|
| 신라왕자 귀화 | 1 | | | | |
| 신라정벌(계획포함) 내지 신라복속 | 5 | 3 | 2 | 3 | 2 |
| 고구려·백제 동시 항복 | 1 | | | | |
| 일본의 침공이 두려워 고구려와 수교 | | 1 | | | |
| 신라·백제 두 나라 왕을 호출 | | | 1 | | |
| 신라 조공 | 1 | | 7 | | 4 |
| 신라가 任那官家 멸망케 함 | | | 1 | | |
| 신라 문책 | | | 2 | | |
| 선편편승을 신라가 거절 | | | | 1 | |
| 신라의 무례 논의 | | | | | 1 |
| 신라에 사인 파견 | | | | | 2 |
| 중국 진시황 자손 일본 귀화 방해 | 1 | | | | |

전체적으로 보아 신라를 정벌하였거나 신라를 복속시켰다는 기사(15사례)와 신라가 일본에 조공하였다는 기사(12사례)가 제일 많아 양자의 합계가 27사례나 된다. 8세기에 이르러 처음으로 신라가 일본사인에게 무례를 저질렀다는 기사와 일본이 신라에 사인을 파견하였다는 기사가 나타나는 것이 주목된다. 즉 8세기에 이르러서야 조작이 아닌 사실을 반영한 기사가 나타나는 것이 아닌가 한다.

## 6. 맺는말

앞에서 살펴본 바와 같이 『황조병사』는 시종 근거의 제시 없이 고구려가 바다를 건너온 일본(야마토왜)에 의하여 정벌 당했으며 신라는 5세기에서 7세기까지 단독으로 또는 백제와 함께 일본에 조공을 하거나 때로는 일본에 의하여 정벌 당하였다고 서술하고 있다. 한편 백제가 일본에 대하여 조공을 하는 대가로 일본왕은 백제왕에게 웅진이라는 백제왕도의 땅을 하사하거나 또는 백제왕(동성왕)을 임명하였다고 서술하고 있다. 이러한 서술은 일본이 한반도로 건너가서 그곳을 정벌하거나 또는 한반도 제국의 여러 왕이 일본왕에 대하여 조공하였다는 것으로 요약될 수 있을 것이다.

일본이 바다를 건너와서 한반도를 정벌하였다면 의당 일본의 높은 조선·항해수준과 강력한 고대국가의 존재가 전제되어야만 한다. 그러나 일본의 조선·항해수준이 매우 낮았으며 신라의 도움 없이는 중국은 물론 한반도에도 갔다 올 수 없었으며, 일본 호족보다도 약한 유명무실한 일본천황의 왕권, 7세기에도 야마토(大和·奈良), 나니와(難波·大阪)에 국한된 협소한 강역,[17] 그리고 일본열도 내의 모든 지역과 장소(마을, 읍, 군 등 각급 취락·다리·사찰·역·목장·산·고개·내[川]·들판·개펄·바닷가[濱]·전포·저수지·갑[岬]·섬·배 타는 곳·항구 등)의 이름이 한국 고대 국가명으로 되어 있었던 점[18] 등으로 미루어 보아 일본열도에 고대국가는 성립될 수 없으며 또한 성립된 바 없었다.

오히려 6세기에는 나라지방에 자리 잡은 야마토왜를 백제의 무령왕·성왕·위덕왕의 3왕이 통치하여 현재 그 물적 증거마저 존재해 있

17) 최재석, 2003, 「고대 한일관계사 연구의 기본 시각」『한국학보』 112.
18) 최재석, 1990, 『百濟의 大和倭와 日本化過程』, 一志社, 124～132쪽.

으며,[19] 7세기에 백촌강 전투를 도운 왜군은 백제왕 夫餘豊의 군대였다는 사실[20]에 의해서도 6～7세기 일본은 백제가 통치한 지역이었음을 알 수 있다.

『황조병사』를 접하기 전 20여 년간 30명 가까이의 일본고대사학자들의 논저를 비판한 글을 발표한 일이 있었다.[21] 그 때 그들 가운데 역사왜

---

19) 최재석, 2002, 「6세기의 백제에 의한 大和倭 경영과 法隆寺 夢殿의 觀音像」 『한국학보』 109.

20) 최재석, 2001, 『古代韓日關係와 日本書紀』, 一志社, 193쪽.

21) 최재석, 1985, 「『三國史記』 初期記錄은 과연 造作된 것인가: 소위 '文獻考證學'에 의한 『三國史記』 批判의 正體」 『韓國學報』 38 : 1986, 「末松保和의 新羅上古史論批判」 『韓國學報』 43 : 1987, 「三品彰英의 韓國古代社會·神話論批判」 『民族文化研究』 20 : 1987, 「今西龍의 韓國古代史論批判」 『韓國學報』 46 : 1988, 「末松保和의 日本上代史論批判」 『韓國學報』 53 : 1988, 「池內宏의 日本古代史論批判」 『人文論集』 33 : 1989, 「太田亮의 日本古代史論 批判」 『日本學』 8·9合輯 : 1989, 「津田左右吉의 日本古代史論 批判」 『民族文化研究』 23 : 1990, 「黑板勝美의 日本古代史論 批判」 『정신문화연구』 38 : 1990, 「坂本太郞 外 三人의 『日本書紀』 批判」 『韓國傳統文化研究』 6 : 1990, 「오늘날의 日本古代史研究 批判 : 江上波夫 外 13人의 日本古代史研究를 中心으로」 『韓國學報』 60 : 1990, 「平野邦雄의 日本古代政治過程論 批判」 『日本古代史研究批判』 : 1991, 「韓國內 日本研究誌에서의 韓·日古代史 서술: 日人學者를 中心으로」 『朴成壽敎授華甲紀念論叢』(본서 제8장 수록) : 1992, 「任那歪曲史 비판: 지난 150년간의 代表的 日本史學者들의 地名歪曲비정을 중심으로」 『겨레문화』 6 : 1992, 「六國史와 日本史學者들의 論理의 虛構性」 『韓國傳統文化研究』 8 : 1993, 「鈴木靖民의 統一新羅·渤海와 日本의 關係史研究 批判」 『정신문화연구』 50 : 1993, 「三品彰英의 『日本書紀』 研究批判: 『日本書紀 朝鮮關係記事考證(上)』을 중심으로」 『東方學志』 77·78·79合輯(본서 제3장 수록) : 1996, 「田村圓澄의 古代韓日佛敎關係史연구 비판」 『民族文化』 19 : 1997, 「'聖德太子'에 대한 『일본서기』의 기사와 日本人 주장의 허구성에 대하여」 『韓國學報』 87 : 1999, 「鈴木英夫의 古代 韓日關係史 연구비판」 『百濟研究』 29(본서 제5장 수록) : 2002, 「鈴木靖民의 古代韓日 관계사 연구비판」 『民族文化』 25(본서 제4장 수록) : 2003, 「1892년의 하야시 타이호(林泰輔)의 『朝鮮史』 비판: 고대

곡을 하지 않는 사람은 한 사람도 없었던 것과, 그들이 모두 고대 한국은 일본(야마토왜)의 식민지라는 등 왜곡된 고대한일관계사를 발표했거나 발표하고 있는 것을 보고, 도대체 왜 그들은 한결같이 근거 없이 그러한 역사왜곡을 하고 있는 것인지 의아하게 생각하였지만 그 때는 더 이상 추궁하지 않았다. 그런데 이번 『황조병사』를 접하면서 그들의 고대사 왜곡은 이미 1880년에 일본육군의 참모본부가 펴낸 이 『황조병사』에 연유함을 알게 되었다. 皇國, 皇軍, 皇朝 등의 용어를 사용하는 『황조병사』의 皇國史觀은 국가 간의 관계인 한국과 일본의 관계를 개인 간의 관계인 신하와 군주의 관계로 환원하여 물건이 한국에서 일본으로 이동하는 것은 모두 천황에 대한 조공(貢), 반대로 물건이 일본에서 한국으로 이동하는 것은 천황으로부터의 하사(賜)로 표현하는 사관이라는 것을 확인하게 되었다.

일본이 한국 침략을 주장한 것은 1880년 일본 참모본부의 『황조병사』가 처음이 아니라 그 이전에도 있었다. 예를 들어 일본은 1873년에 조선에 노발(征韓)하기로 결정하였으며[22] 또 조선이 明治 정부의 즉각적인 승인을 거부하였으므로 일본 정부 안에서는 일본이 조선을 전장으로 몰아야 한다(조선정복)는 주장까지 하였다.[23] 그러나 1876년에는 실제로 일본이 砲艦 외교술로 협박하여 조선을 개국시켰으며 그 후 일본은 서울에 강력한 외교관(공사)과 군대를 주둔시켰다.[24] 그 후 1905년에는 알려져 있는 바와 같이 일본은 조선의 외교권을 박탈하여 조선을 반식민지로 삼았으며, 그로부터 5년 후인 1910년에는 드디어 조선을 일본의 식민지로

---

한일관계사를 중심으로」『先史와 古代』18(본서 제2장 수록) : 2003, 「井上秀雄의 古代韓日 관계사 연구비판」『民族文化』26(본서 제6장 수록) : 2003, 「고대 韓日관계사 연구의 기본 시각」『韓國學報』112.

22) J. W. Hall, 1970, *Japan: From Prehistory to Modern Times*, New York.: Dell Publishimg Co. (1994, 박영재 역, 『日本史』, 역민사), 323쪽.

23) 위의 책, 341쪽.

24) 위의 책, 341쪽.

삼았다. 결과적으로 일본 참모본부의『황조병사』계획대로 조선(한국)은 일본의 식민지로 전락하고 말았다.

# 제2장 1892년 하야시 야스스케(林泰輔)의 『朝鮮史』 비판

## 1. 머리말

종래 일본인들은 한국인들보다 훨씬 전부터 古代 韓日관계사(고대한국사, 고대일본사 포함)를 연구(?)해 왔다. 그래서 지금까지 발표된 대표적인 일본 古代 사학자들의 고대한일관계사 연구에 대해서 살펴본 바 있다.[1)]

本考는 그동안 미루어 두었던 하야시 야스스케(林泰輔)에 관한 논고이다. 하야시는 금년(2002년)으로부터 꼭 110년 전이며 청일전쟁이 발발하기 2년 전인 1892년에 이미 『朝鮮史』라는 저서를 東京에서 간행하였다. 이 저서는 필자가 알기로 한국사에 관한 최초의 저서가 아닌가 한다.[2)] 그는 이 저서에서 古代 韓日관계사에 대하여 언급하고 있으므로 이 부분에 초점을 맞추어 살펴보기로 한다. 歷史歪曲의 현장을 정확하게 알

---

1) 필자가 지금까지 살펴본 일본인 학자는 다음과 같다. 末松保和, 三品彰英, 今西 龍, 池內 宏, 太田 亮, 黑板勝美, 前間恭作, 津田左右吉, 坂本太郎 外 3人, 鈴木靖民, 井上秀雄, 江上波夫 外 13人, 平野邦雄, 菅 政友, 鬼頭清明, 那珂通世, 坂元義種, 鮎貝房之進 등. 이들에 대한 본인의 비판논고는 최재석, 2003, 「井上秀雄의 古代韓日 관계사 연구비판」 『民族文化』 26(본서 제6장 수록) 각주 1) 참고.

2) 林 泰輔는 1891년에 「加羅의 起源」이라는 논고를 『史學雜誌』 25에 발표하고, 그 이듬해인 1892년에 『朝鮮史』라는 저서를 출간하였다.

리기 위해서라도 그의 주장을 가급적 많이 제시해 두고자 한다.

## 2. 백제와 일본 관계

하야시 야스스케(林泰輔)는 앞에 언급한 저서에서 백제와 倭의 관계, 신라와 倭의 관계, 고구려와 倭의 관계, 伽耶와 倭의 관계에 대하여 언급하였으므로 차례로 여기에 대하여 살펴보고자 한다.

그는 백제와 倭의 관계에 대하여 대체로 다음과 같은 주장을 하였다.

A-1. 이때(神功皇后 때) 백제도 역시 使人으로 하여금 일본에 조공케 하였다(卷2, 31쪽).

A-2. 백제는 近肖大王(346~375) 때 우리 神功皇后가 신라를 정복할 때 비로소 일본에 복속하여 종종 方物을 헌상하며 조공이 그치지 않았으나 辰斯王에 이르러 그 禮를 잃었다. 그래서 應神天王은 紀角 등을 파견하여 이를 책망하였으며 백제 國人이 王을 시해하고 사죄하였다. 紀角 등이 阿花를 王으로 삼았다. 阿花王 역시 조공하지 않아서 東韓의 땅을 빼앗았다. 이때부터 王은 太子 直子王을 파견하여 質로 삼고 先王의 우호를 다스렸다(卷2, 29쪽).

A-3. 王(蓋鹵)이 드디어 고구려 때문에 살해되었지만 社稷이 망하지 않은 것은 실은 日本의 보호에 의지하기 때문이라고 해라(卷2, 29쪽).

A-4. 博士 등을 처음으로 我邦에 貢한 것은 阿花王 때이다. 그후 武寧王·聖王 때에 이르러 五經박사(무령왕 때 段楊爾, 高安茂; 聖王 때 馬丁安, 王柳貴)를 交代시켰다(卷2, 55쪽).

A-5. 무령왕 이후는 여러 박사를 파견하여 交代시켰다(卷2, 29~31쪽).

A-6. 阿佐太子가 我邦(日本)에 來朝하였을 때 그린 聖德太子의 像 및 正倉院 寶庫의 美人의 古畵는 모두 당시의 것이다(卷2, 65쪽; 卷2, 64쪽에 百濟 阿佐太子가 그렸다는 聖德太子像 제시함).

A-7. (백제) 阿花王 이래로 깊이 일본에 복종하고, 일본 역시 使人을 파견하며 군대를 보내 이를 보호하였는데 王位의 廢位도 左右한 일이 있으며 그 內政에 관한 것도 크다고 할 수 있다(卷2, 30쪽).

A-8. 백제 威德王(554～591), 惠王(598), 法王(599)도 모두 德政의 人心을 유지하지 않았는데 武王에 이르러 강함을 믿어 교만하여 신라를 侵掠하였으며 (中略) 唐이 사인을 보내 이를 타일러 군대를 거둬들일 것을 종용하였으나 따르지 않고, 놀며 즐기며 게으르고 오만(盤·樂·怠·傲)하고 국사를 돌보지 않고, 간신을 죽이고 군대를 보내 신라의 변경을 소란하게 한 일이 얼마나 되는지 알지 못한다(卷2, 15쪽).

A-9. 武王(600～641)은 또 그 子, 豊을 파견하여 質로 하였다. 義慈王이 唐의 포로가 되어 社稷이 亡함으로 福信 등이 豊을 일본에서 영접하여 王으로 하였다. 우리 天智大王은 阿曇比邏夫 등을 파견하여 이를 구하게 하였다. 唐將 劉仁軌와 백촌강에서 싸웠으나 드디어 敗하고 豊은 고구려로 도주하였다. 그런데 將相 이하 日本에 歸化하는 자가 매우 많았다(卷2, 30쪽).

하야시는 A-1에서 神功皇后 때 백제가 使人을 일본에 파견하여 조공을 하였다고 주장하고 있으나 이는 허구이다. 일본 고대사학계의 제일인자라는 津田左右吉도 神功皇后의 신라정벌 신화는 공상의 설화라고 단정하고 있다.[3] 후에 종종 언급되겠지만 야마토왜 시작 시기나 일본의 조선·항해 수준의 시각에서 볼 때 일본은 어떤 종류의 대외진출도 불가능하다. 黑板勝美에 의하면 이른바 신공황후는 서기 201～269년[4]에 생존하였다는 인물인데 이 시기는 倭(야마토왜)가 아직 출현하지 않았던 시기이다.

A-2는 서기 346～375년에 신라가 신공황후에 정복당한 후 일본에 복속되었다는 내용과 백제 辰斯王이 일본에 失禮된 행동을 하여 일본이 책망을 하자, 백제사람이 辰斯王을 시해한 후 일본에 사과하였으며, 日本使人이 백제왕으로 阿花王을 즉위시켰다는 내용으로 되어 있다. 4세기 중엽에 神功皇后가 신라를 정복하였다는 주장이나 백제의 辰斯王이 일본

---

3) 津田左右吉, 1966, 『津田左右吉全集』 別卷1, 東京 : 岩波書店, 16～17쪽, 268쪽 : 1976, 『日本上代の硏究』, 東京: 岩波書店, 453쪽.

4) 紀年 산정은 黑板勝美, 1942, 『(更訂)國史硏究年表』에 의거함.

의 天皇에 대하여 失禮를 하여 일본이 사인을 백제에 파견하여 그 禮 없음을 책망하자 백제사람이 자기들의 왕인 辰斯王을 시해하고 사과하였다는 주장[5]도 『일본서기』의 것으로 모두 허구이다.

A-3의 주장도 허구이다. 고구려 장수왕이 475년 한성 백제를 공략하여 개로왕을 살해하자, 文周王이 즉위하여 王都를 熊津[공주]으로 천도한 것은 사실이나 백제가 망하지 않은 것이 일본의 보호 때문이라는 주장은 허구이다. 설사 日本으로부터의 派兵이 있었다 하더라도 663년 백촌강 전투에 참전한 倭軍이 백제왕 豊의 군대였던 것처럼[6] 파병된 일본군은 백제왕의 군대였을 것이기 때문이다.

A-4와 A-5는 사실을 은폐한 주장이다. 『일본서기』 繼体 7년(513; 무령왕 13) 6월조, 繼体 10년(516; 무령왕 16) 9월조, 欽明 8년(547; 聖王 25) 4월조, 同 15년(554; 聖王 32) 2월조는 백제왕이 야마토왜 경영팀을 교대제로 파견하여 그곳을 경영케 한 기사이다.[7] 그런데 하야시(林)는 이 내용을 백제가 단지 五經박사 등을 파견하여 교대시켰다고 하였으니 백제가 야마토왜를 경영한 내용이 나타나 있지 않다.

A-7에서 阿花王 이래로 백제왕이 일본에 조공하였다고 주장하나 아화왕은 존재하지 않는 허구의 王이다. 아화왕이 阿莘王이라고 가정하더라도 4세기는 일본에서 야마토왜가 형성되기 이전 시기이므로 백제왕이 일본에 조공하였다는 것이나 일본이 백제의 王位계승이나 內政에 관여하였다는 것은 모두 허구의 주장임이 분명해진다.

A-6의 주장도 허구의 것이다. 백제 威德王의 명령으로 파견된 사찰건립 전문인단에 의하여 지어진 法興寺(飛鳥寺)가 596년(威德王 43; 推古

---

5) 『日本書紀』 應神 3년조.

6) 최재석, 1999, 「『日本書紀』에 나타난 백제왕 豊에 관한 기사에 대하여」 『百濟研究』 30.

7) 최재석, 1999, 「『日本書紀』에 나타난 百濟에 의한 大和倭 경영 기사와 그 은폐 기사에 대하여」 『韓國學報』 96(『古代韓日關係와 日本書紀』 수록) 참조.

4)에 준공되자 다음 해인 597년에 백제왕자 阿佐가 야마토왜로 가서 법흥사를 시찰하였다.[8] 그런데 하야시는 이 사실에 대하여는 언급하지 않는 채 근거의 제시도 없이 일본에 간 阿佐太子가 聖德太子의 像을 그렸다고 주장하고 있다. 그리고 그는 그의 주장을 뒷받침하기 위하여 '百濟阿佐太子所畵聖德太子像'이라는 人物畵까지 제시하고 있다(卷2, 64쪽). 태어나자마자 말을 하고 태어난 지 1년이 되는 해에 전쟁에 참전하여 政敵을 살해함과 동시에 불교에 귀의하여 전쟁의 승리를 기원하였고, 7세 때에는 일본의 모든 정치를 통괄하였다는 聖德太子는 허구의 인물일 수밖에 없다.[9] 또 正倉院 소장 병풍의 美人古畵가 당시(6세기)의 것이라고 주장하고 있으나 이는 8세기에 일본에 간 신라인으로부터 구입한[10] 것이다. 백제왕자 阿佐가 그림을 그렸다는 증거는 아무 곳에도 없으며, 백제 威德王·惠王·法王 등의 3王은 百濟人民의 인심을 잃었으며, 武王은 교만하였으며 義慈王은 교만하고 사치스럽고 음탕하였다는 A-8의 주장도 허구이다. 質을 人質로 해석하는 것도 왜곡[11]이고, 天智天皇이 사람을 파견하여 백제왕 豊을 구원하였다는 주장도 역사의 왜곡이다. 본래 660년 일본 齊明천황이 백제 福信의 지시에 따라 筑紫로 급히 행차하여 百濟 구원을 위한 군대와 병기를 준비하던 중에 급사하자 그 유지를 받은 天智천황이 倭軍을 백제에 파견한 것이다.

이때 백제 구원을 위하여 파견된 倭軍은 백제왕 豊의 군대였고, 백제에 파견된 이 倭軍마저 전쟁에 패하자 백제왕자 忠勝·忠志가 왜군을 거느리고 항복하였다는 사실에 의해서도[12] 왜군의 성격이 잘 나타나 있다

---

8) 최재석, 2001, 『古代韓日關係와 日本書紀』, 一志社, 147쪽.

9) 최재석, 2001, 「『日本書紀』에 나타난 '聖德太子'에 관한 기사」『古代韓日關係와 日本書紀』, 一志社 참조.

10) 최재석, 1996, 『正倉院 소장품과 統一新羅』, 一志社, 538쪽.

11) 質에 대하여는 최재석, 2001, 『古代韓日關係와 日本書紀』, 一志社 196쪽; 369～370쪽 참조.

12) 위의 책, 191～195쪽.

고 하겠다.

야마토왜 왕(日本天皇)의 王權, 일본의 조선·항해수준, 일본열도의 지명, 7세기 일본의 강역, 6세기 일본의 정치적 상황, 663년 백촌강(白村江) 전투 전후의 정치적 군사적 상황 등 어느 시각에서 보아서도 한국이 야마토왜를 지도할 수 있을지언정 그 반대는 있을 수 없다.[13)]

## 3. 신라와 일본 관계

먼저 신라와 倭(日本) 관계에 관한 하야시의 주장을 살펴본 다음 여기에 대한 필자의 견해를 피력하고자 한다.

B-1. 우리 神功皇后(201～269)가 크게 군대를 보내 이(신라)를 공격하였다. 신라왕은 대적하지 못하고 복속하여 未斯欣을 質로 하였으며, 또한 매년 調賦를 貢하였다(卷2, 31쪽).

B-2. 신라의 왕자, 天日槍이 나라[國]를 知古에 양보하고 我邦에 歸化한 것은 이때이다(垂仁[29～70] 以前 1～2백년 사이, 즉 秦人韓에 귀화한 후의 일이다)(卷1, 25쪽).

B-3. 신라가 그(백제가 일본에 하는) 貢物을 탈취하자 일본의 장군, 荒田別 등이 백제군대를 거느리고 이를 쳤다. 또 比自炑 등 7國을 平定하였다. 이때 이후 종종 조공을 하였는데, 그 闕貢을 꾸짖는 일이 그치지 않았으며, 혹은 군대[兵]를 사용하기도 하였다. 자비왕(458～478)은 우리(일본)를 두려워하여 구원을 고구려에 빌렸다. 이미 이것을 의심하여 그 군대를 죽였다. 고구려 長壽王(413～491)이 군대를 일으켜 침공하였다. 王은 구원을 任那에 청하여 우리(일본) 鎭將 膳班鳩等이 이를 구하였다. 그러나 아직 우호관계를 맺지 않았다. 그래서 雄略天皇(457～479)이 또 紀川弓으로 하여금 이를 치게 하였다. 眞興王(540～575)이 任那를 멸망시킬 때 (中略) 우리 장군 紀男麻呂 등과 任那에서 싸웠다

13) 이 점에 대하여는 최재석, 2003, 「고대 한일관계사 연구의 기본시각」『한국학보』 112 참조.

(卷2, 31쪽).

B-4. 眞德女王 元年(647) 金春秋를 質로 삼은 이후 武烈王(645～660)의 초기에 이르기까지 質子를 交代시켰다(卷2, 32쪽).

B-5. 日本은 백제를 구원하여 신라를 쳤으나 드디어 和好가 이루어졌다. 통일 후에는 종종 調物을 貢上하였다(당시의 調物은 金·銀·銅·鐵·旗·綾羅錦·綿布·皮物, 馬·나귀[驢]·노새[騾]·낙타 등을, 별도로 皇后·皇太子 및 親王에 金·銀, 綾羅 등을 헌상하는 禮와 같았다)(卷2, 32쪽).

유치한 일본의 조선·항해 수준으로 말미암아 일본은 9세기까지도 해외에 나갈 수 없었다.[14] 따라서 3세기에 일본이 군대를 신라에 파병하였다는 B-1의 기사는 허구일 수밖에 없다. 質에 관하여는 이미 비판한 바 있으므로[15] 여기서는 재론하지 않기로 한다.

야마토왜가 출현하기 수백년 전, 그것도 다름 아닌 신라왕자가 야마토왜에 귀화하였다는 주장도 어불성설이다. 國家가 아직 형성되지 않은 지역에 文明國의 국민이 진출하였다면 이것은 '歸化'가 아니라 개척인 것이다. 하야시의 주장은 美신대륙에 진출하여 개척한 英國국민이 아메리카 인디언에 귀화하였다고 하는 논리와 유사하다고 하겠다. 따라서 B-2도 허구이다.

백제가 일본에 조공하고 신라가 백제의 日本貢物을 탈취하였으며, 당시 일본에 장군(荒田別)이 존재하였으며, 일본의 장군이 백제를 통솔하여 신라를 침공하고 比自炑 7國을 평정하였으며 또한 신라 자비왕이 일본이 두려워 고구려에 구원을 요청하였다는 B-3의 주장도 모두 동화같은 조작설화이다.

金春秋를 質로 삼았다는 B-4의 주장은 『日本書紀』의 허구기사[16]를

14) 최재석, 1996, 『正倉院 소장품과 統一新羅』, 一志社, 147～148쪽.

15) 註 11 참조.

16) 金春秋에 대하여는 최재석, 2001, 『古代韓日關係와 日本書紀』, 一志社, 369～370쪽 참조.

확대 해석한 것이다. 金春秋는 백제를 치기에 앞서 백제의 속국인 야마토왜를 실제로 답사하였던 것이다.

일본이 신라를 정벌하여 신라와 和好가 이루어졌다는 주장도 허구이고, 통일신라가 종종 調物을 일본에 貢上하였다는 B-5의 주장도 증거 없는 허구이다. 日本이 679년, 681년, 685년, 687년, 689년에 신라로부터 수많은 종류의 물품을 다량으로 구입하였는데,[17] 이를 신라가 調物을 일본에 진상하였다고 한 『日本書紀』의 기사를 그대로 옮겨 놓은 것이다.

윤색되어 있으나 『日本書紀』에 의하면 676년, 685년, 687년, 695년에 신라가 사람을 일본에 파견하여 日本國政을 감독[請政]하였음을 알 수 있고, 실제로 671년(문무왕 11; 天智 10) 11월 29일과 709년(성덕왕 8; 和銅 21) 5월 27일에는 일본천황이 신라왕에게 많은 진상품을 진상한 것이 『일본서기』에 나타나 있다. 그러나 하야시는 이 기사에 대하여는 침묵을 지키고 있다.

## 4. 고구려와 일본 관계

하야시는 고구려와 일본 관계에 대하여도 언급하였다. 그러나 이 관계는 백제와 일본 관계, 신라와 일본 관계에 비하면 아주 간략하게 언급한 것이 특색이다. 짧게 언급한 글에서도 그는 역사를 왜곡하고 있다.

즉 그는 廣開土王(391～412) 때 일본이 바다를 건너와서 신라와 백제를 쳐부쉈으며, 고구려의 광개토왕은 신라와 백제를 공략하는 일본과 전쟁을 하였다고 주장하였다. 또 宝藏王(642～668) 때 고구려는 빈번히 일본에 조공하였다고 주장하고 있다.[18] 『일본서기』 應神 7년 9월조에는 윤

17) 최재석, 1995, 「統一新羅·日本의 관계와 日本이 新羅로부터 구입한 물품」 『民族文化』 18(『正倉院 소장품과 統一新羅』 수록) 참조.

18) 고구려와 일본의 관계에 대하여는 최재석, 1999, 「『일본서기』에 나타난 고구

색되어 있지만 고구려인, 백제인, 任那人, 신라 등이 일본에 진출하여 못[池]을 팠으며 이 못을 '韓人池'라고 칭하였다는 기사가 실려 있다. 이 기사는 야마토왜에서 최초의 저수지 개발은 야마토왜에 진출한 古代 한국인에 의해 이루어졌다는 상징적 의미를 지니고 있다.

그런데 이 한국인에 의한 저수지 개발을 하야시는 광개토왕 때에 일본이 한반도에서 잡은 한국인 포로가 일본에 와서 못을 만든 것이라고 왜곡하고 있다. 요컨대 하야시는 『일본서기』의 사실을 기록한 부분은 외면하고 왜곡한 부분은 확대 해석하고 있는 것이다. 이에 대한 하야시의 주장을 제시하면 다음과 같다.

> C. 고구려 廣開土王 때 일본은 신라·백제를 쳐부숴서(破) 王(광개토왕)은 이를 구하고 일본과 싸웠다(『日本書紀』 應神 7년에 고구려인으로 하여금 韓人의 못을 만들었다고 한 것은 이때의 포로이다). 長壽王 때 使人을 (일본에) 파견하였지만 일본은 그 表文이 無禮하므로 받아들이지 않았다. (中略) 보장왕 때(일본 孝德天皇 시대) 朝貢이 가장 빈번하였다. 그러나 그 나라가 北方에 있어 일본과 거리가 멀리 있으므로 관계도 또한 자연히 적었으며 백제·신라와의 빈번한 것에 이르지 못하였다(卷2, 28쪽).

## 5. 가야와 일본 관계

하야시는 伽耶와 日本 관계에 대하여도 언급하고 있으나 기본적으로 그의 주장은 伽耶史의 말살에서 시작한다고 할 수 있겠다. 즉 한국인이 건국한 가야는 존립하지 않지만 인도인이 건국한 가야와 일본의 관계는 존재한다고 주장한다. 이리하여 인도인이 건국한 가야가 후에 日本의 지

---

려 기사에 대하여」 『史學硏究』 57·58합집(『古代韓日關係와 日本書紀』 수록) 참고.

배하에 들어오게 된다고 하는 것이 하야시의 주장의 골자이다.

그는 한반도는 본래 양분되어 있어 북은 中國의 문화권, 南은 인도의 문화권이었다고 주장함과 동시에 가야의 초대왕인 金首露王과 그 부인 許황후는 모두 인도인이었다고 주장한다. 그 결과 伽耶·多羅·耽羅·百濟라는 어원도 모두 인도어이며 가야는 『일본서기』의 加羅라고 주장한다. 이러한 주장들이 모두 근거 없는 허구의 주장이지만 伽耶가 『일본서기』의 加羅라고 단정한 것도 허구이다.[19] 가야가 任那라는 주장도 전혀 근거가 없다. 두 나라가 開國한 해, 멸망한 해, 강역의 위치 등 어느 측면에서도 일치하지 않고 상이하다.[20] 그가 B. C. 29년～A. D. 70년(垂仁天皇 때) 시기에 伽耶를 任那로 개칭하였다고 허구의 주장을 하고 있는 데는 더 이상 할 말을 잃을 정도이다. 『日本書紀』에 나오는 比自火·南加羅·安羅·多羅가 한반도에 존재하였다고 하는 것도 근거 없는 주장이다. 聖王·威德王 때에 任那·安羅(伽耶)가 일본의 지배하에 있었다는 주장도 허구이다. 6세기에 야마토왜[일본]는 官位도 아직 제정되지 않았으며, 백제의 武寧王·聖王·威德王 등 세 왕이 백제관리를 파견하여 경영하던 시대였으니[21] 하야시의 주장은 근거 없는 주장임이 분명해진다. 神功皇后 때에 大伽耶에 日本府가 있었다는 주장은 일본의 항해수준, 야마토왜의 出現시기, 백제왕에 의한 야마토왜 경영 사실 등 어느 시각에서도 허구임이 분명해진다. 神功皇后 자체도 허구의 인물이다. 지금 이에 관한 하야시의 주장을 제시하면 다음과 같다.

---

19) 최재석, 1999, 「『三國史記』의 加耶 기사와 『日本書紀』의 任那·加羅 기사에 대하여」 『民族文化』 22(『古代韓日關係와 日本書紀』 수록).

20) 위의 논문.

21) 최재석, 1991, 「武寧王과 그 전후시대의 大和倭 경영」 『韓國學報』 65(『統一新羅·渤海와 日本의 關係』 수록) : 1996, 「6세기 百濟 威德王의 對大和倭 불교정책과 法興寺 조영」 『정신문화연구』 65 : 1997, 「552년 百濟 聖王의 大和倭佛教 포교」 『日本學誌』 17 : 2002, 「6세기의 백제에 의한 大和倭 경영과 法隆寺 夢殿의 觀音像」 『韓國學報』 109.

D-1. 駕洛지방 즉 朝鮮 남부가 개화된 것은 인도의 風化를 입었기 때문이며, 고구려지방 즉 朝鮮 북부가 오로지 支那文明의 餘光에 의지하였다는 것과 같다(卷2, 24~25쪽).

D-2. 金首露는 이미 인도에서 와서 살았다. 그래서 그 부인(許皇后)도 따라 왔을 것이다. 그렇다면 首露가 인도인인 것은 점점 의심할 여지가 없다(卷2, 24쪽).

D-3. 朝鮮의 伽耶·多羅 등은 아마 인도어이며 耽羅·百濟도 또한 아마 그 어원이 같을 것이다(卷2, 23~24쪽).

D-4. 伽耶는 일본어의 이른바 加羅이다. 駕洛·伽耶·加羅는 모두 同語異譯이다(卷2, 20쪽).

D-5. 大伽耶 또는 任那라 한다. 그 사적 그 쪽 역사에 게재된 것은 대단히 상세하지 않다(卷2, 21쪽).

D-6. 아마 駕洛이라 하든 任那라 하든 모두 한 부락이었으나 다른 부락도 함께 총칭한 것으로 단지 彼我의 칭호와 같지 않을 뿐이며 그 境域에 이르러서는 대체로 서로 다르지 않고 모두 같은 종족이 거주하였지만 국력이 대단히 미약하여 항상 신라·백제·일본의 여러 나라에 견제되었다(卷2, 22쪽).

D-7. 大伽耶는 우리(일본) 崇神帝(B. C. 98~30) 때 蘇那曷叱知를 사인으로 鎭將(주둔사령관)을 청하였다. 帝는 塩乗津彦을 파견하여 鎭守로 하였다. 또 王子 阿羅斯等도 우리에게 來朝하였으나 길을 잃어 垂仁帝(B. C. 29~A. D. 70) 때에 이르러 처음으로 알현하였다. 帝는 그 나라로 돌아가게 하고 또한 國名을 고쳐 任那라 하였다(卷2, 21쪽).

D-8. 比自炑(慶尙道 昌寧縣), 南加羅(小伽耶), 喙國(未詳), 安羅·多羅(慶尙道 陝川郡), 卓淳(慶尙道 金山郡에 直旨川이 있다. 아마 그 근처이다), 加羅의 七國이 모두 여기에 속한다. 후에 점점 부근의 小國을 병합하여 모두 任那라 한다. 重臣이 항상 주재하며 여러 韓(諸韓)의 일을 통제하였다. (中略) 그 후 신라 때문에 멸망하였으므로 紀男麻呂, 河邊瓊岳 등을 파견하여 신라를 치고 任那를 멸망케 한 죄를 문책케 하고 이를 다시 부흥시키려고 하였으나 마침내 그 功이 이루어지지 않았다(卷2, 21쪽).

D-9. 聖王(523~554)·威德王(554~598) 때에 任那·安羅는 신라 때문에 침략되었기에 항상 일본의 뜻을 받들어 이를 부흥시키려 하여 백방으로 힘을 다하였다. 또 고구려·신라와 전쟁을 할 때는 종종 구원을 청하였다. 우리 欽明天皇(539~571)이 紀男麻呂로 하여금 신라를 치게 하였

고, 大伴狹手彦으로 하여금 고구려를 치게 하였다(卷2, 21쪽).

D-10. (大伽耶에는) 神功皇后 때에는 國王 이외에 다시 日本府가 있었다(卷2, 21쪽).

## 6. 하야시 야스스케의 韓國史觀

끝으로 하야시 야스스케의 史觀을 살펴보자. 하야시는 韓國史를 다음과 같이 네 시기로 구분하여 설명하고 있다. 통일신라시대를 설정하지 않고 三國 정립부터 신라 敬順王까지를 하나의 시기로 묶고 있다. 또 삼국시대 이전의 古朝鮮시대나 三韓시대는 인정하지 않고 이 시기를 중국의 식민지로 간주하고 있다. 즉 그는 조선사를 네 시기, 즉 漢의 郡·縣 설치 이전시대, 三國 정립부터 신라 경순왕시대, 고려시대, 조선시대로 구분하고 있다. 漢의 郡·縣 설치 이전 시대라 한다면 漢의 郡·縣 설치 시대가 마땅히 있어야 하는데 거기에 대해서는 언급이 없다. 유치한 수준의 한국고대사 말살기도라고 할 수 있을 것 같다.

하야시의 朝鮮史 시대구분(凡例)

| | |
|---|---|
| 漢의 郡·縣 설치 이전 | → 太古 |
| 三國 정립부터 신라 敬順王 | → 上古 |
| 高麗 太祖부터 공양왕 | → 中古 |
| 朝鮮 太祖부터 今代 | → 近世 |

그는 단군의 존재에 대하여 이중 삼중으로 왜곡하고 있다. 즉 그는 일단 檀君은 황당한 설이라고 주장하여 단군의 존재를 부정하고 다른 한편에서는 단군은 『日本書紀』에 나오는 일본 古代神話의 한 귀신의 아들이라고 주장한다. 즉 하야시는 桓因은 일본의 조작 신화에 나오는 神인 伊奘諾이고 桓雄은 須佐之男이라고 견강부회한 한편, 檀君은 일본의 조작

신화 속에 나오는 素盞嗚尊의 아들 五十猛인데 素盞嗚尊은 아들 五十猛神을 거느리고 신라에 가서 거주하였다고 주장하고 있다. 요컨대 하야시는 한국고대 신화의 중심인물인 檀君을 일본 신화의 한 인물의 아들로 묘사하여 한국사를 일본사에 예속시키려고 하였다.

그는 한국인을 한반도의 土人이라고 폄하하고 기원전 1000년 이전부터 한반도 북부에 진입한 漢人種이 한반도의 土人을 정복하여 한반도 전체를 점유하였다고 주장한다. 그는 또 神功皇后가 한반도를 통치하였으며 조선시대에는 豊臣秀吉이 한반도에 출병하여 八道를 유린하였다고 적고 있다. 이러한 하야시의 주장을 제시하면 다음과 같다.

E-1. 조선개국의 기원은 茫邈하다. 처음에는 君長이 없고 神人이 있었다. 檀木 하에 내려 왔다. 國人이 그를 君(王)으로 삼았다. 이를 檀君이라 한다. 나라를 朝鮮이라 하고, 평양을 도읍으로 삼았다. 支那·唐·堯의 시대에 해당한다. 그 후 1048년을 지나 商나라 武丁 8년에 이르러 阿斯達山에 들어가 神이 되었다고 하는데 그 설은 황당하고 믿을 수 없다(卷1, 19쪽).

E-2. 『東國史略』에 檀君의 姓은 桓氏, 이름은 王險이며 처음에 神人 桓因의 아들 桓雄이 있었다. (中略) 그래서 어떤 사람이 말하기를 桓은 神이며, 桓因은 神인 伊奘諾의 약자이고 桓雄은 神인 須佐之男의 약자이다. (中略) 檀君은 太祈로 素盞嗚尊의 아들 五十猛(이다케시)神이다. 아마도 素盞嗚尊이 그 아들 五十猛神을 거느리고 新羅에 이르러 曾尸茂梨에 거주한 것이 우리 역사에 보인다(卷1, 20쪽).

E-3. 往古부터 이 땅(한반도)에 거주한 土人은 어떤 종족인지 상세하지 않지만 日本紀元前 400년부터 기원 4~5백년에 이르러 漢人種이 그 북부에 유입하여 그후 6백년 경에 이르러 長白山의 西北 扶餘의 땅에 거주한 종족이다. 점차 南方으로 나와 조선반도의 土人을 구축 또는 정복하며 드디어 全國土를 점유하였다(卷1, 5쪽).

E-4. 箕子로부터 千여년 간은 모두 支那人이 억압하였는데 그 후 신라·고구려·백제의 三國이 이어서 일어났다(卷1, 6쪽).

E-5. 神功征討 奉命納貢 爾復南方一帶 屬 武經略 立府置帥 統治 尤勤 (序)

E-6. 豊臣氏之出師也 八道蹂躪 野無生草 (序)

韓國史를 왜곡하고 말살한 하야시가 도달한 결론은 日本에 의한 한국 침략이었다. 여기에 대하여 그는 다음과 같이 주장하였다. 문제가 심각하고 또한 誤譯의 염려가 있기 때문에 우선 그의 주장을 먼저 그대로 제시하고 다음에 우리말의 해석을 시도할까 한다.

E-7. <原文> 朝鮮以蕞小邦 居東洋咽喉 當大國必爭之衝 而我邦僅隔一葦帶水 其安危存亡 實相爲唇齒 一旦有變 則我固 不得坐視之 (序)
<해석> 조선은 작은 나라로서 동양의 인후에 위치하여 大國들이 필히 쟁탈하는 요충에 해당하며, 우리나라(일본)와는 겨우 한줄기 띠와 같은 좁은 물을 사이에 두고 있을 뿐이다. 따라서 조선의 安危와 存亡은 실로 우리와 唇齒의 관계에 있으니 일단 조선에 변란이 생긴다면 일본은 진실로 좌시하고만 있을 수 없을 것이다. (서)

이는 구한말에 일본이 조선침략의 근거로 삼은 이유 중의 하나로 여겨진다.

## 7. 맺는말

청일전쟁이 발발하기 2년 전인 1892년에 『朝鮮史』라는 책자를 발간한 하야시는 백제와 일본의 관계, 신라와 일본의 관계, 고구려와 일본의 관계, 伽耶와 일본의 관계 등을 언급하였으나 그는 어떤 경우에도 증거를 제시하지 않은 채, 古代韓國은 일본의 속국이었다고 주장하였다. 이는 고대일본(야마토왜)이 백제 식민지였다는 역사적 사실을 적은 『日本書紀』 기사에 대하여는 외면한 채 그 반대로 기술한 『일본서기』의 왜곡된 서술 부분을 더욱 왜곡·확대한 데 기인하는 것이다. 日本이 출현하기 수백년 전인 서기 1세기에 日本이 伽耶라는 국명을 任那로 개칭하였으며, 본래 인도인이 개국한 伽耶를 후에 일본이 지배하게 되었다고 한 주장에서 하야시의 역사왜곡의 한 전형을 볼 수 있을 것 같다. 그리고 구한말에 일본이 한국을 침략·점유해야 된다는 황국사관은 비단 하야시만의 것이 아니라 당시 일본인 사학자와 일본 지배자 전체의 역사관이었을 것이다.

# 제3장 미시나 아키히데(三品彰英)의 『日本書紀 朝鮮關係記事考證』 비판

## 1. 머리말

본인은 이미 미시나 아키히데(三品彰英)의 대표적 저서와 몇 개 논문에 대하여 비판한 바 있다. 그러나 여기서는 그 당시 숙제로 남겨두었던 그의 저서 『朝鮮史概說』(1940)과 『日本書紀朝鮮關係記事考證(上)』(1962)에 대하여 살펴보고자 한다(同書 하권은 끝내 출간되지 않았다).

미시나가 저술한 적지 않은 저서 가운데 위 두 권의 저서에 그의 한국고대사와 고대한일관계사가 가장 집중적으로 나타나 있으므로 이 저서를 제외하고는 미시나의 학문, 특히 그의 한국고대사나 고대한일관계사를 논할 수 없을 것이다. 다시 말하면 이 두 권의 책을 보지 않은 채 그의 다른 저서나 논문만 보고는 그를 충분히 평가할 수 없는 것이다.

본고에서는 편의상 본인이 지금까지 미시나 아키히데를 비판한 글을 먼저 요약하고자 한다. 그래야만 그의 학문영역의 전체상을 파악할 수 있다고 믿기 때문이다.

## 2. 『新羅花郎의 研究』 등에 대한 비판

지금까지 본인의 비판대상이 된 미시나의 저서와 논문은 다음과 같다.

다음 A는 한국고대사 관련 논저이고 B는 고대한일관계 논저이다.[1)]

A-1. 1950,「고구려의 五族에 대하여」『朝鮮學報』 6.
A-2. 1963,「골품제 사회」『古代史講座』 7.
A-3. 1974,『新羅花郎의 硏究』.

B-1. 1972, 增補『日鮮 神話·傳說의 硏究』.
B-2. 1971,『神話와 文化史』.
B-3. 1973,『古代祭政과 穀靈信仰』.

### 1)『三國史記』의 史料的 가치

미시나는 한국고대사나 고대한일관계사에 관하여 글을 쓸 때 그것이 논문이건 저서이건 간에 언제나『三國史記』의 기사는 조작되었거나 전설이라는 주장을 한다. 지금 이에 관한 그의 대표적 주장을 제시하면 다음과 같다.

#### (1)「高句麗의 五族에 대하여」에서『三國史記』비판

① 고구려의 역사가『三國史記』고구려본기가 기술한 것과 같이 발전한 것이 아니다.

②『三國史記』고구려본기 始祖 즉위조부터 태조대왕(6대) 4년조까지의 정치집단기사는 모두 전설시대의 所傳이고 사료적 가치가 없다.

③『三國史記』고구려본기에 시조의 시대부터 성씨를 가지는 인명이 있는 것은 물론 사가의 追記 혹은 조작이다.

④ 琉璃王(2대)부터 故國原王(16대)까지의 王母·王妃의 姓도 修史家가 조작한 것이다.

---

1) 본절은 崔在錫, 1987,『韓國古代社會史方法論』, 一志社, 189～263쪽에서 정리하였다.

### (2) 「骨品制 社會」에서 『三國史記』 비판

① 朴·昔·金 三姓이 신라왕위에 오른 것은 전설이다.

②『三國史記』 신라본기는 제22대 智證王(500～514) 이전의 기사는 사실적인 정확성이 없다.

③ 上古(始祖～22대 智證王)는 전설시대이며 골품제를 고증할 수 있는 시대가 아니다.

④ 儒理王 9년에 신라 17等의 관위를 제정하였다는『三國史記』의 기사는 전혀 전설이다.

### (3)『新羅花郎의 研究』에서 『三國史記』 비판

① 23대 法興王(514～540) 이전 시대는 年代史的으로 半傳說的 시대이다.

② 신라 왕족의 계보는 초기는 전혀 믿을 수 없다.

③ 화랑의 習俗을 풍류 혹은 風月道라 하는 것은 神仙趣味에 의한 潤色이다.

④ 화랑 斯多含은 加羅征伐 당시 일본에 속해 있던 加羅國을 토벌하여 반도에서 일본의 세력을 몰아내기 위하여 그 集徒를 거느리고 從軍하였다.

### (4)『日鮮 神話·傳說의 研究』·『神話와 文化史』·『古代祭政과 穀靈信仰』에서 『三國史記』 비판

①『三國史記』 신라본기는 전설시대와 역사시대를 불문하고 各王代의 始祖廟·神宮親祀의 개개의 기사는 모두 사실이 아니다.

② 한반도에서의 신라왕국의 성립은 4세기 중엽이다.

③ 한국의 신화는 많은 潤色·歪曲이 있다.

### 2) 『新羅花郎의 研究』에서 주장

『新羅花郎의 研究』·『日鮮 神話·傳說의 研究』·『神話와 文化史』·『古代祭政과 穀靈信仰』 등에서 미시나가 한국고대사와 고대한일관계사에 대하여 어떠한 주장을 하였는가 그 골자에 대하여 간단하게 정리하면 다음과 같다. 먼저 『新羅花郎의 研究』에서 미시나가 주장한 내용은 다음과 같다.

① 花郎遊娛의 기사는 각종의 潤色이 가해졌다.

② 신라의 화랑은 南方(臺灣 高砂族)에서 전파되었다.

③ 화랑은 후에 민간 下賤民 習俗으로 타락하였다.

④ 화랑은 후에 遊女·花柳社會·淫俗的인 것으로 변했으며 성적 習俗의 기능만이 오늘날까지 존속해 있다. 또한 화랑은 국가봉사의 기능에서 반국가적 반사회적 기능으로 변하였다.

⑤ 韓國史는 자율적 발전성이 없다.

### 3) 『日鮮 神話·傳說의 研究』에서 주장

① 首露王神話와 日本天孫降臨神話 양자간에는 유사점이 있다.

② 首露신화는 신화의 의의보다도 신화가 어떻게 潤色(造作)되고 성장해 가는가를 알게 한다.

③ 한국신화보다 일본신화가 양적·질적으로 풍부하고 역사화의 정도도 높으며, 따라서 한국문화는 정체성에 기인하여 미발달하고 후진성을 면치 못했다.

### 4)『神話와 文化史』에서 주장

① 일본의 신화는 한국의 시조신화와도 대단히 相違하다.

② 降下卵生型의 시조신화는 조선 및 대만의 諸민족 사이에 濃厚하게 분포하고 있지만 일본의 시조신화는 그렇지 않다.

③ 한국신화는 南方海洋諸族의 신화와 통하는 문화적 특질을 가지고 있다.

④ 남한과 대만 高砂族은 직접적인 전파관계에 있으며, 이러한 관계는 역사 이전의 관계였으며 단지 문화의 요소만이 아니라 민족적으로도 밀접한 관계가 있다.

⑤ 한국의 卵生始祖神話는 지역적으로 南方海洋諸民族, 그 가운데서도 대만의 高砂族의 신화와 가장 긴밀한 관계가 있다.

### 5)『古代祭政과 穀靈信仰』에서 주장

① 시조 赫居世·閼智·朱蒙은 사람이 아니고 穀神이다.

② 이러한 穀神에 대한 신앙, 즉 穀靈信仰은 卵生型神話처럼 南方에서 전파되었다.

③ 閼智의 ar은 알(卵)이고 穀物이다.

④ 朱蒙은 母가 晝夢에게 穀種을 주었으니 晝夢이 穀物的 존재이다.

미시나는『新羅花郎의 硏究』에서 신라의 화랑에 대하여 三重의 왜곡해석을 가하였다. 즉 그는 ⓐ 한국사서의 화랑의 기사는 潤色(조작)되었다고 주장을 하고 그래도 마음이 놓이지 않아서인지 ⓑ 화랑은 남방 특히 대만의 현재의 未開民族인 高砂族에서 전파되었다고 주장을 하고 ⓒ 그래도 또 안심이 되지 않아서인지 화랑은 국가봉사의 단체에서 반국가적·반사회적 단체로 변함과 동시에 花柳的·淫俗的 사회로 변하였다고 주장을 하였다. 그가 이러한 주장을 한 것은 한국고대사의 꽃이며 나아가서는 한국사 발전의 원동력이 된 화랑의 존재와 정신을 말살하고 한국사에는 자율적인 발전성이 없다는 것을 나타내기 위해서였던 것이다.

미시나는 『日鮮 神話·傳說의 硏究』에서는 일본의 이른바 天孫降臨神話[2]는 한국의 신화와 유사하다는 것, 따라서 일본의 것은 한국의 것을 모방하여 만든 것이라는 점을 암묵적으로 인정하면서도 한국의 신화는 조작·윤색됨과 동시에 미발달·후진적인 것이며 일본의 것은 역사화의 정도가 높다고 주장하였다.

『神話와 文化史』에서 미시나는 한국의 신화는 남방계, 특히 대만의 高砂族의 것과 밀접한 관계가 있으나 일본의 신화는 그렇지 않다는 것을 주장하였다. 미시나가 『古代祭政과 穀靈信仰』에서 赫居世와 朱蒙 등은 사람이 아니라 穀神이며 이러한 穀神은 남방에서 전파되었다고 주장하는 것은 삼국의 시조의 존재를 말살하기 위한 저의에서 나온 것이다.

요컨대 미시나는 『日鮮 神話·傳說의 硏究』, 『神話와 文化史』, 『古代祭政과 穀靈信仰』, 『新羅花郎의 硏究』 등의 4권의 저서에서 한국고대사는 조작되었으며 시조는 사람이 아니라 穀神이며 화랑은 대만의 원시족인 高砂族에서 出自하며 遊女·巫俗으로 변했다고 줄기차게 주장하여 한국고대사 자체와 한국사의 주체적인 발전사를 말살하려고 하였던 것이다.

---

2) 津田左右吉은 '神代'(鬼神時代)의 설화는 역사적 전설로 내려온 것이 아니라 만들어낸 설화라고 말하고 있다. 이에 대해서는 『津田左右吉全集』 별권 1, 東京: 岩波書店, 16쪽; 71~72쪽을 참고할 것.

## 3.『朝鮮史槪說』비판

### 1)『三國史記』의 史料的 가치와 시대구분

미시나는 앞에서 본 바와 같이 논문「고구려의 五族에 대하여」,「骨品制社會」나 저서『新羅花郎의 硏究』,『日鮮 神話·傳說의 硏究』등에서는『삼국사기』의 기록이 조작 내지 전설이라고 여러 번 주장하였으나, 정작 역사서인『朝鮮史槪說』에서는 기이하게도『三國史記』의 기록이 조작되었거나 전설이라고 주장한 대목이 다음과 같이 얼마 되지 않는다. 그러나 한국고대의 시대구분에 있어서는 고조선을 인정하지 않고 그 대신 중국의 식민지시대인 樂浪시대를 설정하고 있다. 한국의 역사가 중국의 식민지로부터 출발하였다는 점에 있어서는 다른 日人들의 주장과 동일하다고 하겠다.

C-1. 서기전 37년에 고구려를 건국했다는 것은 물론 전설에 지나지 않는다(43쪽).
C-2. 신라의 왕위가 朴·昔·金 3씨족으로 추대된 것은 전설적 所傳이다(49쪽).
C-3. 한국고대의 시대구분은 樂浪時代, 삼국시대, 신라통일시대의 약 1000년의 기간을 포함한다(34쪽).
C-4. 한국고대사 전체에 걸치는 구분은 樂浪時代, 삼국성립시대, 삼국교전시대, 신라통일시대로 나누어진다(37쪽).

### 2) 韓國史의 특징

미시나의 한국사에 대한 음해적 태도는 그의 이른바 '朝鮮的 特徵'에 잘 나타나 있다. 즉 그는 한국인은 전통적으로 자주독립적인 정신이 없으며 타율적 권위에 복종하여 黨派的 성격을 갖는다고 주장한다. 花郎이 遊

女·巫女로 변했다고 주장한 미시나는 여기서는 타율성이 한국사의 특징 내지 한국적 성격이라고 다음과 같이 주장한다. 이는 신라 화랑을 연구하니 한국사에는 자율적인 발전성이 없다는 것을 알게 된다고 한 그의 주장[3)]과 상통한 주장이다. 즉 그는 花郞에 관한 硏究(?)에서도 한국사의 개설에서도 한국사의 특징은 타율성이라고 되풀이한 것이다. 지금 그의 주장을 제시하면 다음과 같다.

D-1. (한국인은) 타율적 권위에 의존하여 자기를 주장하려는 정신과 독립성이 없으며 사람 상호에 의존하려는 당파적 성격이 육성된다(8쪽).
D-2. 타율성에 유래하는 정신은 정치와 사회생활뿐만 아니라 사물의 인식법, 예를 들면 학문 연구상에도 '朝鮮的 特徵'으로 현저하게 나타난다(10쪽).
D-3. 타율성이 한국사의 특징이다(11쪽).

### 3) 고구려의 역사적 민족적 성격

미시나는 한국사를 왜곡하는 하나의 방법으로 고구려를 한국사에서 제외하는 방법을 택하였다. 즉 그는 고구려는 조선사의 주체가 아니며 그 발전이나 지역의 시각에 있어서도 고구려는 滿洲史의 일부일망정 한국사의 일부는 될 수 없다고 주장한다. 이러한 주장을 하게 된 저의는 크게는 한국사를 음해하고 왜곡시키려는 의도에서 나왔다고 보겠지만 작게는 다음 절에서 언급하겠지만 남쪽의 외국인 일본과 북쪽의 외국인 고구려가 신라와 백제의 지배권을 놓고 서로 다투었다는 주장을 하기 위해서인 것으로 생각된다. 그는 고구려의 역사적 민족적 성격에 대하여 다음과 같이 주장한다.

---

3) 앞의 『新羅花郞의 硏究』에서의 주장 참조.

E. 고구려는 한국사의 주체가 아니다. 먼저 그 발생 및 지역에 대하여 말하더라도 고구려는 조선 반도보다는 만주에 관계 깊은 민족국가이며 그 성격에서도 전혀 滿洲的이며 한국사적인 것을 볼 수 없다(34～35쪽).

### 4) 고대 한일관계

미시나가 『朝鮮史槪說』에서 주장한 터무니없는 고대 한일관계론은 다음과 같다.

① 삼국시대 말기는 북방의 고구려와 남방의 일본이 가장 국가발전이 앞섰으며 이 양국이 백제와 신라의 지배권을 서로 다투었다.

② 4세기 후엽에도 일본은 백제와 남한을 경영하였는데 이것은 『日本書紀』 神功 46년 이후 기사와 欽命 2년 기사에 나타나 있다.

③ 백제는 본래 事大的 모방적 민족성을 가지고 있어서 언제나 일본에 의존하고 있었으며 일본의 雄略天皇은 백제의 새로운 王都인 熊津(公州)를 '下賜'하여 백제를 부흥시켰다.

④ 백제가 강대한 만주세력인 고구려에 대항하여 국가를 존속시킬 수 있었던 것은 일본의 보호를 받았기 때문이다(①의 주장과 모순된다).

⑤ 馬韓과 辰韓은 각각 백제국, 신라국으로 발전하였지만 弁韓만은 보호정책으로 국가를 형성할 필요가 없었고 따라서 弁韓 任那는 계속 일본의 보호를 받았다.

⑥ 일본의 '朝鮮經營'은 정복주의가 아니라 조선을 보호하려는 온정주의에 의거한 것이었다.

지금 이에 관한 미시나의 주장을 제시하면 다음과 같다.

F-1. 고대 제3기(1기는 樂浪時代, 2기는 삼국성립시대, 3기는 삼국교전시대,

4기는 통일신라시대)는 (중략) 국가발전 정도에서는 북방의 고구려나 남방의 일본이 가장 진보되어 있었으며 이 시기의 조선사는 남북의 이 대강국(고구려, 일본)의 對韓經營을 축으로 하여 전개된다(49쪽).

F-2. 광개토왕은 (중략) 北滿 함경도 강원도 방면을 정복하여 앞으로 북진하여 백제 신라의 지배권을 일본과 다투었다(51쪽).

F-3. 신라도 (중략) 백제와 함께 이대 국외세력(고구려와 일본)에 부용하는 小國에 지나지 않았다(49쪽).

F-4. 신라는 앞뒤로 쳐들어오는 敵國, 즉 북방의 고구려 및 남방의 일본을 배후세력으로 하는 백제에 대항하기 위하여 支那(중국) 세력에 의존하였다(56쪽).

F-5. 『日本書紀』 神功 46년(246～366) 이후 일본이 남한경영의 비교적 상세한 기사를 가지고 있다(50쪽).

F-6. 369년 일본은 荒田別 등을 파견하여 백제를 구원하고 신라를 치게 하고 卓淳國(창원)에 이르러 신라를 쳐부수고 이어 比自炑(창녕), 南伽耶(김해), 喙(대구 달성), 安羅(함안), 多羅(거창·합천), 加羅(고령), 卓淳의 7국을 보호국으로 하고 더욱 서북진하여 백제국경에 이르는 방면도 귀속시켰다. 이러한 일본의 경영은 (중략) 26대 聖王이 과거를 회고하여 "(중략) 함께 천황을 떠받들고 함께 强敵을 막아 나라를 평안하게 하여 오늘에 이르다"(欽命紀 2년)라고 한 말에 설명되어 있다(50쪽).

F-7. 백제는 사대적 모방적 성격을 현저하게 가지고 있다(46쪽).

F-8. 백제는 신라에 대항하기 위하여 일본세력에 계속 의존하였다(59쪽).

F-9. 백제 제12대 近肖古王은 일본의 세력에 의존하였다(51쪽).

F-10. 고구려 長壽王이 (중략) 백제로 쳐들어가 王都를 함락시키고 20대 蓋鹵王을 죽였는데 일본의 雄略天皇이 이것을 불쌍히 여겨 熊津(공주)을 새로운 王都로 下賜하여 同國(백제)을 다시 부흥시켰다(51쪽).

F-11. 백제를 비롯하여 한족의 제국이 강대한 만주세력(고구려)에 대항하여 국가를 잘 존속시킬 수 있었던 이유는 일본의 국력에 의지하여 비호를 받았기 때문이다(51～52쪽).

F-12. 마한과 진한은 각각 백제국, 신라국에까지 발전하였지만 변한만이 국가로 발전하지 않은 이유는 (중략) 남방에서는 일본의 보호정책으로 그들 스스로 국가를 건설할 필요가 없었기 때문이다(47쪽).

F-13. 일본은 이러한 제국(上記 7국, 백제, 임나제국)을 침략하여 일본의 영토로 한 것이 아니라 任那에 일본부 및 수비대를 두고 보호하여 제

국의 공존 안전을 도모하였다(50쪽).

F-14. 고대에서의 일본의 조선경영은 (중략) 정복주의도 아니고 이기주의에서 나온 것도 아니다. 옛부터 백제 任那를 보호하여 그들에게 국가를 수립케 하였다(6쪽).

## 4.『日本書紀 朝鮮關係記事考證』비판

비판에 앞서 편의상 위 책의 구성부터 알아보고자 한다.『日本書紀朝鮮關係記事考證』(上)은 崇神紀·垂仁紀·神功紀·應神紀 등 4왕대의 기록만 대상으로 삼았으며 이것도 다음과 같은 기록만을 문제삼았다.

| | | | |
|---|---|---|---|
| 崇神紀 | ① 65年條 | | |
| 垂仁紀 | ① 2年條 | ② 3年條 | ③ 90年條 |
| | ④ 99年條 | | |
| 神功紀 | ① 攝政前記 | ② 5年條 | ③ 46年條 |
| | ④ 47年條 | ⑤ 49年條 | ⑥ 50年條 |
| | ⑦ 51年條 | ⑧ 52年條 | ⑨ 55年條 |
| | ⑩ 56年條 | ⑪ 62年條 | ⑫ 64年條 |
| | ⑬ 65年條 | | |
| 應神紀 | ① 3年條 | ② 7年條 | ③ 8年條 |
| | ④ 14年條 | ⑤ 15年條 | ⑥ 16年條 |
| | ⑦ 20年條 | ⑧ 25年條 | ⑨ 28年條 |
| | ⑩ 31年條 | ⑪ 37年條 | ⑫ 39年條 |
| | ⑬ 41年條 | | |

각조의 '考證'은 ⓐ 校合, ⓑ 註, ⓒ 解說, ⓓ 參考, ⓔ 論考로 구성되어 있으나 조마다 이러한 모든 것을 구비한 것은 아니다. 후에 언급하겠지만 그가 崇神紀(65年條)와 垂仁紀를 문제삼은 것은 이른바 '任那經營'의 시작을 이야기하기 위해서였고 神功紀와 應神紀를 문제삼은 것은

고대한국이 일본(倭)에 예속되었다는 것을 나타내기 위해서였다. 요컨대 미시나는 '考證'이라는 이름하에서 시종 그의 역사관('天皇史觀')만을 피력하였던 것이다.

### 1) 『三國史記』를 보는 태도

미시나는 다른 논저에서처럼[4] 여기에서도 『三國史記』가 조작되었다고 여러번 반복한다. 日人들의 『三國史記』 조작 주장에 대하여는 이미 비판을 가한 바 있으므로[5] 다시 재론하는 것은 생략한다. 그의 『三國史記』를 보는 태도는 다음과 같다.

G-1. 고구려사는 태조왕 경부터 半歷史時代에 들어선다(67쪽).
G-2. 고구려의 역사는 『三國史記』 고구려 본기에 정리되어 있지만 고구려 자체의 전승 및 문헌은 극히 근소하며 그 過半을 중국문헌에서 取材成文하고 있다(67쪽).
G-3. 이(372년) 전후의 『三國史記』의 고구려본기의 기재는 중국사적에서의 인용문 이외는 빈약하고 (중략) 고구려 자체의 확실한 사료는 10수년 후에 나타난 好太王碑文을 기다리지 않으면 아니 된다(101쪽).
G-4. 『三國史記』의 신라본기의 내용은 奈勿王 경까지는 전혀 전설시대로 연차적으로 신빙할 수 없으므로 이런 종류의 전설사료는 연대기의 틀에서 제외하고 고찰해야 한다(65쪽).
G-5. 智證王대(500～513)부터 신라사는 확실한 역사시대에 들어간다(171쪽).
G-6. 『三國史記』 신라본기의 기사는 일단 사료적으로 이용할 수 있는 것은 4세기 후반 奈勿王 경부터이다(170쪽).
G-7. 백제왕의 계보는 『三國史記』 백제본기와 『三國遺事』 王曆에 의하여 알 수 있지만 (중략) 가장 신빙성이 높은 것은 『日本書紀』의 기재이다(103쪽).

---

4) 앞의 2의 1) "『三國史記』의 사료적 가치" 참조.
5) 崔在錫, 1987, 『韓國古代社會史方法論』, 一志社 제1부 및 崔在錫, 1990, 『日本古代史硏究批判』, 一志社 참조.

G-8. 『三國史記』 백제본기의 기사를 사료적으로 이용할 수 있는 것은 제13대 近肖古王 경이며 그 이전은 전설시대이다(68쪽).

G-9. 『三國史記』·『三國遺事』의 朴堤上, 金堤上은 신라에서 김씨 등의 성씨가 형성되는 것은 반도통일시대 전후이기 때문에 후대의 追記이다(81쪽).

G-10. 백제의 近肖古王 이전의 12대의 王曆은 훨씬 이후의 사적에 의하여 추가 정비된 것이다(105쪽).

G-11. (『三國史記』의) 신라건국이 소급됨에 따라 (중략) 백제왕력과 계보를 加上 조작한 것은 백제왕조 자체가 아니라 신라의 修史家였다(108쪽).

### 2) 廣開土王碑 등 遺物의 해석

미시나는 『三國史記』가 조작되어 있으므로 주로 '廣開土王碑文' 등의 유물이나 『日本書紀』의 조작된 부분[6]에 의해서만 한일고대사와 고대 한일관계를 파악할 수 있다고 주장한다. '廣開土王碑文'은 요컨대 남진한 고구려군과 북진한 일본군이 남한의 지배권을 두고 다툰 것을 나타내며 이른바 '七支刀'는 백제가 새로 영유한 谷那의 鐵山의 鐵로 만들어 일본에 '獻上'한 것이라고 주장한다.

그리고 일본 각지에서 출토된 유물은 한국의 것이 아니라 이미 5세기 초에 고도의 문화를 가진 倭人의 유물이라고 주장하며 또한 '倭五王'[7] 기사는 야마토왜가 한반도에서 활동함으로 나타난 것이라고 주장한다. 지금 이에 관한 미시나의 주장을 제시하면 다음과 같다.

#### (1) 廣開土王碑文이 의미하는 것

H-1. 廣開土王碑文은 왜군이 신라 왕도를 점령한 것을 나타내며 (중략) 이

---

6) 『日本書紀』 기사 중 사실을 기록한 부분과 후대에 變改한 부분에 대하여는 최재석, 1992, 「『日本書紀』의 變改類型과 變改年代考」 『韓國學報』 67 참조.

7) '倭五王' 기사의 해석에 대하여는 崔在錫, 1990, 『日本古代史研究批判』, 一志社, 210~214쪽 참조.

것은 이때에 한정된 것이 아니라 여러 번 반복된 戰況이다(63쪽).

H-2. '廣開土王碑'에 의하면 阿花王 5년 丙申(396년) 廣開土王은 대거 남진하여 백제 왕도를 공략하여 백제왕을 臣服시킨다(223쪽).

H-3. 廣開土王이 남진하여 일본과 南鮮의 지배권을 다투었다(91쪽).

H-4. (廣開土王碑는) 廣開土王이 남하하여 신라를 점령 중인 일본군을 후퇴시키고 신라를 구한 것을 이야기한다(92쪽).

H-5. 일본군의 伽倻방면을 비롯하여 신라 백제에의 진출은 廣開土王碑에 의해서도 명백하다(176쪽).

H-6. 廣開土王碑文에 의하면 백제가 고구려군에 항복하여 臣禮를 취한 것은 명백하다(217쪽).

H-7. 391년(辛卯), 399년(己亥)은 일본의 신라, 백제 지배가 우세함을 나타내는 시기이다(93쪽).

### (2) 七支刀 銘文이 의미하는 것

I. 七支刀의 공헌은 372년이며 새로 영유한 谷那 鐵山의 鐵에 의하여 七支刀를 만들어서 일본에 獻上한 것이다(185쪽).

### (3) 일본 각지에서 출토된 유물이 의미하는 것

J-1. (肥後 江田船山古墳 출토의 大刀象嵌銘文[5세기 전기]은) 한자 사용이 이미 일본화단계에 들어간 시대임을 나타낸다(241쪽).

J-2. 紀伊隅田八幡의 鏡銘文은 일본풍의 音訓借法이 사용되고 있는 文例임을 나타낸다(241쪽).

J-3. 일본에서도 이미 5세기 중엽에 신라와 같은 계통의 馬具가 사용되었다(234쪽).

J-4. 일본의 織物의 전통은 오래되며 직물기술은 繩文時代에 제법 고도로 발전되었으며 機織이 널리 행해진 것은 彌生時代에 들어와서이다(263쪽).

J-5. 5세기 중엽 경 중국에서 직접적으로 機織의 기술이나 기술자가 온 것은 사실이나 應神 37년의 기사가 전설이고 문자 그대로 직역할 수 없다하더라도 干支 2甲(120년)을 내리면 이 시대의 사실과 부합한다(257쪽).

### (4) '倭五王' 기사가 의미하는 것

K-1. 倭五王의 시대는 야마토 조정이 대륙방면에서 획기적으로 활동함을

나타내는 것을 특색있게 하는 시대이다(204쪽).
K-2. (倭五王의) 칭호는 (일본의) 조선반도에서의 활동을 웅변적으로 이야기하고 있다(204쪽).

### 3) 『日本書紀』에 대한 사료적 비판의 시각과 實際

『日本書紀』에 나타난 고대한일관계 기사는 한국(백제)이 종주국이고 야마토왜(일본)가 한국의 직할영토 내지 속국이라는 것을 나타내는 기사와 그 반대 즉 야마토왜가 종주국이라는 것을 나타내는 기사[8]로 크게 대별된다. 그런데 미시나는 池內 宏[9]처럼 전자의 기사는 조작 전설로 몰아붙이고 후자의 기사 즉 야마토왜가 한국의 종주국이라는 것을 나타내는 기사 가운데 일부는 조작 전설의 기사로 간주하는 대신 또 일부는 역사적 사실을 기록한 기사라고 주장한다. 이리하여 때로는 동일년의 기사 가운데도 일부는 조작이고 일부는 사실을 반영한 기사라고 주장하고 있다.

『日本書紀』를 대하는 이러한 그의 시각을 합리화 정당화 시키기 위하여 미시나는 『日本書紀』의 기사 모두를 조작으로 모는 것은 모두를 사실로 보는 것과 마찬가지로 경솔한 짓이라고 그럴듯하게 못박고 좀더 구체적으로는 ⓐ 사료의 계통을 분석하고, ⓑ 각각의 성질에 따라 사료적 가치를 판정하지 않으면 아니 된다고 주장한다. 그러나 또 이러한 사료분석의 시각과는 달리 『日本書紀』는 사료로서 불충분함으로 '大勢'가 결론된 후에 『日本書紀』를 해석해야 한다고 주장한다. '大勢'가 무엇인지 그는 밝히지 않았지만 전후사정과 그의 논리로 보아 '皇國史觀'[10]을 의미한 듯하다. 그는 또 고대한일관계는 『日本書紀』의 전설의 해석과는 별도로

8) 崔在錫, 1990, 『百濟의 大和倭와 日本化過程』, 一志社, 388쪽.
9) 池內 宏에 대하여는 崔在錫, 1988, 「池內 宏의 日本古代史論 批判」 『人文論集』 33(『日本古代史研究批判』 수록) 참조.
10) 皇國史觀에 대하여는 崔在錫, 1990, 『日本古代史研究批判』, 一志社, 16쪽 참조.

행하여야 한다고 주장하여 또 다른 방법으로 역사를 왜곡하고자 하는 저의가 나타나고 있다. 지금 그의 주장을 제시하면 다음과 같다.

L-1. 모두를 조작으로 보는 것은 모두를 사실로 보는 것과 마찬가지로 경솔하다는 비방을 면할 길이 없다(211쪽).
L-2. 이러한 기사가 모두 사실을 이야기한다든가 거꾸로 모두 책상머리에서의 조작이라든가 모두 후대의 역사의 반영이라든가 하는 식으로 말하면 논리 정연한 논술이 되겠지만 그러한 단순명쾌한 논리를 밟을 수는 없다(162쪽).
L-3. 『日本書紀』의 대외관계 기사를 해석하고 또한 자료를 이용함에 있어서 우선 없어서는 아니 되는 조건으로서 위의 사료계통을 분석하여 각각의 성질에 따라서 사료가치를 판정하지 않으면 아니 된다(57쪽).
L-4. 사실적으로 일본의 任那經營이 언제 개시되었는지는 『古事紀』『日本書紀』의 전승사료에서 그러한 사실을 탐구하는 것은 불충분하고 오히려 사실적으로 대세가 결론된 후에 「古事紀」『日本書紀』의 전승을 해석하는 것이 순서이다(35쪽).
L-5. 일본국의 任那經營 개시의 사실적 연구는 전설의 해석과는 별도로 행해져야 한다(19쪽).

미시나가 『日本書紀』의 사료를 분석하고 판정한 실제를 살펴보면 『日本書紀』에 '造作'·'潤色'·'文飾'·'加上'·'添加'·'工作'·'作文'된 기사가 존재한다고 여러 번 주장하면서 다른 한편으로는 '전설'과 '사실'이라는 용어의 교묘한 반복을 통하여 자기 주장을 관철시키려 하고 있음을 알게 된다. 우선 『日本書紀』가 조작되었다고 한 주장부터 알아보자.

M-1. 崇神 垂仁紀의 기사는 가상(조작)된 것이 있다(162쪽).
M-2. (阿利那禮河 云云[神功前記 10월]은) 『日本書紀』 편찬자가 신라에 관한 지식에 의하여 첨가한 것이다(64쪽).
M-3. "其矛今猶樹于新羅王之門"(神功前記 10월)은 전혀 책상머리에서 潤色한 것이다(64쪽).
M-4. (神功前記 10월의) 고구려 백제 양국이 來投하여 內官家를 정했다는

이 기사는 文飾 이외의 아무것도 아니다(66쪽).

M-5. 微叱己知波珍干(神功前記 10월)의 이야기는 『日本書紀』 편찬자가 첨가한 것이라고 판정된다(73쪽).

M-6. 神功紀 47년의 皇太后·太子 譽田別尊이 歡喜된 이야기는 물론 『日本書紀』 편찬자가 첨가한 文飾이며 신라가 백제사절의 공물을 약탈한 것은 (중략) 『日本書紀』 편찬자의 조작이라 볼 수 있다(110쪽).

M-7. 神功紀 50年條와 51年條는 그(久氐 등이 來朝한 기사) 내용이 전혀 文飾이며 역사적으로는 無內容과 같으므로 兩條는 『日本書紀』 편찬자의 조작 기사로 볼 수 있다(111쪽).

M-8. 神功 50년·51년 기사는 『日本書紀』 편찬자가 潤色한 것이다(162쪽).

M-9. 神功 50년 및 51년 기사는 百濟使의 來朝를 되풀이한 文飾 기사로 사실적으로 고증할 만한 가치가 없다. 단지 多沙城이라는 지명만이 문제가 된다(178쪽).

M-10. 神功紀의 백제관계 기사는 聖王시대를 반영하는 潤色이 많다(141쪽).

M-11. 『日本書紀』는 (중략) 神功의 외국정벌 이야기를 분기점으로 하여 그 이전을 전설시대, 이후를 역사시대(그대로가 역사라 하는 것이 아니라 역사 고증이 가능한 시대)로 대체로 二分할 수 있다(55~56쪽).

미시나는 위에 나타나 있는 바와 같이 『日本書記』는 조작되었다고 주장하고(M-1~M-10) 또한 神功時代 이전은 '전설시대' 그 이후를 '역사시대'로 二分하면서도(M-11), 이 주장에 구애됨이 없이 神功時代 이전의 기사도 역사적 사실이고 역사시대의 기사도 '皇國史觀'에 위배되면 조작이라고 주장한다. 그러나 이러한 주장 이외에 미시나는 교묘하게도 '전설'이라는 용어에 다양한 의미를 내포시켜 그의 '皇國史觀'을 관철시키려고 하였던 것이다.

그는 '역사시대'에 대치되는 개념으로 사용하는 '전설시대'의 '전설'은 역사적 사실이 아니라고 주장하지만, 그밖에 사용하는 '전설'은 다음과 같이 사실성을 갖는 것이라고 주장하며 때와 장소에 따라 그 의미내용을 달리하였던 것이다.

① 전설 자체가 사실성을 갖는다.

② 역사적 사실을 신화의 관념으로 표현한 것이다.

③ 사실과 조작이 혼합 내지 결합되어 있다.

④ 사실이 아니지만 역사적 기억이 배후에 있다.

⑤ 전설은 장기적 多人的 사건을 특정인을 통하여 표현한다.

⑥ 사실을 배후에 갖는 전설이다.

⑦ 干支 2甲(120년) 소급은 비상수단이다.

⑧ 사실로 고증할 수 있는 요소가 많은 전설이다.

⑨ 전설과 역사의 접점에 있다.

⑩ 역사성을 갖는 전설이다.

⑪ 神功紀는 繼體紀를 반영한다.

⑫ 復元的 조작이다.

⑬ 複雜怪奇한 관계를 미리 알지 않으면 알 수 없다.

⑭ 『日本書紀』 편찬자의 조작이 아니라 백제사료의 취급 잘못에 기인한다.

⑮ 『日本書紀』의 조작은 백제측 문헌의 역사적 조작에 기인한다.

⑯ 백제측 자료에 의한 요약적 작문이다.[11)]

『일본서기』의 變改·潤色·造作·修飾 등의 기사를 대부분 '전설'로 간주하고 '전설'의 의미를 위와 같이 다양하게 하였으므로, 『일본서기』 기사 대부분을 자의적으로 의미를 부여할 수 있게 되었던 것이다. 이것이 바로 '考證'이란 이름하에 쓰인 그의 저서 『日本書紀 朝鮮關係記事考證』의 비밀이었던 것이다. 지금 이에 관한 주장을 제시하면 다음과 같다.

11) 미시나는 ⑭·⑮·⑯에서 『日本書紀』 조작의 책임을 일본이 아니라 백제문헌에 돌리고 있다.

N-1. 전설 그 자체가 사실성을 갖는다(89쪽).
N-2. 日本上代史는 역사적 사실을 신화의 관념을 통하여 표현하고 또한 때로는 관념적 현상을 역사적으로 이야기한다(71쪽).
N-3. 이러한 기사는 사실적인 것을 포함함과 동시에 또한 책상머리에서의 조작이라고 추정되는 요소도 혼합되어 있다(162쩍).
N-4. 神功前記 10월 3일의 기사를 모두 사실적 기재로 볼 수는 없지만 역사적 기억이 그 배후에 있음을 인정할 수 있다(63쪽)
N-5. 崇神紀 垂仁紀의 紀年을 그대로 긍정하는 것은 허락되지 않지만 紀年을 개정하여도 확답을 얻기 어려운 시대에 속한다(37쪽).
N-6. 전설의 주인공은 실제인 경우와 가공인 경우가 있지만 (중략) 神功皇后는 실제적으로 생각하여도 결코 비과학적이 아니다(94쪽).
N-7. 神功皇后의 신라(해외)원정 전설은 장기적 多人物的 사건을 특정의 인물명에 의하여 이야기한다는 특성을 갖는다(94쪽).
N-8. 葛城襲津彥(神功 5년에서 仁德 41년까지 146년간 한반도를 征略한 인물이며 출생년 사망년 없음)은 전승기사에 매우 빈출도가 높은 인물이며 (중략) 襲津彥의 외국정벌설은 일본 조선 교전의 사실을 배후에 갖는 전설이다(199～200·205쪽).
N-9. 襲津彥은 4세기 말엽을 중심으로 실재한 인물이다(232쪽).
N-10. 襲津彥이 4세기 후엽에 (일본이) 조선반도를 경영하였다는 전설은 사실을 배후에 갖는 것으로 생각된다(89쪽).
N-11. 神功紀 46년은『日本書紀』紀年으로 246년이지만 이 해 이후의 백제관계 기사는 干支 2甲 즉 120년 내리면『日本書紀』등의 조선측의 史傳과 일치하는 것이 많다(96쪽).
N-12. 干支 2甲(120년)을 소급시키는 비상수단을 취하였다(126쪽).
N-13. 神功紀 46년 丙寅 이하의 조선관계 기사는 干支 2甲 즉 120년의 訂正을 행함으로써 사실적으로 고증할 수 있는 요소가 많다(56쪽)
N-14. 神功紀 49년의 7국(신라) 평정기사는 후대로부터의 윤색부분을 제거하면 그것에 가까운 사실을 인정할 수 있다(176쪽).
N-15. 應神紀와 神功攝政紀는 일련의 것이고 神功紀의 紀年 설정이 오래되었기 때문에 이 兩紀와 仁德紀가 紀年的으로 대단히 연장되었다(215쪽).
N-16. 일한관계의 역사를 神功皇后의 이야기 하나로 모두 대표시키고 있다(94쪽).
N-17. 神功紀는 (중략) 전설적인 기사와 사실적인 기사가 결합되어 있으며

말하자면 전설과 역사의 접점이 감지된다(55쪽).

N-18. 神功皇后의 신라정벌전설 이후의 전설경영에서 가장 역사성을 갖는 전설은 紀氏一族의 조선 출병이다(2쪽).

N-19. 忱彌多禮·多沙의 건에 대하여는 神功紀는 繼體紀를 반영하고 있다(180쪽).

N-20. 紀角宿禰 등 4인의 建內宿禰 일족을 그곳에 등장시킨 것(應神 3년)은 조작기사이다. (중략) 紀角宿禰 등의 渡海遠征記事는 단순한 조작이 아니라 잘 적중한 '復元的 造作'이다(219쪽).

N-21. 이러한 기묘한 사정도 백제 성왕시대의 백제, 加羅, 일본의 복잡기괴한 관계를 예비지식으로 가질 때 비로소 설명할 수 있다(163쪽).

N-22. 『日本書紀』 편찬자가 백제계 문헌의 원문을 改筆 내지 생략하였다(181쪽).

N-23. 『日本書紀』 편찬가의 조작이면 훨씬 앞뒤가 맞겠지만 백제사료의 서툰 취급에 기인한다(181쪽).

N-24. 『百濟紀』는 백제가 남한지구에 대한 백제의 특수권익을 주장하기 위하여 일본에 제출한 것이다(130쪽).

N-25. 『日本書紀』 편찬자가 그렇게(조작)한 것이 아니라 백제측의 문헌의 (중략) 역사적 공작(조작)에 유래한다(180쪽).

N-26. 未斯欣의 史傳은 신라의 문헌에 의하여 『日本書紀』 편찬자가 채용하였음에 틀림이 없다(83쪽).

N-27. 神功 62년조는 分註에 인용한 『百濟紀』에 의하여 본문을 요약적으로 작문(조작)한 것이다(198쪽).

### 4) 야마토 지역의 百濟 集團이주민 기사 해석

미시나는 지금까지와는 달리 『日本書紀』 應神時代의 백제로부터의 대규모 집단이주민 기사에 대하여는 신경질적으로 이것이 사실이 아니라고 주장한다. 그는 이 기사를 크게는 6가지의 이유를 대면서 그 역사적 의미를 말살하려고 한다. 첫째, 일본이 한반도의 諸國을 지배 경영했기 때문에 한국인이 일본에 귀화한 것이다. 둘째, 후세(雄略時代)의 전설을 應神時代에 소급하였다. 셋째, 한 씨족의 조상의 귀화전설 이야기이다.

넷째, '史觀' 때문에 사실이 아닌 전설을 應神時代에 넣었다. 다섯째, 한 씨족의 일본도래전설을『日本書紀』편찬자가 추정하여 應神時代에 넣었다. 여섯째,『日本書紀』편찬자가 조작한 기사이다.

이렇게 볼 때 미시나가『日本書紀』의 應神시대(A. D. 400년 전후) 백제로부터 대규모 집단이주민 기사를 얼마나 부정하고 싶었기에 그다지도 허둥지둥하였는가를 짐작하기 어렵지 않다. 지금 그의 대요를 제시하면 다음과 같다.

① 일본의 한반도 경영시대의 한국인 귀화 기사이다.

② 일본의 任那經營時代의 한국기술인 귀화 기사이다.

③ 일본의 신라정벌후의 三韓人 귀화 기사이다.

④ 雄略天皇時代의 씨족(秦·韓)의 家傳을 전설로 꾸며서 應神時代에 삽입한 것이다.

⑤ 씨족의 전설적 조상의 이야기이다.

⑥ 한 씨족의 조상전래의 전설 내지 귀화전설이다.

⑦ 귀화인 전설을 應神時代에 넣은 것은 사실이 아니라 史觀 때문이다.

⑧ 한 씨족의 도래전설을『日本書紀』편찬자가 추정하여 應神時代에 삽입하였다.

⑨『日本書紀』편찬자의 조작(작문)이다.

그의 주장에 대한 본인의 요약이 사실이라는 것을 보여주기 위하여 그의 주장을 제시한다.

O-1. 4세기 후엽에서 5세기를 통하여 일본의 半島經營推進 時代에 특히 많은 귀화인이 도래하였다(227～228쪽).

O-2. 任那經營이 추진된 시대에 이 방면의 才伎(技術者)가 (반도에서) 끊임없이 도래하였다(226쪽).

O-3. 三韓人의 귀화는 神功皇后의 신라정벌 후에 배열되어야 할 사건이다(49쪽).
O-4. 그것(垂仁 3년 3월의 天日槍의 일본귀화 이야기)은 應神天皇란에 기입되지 않으면 아니 되었다(49쪽).
O-5. 應神紀의 기사(백제인의 집단이주)는 秦, 韓 2씨의 家傳으로 雄略紀所傳의 유래를 이야기한 전설로 구성되었다(259쪽).
O-6. 神功紀 5년 3월의 4邑 漢人(ayabito)의 조상은 (일본의) 신라정벌에 의한 귀화족이다(86쪽).
O-7. 都加使主가 氏族傳承 속에서 전설적 조상 阿知使主와 함께 17縣의 黨類를 거느리고 도래한 것처럼 이야기되었다(245쪽).
O-8. (應神 20년 9월 기사는) 倭漢直의 조상전래전설이다(245쪽).
O-9. 『古事紀』가 귀화인을 應神란에 일괄한 것은 사실이 아니라 神功정벌전설 이후의 시기에 귀화인을 종합하는 史觀에 의거한다(228쪽).
O-10. 人夫 120縣(應神 14년) 기사는 (중략) 역사적 사실이 아니라 (중략) 秦氏의 귀화전설이다(230~232쪽).
O-11. 秦氏의 시조 弓月君 등의 도래전설은 『日本書紀』 편찬자가 그렇게 추정한 年次에 게재한 데 불과하다(206쪽).
O-12. 應神 7년 9월 기사는 『日本書紀』 편찬자가 작문(조작)한 것이다(220쪽).

그러나 應神時代 백제인이 야마토지역으로 대규모 이주했다는 기사는 다음과 같은 사실에 의해서도 역사적 사실로 인정되는 것이다.[12)]

① 백제에 이주한 人民의 국적이 『三國史記』·『日本書紀』 다같이 백제라는 점.
② 『三國史記』에서 백제를 떠난 紀年(399)과 『日本書紀』에서 일본에 이주한 紀年(403～405)과의 전후관계나 그 시간적 거리에 있어 무리가 없는 점.
③ 백제인민이 경유한 지역이 『三國史記』, 『日本書紀』 모두 타국(신라)이라는 점.
④ 兩史書 모두 그 이주단위가 개인이 아니라 집단이주라는 점.
⑤ 兩史書 모두 집단이주의 규모가 대규모라는 점(『三國史記』는 백제의 인구가 많이 줄어들 정도라고 표현하고 『日本書紀』는 120縣이라고 함).

12) 崔在錫, 1990, 『百濟의 大和倭와 日本化過程』, 一志社, 337쪽.

⑥『三國史記』가 기술하는 백제인민의 백제를 떠난 이유가 타당하였다는 점.

## 5) 古代韓日關係 서술

### (1) 崇神 65년 7월조 기사 해석

崇神 65年 秋 7月 任那國 遣蘇那曷叱知 令朝貢也 任那者 去筑紫國 二千餘里 北阻海以在鷄林之西南

위의『日本書紀』기사는 任那國이 倭[13]에 사신을 보냈다는 것을 인정한다 하더라도 "任那는 筑紫(北九州)에서 이천여 리 떨어져 있으며 任那 북쪽은 바다로 막혀있고 경주의 서남쪽에 있다"고 하였으니 任那는 대마도일 수밖에 없다는 것을 알 수 있다. 그러나 미시나는 이러한 해석은 외면한 채 任那는 加耶라고 못박고[14] 이 기사는 '神代史' '垂仁紀' 기사와 더불어 일본의 任那經營의 시작을 나타내는 것이라고 다음과 같이 말한다.

P-1. 그것('神代史'의 1절)은『日本書紀』편찬자가 책상머리에서 비밀리 조작한 것이 아니라 일한교섭에 관련되는 사실에 기초한 전승의 하나이다(1쪽).

P-2. 崇神紀에서 垂仁紀에 걸쳐 조선관계 특히 任那經營의 발단을 나타내는 기사가 있다.『日本書紀』에는 또 하나 따로 任那經營의 시작의 기사로서 神功紀의 기사가 있다(5쪽).

P-3. 4세기 후엽부터 일본의 반도경영이 있었다(235쪽).

P-4. 4세기 후엽 이후에 일본의 조선반도경영이 추진되었다(263쪽).

---

13) 倭는 北九州의 倭인지 그 밖의 지역의 倭인지 알 수 없다. 연대적으로 야마토 왜일 가능성은 적다.

14) 모든 日人들은 任那와 가야는 同一國이라고 왜곡주장을 한다(崔在錫, 1992, 「任那歪曲史 비판」『겨레문화』6 참조).

(2) **神功紀의 考證**

神功紀 이전의 역사는 역사시대와 대치되는 '전승시대'라고 한 미시나가 崇神紀 기사와 垂仁紀 기사를 고증자료로 등장시킨 것은 일본이 任那를 경영하였다는 것을 제시하기 위해서였으며 神功紀 기사를 제시한 것은 일본이 신라를 위시한 한반도 전체를 지배하였다는 것을 나타내기 위해서였다. 그러나 이 神功紀는 이미 津田左右吉·池內 宏 등이 지적하듯이[15] 조작된 것이다. 미시나는 이러한 지적에 대하여는 일언반구의 언급도 없이 神功紀의 일부는 조작이고 일부는 일본이 한반도를 지배함을 나타내는 역사적 기록이라고 주장하였던 것이다. 지금 여기서 다시 神功紀의 골자를 이루는 倭王의 즉위와 사망이 어떻게 조작되었는가를 알아보자.[16] 이른바 神功皇后에 관한 攝政기간과 관련된 사항을 제시하면 다음과 같다.

| | |
|---|---|
| ① 仲哀 9년 2월 5일 | 仲哀 卒(52세) |
| ② 仲哀 9년 2월 12일 | 神功 攝政前紀 |
| ③ 仲哀 9년 12월 14일 | 應神 태어남 |
| ④ 仲哀 14년 | 神功 攝政元年 |
| ⑤ 神功 攝政 3년 1월 3일 | 應神 立太子 |
| ⑥ 神功 攝政 69년 4월 17일 | 神功 卒(그때 100세) |
| ⑦ 神功 69년 4월～12월 | 應神 卽位前紀 |
| ⑧ 應神 1년 1월 1일 | 應神 卽位(그때 69세) |
| ⑨ 應神 41년 2월 15일 | 應神 卒(그때 110세) |

우리는 위의 사항에 의하여 다음과 같은 것들을 알 수 있는데 이러한 것 자체가 바로 현실과 거리가 먼 조작임을 알 수 있다.

① 아무리 업적이 없는 女王이라도 王인 이상 王으로 기술되어야

15) 崔在錫, 1990, 『百濟의 大和倭와 日本化過程』, 一志社, 431쪽.
16) 위의 책, 429～431쪽.

하고 또한 아무리 업적이 뛰어난 攝政이라 하더라도 攝政인 이상 王으로 기록하지 못함에도 불구하고 이른바 神功은 攝政이면서도 王(天皇)으로 기록하고 있다.

② 攝政은 왕이 존재(보통 왕이 幼少)할 때 있는 법인데 神功은 왕이 없는 상태에서 攝政이 되었다. 왕자(應神)는 12월에 태어나고 神功은 그보다 10개월 이전인 2월에 攝政이 되었다. 남편(前王)이 사망한 달에 임신하고 攝政한 것으로 꾸미고 攝政한 지 10개월 후에 왕자가 태어난 것으로 꾸몄다.

③ 여자(神功) 나이 31세에서 100세까지 攝政한 것으로 하였다.

④ 69년간 장기 섭정한 것으로 하였다.

⑤ 왕자(應神)는 나이 69세에 이르러 즉위하였으며 110세에 사망한 것으로 꾸몄다.

### (3) 백제와 倭(일본)의 관계

백제가 야마토왜를 경영한 것을 나타내는『일본서기』의 적지 않은 기사는[17] 외면한 채 미시나는 백제는 倭王의 지시를 받아 행동하였으며 원조에 의해서만 王都를 세우고 국가를 부흥시켰다고 다음과 같이 주장한다.

Q-1. 한마디로 말하면 백제는 일본천황의 勅을 받들어 任那제국을 거느리고 신라세력을 구축하려고 하였으며 현지의 任那日本府와 加羅諸國은 백제의 任那지배의 야망을 간파하여 오히려 신라, 고구려와 내통한다는 극히 복잡하고 기괴한 정세였다(132쪽).

Q-2. 백제왕은 자기의 주장이 타당함을 奏上함과 동시에 加羅의 諸國에 대하여는 모든 정책이 천황의 허락을 받은 것으로 하여 강행하였다(165쪽).

Q-3. 고구려왕에 城下의 맹세를 한 백제가 손바닥을 뒤집은 듯이 일본에 복속한 것은 고구려군의 두 번째의 남하의 원인이 되었다(224쪽).

Q-4. 辰斯王은 (중략) 대외적으로는 고구려와 일본의 외압에 견디지 못하

---

17) 그러한 기사는 崔在錫, 1992,「『日本書紀』의 變改類型과 變改年代考」『韓國學報』67 참고.

고 非命의 최후를 마치지 않으면 아니 되었다(218쪽).

Q-5. 文周王(汶洲王)은 일본의 원조에 의하여 새로운 王都 熊津을 세우고 국가를 다시 부흥시킬 수 있었다(252쪽).

### (4) 신라, 고구려와 일본의 관계

신라는 滿洲族의 一分派로 건국한 고구려와 일본의 두 나라에 兩屬되었으며 일본과 고구려는 남조선(신라·백제)의 지배권을 두고 서로 전투를 하였다고 주장한다. 이것을 반증이나 하듯이 신라의 출토품 중에는 일본제품이 존재한다고 주장한다.

R-1. 고구려국은 남만주 동부지역을 그 주지역으로 한 濊貊系 民族의 一分派에 의하여 건국된 고대왕국이다(66쪽).

R-2. 복잡한 신라왕족간의 내분은 신라가 일본 및 고구려 두 나라에 兩屬되어 있는 대외관계와도 맺어져 있다(84쪽).

R-3. (朴堤上 시대는) 신라가 고구려와 일본 양국에 복속을 강요받은 시기이며 (중략) 고구려 광개토왕이 南進하여 '南鮮'의 지배권을 일본과 다툰 시대와 일치한다(91쪽).

R-4. 고구려는 南方에서는 신라 백제를 압박하여 일본국과 전투를 하였다(67쪽).

R-5. 당시(369년경) 조선반도의 정세는 일본의 진격에 대하여 신라는 고구려와 맺고 백제는 일본을 따라, 일본·고구려 양국이 王力이 되어 전투를 되풀이하였다(224쪽).

R-6. 신라의 출토품 중에 일본제의 옥이 있는 것은 이미 학계가 주의하고 있는 점이다(243쪽).

### (5) 任那와 일본의 관계

미시나도 末松保和 등의 다른 日人들처럼 이른바 任那의 地名比定부터 시작한다. 그러나 地名比定도 견강부회의 것이다. 일본사료(예: 崇神紀 65년 7월조), 중국사료(예: 이른바 倭五王의 기사), 한국사료의 어느 곳에도 任那＝加耶(加羅)라는 기사는 한 곳도 없는데도

任那는 加耶라고 강변하고 서로 다른 2국 즉 倭五王 기사 속의 加羅와 『日本書紀』 欽明 23년조의 '任那 10國' 속의 加羅의 존재를 희석·은폐하기 위하여 다시 任那는 廣義의 任那와 狹義의 任那가 있다고 주장한 것이다.

이리하여 미시나는 사회인류학까지 들먹이면서 313년경에 신라·백제 두 나라가 형성되었으며 이 시기에 任那(辰韓·弁韓·加羅)가 '언제인가' 일본의 경영하에 놓이게 되었으며 이러한 사실은 『日本書紀』 神功條 이하의 기사에 명백히 나타나 있다고 주장한다. 그는 일본이 '任那經營'을 시작한 4세기 중엽 이전은 야마토왜정권의 발전기이며 대규모 고분[18]의 존재가 이 사실을 뒷받침한다고 주장한다. 동화같은 역사조작이라고 할 수 있겠다. 『日本書紀』에는 일본(야마토왜)이 任那를 경영하였다는 기사는 아무데도 없으며 오히려 任那國과 이른바 일본부가 모두 백제의 통제·지배를 받는 기사만이 존재한다.[19]

미시나도 末松保和도 '任那 10國'의 地名比定에 『三國遺事』에 있는 김해(金官伽倻)가 빠지게 되자 '임나10국' 이외의 지명인 南加羅를 들고 나와 이것이 금관가야라 한 것이다. 임나는 이미 지적한 바와 같이 대마도에 존재한다. 지금 미시나의 地名比定을 제시하면 다음과 같다.

① 任那와 加羅

任那 …………………………………… 金官伽倻 (18쪽)

任那 …………………………………… 加羅諸國(廣義) (6쪽)

金官國(金海)(狹義) (6쪽)

狹義의 任那 ………………………… 南加羅 (164～165쪽)

---

18) 고분에 대하여는 崔在錫, 1992, 「日本列島의 古墳群과 韓日關係史」 『정신문화연구』 47 참조.

19) 崔在錫, 1993, 「任那의 위치·강역과 인접 5國과의 관계」 『亞細亞研究』 36-1 참조.

意富加羅 ································· 金官國 즉 任那加羅 (21쪽)

任那加羅 任那加良의 任那는 加羅를 한정하는 特稱 (8쪽)

② 任那 10國 比定

| 任那10국 | 津田左右吉 | 末松保和 | 三品彰英 |
|---|---|---|---|
| 1. 加羅 | 金海 | 高靈 | 高靈 |
| 2. 安羅 | 咸安 | 咸安 | 咸安 |
| 3. 斯二·岐 | ? | 宜寧 | 宜寧 |
| 4. 多羅 | 陜川 | 陜川 | 陜川(陜川·居昌)* |
| 5. 卒麻 | ? | 金海 卒利馬 | 密陽 |
| 6. 古嵯 | ? | 固城 | 固城 |
| 7. 子他 | ? | 居昌 또는 晋州 | 居昌 또는 晋州 |
| 8. 散半下 | ? | 草溪 | 草溪 |
| 9. 乞湌 | ? | 昌原 또는 晋州 | 昌原 또는 晋州 |
| 10. 稔禮 | ? | 居昌 | ? |
| 南加羅 | 龜浦 ? | 金海 | 金海(金官加羅) |

*비고 :『朝鮮史槪說』에서는 多羅를 陜川·居昌이라고 하였다.

③ 그 밖의 地名比定

| | 『朝鮮史槪說』 | 『日本書紀 朝鮮關係記事考證』 |
|---|---|---|
| 卓淳 | 昌原 | 大邱 |
| 比自炑 | 昌寧 | 昌寧 |
| 南加耶 | 金海 | 金海 |
| 喙 | 大邱·達成 | 釜山 |

미시나의 加耶와 倭 관계에 대한 주장을 제시하면 다음과 같다.

S-1. 사회인류학적 실증에서도 이 고구려의 南進이라는 사태가 마한과 진한에 왕국적 통합(신라·백제)을 촉진하였으며 이렇게 생각할 때 신라 백제 2국의 형성시기는 313년경이 된다(37쪽).

S-2. 일본의 임나경영은 신라 백제 2국의 성립기와 시기적으로 불가분의 관계에 있다(36쪽).

S-3. 4세기에 들어오자 마한의 방면에 백제왕국이, 진한의 땅에 신라왕국이 성립하여 정치사적으로 1단계의 획이 그어지게 되는데 이러한 주

의할 만한 시기에 낙동강 지역을 중심으로 한 弁辰(弁韓)部 (중략) 신라 백제 2왕국에 대립하는 왕국도 성립하지 않고 언제인가 일본의 임나경영하에 놓이게 된다(36쪽).

S-4. 사정을 달리한 弁韓지방은 부락국가가 분립한 채로 일본의 보호하에 들어온다(37쪽).

S-5. 일본의 임나경영은 4세기 중엽 전이라고 추단하여도 大過 없으며 그것은 마치 近畿를 중심으로 한 高塚古墳의 造營에 의하여 상징되며 야마토 정권의 흥륭기에도 해당된다(37쪽).

S-6. (일본의) 임나경영의 諸문제는 地方豪族(독립적 호족)의 독립행동이나 반란과 복잡한 관계에 놓여 있다(28쪽).

S-7. 그것(일본조정의 가야제국에 대한 보호지배)은 神國的 加羅의 古名이 되었다(10～11쪽)

S-8. 일본의 任那官家 밑에 속하고 있던 제국은 上記(『三國遺事』)의 6가야 혹은 5가야보다 광범하게 걸쳐있었던 것도 神功紀 이하의 기사에 의해서 명백하다(24쪽).

### (6) 구체적인 한일관계 서술

그가 주장한 구체적 한일관계를 제시하면 다음과 같다. 한편에서는 倭가 한반도를 지배했다는 『日本書紀』의 기사는 조작되었다고 말하면서도[20] 다른 한편에서는 일본이 남한을 경영하였다고 주장하고 있다.

T-1. 그 해(367; 神功 47)는 일본이 백제와 협력하여 韓 諸國을 평정한 해이다(101쪽).

T-2. 神功 49년, 일본·백제연합군이 加羅 7국을 평정하고 남한지구를 백제에 하사하였다(130쪽).

T-3. 神功 49년부터 欽明 23년에 이르는 『日本書紀』의 加羅관계 기사는 임나경영의 全歷史이다(163쪽).

T-4. 神功 49년조 최후에 “금후 영원히 西蕃으로서 일본에 朝貢하겠다”고 백제왕이 맹세하고 있다(143쪽).

T-5. 神功紀 49년 加羅 7국 평정기사는 일본의 임나경영의 발달을 백제계의 사료에서 편찬한 것이다(162쪽).

---

20) 『日本書紀』가 조작되었다고 주장한 데 대하여는 사료 M-1～M-11 참조.

T-6. 일본이 이 辰斯王에 대하여 무력을 가지고 '嘖讓其无禮狀'(應神 3년) 하였다(218쪽).
T-7. 應神紀 3년의 '失禮於貴國'은 辰斯王의 고구려에의 접근 내지 항복으로 해석하여도 大過가 아니다(218쪽).
T-8. (應神 16년 2월) 기사는 直支王을 즉위시킨 일본군이 북진하여 고구려군을 후퇴시킨 것이다(243쪽).
T-9. 雄略 9년 일본과 신라군 양국군이 '喙'(慶山) 땅의 쟁탈전을 벌였다(176쪽).
T-10. 葛城襲津彦이나 紀氏의 일족이 4세기 후엽 내지 5세기의 雄略時代경부터 조선경영에 관여한 것은 확인하여도 좋다(211쪽).
T-11. 欽明紀 2년(541), 5년(544)의 許勢氏·的氏의 2氏가 조선경영에 참가한 것은 역사적 사실이다(209쪽).
T-12. 草羅 즉 오늘날의 梁山은 任那방면에 대한 신라의 중요한 거점이며 또한 일본으로부터의 최초의 공격지점이었다(112쪽).
T-13. 歃良은 경남 梁山의 古名으로 일본과 신라가 교전한 요지이다(81쪽).
T-14. 歃良(梁山, 草羅)은 전설시대부터 天智시대에 이르기까지 일본과 신라의 교전지로서 종종 역사에 나타나 있다(86쪽).

## 5. 맺는말

미시나 아키히데도 今西 龍·池內 宏·末松保和 등의 일본 학자처럼 한국사는 자율성·발전성이 없으며 고대 한반도는 일본에 복속되었다고 주장한다. 문화수준이 극도로 낮은 원주민이 사는 일본열도(야마토 지역)에 백제로부터 대규모 집단이 이주하였다는 『日本書紀』의 기사에 대하여는 당치도 않은 여러 가지 이유를 대며 그 기사는 역사적 사실이 아니라고 말하면서 倭가 한반도를 지배했다는 『日本書紀』의 변개기사에 대하여는 교묘하게도 그 일부는 조작이라고 말하면서 다른 일부는 사실의 반영이라고 주장을 한다. 이러한 근거없는 주장을 미시나는 '考證'이라는 이름 밑에서 행했던 것이다.

미시나의 주장은 본인이 이미 여러 번 비판을 가한 다른 日人들의 주장[21)]과 대동소이하므로 그 하나하나에 대하여 일일이 논박하는 형식을 취하지 않고 그 주류의 흐름과 골자에 대해서만 비판을 가하였다. 그대신 미시나의 주요 주장을 그대로 구체적으로 제시 노출시키는 방법을 취하였다. 본인이 백번 말하는 것보다 미시나가 얼마나 황당무계한 주장을 하는가를 직접 독자로 하여금 볼 수 있게 하기 위해서였다.

미시나가 역사를 왜곡한 주요 대목은 다음과 같다.

① 『三國史記』는 조작되었다.

② 자율적인 발전성의 결여, 즉 타율성이 한국사의 특징이다.

③ 당파적 성격도 한국사의 특징이다.

④ 고구려사는 한국사가 아니다.

⑤ 倭가 고대한국을 경영하였다.

⑥ 『日本書紀』의 變改된 기사를 비약 확대해석하였다.

⑦ 백제가 야마토왜를 경영한 것을 나타내는 『日本書紀』의 적지 않은 기사를 왜곡해석하였다.

끝으로 한가지 부언하고자 한다. 미시나가 『三國史記』는 조작되었다고 수없이 말하면서도 『日本書紀』의 干支를 120년 아래로 내리면 『三國史記』의 기사와 일치한다고 주장한 것은 바로 미시나가 자기 자신도 모르는 사이에 『三國史記』의 진가를 인정하고 『日本書紀』가 조작되었음을 고백한 것이다.

21) 최재석, 1990, 『日本古代史研究批判』, 一志社 참조.

# 제4장 스즈키 야스타미(鈴木靖民)의 고대한일관계사 연구 비판

## 1. 머리말

필자는 1993년에 이미 1985년에 출간된 스즈키 야스타미(鈴木靖民)의 『古代對外關係史の硏究』를 대상으로 그의 統一新羅·渤海와 日本의 관계사연구를 비판한 바 있다.[1] 그러나 스즈키(鈴木)는 이 저서를 출간한 이후에도 왕성한 연구열을 바탕으로 연달아 고대한일관계사에 관한 논고를 상당히 많이 발표하였다. 그래서 다시 그의 논고에 대하여 살펴보기로 한다. 필자가 대상으로 삼은 논고는 다음과 같다. 누락된 논고도 있겠지만 그의 연구의 大勢를 파악하는 데는 지장이 없을 것으로 생각한다. 스즈키가 얼마나 빈번히 왜곡된 주장을 하고 있는가를 드러내는 데에는 필자가 백마디의 설명을 하는 것보다 그의 주장을 구체적으로 제시하는 것이 훨씬 더 유효한 방법이 되리라 생각한다. 그래서 가능한 한 그의 주장을 그대로 제시하는 방법을 취하였다. 필자가 비판 대상으로 삼은 스즈키 야스타미의 논고는 다음과 같다.

1. 1969a, 「8世紀の日本と新羅との外交」, 井上秀雄篇, 『セミナ-日朝關係史』 1.
2. 1969b, 「新羅の倭典について」 『古事類苑(外交部)月報』 33.

---

1) 최재석, 1993, 「鈴木靖民의 統一新羅·渤海와 日本의 關係史硏究批判」 『정신문화연구』 50.

3. 1970,「皇極紀朝鮮關係記事の基礎的硏究」『國史學』 82.
4. 1974,「いわゆる任那日本府および倭問題」『歷史學硏究』 405.
5. 1983,「石上神宮七支刀銘についての一試論」『坂本太郎頌壽紀念 日本史學論集』 上.
6. 1984,「東アジアの諸民の國家形成と大和王權」『講座日本歷史』 1(原始·古代 1).
7. 1985a,「好太王碑文の倭記事」『東アジアの古代文化』 44.
8. 1985b,「倭の五王の外交と內政」, 林陸朗先生還曆紀念會編,『日本古代の政治と制度』.
9. 1985c,『古代對外關係史の硏究』.
10. 1988a,「好太王碑の記事と倭の實體」, 讀賣テレビ放送,『好太王碑集安の壁畵古墳』.
11. 1988b,「武(雄略)の王權と東アジア」『古代を考へる雄略天皇とその時代』.
12. 1990a,「8世紀の日本と新羅の文化交流」, 學生社,『古代の新羅と日本』.
13. 1990b,「廣開土王碑の'倭'關係記事」, 唐代史硏究會,『東アジア文書の史的硏究』.
14. 1992a,「고대의 한일관계」, 歷史學硏究會 편, 山里澄江·손승철 역,『한일관계사의 재조명』.
15. 1992b,「7世紀東アジアの爭亂と變革」, 田村晃一·鈴木靖民 편,『アジアからみた古代日本』.
16. 1992c,「渤海와 日本·唐의 貿易」, 장보고대사해양경영사연구회 편,『장보고대사해양경영사』
17. 1993a,「4·5世紀の交の高句麗と倭」, 東京都黑區敎育委員會 편,『廣開土王碑と古代日本』.
18. 1993b,「7世紀中葉 百濟의 政變과 東아시아」『百濟史의 比較硏究』.
19. 1994,「東アジアにおける國家形成」『岩波講座 日本通史』 3.
20. 1995,「加耶(弁韓)の鐵と倭」, 仁濟大加耶文化연구소,『加耶諸國의 鐵(국제학술회의논문)』.
21. 1997,「平城京の新羅文化と新羅人」, 武田幸男編,『朝鮮社會の史的展開と東アジア』.
22. 1998,『伽倻はなぜほろんだか: 日本古代國家形成史の再檢討』(제3차 국제학술회의).
23. 1999,「渤海の遠距離交易と荷擔者」『アジア遊學』 6.

## 2. 역사적 사실의 왜곡

日本 사학자 가운데는 머리말이나 서두에서는 그럴듯하게 객관성·과학성을 내세우면서도 본론이나 결론에 가서는 결국 역사적 사실을 왜곡하는 방법을 취하는 연구자가 있다. 본인은 이미 이들이 사용하는 이러한 방법을 '序頭의 위장법'이라고 부른 바 있는데,[2] 스즈키 야스타미도 이러한 '서두의 위장법'을 사용하는 사람이라고 할 수 있다. 즉 그는 제2차 세계대전 후에도 日本에서는 皇國史觀이나 조선민족에 대한 식민지사관이 남아 있지만 자신은 旗田 巍의 방법을 받아들이고 있다고 전제한 다음, 『日本書紀』의 日本에 대한 고구려 및 백제의 조공기사도 신라의 조공기사처럼 후세의 조작이므로 『日本書紀』와 일본중심의 사관을 배제하고 객관적 시각에서 일본고대사를 다루어야 한다고 올바른 지적을 하고 있다. 그러나 그의 이러한 지적에도 불구하고 주장과 결론은 한일고대관계사를 크게 왜곡한 다른 일본 사학자의 그것과 다르지 않았다.

그는 고대한일관계를 왜곡한 津田左右吉,[3] 池內 宏,[4] 末松保和[5] 등은 『日本書紀』 기사에 대한 사료비판의 기초를 구축하였다고 주장하였으며, 井上秀雄은[6] 任那[7]와 倭 문제를 日本史가 아니라 조선고대사의

---

2) 최재석, 1993, 『統一新羅·渤海와 日本의 關係』, 一志社, 613쪽.

3) 津田左右吉의 역사왜곡에 대하여는 최재석, 1990, 「津田左右吉의 日本古代史論 批判」 『民族文化研究』 23 참조.

4) 池內 宏의 역사왜곡에 대하여는 최재석, 1988, 「池內 宏의 日本上代史論 批判」 『人文論集』 33.

5) 末松保和의 역사왜곡에 대하여는 최재석, 1986, 「末松保和의 新羅上古史論 批判」 『韓國學報』 43 : 1988, 「末松保和의 日本上代史論 批判」 『韓國學報』 53 참조.

6) 井上秀雄의 역사왜곡에 대하여는 최재석, 2003, 「井上秀雄의 古代韓日 관계사 연구비판」 『民族文化』 26(본서 제6장 수록) 참조.

7) 任那에 대하여는 최재석, 1992, 「任那歪曲史 비판: 지난 150년간의 代表的 日

연장으로 인식하는 새로운 연구방향을 제시하였다고 주장하였다. 또 그는 中國의 筑紫都督府의 장으로 부임한 郭務悰에 관한 『日本書紀』의 기사, 즉 倭王의 사망소식을 전해들은 郭務悰이 상복을 입고 곡을 하였다는 왜곡기사를 사실로 받아들이고 있다. 당시 상황은 663년에 백제왕자(忠勝·忠志)와 왜군이 항복한 후(『舊唐書』 劉仁軌), 664년 5월 17일부터 672년 5월 30일까지 일본이 당의 백제 鎭將의 지배하에 있었다.[8] 지금 이에 관한 스즈키의 주장을 제시하면 다음과 같다.

A-1. 고구려 및 백제의 조공도 신라의 조공처럼 後世의 조작으로 생각된다(1985c, 213쪽).
A-2. 제2차세계대전 후, 즉 조선의 해방 후에도 日本에서는 일본중심 天皇중심의 소위 황국사관이라든가 혹은 조선민족에 대한 식민지사관이라는 것이 잔존하고 있었다(1992a, 34쪽).
A-3. 나도 비교적 일찍부터 旗田氏 등의 연구 동향을 받아들였다(1992a, 34쪽).
A-4. 동아시아 속에서의 일본고대사를 다루는 의의는 (中略) '紀·記' 중심의 사관이나 일본중심의 사관을 배제하고 일본고대사, 일본 전체의 객관적 인식의 길을 보다 넓히는 것입니다(1992a, 39~40쪽).
A-5. 실은 正倉院 보물은 원래는 신라불교와의 관련으로 이해되는 불교관계의 용품이었다(1990a, 201쪽).
A-6. 『日本書紀』 神功紀 46년부터 52년까지의 기사의 史料비판은 津田左右吉, 池內 宏, 末松保和 各氏에 의하여 기초가 구축되었다(1983, 217쪽).
A-7. 唐使 郭務悰 등 2,000명은 天智 10년(671) 11월 比智島에 숙박하고 (中略) 天武 원년(672) 3월 18일 (日本은) 사인을 筑紫로 파견하여 천황의 喪을 郭務悰 등에 알렸다. 郭務悰 등은 喪服을 입고 곡을 하고 天皇을 위하여 阿弥陀像을 만들어 哀情을 표하였다(1985c, 144쪽).

앞에서 본바와 같이 스즈키는 『日本書紀』의 왜곡기사는 사실로 받

---

本史學者들의 地名 歪曲비정을 중심으로」 『겨레문화』 6 참조.

8) 최재석, 2001, 「『일본서기』에 나타난 7세기말(664년~672년)의 唐의 日本進出에 관한 기사」 『古代 韓日關係와 日本書紀』, 一志社.

아들이면서도 역사적 사실에 관한 기사는 왜곡해석하고 있다.

여기서는 百濟使人(백제관리, 五經박사 등)에 의한 야마토왜 경영, 백제왕에 의한 蘇我蝦夷·入鹿 誅殺사건, 8세기초에 日本을 방문한 신라사절 환영 정도 등 세 가지 측면에 대해서만 살펴보고자 한다.

### 1) 百濟使人에 의한 야마토왜 경영 기사

야마토왜에 처음으로 관위가 제정되었다는 603년 이전시기에 백제는 백제사인을 파견하여 야마토왜를 경영하였다는 기사가 『日本書紀』 繼體 7년(513)·同 10년(516), 欽明 8년(547)·同 15년(554)조에 나타나 있다. 603년 이전의 야마토왜에 官位가 제정되지 않았다면 그곳은 아직 관료체제, 다시 말하면 국가형태가 출현하기 이전 단계라 할 수 있다. 따라서 관위제가 없는 그 지역에 百濟王에 의한 3년 내지 7년 임기제의 百濟人使人이 파견되었다면[9] 그것은 바로 百濟王에 의한 야마토왜 경영 사실을 나타내는 것이며 그 반대의 기사일 수는 없다. 따라서 513년, 516년, 547년, 554년의 기사는 윤색 은폐되어 있지만 분명히 백제가 야마토왜를 경영한 기사인 것이다.[10] 그러나 스즈키는 603년에 일본에 최초의 官位가 제정되었다는 기사는 무시한 채 백제에 의한 야마토왜 경영 기사를 下位職의 백제인이 당연히 행해야 하는 當番근무인 上番이라고 주장하고 있다. 스즈키는 야마토왜를 宗主國, 百濟를 야마토왜의 屬國 내지 植民地로 전제하고 억지주장을 한 것이다. 官位制가 실시되기 이전 시기의 백제가 일본에 官吏를 파견하여 그곳을 경영한 『일본서기』의 기사를 '上番'제도라고 우겨대는 것이 그 전형적인 예이다. 이에 대한 그의 주장을 제시하

---

9) 최재석, 1999, 「『일본서기』에 나타난 百濟에 의한 大和倭 경영 기사와 그 은폐 기사」 『韓國學報』 96(『古代韓日關係와 日本書紀』 수록).

10) 위의 논문.

면 다음과 같다.

B-1. 6세기에 백제는 倭에 대하여 종속적 외교의 형태를 취하나 실은 (中略) 倭에 군사적 원조를 청한다. 그 대신 백제는 유학을 비롯한 여러 가지 학문의 박사를 上番(일본에 와서 일정기간 근무하고 또 교대하는 것) 또는 유명한 佛教의 公傳을 행하는 등 정책을 취한다 (1998b, 13쪽).

B-2. 511년 백제는 伴跛가 己汶의 땅을 탈취하였으므로 倭에 원군을 청하고 五經박사 등 여러 박사의 上番을 행하였다(1984, 217쪽).

B-3. 야마토정권이 백제에서 문화·기술·예술·사상의 분야에서 박사 등의 전문가를 정기적으로 초대하였는데 이것은 야마토정권의 上番제도에 의한 것이다(1992a, 65쪽).

B-4. 倭가 군사적 정치적 연결 속에서 백제와의 관계를 유지하고 그 대신에 선진적인 문화를 섭취하였다(1992a, 65쪽).

### 2) 백제왕에 의한 蘇我蝦夷·入鹿 誅殺 기사

蘇我馬子까지는 백제왕이 파견한 백제사인의 명을 잘 따랐으나 그의 子와 孫인 蘇我蝦夷·入鹿에 이르러 백제왕을 반역하여 스스로 야마토왜왕으로 행세하였으므로, 드디어 백제왕이 파견한 사람에 의하여 그 父子가 주살된 사건의 시말이 『일본서기』에 기록되어 있다.[11] 또 『일본서기』에는 "謂因韓政而誅"라는 分注가 있어 蘇我蝦夷·入鹿父子가 백제왕에 의하여 주살되었음을 분명히 알 수 있다. "謂因韓政而誅"는 韓政 즉 백제의 정치, 다시 말해서 백제왕의 지시로 蘇我가 죄인으로 打殺되었다는 뜻이다. 그런데 스즈키는 이 기사가 ① 錯簡·誤脫되었다, ② 645년 전변 전의 친백제·고구려－唐무시 정책자와 친백제·친당 외교를 주장하는 孝

11) 자세한 것은 최재석, 1999, 「백제 義慈王에 의한 蘇我入鹿父子 誅殺과 '大化改新'에 관한 『일본서기』 기사에 대하여」 『民族文化論叢』 20(『古代韓日關係와 日本書紀』 수록).

德 옹립파 간의 싸움, ③ 반대세력을 진압하는 쿠데타 등 서로 다른 세 가지 이슈 가운데 하나일 것이라고 주장하고 있다. 처음부터 원래의 기사(謂因韓政而誅)에 충실하지 않고 왜곡하다 보니 이러한 여러 가지 주장을 하게 된 것이다. 여기에 대한 그의 주장을 제시한다.

C-1. 皇極 원년 및 2년의 백제관계 기사에는 난해한 점이 매우 많으며 아마도 여기에도 『日本書紀』의 錯簡·誤脫 등이 있을 것 같다(1970, 22쪽).
C-2. (645년) 정변 직전 蘇我氏 本宗家는 친백제·고구려, 唐 무시의 방침이었다. 孝德 옹립파는 이것에 반대하고 같은 친백제이면서 신라·唐과의 外交도 고려에 넣는 정책이었다. 이것이 '韓政'의 싸움이다(1994, 76쪽).
C-3. '韓政'은 다시 백제노선을 보는 것이며 신라·唐과의 노선을 추구하는 親唐派의 존재 의의는 컸다(1994, 77쪽).
C-4. '韓政' 즉 唐의 고구려침공, 고구려·백제에서의 연이은 政變 등 긴장의 정도가 더해 간 국제정세에 대처하여 外交정책을 의논한다는 명목 하에 (中略) 蘇我入鹿을 살해하고 古人大兄을 추방하여 蝦夷를 自害시켜 반대세력을 진압하여 쿠데타에 성공한다(1992b, 284쪽).

### 3) 8세기초 日本을 방문한 신라사절의 환영 기사

大赦令이 내려지는 범역은 自國과 屬領이다. 그런데 『續日本紀』에는 大寶 3년(703년) 1월 9일 신라사인(薩湌 金福護 등)이 신라국왕(孝昭王)의 喪을 알리자, 日本은 同年 윤4월 1일 그 신라사인에 잔치를 베풀고 日本전국에 大赦令을 내렸다고 기록되어 있다.[12] (新羅는 702년 9월에 大赦令이 내려졌다) 또 『續日本紀』에 의하면 714년(和銅 7; 聖德 13) 11월 11일 신라사인(重阿湌 金元靜) 20여명이 日本에 가자 日本 조정은 전국의 騎兵 980騎를 동원하여 환영식 준비를 하였으며 동년 11월 15일 日

12) 『續日本紀』 大寶 3년 正月 9日; 同 윤4월 5일.

本은 신라사인 환영인사를 奈良에서 멀리 筑紫(北九州)까지 보내 영접하였으며 同年 12월 26일 신라사인이 入京할 때 일본중신이 기병 170기를 거느리고 王都 밖까지 나가 신라사인 일행을 영접하였으며, 신라사인이 귀국할 때는 日本은 眞綿 5,450근과 배 한척을 선물로 보냈다.[13] 그러나 스즈키는 前者(大赦令)에 대해서는 침묵을 지킨 채 단지 後者에 대해서만 이것이 "日本이 唐처럼 國威를 자랑하고 사방의 오랑캐(蕃夷)에 우월하여 一帝國으로서의 모습을 體現하기 위해서였다"(1985c, 125쪽)고 왜곡해설을 가하고 있다.

당시 日本은 신라의 물품을 '珍寶'라 의식하여 신라로부터 구입한 물건을 神宮·七道諸社에 奉納한 것을 스즈키는 '신라의 조공'을 일본조정이 기뻐하였다고 주장하고 있다(1985c, 127쪽).

## 3. 야마토왜의 묘사

스즈키는 4·5세기경 畿內지방에 야마토정권이 형성되어 그 정권이 그때 日本列島를 통일하여 외교권과 군사권을 독점하였으며 일본열도 각지의 수장들과 지방행정구역을 통하여 君主·臣下관계를 맺음과 동시에 韓半島에 군대를 파견하여 고구려와 대항하였다고 주장하고 있다. 그러나 4·5세기에 日本列島에 통일정권이 존재하였다는 주장도, 한반도에 야마토왜의 군대를 파견하였다는 주장도 모두 근거가 없는 허구주장일 뿐이다.

또 4·5세기에 야마토왜가 일본열도를 통일하였다고 하는 것도 허구이고, 2세기말에 야마토왜가 西日本을 지배하였다는 주장도 허구이다. 또

---

13) 『續日本紀』 和銅 7년 11월 11일; 同 11월 15일; 同 12월 26일; 靈龜 元年 3월 23일.

2세기경에 야마토왜가 弁韓의 철을 수입하여 철제품을 제작하였다는 주장도 역시 허구이다. 또한 沖島유적, 埼玉의 稲荷山고분의 철제유물, 熊本의 江田船山 고분의 大刀, 千葉縣 市原市 고분의 鐵劍 등의 고분유적과 유물 등이 모두 야마토왜의 것이라고 주장한 것도 전적으로 허구이다. 8세기에도 일본은 철과 철제품을 생산할 수 없어서 신라에서 수입하는 처지였다.[14] 지금 스즈키의 주장을 제시하면 다음과 같다.

D-1. 4·5세기경 倭의 主體는 畿內지역에 있었던 王權이다(1984, 203쪽).
D-2. 4세기말·5세기초의 시기, 이미 倭의 정권의 中樞는 畿內지역에 형성되고 있었다(1985a, 22쪽).
D-3. 4세기말에서 5세기의 倭를 畿內에 중심을 두고 西日本 각지의 정치세력 즉 지역의 정치권력 혹은 그것을 體現하는 수장의 연합체로 간주할 수 있다(1985a, 21쪽).
D-4. 日本 고대국가 형성사에서 4·5세기경에 倭의 왕권이 군대를 조선에 파견하여 백제에 가담하여 고구려에 대항하는 것은 있을 수 있는 사태이며 왕권의 권력의 단계에서도 적합하다(1988a, 68쪽).
D-5. 近畿에 있었던 것으로 생각되는 倭王을 府官制를 수용하여 近畿와 일본열도 각지의 수장들 사이에 君長과 臣下라는 臣僚制的 질서를 형성한 것은 (中略) 5세기까지의 일이다(1998b, 11쪽).
D-6. 倭의 왕권(倭王)은 일본열도 내부의 지역권력(首長)에 卓越하여 유일의 외교권과 군사권을 독점·집중할 수 있는 최고권능자로서 定立하였다(1985b, 15쪽).
D-7. 4세기반 지난 단계에서 倭에 百濟측이 倭王을 인정할 만한 王位·王權(政權)의 성장이 있었다. 倭에 있어서도 백제왕권에 대응할만한 군사권·외교권을 일원적으로 장악하는 특정의 왕위·王統의 새로운 출현 내지 이동이 있었다(1983, 209~210쪽).
D-8. 각지의 수장사회는 近畿의 수장층을 최고의 정점으로 한 피라밋형의 동맹 혹은 연합관계가 형성되어 있었다(1992a, 56쪽).
D-9. 2세기말 武器나 武具用의 양질의 철(辰韓·弁韓産)의 수입을 둘러싸고 西日本 특히 北九州와 近畿의 지배자연합의 싸움이 있었으며 3세기 전반에 近畿나 瀨戶內(吉備) 연합이 우위에 서서 亂이 수습되었다

14) 최재석, 1993, 『統一新羅·渤海와 日本의 關係』, 一志社, 152~160쪽.

(1995, 37쪽).

D-10. 倭國(야마토왜)의 정치중추는 弁韓의 철로 대표된 鐵原料 등의 물자 루트의 장악에 우위를 나타내고 그것을 지레(梃子)로 하여 일본열도 각지를 지배하였다(1995, 37쪽).

D-11. 倭王權은 철과 문물을 확보하기 위하여 공통이해를 갖는 百濟·加耶의 권유(誘)에 따라 (日本) 각지의 지배자를 편성, (조선에) 파견하였다(1995, 39쪽).

D-12. 369년에서 372년까지 (中略) 일본열도의 지배자가 倭王 밑에 결집하였다 (下略) (1995, 39쪽).

D-13. 4세기말에서 5세기에 걸치는 (中略) 이러한 유적(沖島유적 등 近畿의 前期古墳 부장품)은 近畿의 왕권이 우위에 서서 北九州의 王權=首長과 결합하여 조선반도로 진출을 도모한 것과 깊은 관련이 있다(1988a, 70쪽).

D-14. (沖島 유적의 유물과 畿內의 고분유물의 유사·공통성은) 畿內의 政權이 우위에 서서 北九州 근처의 政權=首長과 결합하여 조선반도에 진출하려고 한 것을 나타낸다(1985a, 21쪽).

D-15. 埼玉縣의 稻荷山 古墳의 鐵劍銘, 熊本縣의 江田船山 古墳의 大刀銘에 볼 수 있는 바와 같이 이미 5세기 후반에는 大王을 비롯하여 近畿의 王權과 일본열도 각지의 首長層 간에는 정쟁을 통하여 여러 형태로 인격적인 지배관계가 성립되고 있었다(1998b, 20쪽).

D-16. 1988년에 발견된 千葉縣 市原市의 稻荷臺 古墳과 거기에서 나온 '王賜'銘 鐵劍 등은 5세기 후반 이전의 것이기 때문에 王 즉 倭王과의 관계가 나타나 있다(下略)(1992a, 56쪽).

D-17. 上之宮, 藤原宮東方官衙下層遺構 脇本, 難波宮下層遺構 등은 (中略) 모두 近畿의 수장계층 즉 야마토정권을 구성하고 있는 수장들과 관계가 있는 유적이며 그런 의미에서는 大豪族의 유적이라고 해도 좋다(1992a, 60쪽).

스즈키는 이른바 '倭의 五王'에 대해서도 언급하고 있다. 그는 倭王 履中, 反正, 允恭, 安康, 雄略이 각각 중국사서에 나오는 倭의 五王인 讚·珍·濟·興·武에 해당한다고 주장한다. 『日本書紀』의 五王은 혈연관계가 있는 것으로 기록되어 있으나 중국사서에 나오는 倭五王은 珍과 濟는 혈연관계가 없이 단절되어 있으므로 양자는 상응되지 않는다. 그래서 그는

5세기의 倭는 두 가지 王系가 있었다고 변명하고 있다.

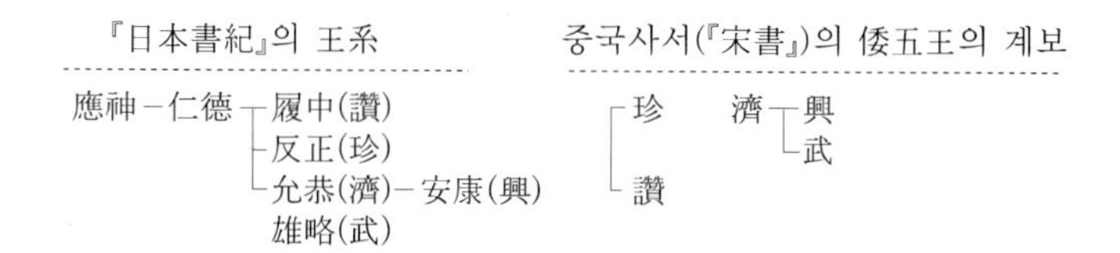


그는 이미 雄略의 父인 允恭의 시대(442)에 倭가 加耶에 出兵하였으며 雄略(武)시대(457～479)에 倭 王權의 下部기구가 구축되었다고 주장한다. 王權의 下部구조가 무엇인지에 대하여는 언급이 없다. 또 雄略시대에 倭가 신라를 공격하였고 5세기 내지 6세기에 倭는 이미 대규모의 철을 제련할 수 있었다고 주장하고 있으나 어느 주장이나 근거 없는 허구의 주장이다. 그의 주장을 제시한다.

E-1. 讃·珍의 王統과 濟·興·武의 王統의 2系統이 존재하였다(1988b, 54～55쪽). 5세기에는 (倭는) 두 가지 王系가 있었다(1985b, 28쪽).
E-2. 濟(允恭)의 治世下의 442년에 (倭는) 신라를 치기 위하여 조선남부의 加耶에 出兵할 가능성이 있다(1988b, 56쪽).
E-3. 倭의 武=雄略期(457～479)에 (中略) 왕권의 下部기구가 구축된다(1984, 214쪽).
E-4. 478년의 시점에서 武가 변함없이 백제에의 군사적 지배권을 나타내는 칭호를 주장할 수 있었다(1985b, 10쪽).
E-5. 倭는 雄略(武) 때에 직접 백제의 원수 고구려를 정벌할 수 없어 그 연대국[連携國]인 신라를 공세하는 일이 실제 있었다(下略)(1988b, 68쪽).
E-6. 倭五王이 조선 문제에 관련하여 백제·加耶와의 관계를 주장한 배후에는 鐵鋌의 유통 사실을 염두에 두고 (中略) 선진기술과 鐵原料의 확보 동기가 직접적이었다고 생각하여도 틀리지 않는다(1995, 41쪽).
E-7. 倭王 武(雄略)의 시대, 5세기 내지 6세기부터 일본열도에서는 대규모의 鐵精練이 가능하게 된다(1995, 41쪽).

## 4. 백제와 倭 관계

백제와 倭와의 관계에 있어서도 스즈키는 시종일관 허구의 주장만을 반복하고 있다. 이 경우에도 그는 근거를 제시하지 않고 있다. 그가 한 주장의 요지는 다음과 같다.

(1) 백제의 초기정권은 중국 등 여러 나라로부터의 망명자가 담당하였다.
(2) 초기 백제정권의 외교담당자는 樂浪·帶方지역에 거주하는 中國系 백제인이었다.
(3) 초기부터 倭와 배제는 종주국과 속국의 관계에 놓여 있었으며 倭는 백제의 왕위계승도 좌우하였다.
(4) 백제의 관위제는 538년에 제정되었다. (사실은 260년에 제정되었다. 괄호내 필자)
(5) 4세기에 東晋－百濟－倭가 연대하였으며, 北朝(前燕·前秦)－고구려－신라가 연대하였다.
(6) 倭가 4세기(369)에도 6세기(540～550)에도 한반도에 군대를 파견하여 신라를 공격하였다.

위의 주장을 다시 정리하면 다음과 같다. 중국인이 백제를 건국하였으며, 건국 초기부터 백제는 야마토왜의 속국이었고 이미 4세기에 야마토왜는 한반도에 군대를 파견하여 신라를 공격하였다. 야마토왜가 백제에 의하여 경영된 역사적 사실을[15] 근원적으로 봉쇄·은폐하기 위하여 이러한 주장을 한 것으로 보인다. 지금 이에 관한 그의 주장을 제시하면 다음과 같다.

F-1. 백제의 초기적 왕권의 구성은 중국 등에서 外來의 亡命者 등에 의하여 담당되었다(1985b, 20쪽).

---

15) 주 9 참조.

F-2. 백제의 초기적 왕권의 구성은 중국 등 외래의 망명자 등에 의하여 담당되고 또 그것이 外交를 주로 한 執政을 分掌하였다(下略)(1984, 209쪽).

F-3. 近肖古王代의 (中略) 倭와의 外交를 (中略) 계기로 樂浪·帶方 근처에서 이주한 中國系 百濟人이 임용되어 왕권중추에 참여하기 시작한 것의 반영일 것이다(1984, 200쪽).

F-4. (405년 倭는) 이 백제왕위의 계승에 간섭하고 册立에 힘을 빌려준 것이 先例가 되어 倭王權이 上位에 서서 (백제왕위 계승에) 간섭할 수 있는 근거가 마련되었다(1984, 202쪽).

F-5. 倭王權은 405년의 腆支王 즉위의 例에 대하여 다시 백제의 宗主國으로서의 지위를 현실적으로 의식할 수 있었다(1985b, 10쪽).

F-6. 腆支王과 東城王의 卽位와 같은 것은 결국 倭王에 의한 百濟王의 册封과 같은 것이고 당연히 국제간의 外交形式上 (倭와 百濟는) 宗主國과 屬國이라는 上下관계로 파악된다(1985b, 14쪽).

F-7. 백제가 (倭에) 臣從의 외교형식을 취하였다(1985b, 7쪽).

F-8. 백제에서 조공사가 온 것은 『일본서기』에 의거하는 한, 2년 전의 舒明 12년(640)이 최후이다(1970, 20쪽).

F-9. (日本 사절은) 日本과의 우호관계 유지를 위하여 (百濟에 대하여) 조공·臣從을 재촉하는 임무를 갖고 (百濟로) 갔다(1970, 26쪽).

F-10. 그것[백제의 官位制]은 538년의 泗沘 천도 때에 제정 또는 전개된다(1984, 214쪽).

F-11. 백제의 官位制는 538년에 제정되었다(1984, 214쪽).

F-12. 백제의 內·外官 二十二部制는 4·5세기에 단서를 갖는다(1984, 215쪽).

F-13. 기본적으로는 東晋－百濟－倭라는 국제적 연대를 구축하는 것을 의미하고, 다른 한편 형성되고 있는 北朝의 前燕·前秦－고구려－신라 라인에 대항하기 위한 포석이 되는 크나큰 국제정치상의 메리트를 갖는 것이 된다(1983, 221쪽).

F-14. (4세기 중엽) 東晋－百濟－倭라는 국제적 連環을 구축하여 다른 쪽에서 형성되고 있었던 北朝(前燕·前秦)－고구려－신라 라인에 대항하는 성격을 가졌었다(1983, 221쪽).

F-15. 390년대를 하나의 시기로 하여 百濟－倭가, 고구려－신라와 대립·항쟁하고 있는 구도를 볼 수 있다. 따라서 369년에도 (中略) 고구려는 종속적인 신라와 제휴하여 백제와는 적대한 상태였을 확률이 높

다(1983, 219쪽).

F16. 372년 백제는 연달아 對고구려 전쟁 승리의 여세를 갖고 東晋에 조공하여 (中略) 국제적 지위를 다졌는데 이때 사후승락에 가까운 모양으로 倭와 백제와의 관계도 인지·지지되었다(1983, 220쪽).

F-17. (4세기) 동아세아 세계에는 倭－百濟－加耶 對고구려라는 連携와 대립구도를 현출시켰다(1995, 39쪽).

東晋과 백제·야마토왜가 연대하고 北朝와 신라·고구려가 연대하여 상호 적대하였다는 주장도 허구이다. 끝으로 七支刀에 대하여 한마디 하고자 한다. 알려져 있는 바와 같이 七支刀에는 '泰(太)□ 4년'이라는 명문이 있다. 태□ 4년은 魏의 太和 4년(230)부터 梁의 太清 4년(550)에 이르는 시기로 서로 다른 16가지 時點의 하나일 뿐이다.[16] 그런데 스즈키는 다른 일본 사학자처럼 고구려와 백제가 전쟁을 한 369년에 맞추기 위하여 근거 제시 없이 태□ 4년은 東晋의 太和 4년(360)이라고 주장한다. 그리고 七支刀는 백제왕권에 정치적 영향을 준 중국인이 제작하였다고 주장하고 있다. 요컨대 스즈키는 369년 고구려와 백제간의 전쟁에서 倭가 군대를 파견하여 백제를 도와준 데 대한 감사의 표시로 백제가 七支刀와 그 밖의 보물을 倭에 헌상하였다고 주장한다. 설사 야마토왜가 백제를 도왔다고 가정하더라도 663년 백촌강 전투 때 백제를 도운 倭軍이 백제왕의 군대였던 것처럼[17] 그 군대는 백제의 군대였을 뿐이다.

연대추정도 근거 없는 허구이며 고구려와 백제의 싸움 중에 倭가 한반도에 군대를 파견하여 백제를 도왔다는 것도 허구이다. 조선·항해술의 수준을 보아도 야마토왜는 한반도에 군대를 보낼 수 없다.[18] 중국인이 백제왕권에 정치적 영향을 주었다는 주장도 허구이다. 지금 이에 관한 스즈

---

16) 최재석, 1998, 『일본고대사의 진실』, 一志社, 24～25쪽.

17) 최재석, 1998, 「663년 백촌강 전투에 참전한 倭軍의 성격과 新羅와 唐의 戰後 對外政策」『韓國學報』90(『古代韓國과 日本列島』 수록).

18) 일본의 조선·항해수준에 대하여는 최재석, 1996, 『正倉院 소장품과 統一新羅』, 147～148쪽 : 1998, 『古代韓日佛敎關係史』, 一志社, 112～117쪽 참조.

키의 주장을 제시하면 다음과 같다.

G-1. 七支刀銘의 '泰和'=太和인 東晋 연호는 백제 거주의 中國系 人物이 왕권에 관여한 것을 생각하게 한다(1984, 200쪽).

G-2. 七支刀는 중국계 인물이 백제왕권에 작용하여 369년 백제에서 작성되었다. 그것은 360～371년의 백제의 대고구려전과도 관계한다. 고구려는 신라를 종속시켜 백제와 적대하고 따라서 백제는 신라와도 전투상태였다(『日本書紀』 神功 49년조). 백제는 그 험악한 국제환경하에서 倭와의 정치적 군사적 결합 내지 전승을 기념하여 作刀하였다(1984, 200쪽).

G-3. 4세기중엽 百濟 王世子에서 倭王에 증정된 石上神宮 소장 七支刀는 (中略) 369년 백제와 고구려의 싸움에 倭가 군사행동을 일으켜 백제에 가담한 것을 뜻한다(1988a, 69쪽).

G-4. 石上神宮 소장의 七支刀는 백제왕의 세자로부터 倭王에 증정된 369년의 물건이며 그 전쟁(369년에 고구려와 백제와의 전쟁)에 관련된다. (中略) 369년의 사실은 고구려와 백제의 전쟁에 倭가 백제에 가담하여 出兵한 사건을 전한다. (中略) 『日本書紀』는 승리한 백제가 倭에 '七支刀'와 각종의 보물을 獻上하고 谷那鐵山의 鐵을 조공하는 맹세를 하였다는 이야기를 게재하고 있다. (中略) 참전한 倭王權도 직접적으로 鐵을 요구한 것을 시사하고 있다. (中略) 이것들은 『日本書紀』의 조작이지만 (中略) 鐵=鐵資源 획득의 전제조건으로 백제·加耶의 鐵貢納이 교통의 본래의 목적이라는 사상이 시종되어 있다(1995, 39쪽).

G-5. (前略) 七支刀는 369년 백제가 놓여있는 험악한 국제환경하에 東晋의 권위에 의지하는 中國系 百濟人의 관여하에 백제 본위에서의 倭와의 관계의 성립 나아가서는 백제와 倭의 정치적 군사적 결합 내지 戰勝을 기하여 만들어졌다. 그리고 內外의 움직임이 일단락되었을 때 백제에서 倭王에 보내졌다(1983, 220쪽).

## 5. 신라와 倭 관계

스즈키는 한반도의 諸國(백제·고구려·신라)이 각각 倭에 원조(出

兵)를 청하였다고 주장하기 위하여 고구려·백제·신라가 상호 적대관계 또는 전쟁관계에 놓여있었다고 주장하며 때로는 여기에 唐까지 등장시킨다.

이리하여 464년 신라는 고구려를 두려워하여 倭에 구원을 요청하고 642년과 647년에는 신라가 백제에 대항하기 위하여 倭에 원조를 요청하였다고 주장하고 있다. 또 신라는 唐과 渤海를 견제하고 자신의 保全策으로 日本에 대하여 조공형식의 통상을 하였다고 주장한다.

한편에서는 신라가 일본에 군사원조를 청하였다고 하면서 다른 한편에서는 같은 시기에 日本이 여러 번 신라 정벌계획을 수립하였으며 또 그 계획을 실천에 옮겼다고 주장하고 있다. 즉 429년, 457～479년, 623년, 651년, 759～762년에 倭(日本)가 신라정벌계획을 세웠으며, 364년, 367년, 369년, 457～479년, 540～550년, 623년에는 실제로 日本의 신라 정벌군대가 신라에 파견되었다고 주장한다.[19] 여기에 관한 스즈키의 주장을 제시하면 다음과 같다.

H-1. 464년 (中略) 신라왕(慈悲)은 고구려를 두려워하여 '任那王'을 중개로 하여 任那에 있었던 倭의 장군에게 구원을 청하였다(1988b, 68쪽).
H-2. 推古 29년(621)의 '凡' 이하의 기사와 같이, 신라의 上表의 起點이 이 해에 있었던 것은 사실이다(1969b, 292쪽).
H-3. 642년 이후 (中略) 백제·고구려 이외에 신라도 백제의 침략에 대항하기 위하여 倭에 지원을 청하여 倭도 이것에 부응하였다(1992b, 287쪽).
H-4. 642년 이후 (中略) 백제·고구려 이외에 신라도 백제에 대항하기 위하여 倭에 원조를 청하였다(1994, 75～76쪽).
H-5. 647년 신라는 對百濟전쟁을 위하여 倭에 出兵요청을 하였다(1992b, 288쪽).
H-6. 신라는 日本과의 通交로 朝貢 형식을 취함으로써 대일관계 뿐만 아니라 對唐·對渤海上으로 牽制·保全의 策이 될 수 있다고 생각하였다(1969a, 109쪽).

---

19) 『續日本紀』의 신라침공계획 기사도 허구이다. 최재석, 2000, 「『續日本紀』의 신라침공용 조선계획기사의 허구성에 대하여」 『民族文化』 23 참조.

H-7. 『日本書紀』 神功 49년(己巳)의 (中略) 新羅征討 이야기는 干支를 조작하면 본래 429년의 사건이 된다(1985b, 11쪽).
H-8. 倭는 雄略때(457～479)에 직접 백제의 원수 고구려를 征討할 수 없어 그 연대국인 신라를 공세하는 일이 실제 있었다(1988b, 68쪽).
H-9. 推古 31년(623) 朝堂에서 新羅征討문제가 논의되었다(1970, 20쪽).
H-10. 623년(推古 31) (中略) 드디어 中臣國 등을 장군으로 하는 신라정벌군이 파견되었다(1992b, 287쪽).
H-11. 巨勢德太 등은 전의 정신라장군이었으며 651년(白雉 2) 신라정벌론을 주장하였다(1992b, 288쪽).
H-12. 759년에서 762년에 걸쳐 新羅征伐 계획을 대대적으로 세운다(1969a, 108쪽).
H-13. 『日本書紀』 神功 46년조 이하에는 364·367·369년 倭가 신라와 항쟁하면서 백제와의 관계를 성립시키는 경위가 쓰여 있다(1995, 39쪽).
H-14. 577～579년 백제·신라 두 나라가 항쟁하여 백제가 倭軍의 원조를 구하였다(1984, 218쪽).
H-15. 369년(己巳年) 백제와 고구려와의 전쟁에 日本(倭)도 백제측에 參戰하였다(末松保和의 주장 계승)(1983, 212쪽).
H-16. 『三國史記』 『日本書紀』는 近肖古王과 太子, 후의 近仇首王(貴須)의 두 사람이 對고구려전과 對外交涉 등 군사·외교의 장에서 공동으로 행동한다(下略)(1984, 199쪽).
H-17. 군사적 원조를 실현시켰던 倭는 백제에 가담하여 出兵하였다. (中略) 倭는 시종 백제와 연합하여 대군을 거느리고 신라를 침략하였다(1992a, 57쪽).
H-18. 540～550년대 (中略) 신라는 백제와 싸우고 倭軍은 백제 왕자를 세워서 출병하는 일도 있었다(1998b, 13쪽).

허구의 주장을 하다 보니 스즈키는 종종 모순된 주장을 하게 된다.

### (1) 모순된 주장의 사례 1:

464년 신라와 고구려는 적대전쟁관계에 있었다(H-1)고 하면서 457～479년에는 신라와 고구려는 연대관계였다(H-8)고 주장한다.

(2) 모순된 주장의 사례 2:

464년 신라는 倭에 구원 요청을 하였다(H-1)고 하면서 457～479년에는 신라가 倭를 공격하였다(H-8)고 주장한다.

(3) 모순된 주장의 사례 3:

621년부터 신라는 倭에 上表(朝貢)하였다(H-2)고 주장하면서 2년 후인 623년에는 신라가 반항하므로 倭는 이를 정벌하였다(H-9)고 주장하고 있다.

(4) 모순된 주장의 사례 4:

7세기 신라와 倭의 관계만 한정하더라도 621년부터 651년까지 단지 30년간에 신라는 倭에 대하여 朝貢(621년, H-2), 對抗(623년, H-9), 지원요청(642년, H-4), 對抗(651년, H-11) 등 조공과 대항을 네 번씩이나 반복한 것으로 주장하고 있다.

이밖에 그는 일본열도 각지에 존재하는 新羅坊에[20] 대하여도 왜곡해석을 하고 있다. 즉 그는 新羅坊을 일본 왕권에 의한 정치적 행위라고 주장한다.

> I. (日本의) 王權·國家에 의한 新羅人·高句麗人·加耶人 등을 이동·집단거주시켜 新羅軍이나 高麗郡 (中略) 등의 郡을 건설하는 것을 비롯하여 일본열도 각지에 이주·배치하여 재편성하였다(1997, 221쪽).

그는 또 8세기의 新羅와 日本의 관계에 대해서도 왜곡하고 있다. 8세기에 들어와서도 新羅는 日本에 조공[入貢]하였다고 주장한다. 즉 新羅는 日本에 대하여 조공을 행하나 日本은 여기에 대하여 답례로 '下賜品'을

---

20) 日本列島의 新羅坊에 대하여는 최재석, 1998,「7～9세기 일본열도에 존재한 新羅坊에 대하여」『韓國學報』91·92 합집(『古代韓國과 日本列島』 수록) 참조.

제공한다고 주장한다. 이리하여 日本은 신라를 조공을 하는 臣下의 국가로 인식한다고 주장한다. 심지어는 709년(和銅 2; 聖德王 8) 日本王이 新羅王에 貢上한 絹 20필, 絁 30필, 絹絲 200疋, 眞綿 150돈도[21] 日本王이 新羅王에 내리는 下賜品이라고 주장한다.

앞에서 언급한 바와 같이 703년(大寶 3) 정월 9일 新羅國이 薩湌 金福護·級湌 金孝元 등을 日本에 파견하여 國王(孝昭王)의 喪을 알리자 日本 조정은 그해 윤4월 1일, 신라사인들을 難波館에서 향응함과 동시에 日本 전국에 大赦令을 내렸다. 新羅王이 세상을 떠났는데 日本 조정이 대사를 내렸다는 것은 바로 당시 신라와 일본이 지도·예속관계에 있었다는 것을 나타내는 것이다. 일본은 앞에서도 언급한 바와 같이 조선·항해술이 유치하여 신라 조정에 의한 선박 제공 없이는 『일본서기』 사이메이(齊明) 3년조 기사처럼 唐에 갈 수 없었다. 또 668년부터 701년까지 33년간 일본이 당에 가지 않았던 것은 신라가 이 기간에 선박 제공을 허락하지 않았음에 기인하는 것이다. 일본 古來의 복제를 금지하고 신라식 朝服으로 바꾸고 일본에 간 신라 使人을 통하여 막대한 양의 여러 가지 물품을 신라왕에게 선물할 뿐만 아니라 676년, 686년, 687년, 695년에는 신라가 사람을 보내 일본의 정치개혁을 지시하는 일[22] 등을 고려에 넣을 때 당시 신라와 일본이 상하·종속관계에 있었다는 것은 더욱 분명하다. 그럼에도 불구하고 스즈키는 여기에 대하여는 외면한 채 단지 다음과 같이 왜곡해석을 가하고 있다. 즉 신라는 역대왕이 세상을 뜨면 반드시 사람을 보내 그 뜻을 고하는 것이 예라고 말하고, 日本天皇은 여기에 응하여 야만국의 왕(蕃君)인 신라왕도 사랑하는 자식처럼 취급하고 그 죽음을 애도하여 使人을 보내 弔賻할 것을 약속하고 신라 사인에 布帛을 주었다는 『續日本紀』의 왜곡기사를[23] 사실의 기사로 인정하고 있다(1985c, 122쪽).

---

21) 『續日本紀』 和銅 2년 5월 27일.
22) 최재석, 1993, 『統一新羅·渤海와 日本의 關係』, 一志社, 277쪽; 310~311쪽.
23) 『續日本紀』 大寶 3년 윤4월 1일.

또『續日本紀』에는 文武 4년(700) 11월 8일 新羅使人 薩湌 金所毛가 渡日하였으나 701년(大寶 원년) 그곳에서 病死하자 日本 조정이 賻儀로 絁 150필, 眞綿 932근, 麻布 100단 등을 내놓았다고 적고 있다.[24] 신라와 日本의 관계가 수평관계라면 이렇게 막대한 양의 물품을 내놓을 수 없다. 그러나 스즈키는 여기에 대하여 설명을 가하지 않고 그 사실만 기록하고 있다(1985c, 121～122쪽).

## 6. 고구려·발해와 倭 관계

倭는 4세기 말에서 5세기 초에 고구려의 남하책에 대하여 시종 주목하여 대항하였으며 404년에는 倭의 水軍이 백제와 제휴하여 帶方지방 즉 大同江과 한강 사이까지 침입하여 고구려 군대와 전쟁을 하였다고 스즈키는 주장하고 있다. 4세기 말에서 5세기 초에 倭가 강력한 국력과 군대를 소유하였다는 것도, 당시 倭의 水軍이 존재하여 大同江과 漢江에까지 진출하였다는 것도 허구이다. 또 그는 적지 않게 모순된 주장을 하고 있다. 즉 한편에서는 5세기에 倭는 고구려를 정벌할 수 없다고 주장하면서 다른 한편에서는 앞에서 언급한 바와 같이 고구려와 전쟁을 하였다고 주장하고 있다. 또 고구려와의 싸움은 440년 이래의 倭王權의 숙원이었다고 주장하면서 다른 한편에서는 이미 그(440) 이전에 倭는 고구려와 전쟁을 하였다고 주장하고 있다. 이에 관한 주장을 제시하면 다음과 같다.

J-1. 8세기에 들어와서도 신라는 日本에 入貢하였다(1969a, 108쪽).
J-2. 文武·元明시대(697～714)의 對신라관계는 신라의 조공과 그것에 응하는 日本조정의 回賜·답례라는 형식을 취하고 있는 점에서 기본적으로 그 이전의 天武·持統시대와 거의 동일하다(1985c, 136쪽).

---

24)『續日本紀』大寶 元年 正月 14일.

J-3. 日本조정에 있어 (中略) 항상 貢調를 하는 付庸·臣從國으로서만 신라국이 존재한다. 이것이 奈良시대의 日本과 신라 관계의 본질을 나타낸다(1985c, 150쪽).
J-4. 和銅 2년(709) 5월 27일 (日本에 온 신라사인 金信福을 통하여 日本조정은) 聖德王에 대하여 絹 20필, 美濃絁 30필, 絹絲 200絢, 眞綿 150돈을 賜物하였다(1985c, 131쪽).
J-5. 倭는 당시(고구려 장수왕 시대) 시종 고구려의 동향에 깊게 주목하였으며 (中略) 고구려왕에 대항하는 뜻이 있었다(下略)(1988b, 67쪽).
J-6. 倭는 (4세기 말, 5세기 초) 일관하여 고구려의 南下策 혹은 對百濟·新羅 정책에 대항하는 움직임을 취하였다(1998a, 123쪽).
J-7. 倭는 (4세기 말, 5세기 초) 일관하여 고구려의 南下策 또는 對新羅·百濟策에 대항하는 움직임을 보인다(1993a, 122～123쪽).
J-8. 404년 倭의 水軍은 百濟와 제휴하여 帶方지방(大洞江과 漢江 사이)에 침입하여 고구려의 親征軍과 싸웠다(下略)(1988a, 65쪽).
J-9. 고구려와의 싸움은 440년 이래의 倭王權의 숙원이었다(1985b, 12쪽).

그는 渤海와 日本의 관계에 대해서도 왜곡하고 있다. 渤海는 日本에 대하여 朝貢을 하였다고 주장하고 渤海사신의 일본파견은 어떤 때는 신라에 대항하기 위해서였다고 주장하나 어떤 때는 渤海와 日本이 공동으로 唐에 대항하기 위해서였다고 주장한다. 이 모두 근거 없는 허구이다. 渤海와 日本의 관계에 대하여는 이미 상세하게 논한 바 있으므로[25] 여기서는 재론하지 않기로 한다. 지금 그의 주장을 제시하면 다음과 같다.

K-1. 발해와 당의 교역도 역시 '朝貢'과 '回賜'의 관계를 통하여 행해졌다(1999).
K-2. 日本은 渤海의 '朝貢品'에 대하여 絹·絁·絲·錦·羅 (中略) 등의 특산물을 '回賜品'으로 보냈다(1998a, 14쪽).

---

25) 최재석, 1991, 「渤海와 日本의 관계」『韓國學報』63 : 1993, 「渤海에 대한 日本의 服屬과 당시 日本의 政治·軍事的 상황」『발해의 민족형성과 연구사』(渤海史 국제학술회의 보고서)(이상 『統一新羅·渤海와 日本의 關係』 수록).

K-3. 727년에서 919년까지 빈번하게 행해진 (발해의) 일본으로의 사절파견은 신라에 대항하는 것 등의 외교목적을 내걸었다(1998a, 13쪽).
K-4. 727년에서 919년까지 빈번하게 행해진 (발해의) 일본으로의 사절파견은 신라에 대항하는 것 등의 외교적 목적을 내걸었다(1999).
K-5. 唐의 安史의 亂에 영향을 받아 발해는 일본과 이해관계를 공통으로 한다(1969a, 109쪽).

## 7. 가야와 倭 관계

스즈키는 地名 비정을 하고 있는데(자료 L) 이것을 정리하면 다음과 같이 된다.

① 加耶 = 加羅 = 任那
② 加羅 = 北部의 伴跛 = 大加耶
③ 任那 = 任那加羅 = 金官
④ 任那 = 加羅
⑤ 北加羅 = 伴跛
⑥ 加羅·任那 = 加耶
⑦ 金官加羅 = 任那加羅 = 大加耶

위의 것을 다시 정리하면 다음과 같이 될 것이다.

加羅 = 任那 = 加羅任那 = 加耶
加羅 = 北部의 伴跛 = 金官加耶 = 任那加羅 = 任那 = 大加耶

스즈키는 加耶는 加羅인 동시에 任那이며 또한 加羅任那라고 주장함과 동시에 이들 각각이 또한 大加耶라고 주장한다. 그런데 加耶·大加耶

는 한반도에 존재한 國名이고 그 밖의 지명은 對馬島에 존재한 지명이다. 對馬島에 존재한 지명들을 한반도에 존재하였다고 주장하기 위하여 스즈키는 任那 10국의 하나인 加羅와 그 상위개념인 任那를 동일국시하였으며 加耶와 加羅의 발음이 유사하다고 하여 加羅 = 加耶라고 주장했던 것이다. 加羅 = 任那 = 加羅任那 = 加耶라는 증거는 전혀 없다.

任那가 분명히 對馬島임을 나타내는 『日本書紀』의 기사는[26] 무시한 채 스즈키는 다른 日本 연구자처럼 任那는 加耶이며[27] 洛東江 유역에 존재하였다고 주장한다.

그는 한편에서는 4세기 중엽, 야마토왜의 王權이 대군을 파견하여 任那 즉 加耶를 점령하고 이 지역을 日本의 한반도 지배의 군사거점으로 삼았다고 주장하면서 다른 한편에서는 日本의 군대가 아니라 加耶의 친일정치집단이 日本王權의 뜻을 받들어 加耶를 통치하였다고 주장한다. 그는 야마토왜의 조선·항해수준이나 또는 야마토왜 내지 야마토왜의 王權의 구체적 양상에 대하여는 한마디도 언급하지 않은 채 야마토왜 내지 야마토왜의 王權이 군대를 파견하여 韓半島 諸國을 지배 통치하였다고 주장하고 있다.

또한 6세기에 신라는 日本과 '任那(加耶)' 領有문제로 정치적 교섭을 하였다고 주장하면서 다른 한편으로는 6세기에 고구려·백제·신라·가야·倭(日本) 5국간에 대립항쟁이 격화되었다고 모순된 주장을 하고 있다. 지금 이에 관한 스즈키의 주장을 제시하면 다음과 같다.

---

26) "任那者 去筑紫國二千餘里 北阻海 以左鷄林之西南"(『日本書紀』 崇神 65년조).

27) 任那와 加耶가 同一國이라는 증거는 아무데도 없다.
최재석, 1992, 「任那歪曲史 비판」 『겨레문화』 6(『統一新羅·渤海와 日本의 關係』 수록) : 1999, 「『三國史記』의 加耶 기사와 『日本書紀』의 任那·加羅 기사에 대하여」 『民族文化』 22(『古代韓日關係와 日本書紀』 수록).

L-1. 加羅는 伽倻라고 불리다가 (中略) 이것을 日本에서는 옛부터 任那라 칭하고 4세기 중엽경 倭의 야마토 왕권이 大軍을 보내 점령하고 屯倉을 설치하여 조선반도 지배의 군사적 거점으로 하였다. 任那日本府는 그 통치기관이었다(1998b, 326쪽).

L-2. 加羅는 北部의 伴跛를 가리키고 任那는 任那加羅 즉 金官이다(1995, 41쪽).

L-3. 任那는 (中略) 실제는 조선 남부 洛東江유역의 加羅지방에 있었던 小國家群이다(1984, 219쪽).

L-4. 7세기 (中略) 倭는 신라·백제와의 외교관계＝국제적 질서를 유지하기 위하여 任那＝加羅 회복을 명분으로 신라征討 계획을 진행시켰다(1984, 228쪽).

L-5. 6세기 초엽 加羅를 둘러싼 自立的인 北加羅＝伴跛가 백제의 항쟁에 倭가 개입하여 군사적 압력을 배경으로 두 나라에 정치적 영향을 주었다(1984, 217쪽).

L-6. 加羅나 任那라는 여러 나라는 면밀히 말하면 문제가 많지만 日本에서 말하는 총칭으로서의 任那라는 말이 그것에 해당한다(1993a, 104쪽).

L-7. 欽明시대 중 신라의 法興王(514～559)에서 眞興王(540～575)에 이르는 시기 이후 (中略) (신라는) 對倭관계에서 任那 영유문제를 주로 하여 본격적·획기적으로 정치교섭을 개시하였다(1969b, 4쪽).

L-8. 大加耶＝伴跛이다(1998b, 12쪽).

L-9. 南部의 金官加耶 혹은 任那加羅도 대가야라고 불린 일이 있다(1998b, 304쪽).

L-10. 6세기에 (中略) 3국(고려·백제·신라) 이외에 加耶와 倭가 가담하여 諸王權간의 대립 항쟁이 격화하기 시작하였다(1994, 55쪽).

L-11. 任那日本府는 安羅에 거점을 둔 倭의 王權파견의 '倭臣'을 중추로 하여 현지 倭人系를 포함하여 구성된 정치집단이다(1984, 219쪽).

L-12. 倭의 加耶出兵의 목적을 나타내는 직접적 증거 史料는 없다(1998b, 19쪽).

L-13. 倭의 王權의 뜻을 받든 1人의 大臣＝將軍을 지탱하는 現地 加羅(安羅)의 친倭 세력을 기반으로 구성된 정치집단은 다른 한편 군사집단이기도 하다(1984, 220쪽).

## 8. '韓半島'와 倭 관계

앞에서 우리는 백제와 倭(日本), 신라와 倭, 加耶와 倭 등의 관계에 관한 스즈키의 주장에 대하여 알아보았다. 그러나 스즈키는 위와 같은 한반도의 구체적인 國名을 거명하지 않고 단지 '조선반도'와 倭의 관계를 논하면서 역사를 왜곡하는 글을 쓰는 경우도 적지 않으므로 여기에 대해서도 알아보고자 한다.

그는 391～407년에서 6세기에 이르기까지 日本은 여러 번 한반도에 군대를 파견하여 '조선정세'에 관여하였으며 또한 군사행동을 하여 여러 나라를 침략하였다고 주장하고 있다. '조선정세'가 무엇인지 구체적으로 밝히지 않았으나 고구려·백제·신라 3국관계의 대립을 의미하는 듯하다. 또 스즈키는 이 3국이 倭에 조공을 하였다고 기술하고 있다.

또 4세기에 이미 倭는 한반도의 鐵·鐵製品을 사수하고 수입하였으며 일본열도에서 출토되는 鐵鋌이 그 증거라고 주장한다. 또 倭人이 한반도 남부와 일본열도에 거주하고 있었다고 주장하고 있다. 이에 관한 그의 주장을 제시하면 다음과 같다.

M-1. 이 17년간(391～407)의 (倭의 조선반도에서의) 과감한 군사행동은 역시 倭王權이 필연적으로 鐵·鐵製와 先進文物을 死守하기 위한 구원전쟁이었으며 5세기 연대의 倭王權의 심장부에 해당하는 近畿의 고분군에서 출토되는 鐵鋌이 그 증거가 된다(1995, 40쪽).

M-2. 倭가 바다를 건너와서 조선의 여러 나라를 침략하였다(1993a, 109쪽).

M-3. (倭는) 고구려와 필적하고 백제·신라와도 대등한 관계를 가졌다(1985a, 21쪽).

M-4. 倭의 정권은 3國의 정립, 백제·신라의 항쟁의 시대를 통하여 (中略) '朝貢'형식에 의한 수입·受容을 계속함으로서 (3國의) 지배질서를 형성 유지해 왔다(1992b, 290쪽).

M-5. 기원전 108년 (中略) '東夷'와는 다른 人種的 특징과 共通의 文化的

특성을 갖는 集團에 倭人이라는 종족명이 中國人에 의해 붙여졌다. 그들은 일본열도 이외에 조선반도 南部나 그 近海(樂浪海中)를 범위로 하는 이동성의 생업을 영위하였다 (下略) (1984, 195).

M-6. 倭國과 弁韓 등과의 교통이 시작된 것은 이후 倭가 鐵로 대표되는 금속자원과 기술자(渡來人)를 항구적으로 독점적으로 수용하여 그 관리·분배를 통하여 일본열도 각지의 지배자와의 연합을 계속해 가는 公的權力의 기본적 성질을 규정하는 최초의 중요한 계기가 되었다 (1995, 38쪽).

M-7. 6세기에 倭가 조선에 派兵한 것은 511, 527, 532, 554, 562년의 5회이다 (1984, 219쪽).

M-8. 倭가 백제를 중개로 하여 조선정세에 관여하였다(1985b, 13쪽).

M-9. 鐵鋌의 분포를 보면 대개 조선의 東海岸과 南海岸 그리고 日本에서는 九州, 瀨戶內, 近畿 지방에 분포하고 있다. 이 분포는 아마 好太王碑에 보이는 倭의 出兵이나 交戰의 경로와 관계가 있다고 본다 (1992a, 59쪽).

M-10. (前略) 慶州 龍江洞 古墳 出土의 土製의 胡帽를 쓴 男子像은 분명히 西域人을 표현하고 있다. (中略) 이러한 像은 실제로는 日本이나 신라의 왕권에 속하여 出仕하거나 (中略) 歸化人을 모델로 한 사실을 반영하는 것인지 모르겠다(1997, 214).

스즈키는 『三國史記』나 『日本書紀』에 나오는 質에 대하여도 왜곡해석하고 있다. 즉 고대 한국이 倭에 사람을 보내 질로 삼았다고 하면 스즈키는 이를 곧 무조건 倭가 한국을 지배하였다는 증거로 삼는다. 그러나 이러한 해석은 큰 잘못이다. 예를 들어 『日本書紀』 舒明 3년(631) 3월 1일조에는 百濟王 義慈가 王子 豊璋을 보내 質로 삼았다는 기사가 있다. 그러나 백제 豊(豊章·豊璋)은 660년 義慈王이 羅唐연합군에 항복하자 다음해인 661년에 귀국하여 백제 부흥세력의 왕이 되어 663년 백촌강 전투에서 倭軍을 거느리고 항쟁하였다. 백제왕 豊이 거느린 倭軍을 『舊唐書』 『唐書』는 분명히 "백제왕 豊의 군대"(扶餘豊之衆·豊衆)라고 적고 있다.[28] 그

---

28) (劉)人軌遇扶餘豊之衆於白江之口 四戰皆捷 楚其舟四百隻 賊衆大潰 扶餘豊脫身而走 僞王子扶餘忠勝·忠志等 率士女及倭衆降 百濟諸城皆復歸順(『舊

런데 舒明 3년조의 質을 '人質'로 해석하여 백제왕자 豊이 '人質'로 갔었다면, 豊이 귀국하여 백제왕이 될 수 없었을 것이며 또한 人質로 간 지역(倭)의 군대는 人質인 풍의 군대가 될 수 없었을 것이다. 백제왕이 質로 보낸 豊이 귀국하여 백제왕이 되고 또 질로 보내진 지역인 倭의 군대가 豊의 군대가 되었다면 이 質을 人質로 해석해서는 의미가 통하지 않게 된다. 따라서 舒明 3년조의 "豊璋(豊)을 質로 삼았다"의 '質'은 弱小國이 强大國에 보내는 '人質'이 아님이 분명하다. 백제왕자 豊이 야마토왜 개척사업의 하나로 꿀벌을 가져가서 기른 사실이나[29] 齊明天皇이 백제부흥세력의 首長인 佐平 福信의 지시에 따라 바로 筑紫로 달려가서 백제구원병과 여러 武器를 준비한 사실[30] 등에 의해서도 豊璋(豊)이 人質이 아님이 분명해진다. 이곳에서의 質은 총독 내지 감독자의 뜻으로 사용해야 의미가 통할 것이다. 만일 '人質'의 의미로 사용되었다면『日本書紀』가 다른 곳에서 왜곡한 것처럼 여기서도 왜곡하였음이 틀림없을 것이다. 백제왕자 豊이 백제왕이 되기 전에 장기간 야마토왜에 체류한 것은 총독의 역할을 하기 위한 것임을 알 수 있다.[31] 그러나 스즈키는 舒明 3년의 기사를 다음과 같이 왜곡해석하고 있다.

---

唐書』 百濟); (劉)人軌遇倭兵於白江之口 四戰捷 楚其舟四百艘 煙焰漲天 海水皆赤 賊衆大潰 餘豊脫身而走 獲其寶劍 僞王子扶餘忠勝·忠志等 率士女及倭衆幷耽羅國使 一時並降 百濟諸城皆復歸順(『舊唐書』 劉仁軌); 豊衆屯白江口 四遇皆克 火四百艘 豊走 不知所在 僞王子扶餘忠勝·忠志率衆及倭人請命 諸城皆復(『唐書』 百濟).

29) 是歲 百濟太子 餘豊 以蜜蜂房四枚 放養於三輪山(奈良縣櫻井市三輪山)(『日本書紀』 皇極 2년).

30) 齊明 6년(660) 12월 24일. (齊明)天皇은 福信의 뜻(지시)에 따라[天皇方隨福信所乞之意] 筑紫로 행차하여 구원군을 보내려고 생각하여 우선 이곳으로 행차하여 여러 병기를 준비하였다(『日本書紀』).

31) 최재석, 1999, 「『日本書紀』에 나타난 백제왕 豊에 관한 기사에 대하여」 『百濟研究』 30(『古代韓日關係와 日本書紀』 수록).

N-1. 扶餘豊 등은 (中略) 기본적으로 '質'의 집단이었다. (中略) 거의 추방과 같은 것이었음을 부정할 수 없다. 國王(百濟王)의 몸 대신의 '人質'로서 그들은 對倭外交의 안정보장의 역할을 짊어졌다(1992b, 276쪽).
N-2. 扶餘豊 등은 倭에 건너가서 人質로 對倭外交에 일정한 역할을 담당한다(1994, 61쪽).
N-3. 백제왕자가 倭에 人質이 되었다(1992a, 57쪽).
N-4. 舒明 3년(631) 백제왕자 豊璋을 入朝시켜 質로 삼는 것을 양해하였다(1970, 20쪽).

이밖에 스즈키는 『三國史記』 阿莘王 6년(397) 조의 質(腆支)에 관한 기사, 同 實聖王 元年(402) 조의 質(未斯欣)에 관한 기사, 『日本書紀』 고토쿠(孝德) 3년(647)의 質(金春秋)의 기사에 대하여 한결같이 왜곡해석하고 있다. 김춘추도 豊처럼 日本에 質로 파견되었다가 귀국하여 百濟王이 되었다.

O-1. 백제왕이 倭國과 우호관계를 맺고 太子 腆支를 質로 삼았다(1990, 249쪽 요약문).
O-2. 이러한 所傳은 4세기 말에서 5세기 초에 걸치는 시기에 신라가 倭와의 관계상 入質정책을 취한 사실이 있었다는 것을 떠올리게 한다(1990b, 256쪽).
O-3. 碑文(廣開土王碑文)의 和通사건은 주로 百濟 阿華王의 王子 腆支가 倭에 入質하는 것을 통하여 우호관계를 맺었다는 내용을 포함하고 있다(1990b, 249쪽).
O-4. 397년 百濟王이 태자 腆支를 倭에 入質한 것은 두 나라가 대등한 것이 아니라 백제의 종속적 입장을 의미한다(1984, 202쪽).
O-5. 백제의 腆支王은 397년에 倭에 人質로 들어와서 다시 倭와 우호관계를 갖는다(1993a, 112쪽).
O-6. 신라는 한편으로 倭에도 내물왕의 왕자 未斯欣이라는 사람을 인질로 넣는다(1993a, 117쪽).
O-7. 후에 武烈王이 되는 金春秋가 質이 되어 온 것이 유명하다(1985c, 115쪽).

또 스즈키는 한반도에 倭의 유적 유물이 적지 않게 존재한다고 주장한다. 한 예로 한반도의 前方後圓古墳도 한반도에 진출하여 戰死한 倭人의 무덤이라는 것이다. 여기에 대한 그의 주장을 제시한다.

P-1. 前方後圓墳은 (中略) 倭人이 (한반도에) 進出하여 전사·병사를 하여 이루어졌을 가능성도 있다. (中略) 그러나 6세기가 되면 倭人系의 유적이 한반도에서 없어진다(1992a, 67～68쪽).
P-2. 6세기 이후가 되면 오히려 日本列島에서는 조선적인 유적이 나오고 있다(1992a, 68쪽).
P-3. 彌生시대에서 古墳시대에 걸쳐서 한반도에 日本人이 남겨놓았다고 생각되는 倭人系의 유물 혹은 유적이 어느 정도 있다(1992a, 66쪽).
P-4. 예를 들면 (中略) 서울의 방이동의 몽촌토성에서 나온 나팔꽃과 같은 埴輪모양의 器臺, 진주 任那 加耶 지역에서 나온 子持句玉, 前方後圓墳 등이 그것이다. 子持句玉·前方後圓墳은 日本 獨自의 유물이다(1992a, 67쪽 요약문).

廣開土王碑文에 대한 스즈키의 태도를 살펴보자. 스즈키는 한편에서는 廣開土王碑文은 자연풍화 등으로 파손되어 글자를 판별하는 것이 매우 어렵다고 하면서도 이 碑文은 4세기에 日本(倭)이 군대를 한반도에 파견하여 백제·신라를 식민지로 삼은 것을 기록한 것이라고 주장한다(1985a). 廣開土王碑文의 倭는 야마토왜 즉 일본이며 4세기에 이미 이 倭는 일본열도의 정치세력의 연합체였다고 주장한다. 이리하여 그는 391년에 倭가 바다를 건너 한반도에 군대를 파견하여 백제와 신라를 臣民으로 삼았으며 백제와 신라는 예부터 일본의 속민이 되어 조공을 하였다고 주장을 한다. 또 倭가 백제와 和通하고 백제를 지원하였다고 주장하고 있으나 이 주장도 사실을 왜곡한 것이다. 663년 백촌강 전투 때 참전한 倭軍이 백제왕 豊의 군대였던 것처럼[32] 4세기와 5세기에 倭가 백제와 和通하고 백제를 군사 지원하였다고 한다면 이 倭 역시 백제의 경영지 내지 속

32) 주 29 참조.

국이었을 것이고 그 倭의 군대는 백제왕의 군대로 보아야 할 것이다. 지금 스즈키의 주장을 제시하면 다음과 같다.

Q-1. 廣開土王碑의 碑面 上段의 것은 높은 곳에 있기 때문에 밑에서 육안 혹은 쌍안경에 의하여 확인하는 것이 곤란한 경우가 대부분이었고 (中略) 자연(風化)인지 故意인지의 刻痕과 본래의 자획의 殘痕을 판별하는 것이 매우 어려우며 결정적인 판독이라고 할 수 없는 곳이 있을지 모른다(1985a, 9～10쪽).

Q-2. (好太王碑의) 倭는 후의 日本을 뜻한다(1988a, 44쪽).

Q-3. 碑文의 倭는 (中略) 日本列島의 정치세력의 連合体로 생각하는 것이 자연스럽다(1988a, 68쪽).

Q-4. 倭가 391년 바다를 건너와서 백제·신라를 쳐부수고 臣民으로 삼았다(1985a, 13쪽).

Q-5. 倭는 고구려와 필적하며 백제·신라에도 대등한 관계를 가졌다(1985a, 21쪽).

Q-6. 고구려 광개토왕비문에 적혀있는 倭와 고구려의 싸움은 白殘(百濟)과 신라가 본래 고구려의 '屬民'으로 지금까지 고구려에 조공하고 있었으나 391년 倭가 출병하여 백잔·신라 등을 破하고 '臣民'으로 하였기 때문에, 396년 廣開土王이 친히 군을 거느리고 백제를 토멸하였다고 한다(1984. 201～202쪽).

Q-7. "百殘·新羅舊是屬民.........以爲臣民"의 뜻은 "百殘(백제)과 新羅는 본래 고구려의 屬民이고 고구려에 朝貢을 하였다. 그런데 倭가 辛卯年(好太王 즉위의 391년)부터 바다를 건너 百殘을 破하고 신라를 □□하여 신민으로 하였다"로 해석된다(1988a, 49쪽).

Q-8. 391년이나 혹은 그 이전부터 倭의 군대는 계속적으로 바다를 건너 백제·신라의 땅에서 행동하고 백제가 倭에 隷屬되었으므로 396년 고구려는 백제 征討를 야기하였다. 397년 경부터 다시 倭는 백제와 和通하고 다시 신라에도 侵入하였다(1988a, 65쪽).

Q-9. 391년 이후 그들(백제·신라)은 고구려에서 떠나 倭가 '臣民'으로 하는 形勢가 되었다(1988a, 72쪽).

Q-10. 廣開土王碑文의 "百殘違誓與倭利通.....歸王請命" 기사와 『三國史記』 阿莘王 6년조 기사(夏五月.....以太子腆支爲質), 同 腆支王 즉위 前紀조 기사(阿莘在位 第三年.....迎腆支卽位)는 부합되며 또한 『三國史記』 阿莘王 6년조의 기사는 『日本書紀』 應神 8년의 "阿花王立.....

以修先王之好也" 기사와 합치된다(1988a, 52～53쪽 요약문).

Q-11. 倭가 辛卯年(391)부터 바다를 건너 百殘(百濟)을 쳐부수고(破) 신라를 □□하여 臣民으로 하였다(1990b, 246쪽).

Q-12. 고구려왕에 예속되어 있던 백제·신라의 백성이 '以辛卯年來'의 倭가 일으킨 사건으로 倭王에 臣從하게 되었다(1990b, 247쪽).

Q-13. 이 倭는 명백히 신민을 통괄하는 왕이 있고 百殘·신라보다 우월한 고구려에 대항할 정도의 국제적 세력으로 묘사되고 있다(1990b, 247쪽).

Q-14. '倭以辛卯年來'는 (中略) 辛卯年뿐만 아니라 여러 번 倭의 침공이 있었다는 뜻으로 해석할 수 있다(1990b, 247쪽).

Q-15. 倭는 百殘·신라의 추세에 영향을 주었다(1990b, 247쪽).

Q-16. 廣開土王碑文 가운데 최대의 논쟁의 표적이 되어 온 것은 제1면의 이른바 辛卯年의 조이다. "倭以辛卯年來渡'海'破百殘□□'新'羅以爲臣民"에 대하여는 대략 종래의 釋文으로 좋을 것이다(1990b, 239쪽).

Q-17. 碑文에 말하는 永樂 10년(400)에 倭의 신라 침략에 대항하여 그 땅을 主戰場으로 하여 고구려의 援軍과 함께 싸웠고 그 후 고구려와 조공관계를 통하여 예속관계에 들어갔다는 사실의 한편으로, 倭와도 人質을 매개로 하여 우호관계를 맺지 않을 수 없었던 신라의 존재방식이 시사되어 있다(1990b, 256～257쪽).

Q-18. 王建群氏가 倭＝해적집단설을 주장하고 있으나 큰 의문이 있으며 (中略) 성립 곤란한 것이다(1990b, 255쪽).

Q-19. 百殘·新羅가 예부터 屬民이 되어 朝貢을 하여 왔다. 그런데 倭가 辛卯年부터 이쪽 바다를 건너와서 百殘을 破하고 新羅를 □□하여 臣民으로 삼았다(1992a, 49쪽).

Q-20. 廣開土王碑文은 391년부터 407년까지 (中略) 倭가 고구려의 질서하에 있는 신라를 공격하고 백제와 관계를 맺고 고구려와 항쟁하였다고 말하고 있다. 399년 倭의 침략을 받은 신라가 고구려에 호소하고 400년 고구려와 신라의 王京을 점령하는 倭를 격퇴시켰다고 (中略) 적고 있다(1995, 40쪽).

Q-21. (廣開土王碑文은) 釋讀할 수 없는 글자가 많지만, 倭는 帶方界 즉 前의 帶方界의 옛 땅, 大洞江과 漢江 사이 대체로 지금의 서울 북방 지역 근처에 水軍으로 침입하였다(1990b, 257쪽).

Q-22. 404년 倭의 水軍은 백제와 제휴하여 帶方지역에 침입하였으며 (中略) 407년 倭가 백제와 함께 應戰한 가능성이 있다(1990b, 259쪽).

위의 스즈키의 주장 가운데 Q-4, Q-6, Q-7, Q-11～Q-17, Q-19～Q-22 등은 일본이 바다를 건너와서 신라·백제 등을 정복하였다는 내용이다. 이와 같이 스즈키는 여러 번 되풀이하여 400년 전후에 日本(倭)의 군대가 바다를 건너와서 한반도 제국을 제압하였다고 주장하고 있다. 그러나 일본은 조선·항해수준이 유치하여 그로부터 2～300년 후인 7세기에도 일본이 사람을 海外에 파견할 때는 전적으로 신라에 의존하고 있었으므로(『日本書紀』 齊明 3년조) 스즈키의 주장은 전적으로 허구임이 분명하다.

5세기 백제 관리의 파견에 의한 야마토왜 경영 기사를 百濟官人의 '上番'근무 기사로 왜곡한 스즈키는 존재하지도 않는 유령의 정치집단이나 조직을 만들어내 역사를 왜곡하기도 하였다. 백제내의 中國系人物, 中國系官人, 親新羅派, 倭系官人, 任那內의 親新羅세력, 反新羅세력, 現地倭人系(이상 1984), 韓半島의 倭人系 유적, 倭人系 유물(이상 1992a), 百濟의 日本派(1970), 百濟의 親倭派, 親新羅派(이상 1985b), 倭의 親百濟(派), 親唐派, 친당정책(이상 1992b) 등이 그 대표적인 예라 할 수 있을 것이다. 예를 들어 中國系人物이 百濟王權에 작용하여 七支刀를 만들었으며 百濟王權 내의 中國系官人과 倭系官人이 백제의 內政·外政을 관장하였으며 任那日本府는 任那(安羅)에 거점을 둔 現地倭人系의 정치집단이라고 주장하고 있다.

## 9. 倭典 등 그 밖의 사항

스즈키는 倭典, 金官, 官位제정, 藤木古墳 出土品, 正倉院 소장품 등에 관하여도 근거 제시 없는 허구 주장을 하고 있다. 차례로 알아보기로 한다.

### 1) 倭典

倭典은 『三國史記』 雜志 第8 職官(中) 중에 나오는 공방의 하나이다. 倭典 앞에 朝霞房·染宮·紅典·蘇芳典·漂典을 나열하고 倭典 뒤에 錦典·鐵鍮典·寺典·藻典·毛典·皮典 등을 나열하고 있는 점으로 미루어 보아 倭典이 倭國이 필요로 하는 물건을 제작한 공방임이 틀림없을 것이다. 朝霞房은 朝霞錦을 제작한 공방, 染宮은 染色을 하는 공방, 紅典은 顏料를 만드는 공방, 蘇芳典은 蘇芳으로 色料를 만드는 공방, 漂典은 漂白을 하는 공방이고 錦典은 비단을 만드는 공방, 鐵鍮典은 鍮器를 만드는 공방이다. 그러나 스즈키는 이 倭典이 신라의 대왜 외교기관으로서 때로는 倭에 出兵을 요청하는 기관이라고 다음과 같이 주장하고 있다.

R-1. 652～655년 신라는 (中略) 對倭 외교의 기관으로서 倭典을 설치하고 連年 倭에 出兵을 청해 왔다(1994).
R-2. 倭典은 신라가 倭(日本)와의 外交·交涉을 하는 專職이다(1969b, 290쪽).
R-3. 倭로부터의 사절을 接伴하기 위하여 倭典이 필요하게 되었다(1969b, 290쪽).
R-4. 倭典은 倭의 對조선정책에 대처하기 위한 조직이었다(1969b, 290쪽).

### 2) 金官

스즈키는 『三國遺事』의 六加耶 중 하나인 金官(金海)이 倭의 對中國·朝鮮 外交·交易의 요지였다고 주장하고 있다(1998b, 13～14쪽). 전적으로 허구이다.

### 3) 官位

603년(推古 11)의 冠位 12階의 제도는 백제나 고구려의 제도에 의한 것이 아니라 (中略) 580년 이전의 중국 公服 제도에 기원을 두었으며 (1984), 647년(大化 3), 649(大化 5)년의 관위제정은 唐의 영향을 받았다 (1992b)고 주장하고 있다. 『日本書紀』의 603년, 647년, 649년의 관위제정 기사는 허구이다.[33] 官位가 제정되었다고 가정하더라도 중국의 영향일 수는 없다.

### 4) 日本에서 출토된 유물의 제작극

그는 "藤木古墳의 출토물 중 (中略) 옥이 박힌 큰칼, 鐙, 魚佩 안장 손잡이의 양옆에 유리가 박혀 있는 것 등은 일본제 또는 일본에서 고쳐 만든 것이다"(1992a)라고 주장하고 있으나 이 주장 또한 허구이다. 日本은 8세기에 제작된 正倉院 소장품도 제작할 수 없었으니,[34] 하물며 그보다 몇백년 전에 제작된 古墳의 출토품을 만들 수는 없는 것이다.

### 5) 正倉院 소장품

스즈키는 正倉院이 실크로드의 종착역이라고 주장하고 있다. 또한 한편에서는 당시의 日本 지배층은 日本의 모든 제도를 唐 지향적으로 의식했다고 하면서 동시에 다른 한편으로는 日本과 신라의 관계가 훨씬 밀접하고 正倉院 소장품은 신라시대 文物의 원형을 탐구하는 데 중요한 재료

---

33) 최재석, 1999, 「『일본서기』에 나타난 大和倭 官位제정 기사에 대하여」 『韓國學報』 97(『古代韓日關係와 日本書紀』 수록).

34) 최재석, 1996, 『正倉院 소장품과 統一新羅』, 一志社, 참조.

가 된다고 모순된 주장을 하기도 하였다. 이에 대한 주장을 제시하면 다음과 같다.

S-1. 正倉院이 '실크로드의 종착역'으로로 비유되는 것도 이유 없는 것은 아니다(1997, 201쪽).
S-2. 당시의 지배층이 지향한 국가제도나 法이나 文化도 唐을 모델로 하여 강하게 의식하는 것이었다(1997, 201쪽).
S-3. 특히 同時代에 존재한 신라와의 관계가 훨씬 밀접하였다(1997, 202쪽).
S-4. 日本의 正倉院의 보물은 그 당시의 文化의 계통·특색을 탐구하는 데도 중요하고 혹은 신라시대의 文物이나 그 원형을 탐구하는 데도 대단히 중요한 재료가 된다 (下略) (1990a, 197쪽).

## 10. 맺는말

전문적 학술논고이건 개설적 논문이건 간에 그 논문의 수준이나 성격을 불문하고 스즈키 야스타미가 발표한 논문은 거의 전부 역사를 왜곡한 것이었다. 백제와 倭, 신라와 倭, 고구려와 倭, 발해와 倭, 加耶와 倭의 관계 등 고대한일관계에 대해서는 모두 사실을 왜곡하고 있다. 이 경우 존재하지도 않는 유령의 정치조직을 등장시켜 역사왜곡을 하는 경우도 적지 않았고, 전후 모순된 주장을 하는 경우도 적지 않았다. 고대 한국이 倭의 식민지 내지 속국이었다는 것이 시종일관 그의 주장이었다. 어느 경우도 日本(야마토왜)의 조선·항해수준이나 야마토왜 王의 王權이나 야마토왜의 구체적 성격 등에 대하여는 언급하지 않았다. 사실을 기록한 『日本書紀』의 기사 부분은 부인하고 왜곡한 기사는 사실로 받아들인다. 백제에 의한 야마토왜 경영, 백제왕에 의한 蘇我入鹿 誅殺 등을 다룬 『日本書紀』의 기사는 완강히 거부하고, 고대 한국이 倭의 식민지 내지 속국이었다는 기사는 사실 확인의 과정을 거치지 않고 그대로 사실로 인정하는 방법을 택하였다.

역사를 가장 혹독하게 왜곡한 末松保和, 津田左右吉, 池內 宏[35] 등을 『日本書紀』 사료비판의 기초를 구축한 자로 평가한 태도에 그의 고대한일관계사를 보는 역사관이 여실히 나타나 있다고 하겠다.

스즈키 야스타미에 대한 비판을 끝으로 日本古代史學者들의 고대한일관계사 연구에 대한 비판은 일단락 지은 셈이 된다. 고대한일관계사를 왜곡하지 않은 일본인 사학자는 한 사람도 없다는 사실을 알게 되었다.

---

35) 末松保和, 津田左右吉, 池內 宏에 대하여는 다음을 참조할 것.
최재석, 1986, 「末松保和의 新羅上古史論批判」 『韓國學報』 43 : 1988, 「末松保和의 日本上代史論 批判」 『韓國學報』 53 : 1992, 「任那歪曲史 비판」 『겨레문화』 6; 1989, 「津田左右吉의 日本古代史論 批判」 『民族文化研究』 23 : 1988, 「池內 宏의 日本古代史論 批判」 『人文論集』 33.

# 제5장 스즈키 히데오(鈴木英夫)의 고대한일관계사 연구 비판

## 1. 머리말

본인은 이미 『新撰姓氏錄』에 대하여 평을 가한 바 있고, 『日本書紀』에 대하여는 그 原典과 해설서(岩波書店刊) 모두에 대하여 약간의 비판을 하였다. 또 『三國史記』를 조작의 기록으로 몰고 가는 대표적인 일본사학자의 견해와 任那와 가야를 동일국가시하는 일본사학자의 견해도 살펴보았다. 이러한 시각과는 달리 대표적인 9인의 일본 고대사학자의 주장을 살펴보았는데 연대 순서대로 말하면 末松保和, 三品彰英, 今西 龍, 池內 宏, 太田 亮, 津田左右吉, 黑板勝美, 平野邦雄, 鈴木靖民 등이 여기에 포함된다. 末松과 三品에 대하여는 두 번씩 비판을 가하였다. 이와 같이 세부적으로 비판을 가한 적도 있지만 14인의 학자를 한꺼번에 비판을 가한 일도 있다.[1)]

---

1) 지금까지 본인이 비판을 가한 논고를 年代順으로 제시하면 다음과 같다.
1985, 「『三國史記』 初期記錄은 과연 造作된 것인가」 『韓國學報』 38(『韓國古代史會史方法論』 수록) ; 1986, 「末松保和의 新羅上古史論批判」 『韓國學報』 43(『韓國古代社會史方法論』 수록) ; 1987, 「三品彰英의 韓國古代社會·神話論批判」 『民族文化硏究』 20(『韓國古代社會史方法論』 수록) ; 1987, 「今西 龍의 韓國古代史論批判」 『韓國學報』 46(『韓國古代社會史方法論』 수록) ; 1988, 「末松保和의 日本上代史論批判」 『韓國學報』 53(『日本古代史硏究批判』 수록) ; 1988, 「池內 宏의 日本上代史論 批判」 『人文論集』 33(『日本古代史硏究批判』 수록) ; 1989, 「太田 亮의 日本古代史論 批判」 『日本學』 8·9합

본고는 스즈키 히데오(鈴木英夫)의 저서에 대한 비판이다. 그의 고대한일관계사에 관한 논문집인 『古代の倭國と朝鮮諸國』은 1996년에 출판되었으므로 고대한일관계사에 관한 20세기 日本人의 가장 최근의 대표적인 견해라 할 수 있을 것이다. 스즈키는 책의 서두에서 다음 세 가지 허구를 사실로 전제한 후 자기 논리를 전개해 나갔다.

① 朝鮮半島도 日本列島도 다같이 5～7세기에 고대국가가 형성되었다.
② 朝鮮諸國(고구려·백제·신라)은 서로 倭國에 조공하였다.
③ 倭國은 中國에는 조공을 하면서 조선제국에는 '蕃國'(야만국)의 지

---

집(『日本古代史研究批判』 수록) ; 1989, 「『新撰姓氏錄』비판」 『大丘史學』 38(『日本古代史研究批判』 수록) ; 1990, 「津田左右吉의 日本古代史論 批判」 『民族文化研究』 23(『日本古代史研究批判』 수록) ; 1990, 「黑板勝美의 日本古代史論 批判」 『정신문화연구』 38(『日本古代史研究批判』 수록) ; 1990, 「坂本太郞 外 3人의 『日本書紀』 批判」 『韓國傳統文化研究』 6(『日本古代史研究批判』 수록) ; 1990, 「오늘날의 日本古代史研究 批判: 江上波夫 外 13人의 日本古代史研究를 中心으로」 『韓國學報』 60 ; 1990, 「平野邦雄의 日本古代政治過程論 批判」 『日本古代史研究批判』 ; 1991, 「韓國內 日本研究誌에서의 韓·日古代史 서술: 日人學者의 경우」 『朴成壽教授華甲紀念論叢』(본서 제8장 수록) ; 1992, 「『日本書紀』의 變改類型과 變改年代考」 『韓國學報』 67 (『統一新羅·渤海와 日本의 關係』 수록) ; 1992, 「任那歪曲史 비판: 지난 150년간의 代表的 日本史學者들의 地名歪曲비정을 중심으로」 『겨레문화』 6(『統一新羅·渤海와 日本의 관계』 수록) ; 1992, 「六國史와 日本史學者들의 論理의 虛構性」 『韓國傳統文化研究』 8(『統一新羅·渤海와 日本의 關係』 수록) ; 1993, 「鈴木靖民의 統一新羅·渤海와 日本의 關係史研究批判」 『정신문화연구』 50(『統一新羅·渤海와 日本의 關係』 수록) ; 1993, 「三品彰英의 『日本書紀』 研究批判 : 『日本書紀 朝鮮關係記事考證(上)』을 中心으로」 『東方學志』 77·78·79 합집(본서 제3장 수록) ; 1996, 「田村圓澄의 古代韓日佛教關係史연구 비판」 『民族文化』 19(『古代韓日佛教關係史』 수록) ; 1996, 「古代 韓日佛像관계연구 비판 : 松原三郞과 毛利 久의 주장을 중심으로」 『韓國學報』 85(『古代韓日佛教關係史』 수록) ; 1997, 「'聖德太子'에 관한 『日本書紀』의 기사와 日本人 주장의 허구성에 대하여」 『韓國學報』 87(『古代韓日佛教關係史』 수록).

위를 강요하였다.

이러한 전제는 모두『日本書紀』의 조작기사를 사실로 받아들인 데서 연유하는 것이다. 스즈키는 12개 章(11개 章과 終章)을 통하여 고구려·백제·신라의 韓半島 제국은 시종 야마토왜에 대하여 조공을 바친 나라이거나 또는 야마토왜의 속국이었다고 주장하면서 終章의 마지막 文章에서는 앞에서의 3백 수십 면에 걸치는 긴 논술과는 달리 韓半島의 動向이 일본 내정에 직접으로 크게 작용하였으며 일본은 이를 극복하여 "自立的인 步行이 가능한 역사를 맞이했다"고 정반대의 논리를 적고 있다. 긴 지면을 소비한 서론과 본론에서는 한반도가 야마토왜의 속국이었다고 주장하고 결론 속의 한 문장에서는 야마토왜가 한반도에 예속되었다고 주장한 것이다. 그리고 결론 가운데 그 한 문장은 짤막하기 때문에 일반 독자는 그것을 놓치기 쉽다. 상식으로 생각한다면 서론과 본론에서 야마토왜가 한반도 제국의 宗主國·支配國이라고 주장하였다면 종장에서도 그러한 논리로 끝을 맺었어야 할 것이고, 반대로 종장의 끝 문장에서 日本이 한반도의 영향을 크게 받았으나 이를 극복하여 自立할 수 있었다고 기술하였다면 서론과 본론에서도 그러한 논의가 전개되었어야 함에도 불구하고 그러한 언급은 일체 없었다. 여기서 그의 논리가 상식에 어긋나는 것을 우선 감지하게 된다.

日本史書가 윤색·은폐·조작되어 있다고 하더라도 사실을 전하는 기사도 적지 않다. 예를 들면 야마토왜는 百濟에서 파견된 경영팀에 의하여 경영되었고[2] 天智 3년(664)의 冠位제정은 羅唐연합군을 피하여 야마토왜로 피신한 百濟人을 위한 관위제정이었으며[3] 또 任那와 加耶는 전혀

2) 최재석, 1991,「武寧王과 그 前後시대의 大和倭 경영」『韓國學報』65 : 1999,「『日本書紀』에 나타난 百濟에 의한 大和倭 경영 기사와 그 은폐 기사」『韓國學報』96.

3) 최재석, 1999,「『日本書紀』에 나타난 大和倭 官位제정 기사에 대하여」『韓國

별개의 나라로 기술하고 있다.[4] 그러나 日本 史學者들은 사실을 기록한 『일본서기』의 이러한 기사를 인정하려고 하지 않고 있다. 그러므로 日本 사학자들의 주장을 個別的으로 體系的이고 조직적으로 고찰하는 것은 더욱 중요하다고 하겠다.

## 2. '4세기부터 5세기 전반의 倭國과 朝鮮諸國' 비판

스즈키 히데오의 고대한일관계사 연구는 『三國史記』 기사의 不信 내지 無視에서 출발한다. 그는 한국기록과 중국기록을 대비하여 다음과 같이 주장한다(25～27쪽).

① 韓國 『三國史記』 脫解 3년(A. D. 59) 5月 與倭國結好·交聘
   中國 『後漢書』 中元 2년(A. D. 57) 正月 東夷倭奴國王遣使奉獻
② 韓國 『三國史記』 阿達羅 20년(A. D. 173) 5月 倭女王卑弥乎遣使來聘
   中國 증거 제시하지 않음
③ 韓國 『三國史記』 武王 9년(608) 3月 隋文林郎裵清 奉使倭國 經我國南路
   中國 『隋書』 倭國傳 上 遣文林郎裵淸使於倭國 度百濟行至 竹島南望耽羅國

①의 『三國史記』 기사에 대하여는 "사실기사가 아니다," "『三國史記』 기사는 『後漢書』 倭奴國의 樂浪入貢 기사에 의거하였다고 생각하여도 틀리지 않는다," "傍線 부분은 중국 것을 베낀 것이다," "脫解 3년조는

學報』 97.

4) 최재석, 1992, 「任那歪曲史 비판: 지난 150년간의 代表的 日本史學者들의 地名歪曲비정을 중심으로」 『겨레문화』 6.

『後漢書』에 의해 구성된 것이 틀림이 없다"고 평하고 ②에 대하여는 "『三國史記』 편찬자가 倭 기사를 편찬하는 데 그 年代觀을 中國史料와 일치하도록 苦心한 것을 짐작할 수 있다"고 평하고 ③에 대하여는 "7세기에 다시 출현하는 (『三國史記』의) 왜관계도 중국사서 즉 『隋書』의 영향이 역력하다," "이 기사는 『隋書』 왜국전을 참작하여 조작한 것이다"라고 평을 한다. 이리하여 그는 "中國史書는 『三國史記』 倭관계 기사의 편년의 큰 틀을 결정하는 定點으로서의 역할을 하고" 있으며, "『三國史記』의 6世紀 代 倭관계 기사가 공백인 것은 사실의 반영이나 史料의 결락 어느 것도 아니고 중국사서의 倭記事의 年代觀을 중시하여 6世紀 代의 倭관계 기사를 채용하지 않았기 때문"이라고 주장한다(27쪽).

스즈키는 앞에 제시한 세 쌍의 事例(이 가운데 한번은 중국의 사료를 제시하지 않았다)의 對比를 통하여 한국사료(『三國史記』)는 중국사료에 의하여 만들어졌으므로 믿을 수 없다고 단정하였는데, 그가 제시한 史料에서는 그러한 결론이 나오지 않는다. 그가 이와 같이 『三國史記』의 사료적 가치를 격하시킨 것은 그가 주장하는 어떤 결론을 꺼집어내는 데 장해가 되기 때문이었던 것이다.

스즈키는 『三國史記』 초기기록에 나타난 倭人·倭兵을 ⓐ 加耶를 거점으로 하는 倭人 또는 가야를 경유하는 倭人이며, ⓑ 이 倭는 당시 加耶와 유대관계를 맺음과 동시에 고구려와는 對立관계에 있었으며, ⓒ 倭兵은 왜왕권=倭의 五王의 조직적 군사행동을 나타내며, ⓓ 당시의 倭는 정치세력이 조직화되어 있었고, ⓔ '廣開土王碑'에 나타난 倭도 『三國史記』에 나타난 倭와 동일한 倭이며, 또 ⓕ 歃良(梁州·梁山)은 加耶의 땅으로 加耶가 신라와 접촉하는 요충지라고 주장한다. 그러나 이러한 주장은 근거 없는 주장이다.[5)]

---

5) 최재석, 2000, 「『三國史記』 초기기록에 나타난 倭에 대하여」 『韓國學研究』 12.

그는 倭人·倭兵이 加耶와 유대관계를 맺고 加耶를 거점으로 신라를 공격하였다는 것을 주장하기 위하여 倭人·倭兵이 동쪽 해변에서 침범하였다는 『三國史記』의 다음과 같은 기사가 모두 사실이 아니라고 주장한다(28쪽).

스즈키 히데오가 倭人·倭兵 기사 가운데 사실이 아니라고 한 기사

| | |
|---|---|
| 祇摩 10년(121) | 倭人侵東邊 |
| 助賁 4년(233) | 倭兵寇東邊 |
| 實聖 6년(407) | 倭人侵東邊 |
| 訥祇 24년(440) | 倭人侵南邊 …… 又侵東邊 |
| 炤知 4년(452) | 倭人侵邊 |

그는 『三國史記』 慈悲王 6년 倭人의 침범을 막기 위하여 바닷가에 二城을 축조했다(緣邊築二城)는 기사도 두 성의 外部는 가야지역이었다고 주장한다. 그가 주장한 ⓐ~ⓕ 어느 항목도 사실이 아니다. 물론 그는 그의 주장의 근거를 제시하지 않았다. 그가 주장한 내용을 제시하면 다음과 같다.

A-1. 최소한 『日本書紀』나 중국사료의 기술에서 5세기 후반에 왜왕권에 대한 加耶로의 군대 파견과 신라침범의 개연성을 인정하지 않으면 아니 된다(32쪽).

A-2. 「新羅本紀」의 倭人·倭兵은 실제는 해적집단으로 이해하는 것이 적당하며 (中略) 5세기 후반의 倭人 기사에는 加耶를 거점으로 하여 신라를 습격한 왜가 확인되며 그들은 海賊이라기보다 加耶와 맺고 고구려와 대립한 왜왕권 = 倭의 五王의 조직적 군사행동으로 보아야 한다(34쪽).

A-3. 『日本書紀』의 기사는 史實이라 할 수 없으나 倭로부터 加耶를 경유하여 신라에 이르는 歃良(梁山)을 中繼地로 하는 교통루트가 이용되고 있었다는 사실을 반영한다(38쪽).

A-4. 신라에서 보면 '緣邊二城'(慈悲王 6년 2월조)의 外部는 加耶지역을 지칭하며 (中略) (倭가) 加耶를 경유하여 신라에 侵入하고 있기 때문에 倭人과 加耶세력과의 연대를 상정하지 않을 수 없다(32쪽).

A-5. 歃良(梁州·梁山)은 加羅제국이 신라와 접촉하는 요충지이며 倭와 신라의 교통의 경유지로서 『日本書紀』에 기록되어 있다(32쪽).

A-6. 濟는 宋에서 '使持節都督倭·新羅·任那·加羅·辰韓·慕韓六國諸軍事安東大將軍倭國王', 즉 조선 남부의 군사 지휘권을 수여 받고 고구려와의 전쟁을 준비한 것이 倭王 武의 上表文에 나와 있다(32쪽).

A-7. 「廣開土王碑」『三國史記』『三國遺事』도 고대 倭人의 활동의 일면을 기록하고 있지만 그 가운데도 가장 중요한 사료는 4~5세기에 왕래(交)하는 倭의 양상을 전하는 「廣開土王碑」이다(18쪽).

A-8. 이러한 기사의 倭人은 下級 首長으로 이루어지는 해적집단이 아니라 倭國 즉 日本列島의 정치세력의 조직적인 신라 침범이라고 추측한다(32쪽).

「廣開土王碑文」에 대한 해석도 다른 日人 학자와는 다르다는 것을 나타내고 있지만 결국 그들과 동일함을 알 수 있다. 즉 스즈키는 이제까지의 日人들의 해석은 "극히 자의적이었다," "당초부터 日本의 陸軍參謀本部가 깊이 관여하여 후대의 日人 연구자가 그것을 무비판적으로 받아들였다" 또는 "碑文의 연구가 日本軍의 朝鮮侵略의 일단을 담당하였다" 등 올바른 지적을 하면서도(40·41쪽) 실제 碑文에 대하여 내린 해석은 그가 비판을 한 종전의 것과 동일하였다. 그의 해석을 살펴보자.

### (1) 「廣開土王碑」 辛卯年조의 해석

百殘新羅亦是屬民由來朝貢而倭以辛卯年來渡海破百殘□□□羅以爲臣民以六年丙申王躬率小軍討伐殘國

北朝鮮에서는 '渡海破'의 主語는 고구려 내지 廣開土王으로 해석하는 것이 정설이다. (中略) '渡海破'의 主語는 倭이며 '爲臣民'의 주어도 倭로 보는 것이 타당하다. 즉 倭가 신묘년 이래 도래하여 '百殘□□□羅'를 신민으로 하였다. 그 때문에 百殘·新羅와의 屬民관계가 무너졌다. 그래서 '屬民'의 地位에서 이탈한 百殘을 討伐한 것이 된다. 이러한 釋讀이 順當하다고 스즈키는 주장한다(46쪽).

(2) 十年 庚子조(其一)의 해석

倭가 '任那·加羅'의 一城에 도망가서 거기에 고구려군에 '歸服'한 것은 異論의 여지가 없다고 스즈키는 주장한다(54쪽).

(3) 十年 庚子조(其二)의 해석

倭가 '渡海破'했기 때문에 백제·신라가 倭의 臣民이 되어 고구려의 '屬民'에서 이탈되어, 즉 고구려의 국제적 질서가 동요한 원인을 분명하게 하기 위하여 서술되었다고 스즈키는 주장한다(62쪽).

요컨대 스즈키의 碑文 해석에는 야마토왜가 수많은 倭의 군대를 배로 싣고 바다를 건너 한반도에 왔다는 사실이 전제로 되어 있다. 야마토왜는 4～5세기는 물론 7세기에도 그들의 조선·항해기술 수준으로는 바다를 건널 수 없었던 것이 사실이다.[6] 그러므로 그의 주장은 이러한 사실을 외면한 채 한 주장이다. 또 663년 백촌강 전투에 참전한 倭軍이 백제왕자 豊의 군대였고, 豊이 패하고 도주하자 豊의 子인 忠勝과 忠志가 父王인 豊의 군대인 왜군을 거느리고 羅唐연합군에 항복한 사실을[7] 조금이라도 고려에 넣었다면 왜가 바다를 건너와서 백제와 신라를 속국으로 삼았다고는 하지 못했을 것이다.

그는 근거 없는 주장을 뒷받침하기 위하여『宋書』,『梁書』의 倭王 珍에 관한 기사를 인용하고 그 속에 나오는 '使持節都督倭百濟新羅任那辰韓慕韓六國諸軍事安東大將軍倭國王'의 辰韓·慕韓은 (中略) 고구려의 영향하에 있는 백제·신라의 특정지역을 지칭한다고 하나 (51～52쪽) 근거 없는 주장이다.

6) 최재석, 1996,「7世紀 中國에 파견된 日本사절·학문승과 新羅」『韓國學報』84.

7)『舊唐書』倭國조; 최재석, 1998,「663년 백촌강 전투에 참전한 倭軍의 성격과 新羅와 唐의 戰後對外政策」『韓國學報』90.

## 3. '5세기 후반의 倭國과 朝鮮諸國' 비판

스즈키는 5세기에 日本列島 內의 여러 세력을 통합한 강력한 倭가 출현하여 한반도 남부까지 그 세력권 하에 둔 고구려와 직접 대치하게 되어 한편으로는 왜국의 하급수장층(구체적으로 무엇인지 밝히지 않음)이 신라로 폭발적으로 침입하였으며 다른 한편으로는 倭가 '고구려 征伐計劃'을 세우고, 宋나라에 사절을 파견하여 韓半島 南部 지역을 지배하는 군사지휘권과 군사통솔권을 요청하였다고 주장하였다. 이리하여 1979년에 발견된 '中原 高句麗碑'와 1980년 釜山大 博物館에 의하여 발굴된 釜山市 東來區 福泉洞 古墳群에서의 고구려계통의 유물을 한반도 남부까지 그 세력을 미친 고구려와 야마토왜가 직접 대치하였던 근거로 제시하고 있다. 5세기도 아닌 6세기의 야마토왜 왕의 왕권은 야마토 지역에도 미치지 못하고 같은 지역의 한 추장보다도 약하였으므로[8] 설사 고구려가 한반도 남부까지 그 세력을 미쳤다고 하더라도 고구려와 倭가 대치할 수 없는 것이다. 지금 이에 관한 스즈키의 주장을 제시하면 다음과 같다.

B-1. 5세기는 '倭의 五王'으로 불리는 王子가 동아세아의 국제적 세계에 등장하여 왜국내의 여러 유력 세력이 倭王 밑에 결집함으로서 倭王權이 새로운 발전단계를 맞이한 시대였다(78쪽).

B-2. 倭國은 朝鮮半島를 사이에 두고 고구려와 직접으로 대치하는 사태가 생겼으며 倭王權으로서는 현실적인 위협이었다(85쪽).

B-3. 倭王이 백제·신라 및 伽倻제국의 군사지휘권을 宋나라에 요청하였으며 濟·武시대에는 '高句麗征伐計劃'이 기획되어 그것을 宋에 通告하였다(79~80쪽).

B-4. '高句麗征伐計劃'은 (中略) 폭발적으로 新羅에 침공한 (日本의) 下級首長層을 결집하여 고구려 우위의 조선반도 남부의 정세를 전환시키

8) 『日本書紀』 雄略 14년; 安閑 元年조 참조.

려는 內外의 어려운 문제를 해결하는 結節點이었다(85쪽).

B-5. 倭王 武가 宋에 올린 上表文에 高句麗가 '掠抄邊隷'하였다고 되어 있는데 '邊隷'란 百濟·新羅·加耶 지역 등 朝鮮半島 南部를 염두에 둔 표현이다(83쪽).

B-6. 倭國 下級首長層이 新羅로 폭발적으로 侵入하였다(84쪽).

B-7. 倭王이 宋에 수여를 요청한 것은 행정권과 구별되는 軍權이며 해당지역의 군사지휘권·군사통솔권을 의미한다(80쪽).

스즈키 히데오에 의한 '倭五王'의 성격 왜곡은 왜왕 武의 上表文 왜곡에서 시작한다. 武의 상표문 전문은 별고에서 언급하였으므로[9] 편의상 여기서는 수록하지 않기로 한다.

㉠ 東征毛人 五十五國
㉡ 西服衆夷 六十五國
㉢ 渡平海北 九十五國
㉣ 掠抄邊隷
㉤ 臣亡孝濟 實忿寇讐 壅塞天路 控弦百萬 義聲感激 方欲大擧

스즈키는 ㉠의 東은 日本의 關東지역, ㉡의 西는 九州지역, ㉢의 海北 九十五國은 朝鮮半島를 지칭하므로, 야마토왜 왕은 關東지역 55國과 九州지역 65國, 조선반도의 95국을 평정한 것이라고 주장한다(93쪽). 그러한 주장을 하려면 첫째 東은 관동지역, 西는 구주지역, 海北은 조선반도를 지칭한다는 증거, 둘째 478년 현재 관동지역은 55국, 구주지역은 66국, 조선반도는 95국으로 구성되어 있다는 증거, 셋째 이러한 3개 지역(관동, 구주, 조선반도)을 평정한 나라가 倭(야마토왜)였다는 증거를 제시해야 했음에도 불구하고 그러한 증거는 제시하지 않았다. 또 ㉣은 百濟·新羅·任那지역 등 조선반도 南部를

9) 최재석, 1999, 「中國史書에 나타난 5세기의 이른바 '倭五王'에 대하여」 『亞細亞研究』 42-2.

염두에 둔 표현이고, ㉡은 武의 父인 濟가 고구려와 전쟁준비를 시켰다는 것을 나타낸 내용이라고 주장한다(99쪽). 결국 스즈키는 5세기의 야마토왜가 일본열도를 정벌하고 다시 일본열도를 둘러싼 바다 북쪽에 있는 조선반도로 건너가서 그 땅을 평정하였다고 주장하나 그러한 근거는 어디에도 없다.

또 스즈키는 '倭五王' 특히 濟와 武 시대의 상황을 다음과 같이 기술하고 있으나 역시 왜곡된 것이고 그의 주장을 뒷받침 할 근거는 아무데도 없다.

① 武는 東아세아 세계에서 활동을 하였으며 그 지역에서 외교를 전개하였다.

② 武는 自力으로 '首長연합정권의 단계'를 극복하고 '국내의 臣僚의 질서화' 즉 일본 영토를 통일할 수 있는 강력한 왕권을 가졌다.

③ 武의 父인 濟 때부터 조선반도의 군사권을 정식으로 宋으로부터 수여받았다.

④ 야마토왜가 고구려 정벌계획을 추진하였는데, 宋이 이를 승인하였다.

⑤ 고구려가 조선반도의 制海權을 장악하기 이전에는 야마토왜가 그것을 잡았었다.

⑥ 조선반도의 군사권은 宋뿐만 아니라 야마토왜가 수여하기도 하였다.

⑦ 倭王 武는『日本書紀』에 나오는 雄略과 동일인물일 가능성이 높다.

지금 이러한 내용이 담긴 스즈키의 주장을 제시하면 다음과 같다.

C-1. 武는 順帝 2년 사인을 파견하기 전에 '使持節都督倭·百濟·新羅·任那·加羅·辰韓·慕韓 七國諸軍事 安東大將軍 倭國王'을 자칭하고 倭國 및 東아세아 세계에서 활동하고 있었다(160쪽).

C-2. 武는 '使持節都督倭·百濟·新羅·任那·加羅·辰韓·慕韓 七國諸軍事 安東大將軍 倭國王'을 자칭하고 倭國內에 君臨하면서 東아세아 지역

에서 외교를 전개했다(161쪽).

C-3. 武가 역대 倭王과는 달리 王位계승 후에 宋에 册封을 구하지 않았던 것은 從來의 首長聯合정권의 단계를 극복하고 있으며 自力으로 國內의 臣僚의 秩序化가 가능했기 때문이다(168쪽).

C-4. 武는 고구려 정벌을 예정하고 있고 또 '使持節都督倭·新羅·任那·加羅·辰韓·慕韓 六國諸軍事 安東大將軍 倭王'을 수여하여 조선반도 南部의 군사권을 정식으로 얻은 濟가 역시 고구려와의 전쟁을 준비하고 있었다고 武의 상표문이 전한다(162쪽).

C-5. 宋은 武에게 조선반도 남부지역의 군사권을 수여하였다(166쪽).

C-6. 元嘉 28년(451) 다시 사인을 파견하여 朝鮮南部 지역의 軍權을 보탠 官爵이 수여되었다(101쪽).

C-7. 宋이 倭王의 朝鮮南部의 軍事 지휘권을 수여한 것은 고구려와의 전쟁을 승인한 것을 의미한다(98쪽).

C-8. 倭는 조선반도의 制海權을 고구려에 뺏기고 있었다(98쪽).

C-9. 倭國과 宋이 군사 지휘권을 조선남부 지역에도 부여하였다(97쪽).

C-10. 王位계승의 시기에는 약간의 차이가 있으나 武와 雄略은 동시대의 인물로 인정해도 좋다(136～137쪽).

## 4. '6세기의 倭國과 朝鮮諸國' 비판

스즈키는 『日本書紀』에 기록되어 있는 중대한 역사적 사실 두 가지를 왜곡한 뒤에 6세기 왜국과 한반도 제국과의 관계를 왜곡하고 있다. 『日本書紀』 繼體 7년(513, 武寧王 13), 同 10년(516, 武寧王 16), 欽明 8년(547, 聖王 25), 同 15년(554, 威德王 원년) 기사는 은폐·윤색되어 있지만 분명히 百濟가 야마토왜 경영팀을 파견하여 야마토왜를 경영한 기사이다.[10] 그런데 스즈키는 新羅가 洛東江 西岸까지 진출하고 加耶가 신라에 臣從하는 것에 대응하기 위하여 백제가 倭王에 臣從하여 여러 박사와 백제관

10) 최재석, 1991, 「武寧王과 그 前後時代의 大和倭 경영」 『韓國學報』 65(『統一新羅·渤海와 日本의 關係』 수록) : 1999, 「『日本書紀』에 나타난 百濟에 의한 大和倭 경영 기사와 그 은폐 기사」 『韓國學報』 96.

리를 人質로 파견한 것이라고 주장한다. 스즈키가 무엇을 말하는 것인지 논지가 불분명하다.

스즈키는 백제 義慈王이 나당연합군에 항복하자 그때까지 약 30년 동안 야마토왜에 파견되어 그곳을 지도하던 백제왕자 豊(豊璋)이 백제부흥군의 왕이 되어 자기 군대(豊의 軍隊)인 倭軍을 거느리고 와서 백촌강(白村江) 전투에서 나당연합군에 대항하여 전쟁을 벌인 사실을[11] 왜곡하였다. 즉 그는 『日本書紀』의 왜곡기사에 의거하여 倭가 豊을 百濟王으로 책봉하고 豊이 倭의 官位를 받았으므로 倭王權의 官人조직 속에 편입되었다고 주장함과 동시에 백제부흥군의 요청으로 日本이 백제에 出兵하였다고 왜곡하고 있다.

스즈키는 한편으로는 그의 저서 전체를 통해서 『日本書紀』의 기사는 "윤색·허식·변개의 기사," "믿을 수 없는 기사," "사실이라 할 수 없는 기사가 수 없이 많다"고 하면서도 다른 한편에서는 이러한 허구의 기사를 교묘히 引用하여 사실의 기사로 受容하고 있다. 『日本書紀』에는 윤색·허식의 기사가 가득 차 있다고 한다면 기본적으로 사실의 기사와 허구의 기사의 판별 기준을 분명히 제시하고 난 연후에 논리를 전개해야 했음에도 불구하고 그러한 추구는 조금도 하지 않고 다만 사실의 기사는 무시하거나 반대의 뜻으로 해석하고, 조작의 기사에 대하여는 주로 추상적으로는 수없이 믿을 수 없는 기사라고 하면서도 구체적으로는 대개 사실의 기사로 둔갑시키는 방법을 택하고 있다. 『日本書紀』의 윤색·조작되어 있는 백제 왕자 풍의 기사를 사실로 받아들인 것은 그가 택한 방법의 하나인 것이다. 지금 스즈키가 『日本書紀』의 기사가 조작이라고 한 대표적인 예를 제시하면 다음과 같다.

---

11) 최재석, 1998, 「663년 백촌강 전투에 참전한 倭軍의 性格과 新羅와 唐의 戰後對外政策」 『韓國學報』 90.

D-1. 『日本書紀』의 기사는 사실이라고는 말할 수 없다(38쪽).
D-2. 『日本書紀』 顯宗王 3년(487) 足義조에도 加耶에 관한 記述이 있다. (中略) 내용은 쉽사리 믿을 수 없다(185쪽).
D-3. 木滿致에 의한 '任那支配'라는 『日本書紀』의 주장은 (中略) 『日本書紀』 편찬시에 조작된 것이며 사실이라 할 수 없다(197쪽).
D-4. 『日本書紀』 게재의 朝鮮관계 기사가 潤色·虛飾으로 가득 차 있는 것은 주지하는 바와 같다(237쪽).
D-5. 다른 '任那' 기사에도 이러한 사상에 근거한 윤색·變改의 존재는 충분히 예상된다(238쪽).
D-6. 6～7世紀에 倭王權이 관여하였다고 기술하고 있는 '任那'관계 기사도 (中略) 안이하게 신뢰할 수 없다(238쪽).
D-7. 『日本書紀』의 '任那' '任那의 調' 기사에는 이해하기 어려운 기술이 많다(238쪽). 推古 31년 是年조의 처음 기사와 推古 8년 2월조의 序頭文은 (中略) 어느 것이나 『日本書紀』 편찬자에 의한 조작기사이다(259쪽).
D-8. 『日本書紀』에는 645년·646년 연속적으로 (신라) 사인파견 기사가 있으나 사실로 인정되지 않는다(309쪽).
D-9. 大化 2년 2월조에 '高麗·百濟·任那·新羅·晋遣使貢獻調賦'라는 기사가 있지만 朝鮮제국의 동시 '朝貢'은 도대체 믿을 수 없다(鈴木靖民설 受用)(324쪽).
D-10. 推古 31년조에 신라정벌군 편성에 大將軍·副將軍 등 律令制下의 호칭이 보이나 出兵에 대해서도 사실로 인정하기 어렵다(鬼頭清明설 지지)(322쪽).

스즈키는 지난 150년간의 日本의 대표적인 사학자들처럼[12)] 任那와 加耶를 동일국가로 전제하고 역사를 왜곡하고 있다. 任那와 加耶를 동일시함과 동시에 구체적으로는 다음과 같이 주장한다. 이러한 주장은 근거가 없으며 모두 허구이다.

E-1. '任那加羅'는 '任那'와 '加羅'의 二地名의 竝稱이 아니라 '任那加羅'라는 一地域의 地名이다(51쪽).

---

12) 최재석, 1992, 「任那歪曲史 비판: 지난 150년간의 代表的 日本史學者들의 地名歪曲비정을 중심으로」 『겨레문화』 6(『統一新羅·渤海와 日本의 關係』 수록).

E-2. 古代의 金官加耶國을『日本書紀』은 任那라 한다(80쪽).
E-3. '任那加羅' 즉 金官加耶이다(81쪽).
E-4. 大加耶 = 伴跛이다(186쪽).
E-5. '大加耶'가 복수 존재하였다(207쪽).
E-6. 大加耶는 본래 고유명사가 아니라 '盟主'에 대한 존칭이었다(189쪽).
E-7. 任那 = 舊金官國 王家이다(248·250쪽).
E-8. 그런데『日本書紀』의 用語法은 '任那'를 廣義·狹義의 두 가지 의미로 나누어 사용하고 있으며 전자는 加倻지역의 총칭, 후자는 '任那加羅' 즉 '金官加耶'(현재의 대한민국 김해시)만을 지칭하는 것이 통설이다(52족).
E-9. 卞韓·南韓은 南加耶와 同義이며 본래는 金官加耶를 지칭한다(207쪽).
E-10. 濟의 시대에는 宋은 加耶전역을 '加羅'·'任那'로 표현하여 '加羅'를 보탰다(70쪽).
E-11. '任那'는 加耶지역 내의 一地域이 아니라 加耶지역의 총칭이다(52쪽).

이러한 용어사용과 지명 비정은 任那에 광의와 협의가 있다는 것까지도 지금까지 日本에서 해오던 것과 유사하다. 그 자신이 제시한 倭五王의 自稱에도 任那와 加羅는 분명히 이국으로 취급하고 있음에도(158~161쪽), 그는 任那와 加羅는 동일국이라고 주장하고 있다.『三國史記』의 加耶와『日本書紀』의 加羅는 同一國이 아니다.[13]

그는 그의 地名 비정의 부당성을 은폐하기 위해 온갖 방법을 동원한다. 한 예로 大加耶는 伴跛라고 주장하였으나 大加耶는 본래 高靈을 지칭한다. 그래서 이 사실을 은폐하기 위하여 어떤 때는 大加耶는 복수 존재한다고 하고 또 어떤 때는 大加耶는 고유명사가 아니라 盟主에 대한 존칭이라고 주장하고 있는 것이다. 坂本太郎 外 3人이 校注한 岩波書店의『日本書紀』下(日本古代文化大系)는 伴跛를 星州로 비정하고 있다. 이 모두 왜곡된 비정이며 그 근거가 없다.

任那의 위치나 멸망한 해(年)의 시각에서도 임나와 가야는 동일국이 될 수 없다. 그는 "任那는 筑紫(北九州)에서 2천여 리 떨어져 있으며 任那 북

13) 최재석, 1999,「『三國史記』의 加耶 기사와『日本書紀』의 任那·加羅 기사에 대하여」『民族文化』22.

쪽은 바다로 막혀 있고 鷄林(신라)의 서남쪽에 있다"라는 『日本書紀』 崇神 65년조 기사나 加耶와 任那의 멸망년이 서로 다른 사실 등에는 일언반구의 언급도 없이 任那와 加耶는 동일국이라고 주장한다. 『隋書』나 『魏志』가 한국에서 北九州에 이르기까지의 거리를 3천리라 하였으므로 『일본서기』 崇神 65년 기사의 任那는 對馬島임이 분명하다고 하겠다. 末松保和가 일찍이 『日本書紀』의 任那 위치에 관한 기사를 변형하여 해석하였다고 하였는데[14] 그러한 처사 자체가 任那는 對馬島임을 반증하는 것이다.

〈표 1〉 加耶의 滅亡과 任那의 존재시기

| | 年代 | | 加耶 記事 (『三國史記』) | 任那의 存在 時期 (『日本書紀』) |
|---|---|---|---|---|
| A | 法興 19년 | 532 | 加耶 亡 | |
| B | 欽明 1년 | 540 | | 任那가 사신을 야마토왜에 파견 |
| C | 欽明 5년(1월) | 544 | | 百濟가 任那 집사·日本府 집사를 부름 |
| D | 欽明 5년(2월) | 544 | | 百濟가 任那에 사신 파견 |
| E | 欽明 5년(11월) | 544 | | 百濟가 日本府 집사·任那 집사 호출 |
| F | 欽明 6년 | 545 | | 百濟가 任那에 사신 파견 |
| G | 欽明 21년 | 560 | | 任那 멸망(欽明 23년 分註) |
| H | 眞興 23년 | 562 | 大加耶討平 | |
| I | 欽明 23년 | 562 | | 新羅가 日本 官家 격멸 |
| J | 推古 8년 | 600 | | 新羅와 任那가 서로 공격 |
| K | 推古 8년 | 600 | | 任那가 倭에 사신을 파견 |
| L | 推古 8년 | 600 | | 新羅가 또 任那를 공격 |
| M | 推古 18년 | 610 | | 任那 사신이 筑紫 도착 |
| N | 推古 18년 | 610 | | 倭가 裝飾馬部隊를 편성하여 任那사신 영접 |
| | | | | 任那가 사신을 倭에 파견 |
| O | 推古 19년 | 611 | | 任那가 사신을 倭에 파견 |
| P | 推古 31년 | 623 | | 倭가 任那에 사신 파견 |
| Q | 推古 31년 | 623 | | 新羅가 任那를 공격 |
| R | 推古 31년 | 623 | | 任那·新羅·백제가 사신을 倭에 파견 |
| S | 舒明 10년 | 638 | | 倭王이 사신을 任那에 파견 |
| T | 皇極 1년 | 642 | | 高句麗·百濟·新羅가 사신을 倭에 파견 |
| U | 大化 元年 | 645 | | (百濟 사신이 任那 사신을 겸함) |

14) 최재석, 1993, 『統一新羅·渤海와 日本의 關係』, 一志社, 596쪽 참조.

그뿐만 아니라 任那는 崇神 25년조에 기록된 장소에 존립한 小國이라 하더라도 믿을 수 없을 정도로 멸망과 존립을 수없이 되풀이 한 수수께끼의 나라이다. 더욱이 544년(欽明 5)과 575년(敏達 4)은 모두 각각 한편에서는 멸망했다고 하고 다른 한편에서는 존립하였다고 모순된 기록을 하고 있다. 이러한 기사에 대하여는 눈을 감은 채 加耶와 任那가 동일국이라고 하는 것은 너무나 독단이라고 할 수 밖에 없다. 존립과 멸망을 수없이 되풀이한 任那의 기사를 표로 제시하면 <표 2>와 같다.

〈표 2〉 任那의 존립과 멸망의 반복(『日本書紀』)

| 연 대 | 任那 멸망 | 任那 존립 |
|---|---|---|
| 529(繼體 23) | | ○ |
| 537(宣化 2) | | ○ |
| 541(欽明 2) | ○ | |
| 543( 〃 4) | ○ | |
| 544( 〃 5) | ○ | ○ |
| 545( 〃 6) | | ○ |
| 548( 〃 9) | | ○ |
| 552( 〃 13) | | ○ |
| 562( 〃 23) | ○ | |
| 571( 〃 32) | ○ | |
| 575(敏達 4) | ○ | ○ |
| 585( 〃 14) | ○ | |
| 591(崇峻 4) | ○ | |
| 600(推古 8) | | ○ |
| 601( 〃 9) | | ○ |
| 610( 〃 18) | | ○ |
| 611( 〃 19) | | ○ |
| 623( 〃 31) | | ○ |
| 642(皇極 元) | | ○ |
| 645(大化 元) | | ○ |

위의 표를 정리하면 다음과 같이 된다.

① 529년(繼體 23)~537년(宣化 2) ·················· 9년간 任那 존립 시기
② 541년(欽明 2)~543년(欽明 4) ···················· 3년간 任那 멸망 시기
③ 544년(欽明 5) ············· 1년간 존립했다고도 하고 멸망했다고도 함
④ 545년(欽命 6)~552년(欽明 13) ·················· 8년간 任那 존립 시기
⑤ 562년(欽明 23)~571년(欽明 32) ··············· 10년간 任那 멸망 시기
⑥ 575년(敏達 4) ············· 1년간 존립했다고도 하고 멸망했다고도 함
⑦ 585년(敏達 14)~591년(崇峻 4) ·················· 7년간 任那 멸망 시기
⑧ 600년(推古 8)~645년(大化 元) ················ 46년간 任那 존립 시기
⑨ 537~541 ······························· 멸망했는지 존립했는지 알 수 없음
⑩ 552~562 ······································································· 上 同
⑪ 591~600 ······································································· 上 同

지금 스즈키가 百濟가 사람을 보내 야마토왜를 경영한 기사[15]와 백제왕자 豊(豊璋)이 百濟復興軍의 王이 되어 倭軍을 거느리고 백촌강 전투에서 羅唐연합군과 전쟁을 한 사실을 왜곡한 글을 제시하면 다음과 같다.

E-1. 신라는 532년 金官加耶를 복종시키고 洛東江 西岸에 진출하고 加耶에는 (중략) 新羅에 臣從하여 그 衣冠을 착용하는 자도 생겼는데 이러한 사태에 대응하기 위하여 百濟는 儀禮的으로 倭王에 臣從하면서 諸博士의 파견과 先進文物의 제공을 행하였다. 諸博士 파견은 人質의 變形이며 先進文物의 제공은 貢納이 변화한 것이다(199쪽).

E-2. 『日本書紀』 欽明 15년(554) 2월조에 의하면 백제는 "仍貢德率東城子莫古代前番 奈率東城子言"로 되어 있으며 백제는 倭王權에 出仕하는 人質을 파견하고 있었다. 아시다시피 五經博士 등 제박사의 제공도 또한 質의 일종이다. 국가간의 외교에서의 人質의 相互 교환이 아니라 一國이 일방적으로 제공하는 현상은 古代 東아세아 世界의 諸國간의 관계에서 실제로 존재한 정치적 관계의 일형태였다.

E-3. 7세기 후반 백제의 멸망과 (日本의) 백제에의 出兵, 신라와의 교전하에 있는 백제를 구원할 때 백제왕자 豊璋을 백제왕으로 册立하여 倭王權의 官人 조직에 집어넣은 것은 사실이며 그 時點을 보면 백제를 付庸國視한 것은 전혀 허구가 아니다(200~201쪽).

---

15) 백제에 의한 야마토왜 경영 기사에 대하여는 주2), 주10) 참조.

E-4. 백제 멸망 후 백제군의 요청에 의하여 일본이 백제에 출병하였다(318쪽).

스즈키는 한편에서는 『日本書紀』의 '任那' '任那의 調' 기사는 이해하기 어려운 記述이 많다는 것을 자인하면서(238쪽), 다른 한편에서는 이것을 빙자하여 임나기사를 왜곡하고 있다. 그는 '任那日本府'는 530년~531년에 걸쳐 加耶 在地 支配層의 정치질서에 의지하면서 활동한 왜왕권의 관인 및 정치집단을 기원으로 하는 倭人 집단이라고 규정하고(193쪽), '任那의 조'에 대하여는 한편에서는 본래 신라왕에 대한 복종의 증거로 신라가 任那에 강요한 제도였다고 하면서 또 다른 한편에서는 백제가 가야지역 탈환의 대가로 야마토왜에 調를 바치는 것에 지나지 않는다고 주장하여 무슨 말을 하고 있는지 알아듣기 힘들다. 지금 이에 관한 그의 주장을 제시하면 다음과 같다.

F-1. '任那의 調'란 '任那' 즉 舊金官國 王家가 食邑인 金官4邑의 산출품을 신라왕에 복속의 증거로 공납한 것에 지나지 않는다. 이 '任那의 調'가 왜왕권에 진상되고 후에 倭王權 고유의 貢納制인 調로 사용되었다(250쪽).

F-2. 신라가 '任那'에 '進調'시킨 것은 백제의 對外外交에 대항하기 위해 취해진 조치이다(264쪽).

F-3. '任那의 調' 문제는 백제의 加耶지역 탈환이라는 새로운 사태에 對應한 것이며 그 이상 특별한 의미는 없다(312쪽).

『日本書紀』에 의하면 任那가 야마토왜에 조공을 바쳤다는 기록은 다음과 같이 10회에 이른다. 다음은 편의상 조공을 바쳤다는 나라만을 제시하였다.

① 崇神 65년 7월 ································ 任那
② 欽明 원년 8월 ································ 고구려·백제·신라·任那
③ 敏達 4년 ·········· 신라(多多羅·須奈羅·和陀·發鬼 4邑의 調도 함께)

④ 推古 8년 이해 ······ 신라, 任那
⑤ 〃 18년 ······ 신라, 任那
⑥ 〃 19년 ······ 신라, 任那
⑦ 〃 31년 7월 ······ 신라, 任那
⑧ 欽明 10년 ······ 백제, 신라, 任那
⑨ 大化 元年 ······ 고구려·신라·백제(任那使 겸임)
⑩ 〃 2년 2월 ······ 고구려·백제·신라·任那

그러나 이 10회에 걸친 任那의 조공 기사 가운데 스즈키는 ③④⑤⑥⑦⑨ 5개의 기사만이 '任那의 調'를 나타내는 기사이며, 앞의 ③⑤⑥⑦ 기사는 신라가 倭에 '任那의 調'를 바친 기사이고, ⑨는 백제가 倭에 '任那의 調'를 바친 것이라고 주장한다(312쪽). 한 나라가 조공을 하였다는 기사나 신라, 임나 또는 백제, 신라, 任那 등 여러 나라가 동시에 '調'를 바쳤다는 기사도 모두 허구이다.

이밖에 스즈키는 大加耶, 백제는 모두 倭에 사신을 파견하여 군사 원조를 구하였지만 신라는 倭國에 예속되어 군사지원을 구한 것이 아니라 唐의 명령에 의하여 倭에 신라구원을 청하였다고 주장하기도 한다. 그러면서도 다른 한편에서는 倭는 신라를 정벌할 계획을 진행시켜 나갔다고 주장한다. 그와 동시에 스즈키는 任那와 百濟 양국에 야마토왜에 직할령[官家]을 설치하였다는 『日本書紀』의 허구 기사를 사실로 받아들이고 있다. 이에 관한 스즈키의 주장을 제시하면 다음과 같다.[16]

---

16) 『日本書紀』 大化 元年 7월조에는 금후 야마토왜는 백제로부터 '任那의 調'를 받겠다고 선언해 놓고 다음 해인 대화 2년 9월조에는 신라에 사인을 파견하여 '任那의 調'의 폐지를 통고하였다고 기록하고 있다. '任那의 調'를 폐지하려면 의당 백제에 대하여 통고해야 하는데 신라에 대하여 통고하였으니 이 또한 서투른 조작기사의 하나임을 알 수 있다. 그러나 스즈키는 '任那의 調'를 신라에서는 받지 않고 백제에서만 받겠다는 왜왕권의 방침의 전달이니 사실의 기사라고 주장하고 있다.

G-1. 大加耶·百濟 모두 倭王權에 사인을 보내 군사원조를 구했다(188쪽).
G-2. 요컨대 신라는 6세기 전반의 백제처럼 倭王權에 대하여 '예속'되어 倭國의 지원을 구한 것이 아니라 (중략) 唐의 命令에 의하여 倭王權의 신라구원을 실현하는 방향으로 진행되었다(262쪽).
G-3. 推古 10년(602)에서 동 11년(603)에 걸쳐 신라 정벌계획이 진행되었다(256쪽).
G-4. 『日本書紀』가 '任那'·百濟를 倭王權의 '官家'의 지위를 주고 그 충성을 강조하였다(下略)(200쪽).

## 5. '7세기의 倭國과 朝鮮諸國' 비판

스즈키는 장기간 야마토왜에 체류 중인 百濟王子 翹岐를 일본학계(通說)는 백제로부터 亡命者·人質 등이라고 한다고 비판을 가한 다음 자기는 翹岐를 人質 또는 백제왕자 지위로부터 추방된 자라고 주장하고 있다(290쪽). 교기를 증거 제시 없이 人質인 동시에 추방된 자라고 주장하고 있지만 인질이면서 추방된 자, 이것이 어떻게 가능한 것인지 판단이 서지 않는다. 스즈키는 자기 주장의 근거를 『日本書紀』에서 제시하고 있으나 야마토왜에서 교기의 지위를 알 수 있는 기사는 제거하고 비중이 적은 기사만을 근거로 제시하고 있다. 백제왕자 교기에 관한 『日本書紀』의 기사를 제시하면 다음과 같다. 윤색된 것 그대로를 제시한다.

#### 百濟王子 翹岐에 관한 『日本書紀』의 기사

① 皇極 원년 정월 29일. 백제 파견 使人 大仁 阿曇連比羅夫가 筑紫에서 급히 驛馬를 타고 와서 (중략) 백제국에 지금 큰 전쟁(大亂)이 일어났다고 보고하였다.
② 皇極 원년 2월 2일. (전략) 백제의 弔使의 종자들이 말하기를 "去年 11월에 大佐平 智積이 卒하였습니다. 또 백제의 사인이 崑崙(베트남 남부)의 사인을 바다 속에 던졌습니다. 금년 정월에 國母가 돌아가셨습니다. 또 弟王子인 翹岐 및 同母妹의 여자 4인, 內佐平 岐味, 이름 높은

사람 40여 명이 섬으로 추방되었습니다"라고 하였다.

③ 皇極 원년 2월 24일. 翹岐를 阿曇山背連의 가에 안치하였다.

④ 皇極 원년 4월 8일. 大使 翹岐가 그 종자를 데리고 拜朝하였다.

⑤ 皇極 원년 4월 16일. 蘇我大臣은 畝傍의 가에 翹岐 등을 불렀다. 친히 대화하였다. 그리고 양마 1필, 철 20鋌을 하사하였다. 그러나 塞上은 부르지 않았다.

⑥ 皇極 원년 5월 5일. 河內國의 依網의 屯倉 앞에서 翹岐 등에 騎射를 보였다.

⑦ 皇極 원년 5월 21일. 翹岐의 종자 1인이 죽었다.

⑧ 皇極 원년 5월 22일. 翹岐의 子가 죽었다. 翹岐와 妻는 子의 죽음을 두려워하여 喪에 나가려고 하지 않았다. 무릇 백제·신라의 풍속은 사망자가 있으면 부모 형제 부부 자매일지라도 스스로 보지 않는다. 이것을 보면 대단히 慈愛가 없는 것이 동물과 구별할 수 없다.

⑨ 皇極 원년 5월 24일. 翹岐가 그 妻子를 데리고 백제의 大井의 家로 옮겼다. 사람을 시켜 子를 石川에 묻었다.

⑩ 皇極 원년 7월 22일. 백제의 使者 大佐平 智積 등을 조정에서 향응하였다(어떤 책에 이르기를 백제의 사자 대좌평 지적 및 아들 達率(이름 缺)·恩率 軍善이라 한다). 그리고 健兒에 명하여 翹岐 앞에서 씨름을 하는 것을 보였다. 智積 등은 연회가 끝난 뒤 退出하여 翹岐의 문전에서 배례하였다.

⑪ 皇極 2년 4월 21일. 축자 대재가 급히 말을 달려 奏하기를 "백제국왕의 子인 翹岐·弟王子가 調使와 함께 왔다"고 하였다.

翹岐에 관한 『일본서기』의 기사는 11항목에 이르나, 스즈키는 교기의 지위에 대하여 언급한다고 하면서 이 가운데 ①②④⑪ 등 4개 항목만 제시하였다(278쪽). ①과 ②는 전체적으로 조작된 기사로서, 백제가 야마토왜 경영팀을 파견하여 그곳을 경영한 기사를 은폐하기 위하여 그 기사 전후에 기사를 희석케 하는 내용의 기사를 첨부하는 것[17]과 유사하다고 하겠다. 그리고 ④와 ⑪만으로는 일본에서의 翹岐의 지위를 알 수 없다. 윤색은 되어 있지만 ⑤~⑪의 기사에 의해서만 翹岐의 지위를 알 수 있

17) 최재석, 1999, 「『日本書紀』에 나타난 百濟에 의한 大和倭 경영 기사와 그 은폐 기사」『韓國學報』 96.

는 것이다.

백제에서 파견한 백제왕자 翹岐는 당시의 야마토왜의 실권자인 蘇我氏를 畝傍의 집으로 불러 야마토왜의 정치에 관한 보고를 받음과 동시에 蘇我氏로부터 良馬와 鐵의 진상품을 받았으며, 야마토왜 집행부는 교기를 초청해 놓고 騎射 시범과 씨름 시범을 보여주기도 하였다. 물론 이 씨름은 한국의 씨름이었을 것이다. 교기가 야마토왜에서 임무(야마토왜 指導)를 마치고 귀국한 뒤 다시 야마토왜에 파견되자, 야마토왜의 관문에 있는 筑紫大宰는 급히 사신을 보내 그 소식을 야마토왜에 보고할 정도로 교기의 지위가 높았던 것이다. 교기는 가족과 함께 '百濟'라는 지명이 있는 집으로 이사갔는데, 백제라는 지명이 있는 곳은 적어도 백제가 직접 통치한 지역임이 틀림없을 것이다.

백제의 최고의 관위인 '佐平'을 가진 백제관리 智積도 야마토왜를 지도 경영하기 위하여 야마토왜에 파견되었는데 智積은 그곳에서 제공하는 연회 대접을 받은 후 백제왕자 교기의 집을 향하여 절을 하였다. 大佐平 지적이 '翹岐의 門'을 향해 배례하였는데, 이것을 지적이 경례를 하고 백제왕족인 교기에 대하여 신하의 예를 표한 것이라고 해석한 사람도 있으나, 백제왕자에 대해서라기보다 야마토왜를 통치·관리하기 위하여 야마토왜에 파견된 백제왕자에 대하여 예를 표한 것으로 보아야 할 것이다. 백제의 야마토왜 경영은 백제왕자, 백제 최고의 관위(佐平) 소유자, 그리고 일반 백제관리의 세 가지 차원에서 행해지고 있음을 위의 사료에서 알 수 있다.

스즈키는 지적의 생존을 왜국에 알리고 야마토왜에 떠도는 백제의 시중드는 하인의 소문을 부정하기 위하여 지적이 백제에서 파견되었다고 하나(289쪽) 무슨 말을 하고자 하는 것인지 그 논지가 분명하지 않다. 왜 지적의 존재를 왜에 알려야만 하고 왜 야마토왜 사람이 백제 하인의 소문에 민감하고 또 왜 백제 조정이 하인의 소문을 시정해야 하는지 언급했어야 할 것이다. 다행히도 「砂宅智積碑」가 국립부여박물관에 현존하고 있어서 智積을 망명자라고 하는 왜곡은 할 수 없게 되었으니 천만다행이다. 여기에 스즈키의 주장을 제시하면 다음과 같다.

H-1. 翹岐·智積 모두 '百濟大亂'에 敗하여 추방된 亡命者라고 생각하기 어렵다(290쪽).
H-2. 翹岐는 倭國에서의 체류가 妻子를 수반하는 長期間에 걸치는 것이 예기되는 사실상의 人質이며 실제는 王子의 地位로부터의 추방이라 할 수 있다(290쪽).
H-3. 翹岐 등은 사실상 추방과 같으며 '人質'로서 對倭外交上의 안전보장의 역할을 담당하였다는 鈴木靖民의 주장을 百濟政變의 究明과 그 歷史的 의미를 해명한 점은 새로운 成果이다.(300쪽)
H-4. 智積 파견의 목적은 智積의 生存을 倭國 要人에 알리고 동시에 翹岐가 추방되었다는 傔人(下人)들의 風評을 근거가 없는 소문으로서 否定하는 것 이외는 생각할 수 없다(289쪽).

신라 伊湌 毘曇이 645년 11월에 上大等에 임명되었으나 647년 정월에 "女主不能善理"를 주장하고 反亂을 일으켰으나 곧 진압되었다고 『삼국사기』는 기록하고 있다. 그러나 스즈키는 이보다 약 2년 전인 643년부터 毘曇 등이 주도권을 잡았고, 646년까지 신라는 倭國에 사인을 보내지 않았으며, 『日本書紀』에는 645·646년 연이어 신라 사인의 파견 기사가 있으나 史實로 인정되지 않으며, 毘曇 등의 외교정책은 唐 일변도로 기울어져 倭國의 존재는 전혀 돌보지 않았다고 주장하고 있다(309쪽).

알려져 있는 바와 같이 신라는 7세기 초부터 동아세아의 해상권을 장악하여 그 관리·경영을 이른바 '新羅送使'가 담당하고 있었으므로 왜가 신라와 당에 왕래하는 것은 거의 전적으로 이 '新羅送使'에 의지하지 않으면 안 되었다.[18] 그러나 스즈키는 신라가 왜의 당 유학생 등과 '신라송

18) 최재석, 1998, 「'新羅送使'와 中國 파견 日本使人에 대하여」 『民族文化』 21 : 1996, 「7世紀 中國에 파견된 日本사절·학문승과 新羅」 『韓國學報』 84.

사'와의 제휴를 강화하여, 왜의 외교정책 전환을 촉진하기 위하여 왜인 재당유학생을 왜국으로 보내주었다고 주장한다. 따라서 齊明 3년(657) 야마토왜의 사인과 유학생이 신라에 와서(신라에 올 때도 신라배를 탔을 것이다) 선편으로 당나라에 보내달라고 하였으나, 이 때만은 신라가 거절하여 야마토왜 사인 일행이 그대로 야마토왜로 귀국하였다는 『일본서기』의 기록을 왜곡 해석하여, 신라는 왜국을 '唐·新羅동맹'에 참가시키는 것을 단념하고 왜왕권이 '고구려·백제동맹'에 참가하여도 무방하다는 것을 뜻한다고 주장한다. '親新羅派'는 무엇이며, '新羅·唐동맹'이나 '고구려·백제동맹'은 무엇인가 설명이 없다.

이 절에서도 스즈키는 백제왕자 豊의 지위에 대하여 언급하고 있다. 백제왕자 豊(豊璋)은 왜왕의 관위를 받아 백제왕이 되었으며 豊이 펴는 백제내정에는 왜의 간섭이 있었고, 따라서 왜와 백제부흥군의 관계는 지배=종속의 관계에 있었다고 주장한다. 그러나 이러한 주장은 663년 백촌강 전투에서 백제왕 豊이 거느리고 싸운 왜군은 豊의 군대였으며 豊이 패하여 도망가자 왜군을 거느리고 항복한 사람은 다름아닌 백제왕자(豊의 子) 忠勝과 忠志였다는 사실,[19] 그리고 天智 3년(664)에 제정한 官位 26位階는 나당연합군을 피하여 야마토왜에 이주한 백제인에게만 수여되었다는 사실[20] 등은 전적으로 외면한 채 『일본서기』의 왜곡기사에 의거하여 자기 주장을 편 것이다.

7세기는 물론 8세기에도 야마토왜는 金·銅·鐵을 생산하지 못하여 일부 부유한 왕족과 귀족만이 각각 소량의 金·銅·鐵을 수입한 사실[21]을 고려한다면 7세기에 야마토왜가 한반도 남부에서 생산되는 철을 확보하여

---

19) 주 7) 참조.

20) 최재석, 1999, 「『日本書紀』에 나타난 大和倭 官位제정 기사에 대하여」『韓國學報』 97.

21) 최재석, 1995, 「統一新羅·日本의 관계와 日本이 新羅로부터 구입한 물품」『民族文化』 18(『正倉院 소장품과 統一新羅』 수록).

'國產化'하는 데 성공했다는 스즈키의 주장도 사실과 거리가 멀다.

<표 3>에서 보는 바와 같이 645년부터 655년까지 거의 매년, 그리고 고구려·신라·백제 등 여러 나라가 동시에 야마토왜에 조공을 한 것으로 『일본서기』는 기록하고 있어 일견하여도 조작 기사임을 알 수 있다. 그러나 스즈키는 652년(白雉 3년) 이후의 것만을 문제삼아[22] 신라와 백제는 652년부터 매년 야마토왜에 파견하였으며, 특히 신라는 왜에 出兵을 요청하기 위하여 사인을 파견하였다고 주장하고 있다.

〈표 3〉 고구려·신라·백제·任那가 야마토왜에 조공사를 보냈다는 기사(『일본서기』)

| 연대 | 고구려 | 신라 | 백제 | 任那 |
|---|---|---|---|---|
| 1. 大化 원년(645) 7월 | ○ | ○ | ○ | |
| 2. 大化 2년(646) 2월 | ○ | ○ | ○ | ○ |
| 3. 大化 3년(647) 1월 | ○ | ○ | | |
| 4. 大化 4년(648) | | ○ | | |
| 5. 白雉 원년(650) 4월 | | ○ | | |
| 6. 白雉 2년(651) 6월 | | ○ | ○ | |
| 7. 白雉 3년(652) 4월 | | ○ | ○ | |
| 8. 白雉 4년(653) 6월 | | ○ | ○ | |
| 9. 白雉 5년(654) | ○ | ○ | ○ | |
| 10. 齊明 원년(655) 이해 | ○ | ○ | ○ | |

이와 같이 스즈키는 『일본서기』의 조작기사 가운데 그 일부만 제시하여 그것이 사실이라고 하는 것처럼 신라사인이 唐服을 입고 訪日하여 倭가 이를 추방하였다는 『일본서기』의 조작기사도 사실로 인정하고 있다(313쪽). 이에 관한 스즈키의 허구 주장을 제시하면 다음과 같다.

I-1. 毘曇 등이 주도권을 잡고 있던 645~646년경까지 신라는 倭國에 사인

22) 스즈키는 節을 달리하여 645년·646년의 사인 파견은 사실로 인정하지 않고 있다(309쪽).

을 보내지 않았다(309쪽).

I-2. 신라사인이 送使로서 倭人 在唐유학생을 동행한 것은 (중략) 신라가 왜의 외교정책의 전환을 기대하여 당 유학생 등의 '親新羅派'와의 제휴를 강화한 행위이다(305쪽).

I-3. 신라가 왜인 재당유학생을 왜국에 보내준 것은 유학생 경영자와 밀접한 관계를 가짐으로써 왜국 내부에 작용하여 외교정책의 전환을 촉진하는 데 있었다(263쪽).

I-4. 推古朝 末年에 일본의 '親新羅派'와 '親百濟派'가 대립하였다(318쪽).

I-5. 齊明 3년(657)의 기사는 (중략) 신라가 왜국을 唐·新羅동맹에 참가시키는 것을 단념하고 倭王權과의 외교공작도 정지시키고 왜왕권이 고구려·백제동맹에 참가하는 것은 무방하다는 것을 의미한다(316쪽).

I-6. 형식상 豊璋은 왜왕의 관위를 받은 백제왕자였을 뿐만 아니라 그 內政에도 분명히 왜왕권의 간섭이 미쳤다(333쪽).

I-7. 왜왕권과 백제부흥군의 관계는 지배 = 종속의 관계에 있었다고 보아도 좋다(333쪽).

I-8. 신라사인이 唐服을 입고 訪日하였으므로 왜왕권은 신라사인을 '追還'(追放)하였다(313쪽).

I-9. 『삼국사기』에 있는 신라를 습격한 倭人·倭兵은 자력으로 철 등을 확보하려는 西日本의 下級首長層의 일시적 폭발이다(329쪽).

I-10. 倭國의 5세기의 위기의 하나는 조선반도 남단까지 고구려의 영향력이 미쳐서 鐵·金·銀, 그 밖의 文物 등의 확보가 어렵게 되어 지방수장에 대한 求心力을 잃어버릴 염려가 생긴 것에 있다(329쪽).

I-11. 많은 연구자가 지적한 바와 같이 鐵·金·銀 등 귀금속 그 밖의 문물의 入手야 말로 왜왕권의 중요한 기능이었다(330쪽).

I-12. 왜는 국내적으로 철의 공급을 國產化하였으며 (중략) 遣唐使가 신라를 매개로 하지 않고 南島를 경유하여 入唐이 가능하였다(334쪽).

I-13. 신라는 652년에서 655년까지 매년 사인을 파견하였으며 사인 파견의 목적은 倭에 出兵을 구하기 위해서였다(314쪽).

I-14. 백제는 652년·653년·654년 매년 사인을 보내고 있었다(314쪽).

## 6. 맺는말

스즈키 히데오는『삼국사기』초기기록에 나타난 倭, 중국 기록에 나타난 倭(倭五王),『일본서기』에 나타난 倭 등을 모두 야마토왜로 단정하였다(저서명에도 나타나 있다). 야마토왜왕의 왕권은 4～5세기부터 강력할 뿐만 아니라 日本列島를 통합하였으며 任那와 加耶는 동일국이라는 전제하에서 고대 한국과 일본열도의 관계를 논술하였다. 그런데 5～6세기의 야마토왜왕은 같은 지역(야마토, 河內)에 거주하는 다른 豪族(추장)보다도 그 위세나 가옥 등의 재산이 뒤떨어졌으며, 그 거처도 20년 정도 지난 후 옮기지 않으면 안될 정도의 '掘立柱' 방식의 오막살이에 불과하였다. 당시 倭의 주민은 문자도 없고 남자와 여자는 각각 橫幅衣와 貫頭衣를 착용하는 수준이었다. 그들의 조선·항해 수준이 낮아 7세기는 물론 8～9세기까지도 신라의 도움 없이는 당·신라는 물론 자국내에서도 자유로이 항해할 수 없었다. 스즈키는 이러한 사실 등을 전적으로 외면한 채 한반도 諸國은 야마토왜에 조공을 바쳤거나 속국이었다고 주장하였다. 그리고『삼국사기』의 기록이나 663년 백촌강 전투에 참전한 倭軍은 바로 왕자시절에 30년 동안 야마토왜를 지도한 백제왕 豊의 군대였다는 사실도 도외시하였다.

스즈키가 그의 주장을 도출하는 데 사용한 방법은 다양하다.『일본서기』는 윤색·조작되었다고 수없이 주장하면서도 다른 한편으로는 그 윤색·조작된 수많은 기사들을 사실로 간주하여 자기 주장을 펴 나갔다.

의복다운 의복이나 문자도 없이 얼굴과 팔에 문신을 한 일본열도의 왜인이 鐵 문화와 船舶 문화를 포함하여 고도의 문화를 가진 한반도 제국(고구려·백제·신라)을 속국 내지 식민지로 삼았다는 스즈키를 포함한 일본학자의 주장은 자기 자신을 기만하는 우화일 뿐이다.

스즈키는 서론·본론까지 합하여 장장 3백 수십 면까지 시종 한반도 제국은 야마토왜의 속국이었다고 주장해 놓고 결론(終章)의 마지막 문장에 이르러 남의 눈에 띄지 않을 정도의 한 줄 정도로 짤막하게 그 동안 일본은 고대 한국의 영향으로 자립적인 보행을 할 수 없었다고 우회적으로 말하여 일본이 한국에 예속되어 있었음을 고백하고 있다. 고대한일관계사를 철저하게 왜곡해 놓고 한일관계의 우호증진에 공헌하기를 바란다는 스즈키의 뒤 인사말은 어떻게 받아들여야 할지 당황할 따름이다.

# 제6장 이노우에 히데오(井上秀雄)의 고대한일관계사 연구 비판

## 1. 머리말

日本人 고대사 연구자는 100여년 전부터 고대한일관계사를 왜곡해 오고 있는데, 이들을 다시 분류하면 『三國史記』 초기기록이 조작되었다고 주장함과 동시에 고대한국은 일본(야마토왜)의 식민지였다고 주장하는 사람과 단순히 고대한국은 일본의 식민지였다고 주장하는 사람으로 나누어진다. 그러나 후자의 경우도 『三國史記』 초기기록이 조작되었다는 주장이 전제되어 있는 것은 물론이다.

실제로 일본인 고대사 연구자 전부를 비판의 대상으로 삼을 수 없으므로, 그 중에서 내용적으로나 양적으로나 왜곡 정도가 심한 대표적인 日本人 연구자를 선택하여 비판의 대상으로 삼았다. 지금까지 末松保和, 三品彰英, 今西 龍, 池內 宏, 太田 亮, 黑板勝美, 平野邦雄, 津田左右吉, 鈴木靖民 등을 대상으로 그들의 저서를 비판한 바 있다.[1)]

---

1) 日本人 연구자를 비판한 本人의 논고를 연대순으로 제시하면 다음과 같다. 1985, 「『三國史記』 初期記錄은 과연 造作된 것인가」 『韓國學報』 38(『韓國古代史會史方法論』 수록) : 1986, 「末松保和의 新羅上古史論批判」 『韓國學報』 43(『韓國古代社會史方法論』 수록) : 1987, 「三品彰英의 韓國古代社會·神話論批判」 『民族文化硏究』 20(『韓國古代社會史方法論』 수록) : 1987, 「今西 龍의 韓國古代史論批判」 『韓國學報』 46(『韓國古代社會史方法論』 수록) : 1988, 「末松保和의 日本上代史論批判」 『韓國學報』 53(『日本古代史硏究批判』 수록) :

이노우에 히데오(井上秀雄)는 任那 歪曲에 대해서 비판한 바 있으나[2] 그 역사왜곡 정도가 末松保和, 三品彰英, 今西 龍[3] 등에 못지않을 정도로 심하므로 여기서 비판의 대상으로 삼기로 한다.

---

1988,「池内 宏의 日本上代史論 批判」『人文論集』33(『日本古代史研究批判』 수록) : 1989,「太田 亮의 日本古代史論 批判」『日本學』8·9합집(『日本古代史研究批判』 수록) : 1989,「『新撰姓氏錄』비판」『大丘史學』38(『日本古代史研究批判』 수록) : 1990,「津田左右吉의 日本古代史論 批判」『民族文化研究』23(『日本古代史研究批判』 수록) : 1990,「黑板勝美의 日本古代史論 批判」『정신문화연구』38(『日本古代史研究批判』 수록) : 1990,「坂本太郎 外 3人의『日本書紀』批判」『韓國傳統文化研究』6(『日本古代史研究批判』 수록) : 1990,「오늘날의 日本古代史研究 批判: 江上波夫 外 13人의 日本古代史研究를 中心으로」『韓國學報』60 : 1990,「平野邦雄의 日本古代政治過程論 批判」『日本古代史研究批判』: 1991,「韓國內 日本研究誌에서의 韓·日古代史 서술: 日人學者를 중심으로」『朴成壽教授華甲紀念論叢』(본서 제8장 수록) : 1992,「『日本書紀』의 變改類型과 變改年代考」『韓國學報』67(『統一新羅·渤海와 日本의 關係』 수록) : 1992,「任那歪曲史 비판: 지난 150년간의 代表的 日本史學者들의 地名歪曲비정을 중심으로」『겨레문화』6(『統一新羅·渤海와 日本의 관계』 수록) : 1992,「六國史와 日本史學者들의 論理의 虛構性」『韓國傳統文化研究』8(『統一新羅·渤海와 日本의 關係』 수록) : 1993,「鈴木靖民의 統一新羅·渤海와 日本의 關係史研究批判」『정신문화연구』50(『統一新羅·渤海와 日本의 關係』 수록) : 1993,「三品彰英의『日本書紀』研究批判:『日本書紀 朝鮮關係記事考證(上)』을 中心으로」『東方學志』77·78·79 합집(본서 제3장 수록) : 1996,「田村圓澄의 古代韓日佛教關係史연구 비판」『民族文化』19(『古代韓日佛教關係史』 수록) : 1996,「古代 韓日佛像관계연구 비판: 松原三郎과 毛利 久의 주장을 중심으로」『韓國學報』85(『古代韓日佛教關係史』 수록) : 1997,「'聖德太子'에 관한『日本書紀』의 기사와 日本人 주장의 허구성에 대하여」『韓國學報』87(『古代韓日佛教關係史』 수록) : 1999,「鈴木英夫의 古代 韓日關係史 연구비판」『百濟研究』29(본서 제5장 수록) : 2002,「鈴木靖民의 古代韓日關係史研究 비판」『民族文化』25(본서 제4장 수록) : 2003,「1892년의 하야시 타이호(林泰輔)의『朝鮮史』비판: 고대 한일관계사를 중심으로」『先史와 古代』18(본서 제2장 수록).

2) 앞의 주 최재석, 1985 및 최재석, 1992,「任那歪曲史 비판」 참조.

3) 末松保和, 三品彰英, 今西 龍 등의 역사왜곡에 대하여는 주 1) 참조.

## 2.『古代朝鮮』비판

### 1) 한국고대사와 일본고대사 서술

이노우에의 주요 저서로는 1972년 출간된『古代朝鮮』, 1973년 출간된『任那日本府と倭』, 1974년 출간된『新羅史基礎硏究』를 들 수 있을 것이다. 이 가운데『古代朝鮮』은 개설서이고 나머지는 논문집이다. 그런데 본고에서 다루고자 하는 저서는 처음 것과 둘째 것이며,『신라사기초연구』에 대해는 주로 그의 사료비판 태도에 대해서만 한정하고자 한다. 사료를 취급하는 그의 태도만 파악하면 역사 서술의 기본적 시각은 알 수 있기 때문이다.

곧 알게 되겠지만 그는 한편에서는 고대한일관계사를 왜곡하면서도 다른 한편에서는 한국고대사는 일본의 시각이나 일본문화를 설명하기 위하여 바라보아서도 아니 되고 그 자체 독립적 역사적 전개과정 즉 고대의 東亞細亞 전체의 국제적 관계 속에서 연구해야 한다고 주장하고 있다. 그러나 이 후자의 주장은 鬼頭淸明이 한일고대사를 왜곡하기에 앞서 한국사를 일본사에 從屬된 것으로 보지 말고 독자의 체계를 가진 세계 각국사의 하나로 파악해야 된다고 한 주장과[4] 유사하다고 하겠다. 鬼頭淸明이 머리말에서 그럴 듯하게 한국사의 주체성과 방법상의 객관성·과학성을 내세우면서도 본론이나 결론에 가서는 결국 역사적 사실을 왜곡하고 있는 것처럼 이노우에도 다음에 언급한 바와 같이 한국고대사를 극도로 왜곡하고 있으니 앞의 주장은 위장임을 알 수 있다.

본인은 이미 일본인 연구자가 애용하는 이러한 허구의 논리를 '序頭

---

4) 鬼頭淸明, 1976,『日本古代國家の成立と東あアジア亞細亞』, 東京: 校倉書店, 37; 281쪽.

의 위장법'이라고 명명한 바 있다.[5] 지금 이노우에의 주장을 제시하면 다음과 같다.

> A-1. 일본의 시각에서만 '조선'을 보는 자세는 잘못이다. 조선문화는 일본문화를 설명하기 위해서만 이용되어서는 아니 된다. 그 독립한 역사적 전개, 다시 古代의 동아세아 전체의 국제적 관계 속의 위치를 제외하고는 조선고대사의 올바른 접근은 있을 수 없다(270쪽).

(1) 한국고대사

우선 『古代朝鮮』의 목차부터 살펴보자

1. 初期의 조선
2. 原始國家의 형성
3. 三國의 흥망(1)
4. 三國의 흥망(2)
5. 통일전쟁
6. 통일신라

'古代朝鮮'이 三國시대와 통일신라시대를 포함하는 것이라면 의당 고구려·백제·신라 등 三國의 國名과 정치적·문화적 특징 정도는 章名으로 나타내야 하며, 또 統一新羅에 대하여도 「통일신라」라는 章名만 제시할 것이 아니라 아세아의 강국으로 등장한 통일신라의 강력한 정치·외교와 찬란한 문화에 관해서도 章名化하여야 한다. 그러나 이노우에는 原始國家의 형성, 三國의 흥망 (1)·(2), 통일전쟁, 통일신라를 章名으로 정하였다. 三國의 國名을 밝히지 않은 것이나, '통일신라'라는 章名만 제시한 것이나 혹은 '原始'라는 용어를 사용하여 「原始國家의 형성」이라는 異質的인 章名을 삽입한 것 등은 『三國史記』 초기기록은 조작되었다고 주장하

5) 최재석, 1993, 『統一新羅·渤海와 日本의 關係』, 一志社, 613쪽.

는 태도와[6] 軌를 같이하는 것이라 하겠다.

그러면 다시 1章「初期의 朝鮮」의 목차를 살펴보자. 그는 초기조선을 기자조선, 위씨조선, 漢人이 통치한 조선, 後漢이 지배한 조선 등으로 구분하여 어느 시각에서나 초기조선은 中國의 植民地로부터 시작하였다는 것을 강조하고 있음을 보게 된다.

1. 初期의 조선의 목차
   ① 箕子朝鮮
   ② 衛氏朝鮮
   ③ 漢人의 조선
   ④ 後漢의 郡縣(한반도)지배

위에 나타난 이노우에의 목차설정에서 우리는 그가 한국사를 하나의 국사로서, 내재적·주체적 발전의 주체로서 파악하는 시각을 전적으로 배제하고 있음을 알게 된다. 이러한 목차설정은 고대한국이 야마토왜의 식민지였다는 주장을 피력하기 위한 정지작업의 하나로 보인다. 이노우에가 이러한 주장을 한 것은 後漢시대(216～219)까지 한반도가 중국의 식민지였다고 한다면, 그 이후시대의 고대한국이 야마토왜의 식민지였다는 주장을 더 용이하게 받아들일 것으로 계산한 때문이다.

제2장의 장명을 '국가의 형성'이 아니라 '原始'를 冠하여「原始國家의 형성」이라고 한 것은 한국 고대국가의 원시성을 강조하기 위해서인 것으로 보인다. 당연히 밝혀야 할 국가명인 '고구려' '백제' '신라'를 밝히지 않고 단지 '三國'이라고 한 것도 역사의 은폐 내지 왜곡이라 할 수 있다. 백제라는 국명을 밝히지 않기 위하여 단지 三國이라 하였을 가능성을 배제할 수 없다. '백제'라는 國名을 명기하지 않은 것은 백제와 야마토왜(大

6) 최재석, 1985,「『三國史記』 初期記錄은 과연 造作된 것인가」『韓國學報』 38(『韓國古代社會史方法論』 수록).

和倭)의 관계를[7] 원천적으로 은폐하기 위해서인 것으로 보인다. 章名을 각각 고구려·백제·고신라의 興起와 쇠퇴로 하지 않고 「三國의 흥망(1)」, 「三國의 흥망(2)」로 한 것도 일종의 역사 은폐와 왜곡이다. 과문한 탓인지는 모르나 日本史書에서 章名을 흥망(1), 흥망(2)로 설정하는 일은 아직까지 없는 것으로 알고 있다.

또 그는 그의 책 말미에 첨부한 「古代朝鮮史年表」 기사도 왜곡하고 있다. 예를 들면 그는 478년 倭王 武가 宋에 上表文을 올려 고구려 討滅의 뜻을 전하였다고 기술하고 있고, 663년에는 日本이 백촌강에서 唐軍에 패하였다고 기술하고 있다. 前者는 전혀 사실이 아니고[8] 후자인 경우 백촌강 전투에서 日本軍과 唐軍이 싸운 것이 아니라 백제왕 豊의 군대(日本軍)와 羅唐軍과 싸운 것이다.[9]

이노우에는 『古代朝鮮』에서 한국고대사를 다음과 같이 왜곡하고 있다.

B-1. 神話 전설의 단군조선 혹은 箕子朝鮮을 古朝鮮이라 칭하였다(20쪽).

B-2. 『三國史記』 百濟本紀의 초기기록에 대해서는 제12대 契王 이전의 기사가 說話的인 전설기사이거나 후세의 조작기사 등으로 백제의 정확한 역사를 전하는 문헌사료가 아니다(99쪽).

B-3. 신라는 제17대 奈勿尼師今(356~402)부터 김씨가 왕위를 독점하게 되고 신라의 역사시대를 맞이한다(135쪽).

이와 같이 이노우에는 『삼국사기』 초기기록이 조작되었다고 말하였을 뿐만 아니라 그로부터 2년 후인 1974년 출간된 『新羅史基礎研究』에서도

7) 최재석, 2001, 『古代韓日關係와 日本書紀』, 一志社 참조.

8) 최재석, 1999, 「中國史書에 나타난 5세기의 이른바 '倭五王'에 대하여」 『亞細亞研究』 42-2(『古代韓國과 日本列島』 수록).

9) 최재석, 1998, 「663년 백촌강 전투에 참전한 倭軍의 성격과 新羅와 唐의 戰後對外政策」 『韓國學報』 90(『古代韓國과 日本列島』 수록) : 1999, 「『日本書紀』에 나타난 百濟王 豊에 관한 기사에 대하여」 『百濟研究』 30(『古代韓日關係와 日本書紀』 수록).

世紀·王統 등 신라사 전반에 관하여 다음과 같이 왜곡하고 있다.

C-1. 『삼국사기』 紀異 제1의 4대 脫解王조의 기사는 신화일 뿐만 아니라 신라의 것을 전하는 것은 아니다(302쪽).
C-2. 신라의 上古라 불리는 6세기 초엽 이전의 王統은 (中略) 중국의 夏·殷·周나라의 계승관계에서 조작된 계보이다(304쪽).
C-3. 朴·昔·金 三姓交立은 전설이다(304쪽).
C-4. 6세기 초엽 王統은 신라말의 王統 내지 6세기 중엽의 三部制를 반영한 것이고 왕통 계보의 실정을 전하는 것이 아니다(304쪽).
C-5. 『三國遺事』 권2 孝昭王代(692～702)의 竹旨郎傳은 설화이다(325쪽).
C-6. 신라의 王統 계보에서는 上代 전반은 신화시대이다(332쪽).
C-7. 始祖 혁거세왕 이후 7대 왕에 朴氏라 칭한 것은 후대의 가필이다(332쪽).
C-8. 三姓 교대의 신화는 사실이 아니고 池內 宏씨가 지적한 것처럼 下代말에 조작된 것이다(333쪽).
C-9. 8대 阿達羅王은 (中略) 神德王의 왕위계승의 정당성을 증명하기 위하여 조작된 것이다(336쪽).
C-10. 阿達羅王을 『三國史記』는 神德王의 父인 又兼의 遠祖라 하면서 한편으로는 『삼국사기』도 『삼국유사』 王曆도 阿達羅王의 子가 없다고 전하고 있다. (中略) 도저히 사실이라고 생각할 사료가 아니며 (中略) 神德王의 왕위계승의 정당성을 증명하려는 苦肉의 조작기사이다(336쪽).
C-11. 백제의 官位제정은 古爾王 27년(260)이라고 『삼국사기』는 전하고 있지만 물론 이러한 전설은 믿을 수 없다(231쪽).
C-12. 2대 南解王에서 21대 炤知王까지의 官等에 관한 기사는 전설적인 것이 많고 반드시 모두 신용할 수 없지만 奈勿王 이후에야 약간 史料的 가치를 갖는다(209～210쪽).

즉 이노우에는 근거 제시 없이 『삼국사기』의 世紀, 王統, 官位 등에 관한 기사가 신화·전설·설화이거나 조작된 기사라고 주장하고 있다.

백제 역사는 12대 契王(344～345)까지, 신라 역사는 奈勿王(356～401)까지는 조작 전설의 시대라고 주장하고 있다.[10] 그는 또 신라의 왕위계승 가운데 이른바 '三姓交代'도 조작된 기사라고 주장하고 있다. 엄밀히 말하여 당시는 조선후기에 있어서처럼 父系혈연집단을 상징하는 姓제도는 확립되지 않았으므로 '三姓交代' '三姓交立'이라는 용어자체가 적절하지 않다. 당시는 왕의 子·女·婿·친손·외손의 5종의 친족원만이 왕위계승권자 였으므로 억지로 이들을 姓으로 구분·차별화하여 朴氏·昔氏·金氏로 분류하는 것은 타당하지 않다.[11] '三姓交代' 운운하는 것은 그가 신라시대의 姓의 의미를 파악하지 못하고 조선후기시대의 친족조직의 시각에서 신라사회를 바라본 데 기인하는 것이다. 그런데 C-3, C-7, C-8, C-9, C-10 등의 주장은 신라시대의 친족조직에 대한 무지에서 비롯된 것이고 나머지는 의도적인 왜곡이다.

### (2) 日本古代史

『古代朝鮮』에서 그는 일본고대사에 대해서도 언급하고 있다. 이노우에는 한국의 고대사를 기록한 『삼국사기』 기사는 조작되어 있음과 동시에 그 시대의 한국은 중국의 식민지였다고 주장한 반면, 日本은 기원전 200년 경부터 사회변화가 일어난 독립국이었고 또한 고구려와 대항할 수 있을 정도의 강력한 국력을 가진 국가였다고 주장하고 있다. 서기 2세기 후반~3세기 중엽에 日本에는 卑彌呼라는 王이 등장하여 대륙문화를 선택적으로 받아들였으며 그 후 日本은 고구려와 전쟁을 하였다고 주장하고 있다. 또 그는 각종의 倭는 '야마토 조정' '日本'을 뜻하며 중국에서는 倭라 하지 않고 '日本'이라 불렀다고 주장하고 있다. 241歲 이상 장수하

---

10) 그는 여기서는 『三國史記』 신라본기, 백제본기만 조작되었다고 주장하였지만 다른 논고에서는 『三國史記』 고구려본기도 조작되었다고 주장하고 있다(井上秀雄, 1976, 「神話に現れた高句麗王の性格」 『朝鮮學報』 81).

11) 최재석, 1983, 「新羅王室의 王位繼承」: 「新羅王室의 親族構造」(『韓國家族制度史硏究』 수록) 및 최재석, 1987, 「신라의 姓과 親族」: 「신라시대의 氏族·리니지의 存否문제」(『韓國古代社會史硏究』 수록) 참조.

여 6대의 倭王에 봉사하였다는 人物(建內宿禰)은 조작된 人物이라 하면서도 7세기 중엽에 이미 율령체제가 확립되어 있다고 주장하고 있다. 그러나 日本고대사에 관한 이노우에의 주장은 모두 허구이다.[12] 지금 그의 주장을 제시하면 다음과 같다.

D-1. 朝鮮의 신석기시대는 日本의 죠몬(繩文)시대처럼 기원전 수천년 전부터 시작한다(17쪽).
D-2. 기원전 200년은 일본이 죠몬시대에서 야오이(弥生)시대로 옮아간 시대이다. 그때 일본의 사회는 크게 변화가 일어났다(33쪽).
D-3. 2세기 후반에서 3세기 중반에 걸쳐 日本에서는 邪馬臺國이 성립하여 卑彌呼가 등장하는 시기이다(42쪽).
D-4. 邪馬國이 성립되는 과정에서 大陸 여러 지역의 영향을 받았지만 간접적 영향으로 수용한 문화는 (중략) 국내사정이 우선하여 수용하는가 어떤가를 선택할 수 있다(42쪽).
D-5. 고구려와 대립한 倭는 日本이며 야마토 조정을 지칭한다고 이야기되고 있다(139쪽).
D-6. 지금까지 연구자는 광개토왕릉 비문의 倭나 『삼국사기』『삼국유사』에 보이는 倭를 모두 日本이라고 결정한다(139쪽).
D-7. 엄밀히 말하면 중국에서는 야마토 조정을 倭라 부르지 않고 '日本'이라 불렀다(139쪽).
D-8. 6代 241년 이상 역대 천황에 봉사한 (중략) 建內宿禰 傳承은 大化改新 후 율령 체제에의 전환기에 유력씨족에 의하여 조작된 정치적 傳承이다(91쪽).

## 2) 倭 韓半島說

그는 3세기까지는 중국도 신라도 모두 남조선에 있는 倭를 倭라고 지

12) 여기에 대하여는 다음 논고 참조.
최재석, 1985, 「『三國史記』 初期記錄은 과연 造作된 것인가」 『韓國學報』 38 : 2002, 「6세기의 백제에 의한 大和倭 경영과 法隆寺 夢殿의 觀音像」 『韓國學報』 109 : 2003, 「古代 韓日관계사 연구의 기본시각」 『韓國學報』 112.

칭하였으며, 5세기의 加羅도 7세기의 任那도 모두 倭를 가리키는 것이라고 주장한다. 그리고 加羅의 별명인 倭는 군사력이 고구려보다 뛰어났다고 주장한다. 자기 주장이 확실하다는 것을 보여주기 위하여 한반도 남부에 倭가 존재한다는 지도를 여러 번 제시하고 있다.

즉 「古朝鮮」이라는 章에서 韓半島南部(馬韓·辰韓·弁韓 남쪽)에 두 종류의 倭와 日本 九州지방에 倭人(그는 두 종류의 倭에 대해서나 倭와 倭人의 차이에 대해서 설명하지 않았다)이 존재하고 있는 지도를 제시하기도 하고(21쪽), 「漢人의 朝鮮」이라는 절에서 한반도 남부(樂浪·帶方郡 남쪽에 韓이 있고 다시 그 남쪽)에 倭가 존재하는 지도를 제시하기도 하고(30쪽), 「後漢의 한반도지배」라는 절에서는 한반도 남부(樂浪·帶方郡 남쪽에 韓이 있고 다시 그 남쪽)에 倭가 존재하는 지도를 제시하기도 하고(43), 또 「小國家群(馬韓·辰韓·弁韓)」이라는 절에서는 한반도 남부(樂浪郡·帶方郡 남쪽에 馬韓·辰韓·弁韓이 있고 다시 그 남쪽)에 倭가 존재하는 지도를 제시하기도 하였다(57쪽).

이리하여 魏·晋시대의 중국인은 日本列島의 倭보다 남조선의 倭를 더 확실한 것으로 인식했으며, 신라에서 사용한 倭는 남조선의 倭를 지칭하였고, 加羅의 별명이 倭였으며, 任那를 倭로 인식하였다고 주장하고 있다. 그러나 그의 주장은 모두 허구이다. 또 加羅 = 倭 = 任那라는 것도 근거 없는 허구의 주장이다.[13] 그의 주장을 제시하면 다음과 같다.

E-1. 魏·晋시대도 남조선의 倭는 일본열도의 倭人보다 중국인에게 있어 확실한 존재였다(41쪽).

E-2. 신라에서 사용된 倭는 3세기 이전 중국에서 사용된 남조선의 倭를 가리킨다(139쪽).

E-3. 5세기 후반에는 加羅 지방의 별명인 倭가 세력을 가졌으며 신라에 대

---

13) 加羅·任那 등에 대하여는 최재석, 1999, 「『三國史記』의 加耶 기사와 『日本書紀』의 任那·加羅 기사에 대하여」 『民族文化』 22(『古代韓日關係와 日本書紀』 수록) 참조.

하여는 고구려보다 뛰어난 군사적 압력이 되었다(157쪽).

E-4. 적어도 7세기 중엽까지는 倭를 신라와 육지로 이어지는 任那 지방이라 생각하였다(139쪽).

### 3) 고대한일관계사

이노우에는 이미 3세기 중엽과 5세기 초(404년)에 야마토왜가 강력한 국가로 성장하여 帶方지방(黃海道)까지 침공할 수 있었다고 전제한 다음, 3세기와 4세기에 百濟·新羅 두 나라를 예속시켰으며 고구려와 대립하여 전쟁까지 치렀다고 주장하고 있는데 그의 주장을 좀더 구체적으로 말하면 이러하다.

① 3세기 중엽 30년간 倭(야마토왜)는 한반도에 있는 帶方郡을 통하여 중국(魏·晋)과 국교를 맺었으며 404년에는 倭가 帶方 지방(黃海道)을 침입하였다.

② 應神 3년(272)에 天皇이 무례한 백제왕을 폐위했으며 391년에는 倭가 바다를 건너가 백제를 쳐부수고 백제왕을 臣下로 삼았다. 또 5세기 말 백제는 영토확대에 관하여 야마토왜 王의 裁定을 요청하였으며, 繼體시대(507～533)에는 야마토왜는 백제의 영토확장을 인정해 주는 대가로 백제로부터 불교를 도입하였고 543년(舒明 4)에는 야마토왜는 加羅 지방의 백제 郡令·城主의 철수를 요구하였다. 6세기에는 백제가 야마토왜에 조공을 하였다.

③ 應神 16년(285)과 仁德 53년(365)에 倭의 天皇이 사람을 파견하여 신라를 토벌하였으며, 398년에는 많은 倭人이 신라를 침공하여 新羅王을 臣下로 삼았다.

④ 5세기에 야마토왜의 군대는 신라뿐만 아니라 고구려와도 전쟁을 하였으며 신라의 지배권을 둘러싸고 야마토왜와 고구려는 대립하였다.

이러한 내용이 담긴 이노우에의 주장을 제시하면 다음과 같다.

F-1. 3세기 중엽 약 30년간 倭의 邪馬臺國은 조선에 있는 帶方郡을 통하여 魏·晋과 국교를 맺었다(88쪽).

F-2. 404년 倭가 帶方 지방(지금의 黃海道지방)에 침입해왔다(75쪽).

F-3. 應神 3년(272→392) 백제왕이 天皇에 무례한 짓을 하여 紀臣의 祖上 紀角宿禰 (중략) 등을 파견하여 백제왕을 폐위하였다(90쪽).

F-4. 倭가 辛卯年(391) 바다를 건너 백제를 쳐부수고 신하로 하였다(75쪽).

F-5. 백제는 加羅제국과의 접촉에 의하여 5세기말의 영토확대 방침을 고쳐 남조선제국의 승인을 얻는 방식으로 제3자인 야마토 조정의 裁定을 요청하였다(123쪽).

F-6. 야마토 조정은 繼體시대(507～533)에 일단 백제측에 서서 舊 弁韓 西部로의 진출을 인정하고 그 代價로서 조직적인 불교도입에 성공하였다(124쪽).

F-7. 欽明紀 4년(543) 11월조는 야마토 조정의 사절 津守連이 백제에 대하여 加羅 지방에 배치되어 있는 백제의 郡令·城主의 철퇴를 요구하고 있다(125쪽).

F-8. 欽明紀 4년(543) 9월말 백제의 聖王이 扶南國의 珍奇한 産物 등을 야마토 조정에 보내고 있다(124쪽).

F-9. 6세기 전반의 聖王시대가 되면 백제는 任那제국의 上位에 서서 그들을 지배하면서도 야마토 조정을 섬겼다(97쪽).

F-10. 應神 16년(285→405)에는 平群臣의 祖上 木菟宿禰 (중략) 등을 보내어 신라를 정벌하였다(90쪽).

F-11. 仁德 53년(365→485)에도 사람(이름 생략)을 신라에 파견하여 신라를 토벌하였다(90쪽).

F-12. 398년 (중략) 신라로부터의 使人이 "많은 倭人이 신라에 침입하여 신라왕을 倭의 臣下로 하였다 (하략)"라고 하였다(75쪽).

F-13. 5세기에 倭軍은 신라와 싸웠을 뿐만 아니라 고구려군과도 싸웠다(138쪽).

F-14. (5세기초에) 신라의 지배권을 둘러싸고 고구려와 倭가 대립하였다(137쪽).

F-15. 고구려와 倭의 전쟁이 진행되는 동안에 신라사회는 계급적 분열이 격화되었다 (하략) (157쪽).

F-16. (5세기에) 신라는 왜와 고구려의 영토 쟁탈의 장이었다(138쪽).

F-17. 신라 주둔 고구려군은 倭軍이 (신라로) 침입할 때 신라를 원조하였다 (138쪽).

그의 주장들은 당시 야마토왜 王의 왕권이나[14] 조선·항해술의 수준을[15] 볼 때 터무니없는 주장들임을 알 수 있으므로 여기서 다시 비판의 글은 게재하지 않기로 한다. 허구의 조작 가운데 3세기에 존재하지도 않은 倭王이 백제왕을 폐위시켰다는 주장이나(F-3), 신라의 지배권을 둘러싸고 고구려와 倭가 대립하였다(F-14)는 허구의 주장에 이르러서는 더 이상 할 말을 잃게 된다.

이른바 '百濟三書'는 백제가 야마토왜를 지도하고 경영하였다는 것을 핵심기사로 하는 야마토왜의 역사서이다.[16] 그럼에도 불구하고 이노우에는 백제왕조가 야마토 조정에 대하여 영합적으로 쓴 역사서가 『百濟本紀』라고 말하고 『日本書紀』가 조작되었다는 것은 인정하되 그 조작기사는 日本人이 쓴 것이 아니라 백제인이 쓴 '百濟三書'에 연유한 것이라고 주장하여 그 조작 책임을 백제인에 돌리고 있다. 즉 『日本書紀』의 조작기사는 인정하되 그 책임은 日本人에 있는 것이 아니라 百濟人에 있다고 주장한다. 지능적인 왜곡이라 하겠다. 이러한 내용을 담은 그의 주장을 제시하면 다음과 같다.

G-1. 백제왕조가 야마토 조정에 대하여 迎合的으로 쓴 역사서가 『百濟本紀』이다(93쪽).
G-2. 神功紀 46년(366→426)조부터 仁德 53년(365→485)까지의 야마토 조정과 백제·신라와의 국교관계 기사는 『百濟紀』를 기본으로 하고 있

14) 야마토왜 王의 王權에 대하여는 최재석, 2001, 「『日本書紀』에 나타난 大和倭王의 거처와 王權에 관한 기사」『古代韓日關係와 日本書紀』, 一志社 參조.
15) 야마토왜의 조선·항해수준에 대하여는 최재석, 2001, 「『日本書紀』에 나타난 大和倭(日本)의 造船·航海수준」『古代韓日關係와 日本書紀』, 一志社 참조.
16) 최재석, 1998, 「이른바 '百濟三書'와 大和倭의 실제의 地名」『博物館誌』(江原大) 4·5합집(『古代韓國과 日本列島』 수록).

다(92쪽).

G-3. 『백제기』가 『백제본기』보다 일층 야마토 조정에 영합적인 역사서였다. 『백제본기』는 『백제기』만큼 대담한 조작을 하지 않았다(97쪽).

G-4. 『백제기』는 근초고왕에서 시작하는 任那제국과의 국교를 야마토 조정과의 국교로 바꾸었다(97쪽).

그는 『日本書紀』의 조작·왜곡기사를 백제인의 所爲로 돌리고 있다. 이는 스스로 밝히고 있듯이 『日本書紀』의 조작은 『日本書紀』의 편찬자의 조작이 아니라 백제측 문헌의 역사적 조작에 기인한다고 주장한 그의 은사 三品彰英의 주장을[17] 계승한 것이다. 또 이노우에는 고대 한일관계를 다음과 같이 왜곡하고 있다.

H-1. 應神紀 14년(283→403)조의 弓月君 歸化傳承, 동 20년(289→409) 9월조의 阿知使主 등의 來朝 전설 (중략) 등은 어느 것이나 그 氏族名으로 보아 加羅제국으로부터의 渡來이다(123쪽).

H-2. 백제국도 伴跛국도 裁定者인 야마토 조정에 오경박사와 珍寶를 보내고 있다(122쪽).

H-3. 欽明紀 15년(554)도 정월부터 백제의 구원군 의뢰의 사절이 계속 왔다. 그래서 야마토 조정은 구원군 1000명·馬 100필·船 40척을 보낼 뜻을 전하였다. 마치 이 해답에 대답하는 것처럼 五經박사·僧侶·易박사·曆박사·醫박사·採藥師·樂人 등이 백제에서 왔다(126쪽).

H-4. 야마토 조정은 백제가 궁지에 있는 것을 이용하여 醫박사·易박사·曆박사 등의 교대시기가 와 있으므로 새로운 제박사를 파견하도록 (중략) 요구하고 있다(126쪽).

H-5. 백제 멸망 후 王族 福信과 僧 道琛 및 日本에 파견되었던 王子 豊 등이 고구려와 야마토 조정의 지원을 받아서 664년까지 집요하게 新羅·唐連合軍과 싸웠다(202~203쪽).

H-6. 670년 倭國에서 고구려 평정의 축하사절이 唐으로 갔다. 아마도 백제지방에 있는 倭人의 저항과 白村江에서의 倭兵과의 전투에 관하여 야마토 조정의 책임을 唐에서 추구한 것 같다(212~213쪽).

---

17) 최재석, 1993, 『統一新羅·渤海와 日本의 관계』, 一志社, 616쪽.

H-7. 白村江의 전쟁을 계기로 야마토 조정이 조선의 통일전쟁에 직접 개입하게 되었다(214쪽).
H-8. (당은) 663년 400척의 倭의 海軍을 白村江에서 무찔렀다(212쪽).
H-9. 야마토 조정과 唐과의 관계는 白村江의 戰後처리와 백제에서의 亡命貴族을 포용하고 있는 등 간접적으로 唐과 대립하고 있다(214쪽).
H-10. 665년 唐의 劉仁軌가 신라·백제·탐라·倭人의 4국의 사절을 거느리고 唐의 泰山에서 다시 會盟하는데 이것은 백제 討滅 후 백제 舊 영토의 지배권을 둘러싸고 대립하고 있던 諸國을 唐의 중개로 화해시키려 한 데 있다(212쪽).

H-1은 서기 400년 전후에 고구려의 남침에 시달려온 백제인이 日本 원주민이 거주하는 '畿內'지방에 대규모로 집단이주한 것을 왜곡한『日本書紀』의 기사를 옮긴 것이며,[18] H-2, H-4는 H-3과 관련이 있는데 H-3은 백제가 야마토왜 경영팀을 파견하여 야마토왜를 경영한 내용을 윤색한 欽明 15년조의 기사를 다시 옮긴 것이다.[19] 백제왕자 豊이 야마토왜 조정의 지원을 받았다는 주장(H-5), 백제에 거주하는 倭人이 저항하고 白村江(白江口)에서 倭兵과 唐이 전투를 하였다는 주장(H-6), 야마토왜가 한반도의 통일전쟁에 개입하였다는 주장(H-7), 白村江의 전후처리 문제로 야마토왜와 唐이 대립하였다는 주장(H-9), 그리고 백제영토의 지배권을 둘러싸고 신라·백제·탐라·왜의 4국이 대립하였다는 주장(H-10) 등 어느 것도 사실을 전하는 주장이 아니다. 그는 시종 야마토왜는 백제의 종주국이라는 전제하에서 자기 논리를 전개해 나갔으며 또한 시종 '야마토왜' 대신 '야마토 조정'이라는 용어를 사용하였는데 여기에도 倭王의 존재를 기정사실화하려는 의도가 숨어 있다.

---

18) 최재석, 2001,「『日本書紀』에 나타난 5세기초 대규모 百濟人의 大和倭지방 이주 기사와 그 은폐 기사」『古代韓日關係와 日本書紀』, 一志社.
19) 최재석, 1999,「『日本書紀』에 나타난 百濟에 의한 大和倭 경영 기사와 그 은폐 기사」『韓國學報』96(『古代韓日關係와 日本書紀』 수록).

663년 백촌강 전투에 참전한 倭의 군대는 야마토왜에서 귀국하여 백제왕이 된 豊의 군대였으며[20] 백제 義慈王이 660년 나당연합군에 항복한 직후, 倭王 齊明이 백제 무왕의 조카인 福信의 지시에 따라 야마토에서 북큐슈로 달려가 군대와 무기를 준비하였다는 『일본서기』의 기사에[21] 의해서도 H-5～H-10의 이노우에의 주장은 전적으로 허구임을 알 수 있다.

## 3. 『任那日本府와 倭』 비판

이노우에는 자기의 견해나 주장이 객관적이고 합리적이라는 것을 보여주기 위하여 고대한일관계사 연구에 임하는 기본자세부터 언급한다. 즉 한일관계는 근대의 '日本제국주의의 한국침략'을 반성하는 것만으로는 부족하고 장기적 전망하에서 고려하여야 고대한일관계사가 풀리기 시작한다고 주장한다. '장기적 전망'이 무엇을 뜻하는지 그는 구체적으로 언급하지 않았다. 여하튼 그의 주장의 전개과정을 살펴볼 때 "일본제국주의의 한국침략 반성 운운"이라고 한 주장은 위장된 것임을 알게 된다. 이러한 주장은 앞에서 살펴본 『古代朝鮮』에서의 주장(A-1)과 유사하다고 하겠다. 즉 이노우에는 그의 저서마다 객관성을 가장하는 '序頭의 위장법'을 사용하고 있음을 알게 된다. 여기서도 恩師 三品彰英의 주장을 따르고 있다. 즉 『日本書紀』에는 조작·전설의 기사가 적지 않다고 한 다음 이러한 조작·전설의 기사의 배후에는 역사적 진실이 숨어있다고 주장한 三品彰英의 주장을[22] 계승하고 있다.

---

20) 최재석, 1999, 「『日本書紀』에 나타난 백제왕 豊에 관한 기사에 대하여」 『百濟硏究』 30(『古代韓日關係와 日本書紀』 수록).

21) 『日本書紀』 齊明 6년 12월 24일조.

22) 최재석, 1993, 『統一新羅·渤海와 日本의 關係』, 一志社, 615～616쪽.

I-1. 필자는 日·韓관계를 근대의 日本帝國主義의 조선 침략을 반성하는 것만으로 모든 문제가 해결된다고는 생각하지 않는다. 더욱 장기적 전망 위에 서서 이 문제(남조선경영의 문제점)를 생각하려고 할 때 혹은 고대의 관계도 어떤 기여를 할 수 있다고 생각하고 있다(97쪽).

I-2. 『일본서기』의 기사에는 그 편자의 조작기사가 있다(130·140·147쪽).

I-3. 神功皇后의 '신라정벌' 기사는 일본측의 조작사료이다(250쪽).

I-4. 『일본서기』가 조선침략의 발단으로 한 神功皇后 '新羅征伐' 기사를 仲哀紀 8년 9월조에서 神功前紀에 기록하고 있다. 이미 여러 사람이 말한 것처럼 이 조항은 일본측의 조작자료이다(250쪽).

I-5. 仲哀紀 8년 9월부터 神功前紀에 기재되어 있는 神功皇后의 '신라정벌' 기사는 일본측의 조작사료이다(250쪽).

I-6. 후세의 편찬서에는 역사적 사실을 무시한 이른바 조작기사가 혼재하고 때로는 편찬목적에 따라 사실을 왜곡한 기사도 적지 않았을 것이다(214쪽).

I-7. (前略) 『일본서기』에 윤색과 조작이 있으므로 史觀의 여하에 따라 역사적 사실을 창작하여도 된다는 연구 태도가 취해지고, 그 조작된 역사적 사실 가운데서 '역사적 진실'을 추구하게 된다(220쪽).

I-8. 종래의 日本에서의 古代 조선과의 관계사연구, 특히 今西 龍, 津田左右吉, 池內 宏, 末松保和의 여러 先學 및 恩師 三品彰英 등의 여러 업적에도 매력을 가진 것이 아직 많이 존재하고 있다(214쪽).

I-9. 필자는 양 학계(朝鮮民主主義人民共和國·日本)의 연구자가 古代史像을 가급적 史實을 통하여 재건하려고 한 점은 공통이라고 생각한다(214쪽).

今西 龍·津田左右吉·池內 宏·末松保和·三品彰英 등의 한국사 연구에 많은 업적과 매력이 있다는 주장(I-8)은 허구이고, 北韓의 고대사연구와 日本의 고대사연구가 다 같이 사실을 밝히려는 노력을 하고 있다는 주장(I-9)도 허구이고 위장이다. 이노우에 자신도 北韓의 고대사연구처럼 진실을 밝히고 있다는 것을 나타내기 위하여 이러한 주장을 한 것이다. 今西 龍·津田左右吉·池內 宏·末松保和·三品彰英 등은 한국고대사와 일

본고대사를 가장 왜곡한 사람들이다.[23)]

### 1) 한국고대사와 일본고대사

이노우에는 한국고대사의 진실은 전혀 고려하지 않은 채 자의적으로, 『일본서기』의 紀年에 의거해서 고대한일관계사의 시대구분을 하였다.[24)]

第1期 ·········· 神功紀 5년(205) 이전
第2期 ·········· 神功紀 46년(246)～仁德紀 58년(370)
第3期 ·········· 雄略 2년(458)～武烈紀 7년(505)
第4期 ·········· 繼體紀 2년(508)～欽明紀 18년(557)
第5期 ·········· 欽明 21년(560)～大化元年(645)
第6期 ·········· 大化 2년(646)～天智 7년(668)
第7期 ·········· 天智 8년(669)～持統 10년(696)
第8期 ·········· ～720년 (제8기는 『續日本紀』에 나타난 것)

허구의 존재인 天皇의 紀年에[25)] 의거하여 시대구분을 한 것, 제1기의 시작연대를 명기하지 않는 것도 시대구분의 근거가 박약함을 보여주는 것이며 또 제1기와 제2기 사이, 제2기와 제3기 사이, 제3기와 제4기 사이, 제4기와 제5기 사이에 어느 시대구분에도 포함되지 않는 기간이 각각 41년, 88년, 3년, 3년씩 존재하는 것도 그의 시대구분이 근거 없는 허구의 것임을 나타낸다.

---

23) 今西 龍, 津田左右吉, 池內 宏, 末松保和, 三品彰英 등의 역사왜곡에 대하여는 註 1 참조.

24) 井上秀雄, 1973, 『任那日本府と倭』, 東京 : 東出版, 247～249쪽.

25) 天皇의 성격에 대하여는 최재석, 1999, 「日本 '天皇'의 실상에 관한 『日本書紀』의 기사에 대하여」 『大東文化硏究』 35(『古代韓日關係와 日本書紀』 수록) 참조.

어느 시대에도 속하지 않는 기간의 존재
Ⓐ 제1기와 제2기 사이의 41년(205～246)
Ⓑ 제2기와 제3기 사이의 88년(370～458)
Ⓒ 제3기와 제4기 사이의 3년(505～508)
Ⓓ 제4기와 제5기 사이의 3년(557～560)

이노우에는『일본서기』기사에 의하여 고대한일관계사를 파악해야 한다고 시사함과 동시에 한국고대사를 서술하였다. 그러나 그의 한국고대사는 중국의 식민사였다는 것이 전부였다. 그의 주장을 제시하면 다음과 같다.

J-1. 朝鮮이라는 호칭은 晋시대 이후로『魏志』東夷傳의 用法이 거의 그대로 계승되어 古典的인 箕子朝鮮과 舊郡縣의 樂浪郡 등을 가리키는 두 개의 用法이 병존하고 있었다(339～340쪽).
J-2. 帶方郡은 205년경 後漢이 조선남부의 지배를 강화하기 위하여 현재의 黃海道를 중심으로 설치한 郡이다(385쪽).

아라(阿羅·安羅)는『三國遺事』의 六加耶의 한 지역인 동시에『日本書紀』의 任那 10國과 任那에 존재하는 新羅 七國의 한 지역이기도 하다.『三國遺事』의 것은 한반도에 존재하였으나 후자는 任那 즉 對馬島에 존재한 지역으로 同名異國이다.[26] 그럼에도 불구하고 이노우에는 가야와 任那는 同一國이며『日本書紀』의 安羅는 慶尙道지역에 존재했던 나라라는 것을 주장하기 위하여 '安羅王宮跡後(王宮터에서 加耶里를 바라봄)'이라는 사진까지 제시하고 있다. 현존하지도 않는 安羅宮터라는 사진을 제시하는 것은 일종의 사기이다. 그는 또 空論이 아니라 현지답사에 의하여 한국 고대국가 특히 任那를 연구하였다는 것을 나타내기 위하여「任那諸國의 地理的 조건」이라는

26) 최재석, 1992,「任那歪曲史 비판」『겨레문화』6(『統一新羅·渤海와 日本의 관계』수록).

章을 설정하여『任那日本府와 倭』에 삽입하였다. 그러나 任那는 加耶 즉 慶尙道에 존재했던 나라가 아니라『日本書紀』崇神 65년조에 명기되어 있듯이 對馬島에 존재했던 나라이다.

한국고대사는 중국의 식민사였다고 주장한 이노우에는 日本古代史에 관하여는 구체적 역사적 사실은 외면한 채 倭는 야마토왜이며 이른바 倭五王도[27] 야마토왜 王이라고 주장한다. 즉 그는『日本書紀』의 干支 2巡(120년)의 소급조작기사를 '비상수단'이라고 표현하였으며[28] 日本列島에 존재하는 무수한 韓國地名을 한반도로부터의 移住民 渡來를 의미하는 것이 아니라 '神話合理化'라고 주장하였다. 무엇이 神話합리화인지 그는 밝히지 않았다. 그는 古墳이 畿內에서 北九州로 전파되었다고 허구의 주장을 하였으며, 文字도 없는 원주민만 거주하는 日本列島로 이주한 고대 한국인을 '歸化人'으로 규정하고 또한 그 歸化人은 반드시 한국에서 온 것이 아니라 지방호족일 수도 있다고 주장하였다. 이리하여 이노우에는 倭五王은 야마토왜의 조정이며 7세기 중엽 전에 야마토왜 王은 外交權을 北九州의 구 倭奴國에 위임하였다고 궁색한 주장을 하고 있다. 이에 관한 주장을 제시하면 다음과 같다.

K-1. 옛시대에는 干支 2巡(120년)을 소급시키는 비상수단을 취하였다(127쪽).

K-2.『일본서기』天孫降臨조에 보이는 朝鮮의 地名은 (중략) 朝鮮으로부터의 渡來民 이주를 실증하는 자료로 받아들여서는 아니 되고 神話의 合理化에 의하여 일어난 보편적 현상으로 보아야 한다(227쪽).

K-3. 3세기에 畿內 지방에 발생한 古墳시대의 유적·유물이 4세기 전반에

27) 倭五王에 대하여는 최재석, 1999,「中國史書에 나타난 5세기의 이른바 '倭五王'에 대하여」『亞細亞硏究』42-2(『古代韓國과 日本列島』수록).

28) 干支 2巡 소급조작을 비상수단이라 한 것은 三品彰英의 주장을 받아들인 것이다(127쪽).

北九州 지방으로 전파되었다(339쪽).

K-4. 雄略朝시대(457～479)는 귀족 연합체제의 동요 즉 귀족이 옹립한 天皇이 '귀화인' – 반드시 조선에서 도래한 씨족이 아니라 약소귀족이나 지방호족을 포함한 – 을 주요시함으로써 왕권의 자립을 계획한 시기이다(281쪽).

K-5. 『晋書』의 이른바 倭의 五王 기사 이후는 倭 = 야마토 조정설로서 정착하고 있다(287쪽).

K-6. 만일 재래의 가설이 옳다고 한다면 九州의 北端部가 왜인제국의 최남단이 되어 倭人의 중심은 壹岐 對馬 내지 朝鮮半島 남부가 되어야 할 것이다. 그러나 이 생각은 일부의 연구자만 승인할 뿐 대세는 倭國 = 日本이었다고 생각하고 있다(383～384쪽).

K-7. 7세기 중엽까지 야마토 조정이 北九州 舊 倭奴國에 外交權을 위임하였다(338쪽).

## 2) 倭 韓半島說

이노우에는 『古代朝鮮』에서와 마찬가지로 『任那日本府와 倭』에서도 倭는 韓半島에 존재하였다고 주장한다. 그의 주장을 제시하면 다음과 같다.

L-1. 백제 지식인 가운데는 任那 지방의 別稱을 倭라고 칭하였다(393쪽).

L-2. 백제에서는 옛부터 加羅 지방 – 蔚山·大邱·尙州를 잇는 경상남도 서부지역 – 을 倭로 불렀다(408쪽).

L-3. 신라는 眞興王 6년(545)에 최초의 국사가 편찬되고 (중략) 倭는 加羅諸國 = 任那諸國을 지칭한다(335쪽).

L-4. 신라에서도 백제에서도 7세기경까지 加羅 지방의 별명을 倭로 불렀다(408쪽).

L-5. 조선제국에서는 倭를 加羅地方 및 北九州 등 日本列島의 주민으로 보았다(408쪽).

L-6. 『三國史記』「新羅本紀」는 남한방면의 倭人관계기사를 加耶관계로 바꾸었다(三品說지지; 150쪽).

L-7. 남조선의 加羅 지역을 倭로 불렀던 것은 『百濟本紀』만의 특수한 용법이 아니며 『三國史記』에서는 5세기말까지, 『三國遺事』에서는 7세

기 중엽까지도 아직 이러한 용법이 사용되고 있다(289쪽).

L-8. 경상도 낙동강 서쪽 유역 및 大邱에서 울산 이남의 지방은 任那 지방이라 부른다. (중략) 그 속에는 倭人이라 칭하는 支配者도 있었으며 『百濟本紀』는 이것을 任那日本의 縣·邑이라고 불렀다(110쪽).

L-9. 『百濟記』는 速古王·貴首王시대(346～384)의 任那諸國과 백제와의 관계를 倭와 백제와의 관계로 바꾸어 놓았다(335쪽).

L-10. 倭人이 신라와 육지로 이어지는 加羅지방의 住民이라 하는 설은 옛 『魏志』 한전에 시작하여 廣開土王碑의 倭로 이어지고 6·7세기의 신라사람에게도 계승되었다(408쪽).

L-11. 2세기 後漢시대의 지식인들은 倭人國이 遼西의 북쪽에 있었다고 생각하는 것이 중심이며 일부는 南倭로서 조선반도 내지 그 주변에 倭人이 있는 것도 알고 있었다(史料『後漢書』鮮卑傳; 同 東夷傳 建武中元年조; 同 安帝永初元年조)(384쪽).

L-12. 중국의 지식인은 3세기초에서 後漢시대까지 倭人을 요서의 북방 근처에 거주하는 이민족의 하나로 생각하는 것이 일반적인 생각이었으나 조선의 식민지 지배를 담당한 사람 가운데는 남조선의 主要 주민 한족과 접하여 倭人이었다고 생각하였다(394쪽).

L-13. 倭人의 주요 거주지는 남조선(남한)이라 하는 것이 온당하다(314쪽).

위에서 제시한 바와 같이 이미 백제시대부터 임나를 왜라고 칭하였다고 터무니없는 주장을 한 이노우에는 백제·신라 등 한반도의 제국도 倭가 韓半島에 존재한 加羅 내지 任那인 것으로 의식하였으며 또한 『三國史記』『三國遺事』『日本書紀』의 「백제본기」 및 「백제기」, 『魏志』·『後漢書』·「廣開土王碑」 등도 모두 倭는 한반도에 존재한 것으로 기록하고 있다고 터무니없는 주장을 되풀이하고 있으나, 그러한 증거는 어느 곳에서도 찾을 수 없다. 구체적인 증거 제시도 없으며 상식을 초월한 주장에 대하여는 일일이 반론을 제기할 필요조차 느끼지 않는다.

古代史연구에는 비약된 가설이 많이 필요하다고 전제한 다음(332쪽), 이른바 倭의 五王에 대하여도[29] 견강부회하고 있다. 또 倭가 한반도가 아

29) 倭五王에 대하여는 주 27) 참조.

니라 大海 속에 존재하였다는 중국의 기록은 시종 부인하고 있다. 즉『漢書』28, 地理志의 "樂浪海中倭人 分爲百餘國 以歲時來獻見云"라는 기사를 왜곡 해석하여, 樂浪의 海中에 倭人이 있다고 한 점에서 島國이어야만 한다는 후세의 해석은 반드시『漢書』에 충실한 읽는 법이 아니라고 주장하고(304·306쪽) 오히려 이 사료야말로 '倭人남조선거주설'과 관련이 있다고 강변한다(314쪽).『三國志』魏書 倭人傳의 "倭人 左帶方 東南大海之中 … 或絶或連周旋五千餘里"에 대해서는 이 자료는 5종류의 상이한 자료로 구성되어 있는 견문록이므로 객관적인 묘사를 기대하는 것은 곤란하다고 단정하여(323～324쪽) 이 사료의 가치를 평가절하 하였다. 그리고 그는 여기서 倭가 한반도에 존재하지 않는다는 것을 분명히 나타내는 "從郡至倭循海岸水行 歷韓 七千餘里始渡 海千餘里至對馬島"자료는 제시하지 않았다. 그가 구체적으로 제시한 倭한반도설의 근거는 다음과 같다.

ⓐ 我國(新羅) 北連靺鞨 南接倭人 (『三國遺事』권 3 皇龍寺九層塔)
ⓑ 韓, 在帶方之南 東西以海爲限, 南與倭接 (『三國志』魏書 韓傳)
ⓒ 弁辰 與辰韓雜居 (中略) 其瀆盧國與倭接界, 十二國亦有王 (『三國志』倭書 弁辰傳)

이노우에는 '接'字에 주목하여 ⓐ는 신라가 육지로 이어지는 (신라)남방에 倭人이 있다는 것을 뜻하며(387～388쪽) ⓑ는 韓 또는 馬韓이 倭와 육지로 연결되어 있는 것을 나타내며(320쪽) ⓒ는 弁韓의 一國 瀆盧國이 倭와 界를 접하고(接界) 있으며 구체적인 小國名까지 들고 있어서 그 신빙성이 더욱 높아진다(320쪽)고 주장한다. 그러나 接·接界는 거리가 멀지 않다는 것을 나타낼 뿐 境을 접한다거나 육지로 이어졌다는 것을 나타내는 史料가 아니다.

이노우에는 제시하지 않았지만 이노우에가 제시한 ⓒ의 자료 즉

『三國志』倭書에는 '接界'를 설명하는 글 즉 "丁謙曰 瀆盧當卽今慶尙道巨濟島 此島與日本之對馬島 東西相距不遠 故曰接界"도 게재되어 있다. 巨濟島와 對馬島가 接해 있다는 내용의 글이다. 그러나 이노우에는 이 글은 제외한 채 接界의 例文으로 본문인 "弁辰, 與辰韓雜居 …"만 제시한 것이다. 요컨대 이노우에는 接·接界의 뜻을 분명히 알 수 있는 史料는 제외하고 그렇지 못한 사료만을 제시하고 있다.

이노우에는 '接'·'接界'字가 있는 중국기록 몇 종류만 소개할 뿐 倭가 대륙이 아니라 분명히 바다 속에 존재한다는 다음과 같은 수많은 중국기록은 소개도 인용도 하지 않았다. 이런 점에서도 이노우에의 태도는 학문하는 사람의 태도라고 할 수 없을 것 같다.

> 『後漢書』倭傳: 倭 在韓東南大海中 依山島居 凡百餘國
> 『晋書』倭人傳: 倭人 在帶方東南大海中 依山島爲國
> 『宋書』倭國傳: 倭國 在高麗東南大海中
> 『南齊書』倭國傳: 倭國 在帶方東南大海島中 漢末以來立女王
> 『梁書』倭傳: 從帶方至傍 循海水行, 歷韓國 乍東乍南 七千余里始度一海
> 『北史』倭國傳: 倭國 在百濟新羅東南 水陸三千里 於大海中 依山島而居
> 『隋書』倭國傳: 倭國 在百濟新羅東南 水陸三千里 於大海之中 依山島而居
> 『舊唐書』倭傳: 倭國者 古倭奴國也 去京師一萬四千里 在新羅東南大海中 依山島而居
> 『舊唐書』百濟傳: 東北至新羅 西渡海至越州 南渡海至倭國
> 『唐書』日本傳: 日本 古倭奴也 去京師萬四千里 直新羅東南 在海中島而居
> 『唐書』百濟傳: ·南倭 北高麗 皆 踰海 乃至 其東新羅也
> 『宋書』日本傳: 日本國者 本倭奴國也. 自以其國 近日所出 故以日本爲名

이리하여 이노우에는 後漢(25～219)에서 晋(265～316)에 이르기까지는 남조선의 倭가 日本列島의 倭人보다 더 잘 알려져 있었다고 주장하고(328～329쪽) 또 任那는 加羅·加耶·伽倻·駕洛 등 여러 가지 호칭을 가지는 경상도의 古代 초기 小國家郡이며(187쪽) 倭는 加羅제국의 총칭이라고 전혀 사실과 다른 주장을 하고 있다(334쪽).

### 3) 고대한일관계사

『日本書紀』 繼體 7년(513), 同 10년(516), 欽明 8년(547), 同 15년(554) 기사는 백제왕이 使人을 파견하여 야마토왜를 경영한 것을 나타내는 기사이고, 欽明 13년(552) 기사는 백제 聖王이 야마토왜에 불교포교 의지를 나타낸 기사이다. 그런데 이러한 기사를[30] 원천적으로 봉쇄하기 위하여 이노우에는 『日本書紀』의 朝鮮관계 기사는 560년(欽明 21년)을 소급할 수 없다고 주장한다.

백제의 역대 왕 가운데 威德王만큼 야마토왜 경영에 주력한 왕은 없다.[31] 그러한 내용은 欽明 15년(威德王 원년), 敏達 6년(威德王 24), 同 13년(威德王 31), 崇峻 前期(威德王 34), 崇峻 元年(威德王 35), 同 3년(威德王 37), 推古 3년(威德王 42), 同 4년(威德王 43), 同 5년(威德王 44) 기사에 윤색되어 있지만 잘 나타나 있다. 그런데 이노우에는 야마토왜에서 시행한 威德王의 불교정책마저 왜곡·은폐하기 위하여, 威德王시대에는 백제와 야마토왜가 대립관계에 있었기 때문에 백제왕은 王子를 파견하여 야마토왜에 구원을 요청하였다는 등 허구의 주장을 한다.

지금 이에 대한 이노우에의 주장을 제시하면 다음과 같다. 이노우에는 전설시대라고 한 557년 이전의 기사 가운데 야마토왜에 관한 기사는 사실로 인정하면서도 유독 백제와 야마토왜에 관한 기사만 전설의 기사라고 주장하고 있음을 알게 된다.

---

30) 百濟에 의한 야마토왜 경영에 대하여는 주 19) 참조.

31) 百濟 威德王이 야마토왜에서 편 불교정책에 대하여는 최재석, 1998, 『古代韓日佛教關係史』, 一志社, 제1부 二장 참조.

M-1. 『일본서기』 일본측 사료의 朝鮮관계 기사는 欽明紀 18년(557)조 이전과 同 21년(560)조 이후가 그 성격이 매우 다르다. 전자는 傳承史料를 주로하고 후자는 이미 기록된 사료를 중심으로 한다(217쪽).
M-2. 欽明紀 전반 이전(欽明 21년 이전) 기사는 傳承사료인데 원래 年次가 없었던 것인데 『일본서기』 편자가 조선사료를 기준으로 하면서 중국사료를 참조하여 여기에 연대를 부여한 것이다(218쪽).
M-3. 『일본서기』의 조선관계 기사는 欽明紀 21년(560) 9월조를 소급할 수 없다(218쪽).
M-4. 『百濟本紀』는 백제의 威德王이 약 40년간 대립관계에 있었던 야마토 조정과의 국교를 회복하기 위하여 597년 王子 阿佐를 파견할 때 가져간 것인데 대신라전쟁 때 야마토 조정의 원조를 얻기 위하여 편찬한 것이다(216쪽).
M-5. 威德王은 야마토 조정에 구원을 요청하였는데 야마토 조정이 백제의 요구를 만족시키지 않자 외교방침을 바꾸어 중국의 南北朝 王朝와의 외교에 주력을 두고 야마토 조정의 국교를 거의 돌보지 않다가 말년이 되어 외교방침을 다시 변경하여 야마토 조정과의 국교를 재개하였다(108쪽).
M-6. 王子 惠 파견 이후 對日 외교에 실패한 백제의 威德王(554～597)은 외교의 중심을 중국으로 옮겨간다 (하략) (69쪽).

이노우에는 『일본서기』 기사에 조작 전설의 기사가 있는 것을 인정하면서도 이 조작기사는 야마토왜(일본)에 의해서 행해진 것이 아니라 백제인에 의해서 행해졌다고 주장한다. 조작설을 인정하면서도 그 책임은 일본이 아니라 백제로 돌리고 있다. '百濟三書'가 백제에서 저술되었다는 주장도 허구이고[32] 『일본서기』의 조작기사가 '百濟三書'에 기인한다는 주장도 허구이다. 이에 대한 이노우에의 주장을 제시한다. 그의 주장은 어느 것이나(N-1～N-11) 근거 없는 허구의 것으로 『古代朝鮮』에서 한 허구의 주장을 『任那日本府와 倭』에서도 되풀이하였음을 알게 된다.

32) '百濟三書'에 대하여는 최재석, 1999, 「이른바 '百濟三書'와 大和倭의 실제의 地名」 『江原大 博物館誌』 4·5합집(『古代韓國과 日本列島』 수록) 참조.

N-1. 『百濟本紀』는 백제왕조로부터 (야마토왜에) 증정되었다(104쪽).

N-2. 『百濟本紀』는 推古 5년(597) 백제왕자 阿佐가 來朝(訪日)할 때 가져갔다(108쪽).

N-3. 이때(威德王 말년에) 야마토 조정에 증정하기 위하여 『百濟本紀』가 편찬되었는데 말하자면 국교 재개의 유래서이다(108쪽).

N-4. 『百濟本紀』는 6세기말에 편찬되었으며 6세기 전반의 백제의 대외관계를 전하는 사료로서 존중하여도 좋다(335쪽).

N-5. 『百濟本紀』는 백제의 威德王이 약 40년간 대립관계에 있었던 야마토 조정과의 국교를 회복하기 위하여 597년 왕자 阿佐를 파견하여 가져간 것인데 對新羅전쟁 때에 야마토 조정의 원조를 얻기 위하여 편찬한 것이다(216쪽).

N-6. 『百濟紀』는 三品彰英氏가 지적한 것처럼 『백제본기』 이후에 편찬되고 『백제본기』의 의도－백제성왕의 對任那 침략정책을 야마토 조정이 지원하도록 요청한 것－를 보강하는 것이다(334쪽).

N-7. 「百濟三書」는 백제에서 야마토 조정에 증정된 역사서이다(106쪽).

N-8. 『百濟紀』 『百濟新撰』 『百濟本紀』는 조선의 역사서에서 인용한 것이 大量에 이른다(287쪽).

N-9. '任那日本府'의 명칭은 『百濟本紀』에만 보인다(287쪽).

N-10. 任那日本府의 명칭은 『百濟本紀』에 의하여 조작된 것이다(19쪽).

N-11. 『百濟本紀』는 이러한 편찬 과정 때문에 그 기사에는 야마토 조정에 영합되는 것이 제법 포함되었으며 그 하나로서 日本·天皇·任那日本府의 명칭도 여기서 조작되었다(109쪽).

이노우에는 백제에 의한 야마토왜 경영 기사는 은폐하고 『일본서기』의 조작기사는 백제인이 쓴 '百濟三書'에 기인한다고 기술하고 또 任那는 伽倻國이라 함과 동시에 야마토왜는 加耶를 지배하였다고 주장한다. 다시 말하여 이노우에는 『日本書紀』에 조작기사가 존재함을 인정하되 그 조작기사는 日本人이 아니라 백제인이 한 것이라고 주장한다. 加耶와 任那가 전혀 별개의 지역이라는 것은 이미 밝힌 바 있으므로[33] 이 두 지역의 관계에 대해서는 생략하기로 한다.

---

33) 최재석, 1992, 「任那歪曲史 비판」 『겨레문화』 6(『統一新羅·渤海와 日本의 關係』 수록).

이노우에는 任那는 남한 즉 지금의 경상남도 지역에 존재한 나라이며 "任那는 倭(야마토왜)이다"라는 논리로 한일관계를 설명하고 있지만 그러한 근거는 어느 곳에도 존재하지 않는다. 즉 그의 논리는 이러하다. 『三國志』 魏書에 의하면 南韓에 거주하는 倭人과 日本列島에 거주하는 倭人은 같은 종류의 倭人이며, 중국인도 신라인도 백제인도 모두 남한에 倭人이 거주하며 그 南韓의 倭人은 任那의 주민인 것으로 인식하였다고 이노우에는 주장한다. 또 7세기초 『百濟本紀』는 加耶 지방의 倭를 '야마토왜' '日本'으로 國名을 바꾸었으며, 한편 신라와 백제는 任那의 별칭 내지 古稱을 倭라 하였다고 주장한다. 그리고 이노우에는 이러한 주장은 日本人이 아니라 중국인, 신라인, 백제인이 한 것이라고 주장한다.

① 南韓에 倭人 거주
② 南韓의 倭人 = 任那住民
③ 加耶 지방의 倭 = 야마토왜 = 日本
④ 倭 = 任那의 別稱 내지 古稱

그러나 이러한 주장은 어느 것도 근거가 없으며 그가 조작해낸 것에 불과하다. 이에 관한 그의 주장을 제시하면 다음과 같다.

O-1. 『魏志』 자신도 남조선의 倭人과 日本列島의 倭人은 풍속 습관 등의 문화면에서 공통성을 인정했기 때문에 동일 種名을 사용하였다(388쪽).
O-2. 『魏志』의 편찬자 陳壽는 倭人을 日本列島에만 한정하지 않고 朝鮮半島의 南海岸 지방, 지금의 경상남도 근처까지 倭人의 거주지로 보고 있다. 그리고 이러한 생각은 後世에도 영향하는 바가 커서 특히 조선의 碑文이나 史書에 현저한 영향을 주고 있다(356쪽).
O-3. 중국 지식인은 (중략) 3세기 중엽 魏의 조선 지배가 진척하자 (중략) 남조선에도 한족과 육지로 이어져 倭人이 살고 있다고 생각하였다(394쪽).
O-4. 6세기 중기에서 말기에 걸쳐 신라·백제의 지식인은 이 남조선의

倭人에 대하여 『魏志』의 문헌상의 지식을 원용하여 任那 지방의 주민으로 생각하였다(394쪽).

O-5. 7세기초 백제가 신라나 고구려의 공격을 받아 곤경에 처했을 때 야마토 조정에 지원을 청하기 위하여 쓴 『百濟本紀』에서는 加羅 지방의 倭와의 관계를 야마토 조정과의 관계로 바꿔치고 倭를 일본으로 바꾸었다(408쪽).

O-6. 신라나 백제에서는 경상남도를 중심으로 한 任那지방의 別稱 내지 古稱에 『魏志』 韓傳의 영향을 받아 倭라고 불렀다(393쪽).

앞에서 남한에 있다는 任那가 倭이고 任那 주민이 곧 倭人이라고 주장한 이노우에는 또 任那는 加耶 내지 加羅이며 따라서 『일본서기』 垂仁 2년 조의 意富加羅는 意富加耶이며 意富加耶는 大加耶國이라고 전제한 다음 『삼국사기』에는 任那 기사가 많으며 5세기 중기에 신라와 백제가 任那日本府를 인정하고 있었다고 주장하고 있으나 이 모두 허구의 주장이다. 加耶와 任那는 전혀 별개의 나라이다.[34] 『三國史記』에는 加耶에 관한 기사는 많으나 任那에 관한 기사는 존재하지 않는다. 이리하여 그는 任那人＝加耶人＝倭人의 정치집단이 任那日本府였으며 加耶의 在地豪族이 任那日本府의 主體였다고 주장하고 또한 任那 즉 加耶의 倭人이 任那의 군사·행정·외교적 기능을 장악하여 任那를 지배하였다고 주장한다. 그는 5세기 중엽 야마토왜는 백제와 신라간의 국경분쟁을 해결하였으며 加耶는 야마토왜의 現地주둔 군대의 물자징발 지역이었으며 야마토왜의 本國 정부가 직접 加耶의 외교권을 장악하였으며[35] 신라와 백제는 任那日本府의 존재를 인정하고 있었다고 주장한다. 그는 日本이 任那日本府를 경영할 능력을 갖추었음을 나타내기 위하여 日本(야마토왜)은 4세기 후반부터 정치조직을 가진 국가

34) 최재석, 1993, 『統一新羅·渤海와 日本의 關係』, 一志社, 522～537쪽.

35) 5세기의 야마토왜 내지 야마토왜 王에 대하여는 최재석, 1999, 「日本 '天皇'의 실상에 관한 『日本書紀』의 기사에 대하여」 『大東文化硏究』 35(『古代韓日關係와 日本書紀』 수록) 참조.

였다고 주장한다. 이 모든 주장이 허구이다. 지금 이러한 내용이 담긴 이노우에의 주장을 다음과 같이 제시한다.

P-1. 任那 지방을 加耶·加良·加羅·駕洛 등 각종의 借字法이 사용되었다(111쪽).
P-2.『三國史記』「新羅本紀」는 意富加耶를 大加耶國, 任那를 金官國으로 인정하고 있다(16쪽).
P-3. 任那는 加羅·加耶·伽耶·駕洛 등 여러 가지 호칭을 가진 경상도의 고대초기의 小國家群이다(187쪽).
P-4.『三國史記』에는「신라본기」에 任那관계 기사가 많다(190쪽).
P-5. 王과 상급귀족을 합하여 旱岐라 칭하였다(75쪽).
P-6. 任那 旱岐는 당연히 任那의 諸國王을 가리킨다(77쪽).
P-7. 加羅지방의 倭人의 정치집단을 任那日本府라 부르고 마치 야마토 조정과 관계가 있는 정치기관과 같은 명칭을 부여하였다(216쪽).
P-8. 好太王碑文의 倭의 세력은 (중략) 任那日本府의 실태와 마찬가지로 在地豪族으로 倭人이라 칭하는 자가 主體였다(92쪽).
P-9. 任那日本府를 신라·백제에서 인정하는 시기는 5세기 중엽(530년대에서 564년)이라 할 수 있다(5쪽).
P-10. 任那日本府는 군사적 기능이 중심이었지만 (중략) 시간과 더불어 行政·外交의 기능이 중심이 되었다.
P-11. 鹽東津彦과 그 자손 등이 이른바 日本府의 郡縣의 하나로 보여지는 己汶(慶北 金泉·開寧·善山 지방)을 지배하였으며, 이 땅이 백제의 소유가 되어도 이 관계는 변하지 않았다(14쪽).
P-12. 5세기 중엽 야마토 조정은 任那諸國과 백제·신라 사이에 일어난 국경분쟁을 해결함과 동시에 고구려와의 전선을 정비하고, 그 보급을 확보하기 위해 이 분쟁지를 직접 경영하였다. 이리하여 任那日本府가 행정·외교의 기능을 가지게 되었다(19쪽).
P-13. 任那日本府는 日本府의 郡縣을 통치하는 기관이며, 그 郡縣이 신라·백제와의 접촉 지대에 있었기 때문에 결과적으로 任那諸國 방위의 역할을 다하는 것이며, 이 점에서 任那執事의 外交權을 통제할 수 있다(82～83쪽).
P-14. 任那諸國은 원래 야마토 조정의 現地軍의 물자의 징발을 하는 지방이다(11쪽).
P-15. 日本의 郡縣은 원래 軍事基地的 성격이었는데 행정적 성격을 강화

함에 따라 임시로 설치한 야마토 조정의 朝鮮의 근거지도 任那(金官加羅)에 상치하지 않으면 아니 되었으며, 각지의 郡縣에서의 문제 해결을 위하여 任那의 外交·軍事를 관장하게 된다. 이것이 백제·신라측이 칭하는 任那日本府의 실체이다(11쪽).

P-16. 任那지방의 倭人세력은 일종의 連合體制를 취하고 있었다(110쪽).

P-17. 4세기 후반부터 (日本의) 각지역에서 국가형성이 진전함에 따라 (중략) 그 국가의식은 정치조직으로 발전한다. 그 맹아적인 형태가 好太王碑文에 보이는 倭軍이며 그 발전한 형태를 극단적으로 확대 과장한 표현이 任那日本府라는 명칭이다(92쪽).

P-18. (日本의) 본국정부가 직접 任那의 外交權을 장악하였다(82쪽).

任那(加耶) 거주 倭人의 정치조직인 任那日本府가 任那를 지배하였다는 주장과 더불어 이노우에는 차원을 더 넓게 잡아 고대한일관계사에 대하여도 언급을 하고 있으나 모두 허구이다. 그의 주장은 다음과 같다.

Q-1. (『日本書紀』神代의 神話는) 야마토 조정에의 남조선의 百濟·任那·新羅의 복속을 반영한 것으로 보는 가능성도 성립될 수 있다(130쪽).

Q-2. (신라초기: B. C. 57～A. D. 500) 倭兵은 때로는 바다를 건너 (신라를) 침략하였다고 한 것도 있지만 육지로 이어지는 倭人의 침략이 主體였다(390쪽).

Q-3. 4세기 후반 야마토 조정이 남조선 전지역에 진출하였다.(p.19)

Q-4. 4세기 후반 내지 말에 야마토 조정 내지 九州에 어느 정도의 통일국가가 이루어졌다고 가정하면 新政權의 동요기이므로 남조선 출병이 불가능하였다고 할 수 없다(100쪽).

Q-5. 남조선에 살고 있는 사람들은 고구려의 남하를 방어하거나 小國家를 통합하는 고통 속에서 마음 내키지는 않았지만 倭의 군사력을 이용하지 않을 수 없었다. 이것이 필자가 생각하는 4세기 말에서 5세기에 걸치는 日·韓관계의 대요이다(121쪽).

Q-6. 好太王碑文에 의하면 391년부터 407년 사이에 고구려와 倭가 신라 및 任那 지방의 쟁탈을 둘러싸고 5회의 전투를 했다고 한다(183쪽).

Q-7. 好太王碑文에 의하면 391년 倭가 바다를 건너 백제와 신라를 臣民으로 삼았다. 397년 백제는 고구려에 멸망되어 臣民이 되었으

나 400년에는 백제가 고구려에 대한 맹세를 깨뜨리고 倭와 和通하였다. (중략) 404년 倭는 帶方 지방(지금의 黃海道)까지 침입하였다. (중략) 이 倭를 撰者는 바다를 건너온 자 즉 오늘날의 日本의 軍隊로 보고 있다(116~117쪽).

Q-8. 中國史書의 '使持節都督倭·百濟·新羅·任那·秦韓·慕韓六國 諸軍事安東大將軍倭國王'은 倭國이 宋에 요구한 爵號인데 (중략) 이 명칭이 요구 내지 수여된 것은 438~479년의 일이며 (중략) 倭國이 南朝鮮의 현실에 서서 이 요구를 하였다(113쪽).

Q-9. 462년 倭王은 百濟를 보태어 七國諸軍事를 요구하고 있는데 (중략) 倭王이 남조선 지배를 바라고 있었던 것만은 확실하다(115쪽).

Q-10. 5세기에 倭國은 (宋에 대하여) 남조선 지배를 요구하였다(116쪽).

Q-11. 日本의 郡縣은 5세기 전반에는 百濟와 任那에 성립되었고, 5세기 후반에는 신라에 성립되었다(11쪽).

Q-12. 日本 조정은 5세기 후반에는 日本의 郡縣이 있는 지방－충청남도에서 전라남북도－의 地名을 冠한 王候名을 南齊에 요구하고 있다(11쪽).

Q-13. 日本과 고구려간의 신라 쟁탈전이 끝난 것은 5세기 후반이다(10쪽).

Q-14. 신라측도 (중략) 6세기 후반 이후의 3국 전쟁기에는 야마토 조정과 우호적인 外交관계를 맺고 백제에 대항하지 않으면 아니 되는 일이 많았다(135쪽).

Q-15. 日本군대가 직접 군대를 조선에 파견하여 任那 부흥을 위하여 신라와 싸운 것은 推古紀 8년(600)의 일이며 일시적 성공을 거두지만 결국 중지된다. 이 사이 신라는 사인파견·조공을 하여 특히 推古紀 8년(600), 同 18년(610년), 同 19년(611), 同 31년(623)과 종종 任那를 대신하여 일본에 任那의 調(조공)를 바친다. 이것은 신라가 일본과의 군사적 대립을 외교적으로 해결하려고 한 것이다(69쪽).

Q-16. 668년까지 (중략) 신라, 백제가 각각의 입장에서 야마토 조정과의 국교를 확보하지 않으면 아니 되며 朝貢使를 빈번히 파견하였다(130쪽).

Q-17. 신라는 계속하여 야마토 조정에 조공사를 파견하여 당을 견제하였으며 신라의 조공사 파견은 735년까지 계속하였다(131쪽).

Q-18. 9세기에 신라와 국교가 단절된 후 오히려 신라로부터의 귀화인의 기사가 눈에 띄게 증가하고 있다(118쪽).

이노우에는 귀신시대인 '神代' 즉 179만 여년 이전 시대에도 백제·신라·任那가 야마토왜에 복속되었을 가능성이 있다고 전제하고 고대한일관계사에 대하여 언급하였다. 그의 논지를 정리하면 다음과 같다.

① 4세기 후반에 야마토왜는 남한 전지역에 진출하였으며 동시에 군대도 파견하였다.

② 5세기에 야마토왜 王은 南韓 지배를 바라고 남한 지배의 상징인 '六國諸軍事'의 爵號를 宋에 대하여 요구하여 이것이 수여되었다.

③ 391년에 야마토왜 王은 백제를 야마토왜의 臣民(식민지)으로 삼았으며 5세기 전반에는 백제에 야마토왜의 郡縣을 설치하였으며 5세기 후반에는 南齊에 대하여 백제의 地名을 冠하는 王侯名을 요구하였다.

④ 668년까지 백제는 야마토왜에 빈번히 조공사를 파견하여 조공하였다.

⑤ B. C. 57～A. D. 500까지 야마토왜 군대가 海陸으로 신라를 침범하였다.

⑥ 391년에 야마토왜 왕은 신라를 야마토왜의 臣民으로 삼았으며 5세기 후반에 신라에 야마토왜의 郡縣을 설치하였다. 600년에는 야마토왜와 신라가 전쟁을 하였으며 신라는 그 후 계속하여 조공사를 파견하여 야마토왜에 조공을 하였다.

⑦ 야마토왜는 391～407년과 5세기 후반 두 번에 걸쳐 고구려와 신라 쟁탈전을 치렀다. 404년에 이미 야마토왜 軍隊는 帶方(黃海道)까지 침입하였다.

⑧ 日本은 5세기 전반과 후반에 각각 백제와 신라국에 日本의 郡縣을 설치하여 경영하였다.

⑨ 600년에 신라와 야마토왜는 전쟁을 하였다고 하면서 동시에 신라는 야마토왜에 조공을 하였다고 모순된 주장을 하고 있다.

⑩ 이노우에는 이밖에 자신의 허구의 주장을 합리화하기 위하여

다음과 같이 주장하기도 한다. 즉 4세기말에서 5세기초에 남한사람들(구체적 국명을 밝히지 않음)이 고구려의 남하를 방어하기 위하여 야마토왜의 군대를 이용하였으며 6세기 후반 신라는 백제에 대항하기 위하여 야마토왜와 우호관계를 맺었으며 또 신라는 738년까지(언제부터라는 말을 명기하지 않음) 계속 당을 견제하기 위하여 야마토왜에 조공사를 파견하여 조공을 하였다고 주장하였다.

위의 한일관계사에 관한 이노우에의 주장을 정리하면 <표 1>과 같다.

〈표 1〉『任那日本府와 倭』에서 주장한 야마토왜와 한반도제국과의 관계(井上秀雄)

| 연대 | 倭와 남한전체의 관계 | 倭와 백제의 관계 | 倭와 신라의 관계 | 倭와 고구려의 관계 |
|---|---|---|---|---|
| ① 179만여 년전 | 백제·신라·任那가 야마토왜에 복속되었을 가능성 있음 | | | |
| ② B. C. 57 ~A. D. 500 | | | 야마토왜 兵, 해륙으로 신라침략 | |
| ③ 4세기 후반 | 야마토왜 남한전지역 진출<br>야마토왜 남한에 출병 | | | |
| ④ 4세기말~5세기초 | 남한사람들 倭의 군사력이용(고구려 南下방어차) | | | |
| ⑤ 391~407 | | | | 야마토왜가 고구려와 5회의 전쟁을 함 |
| ⑥ 391<br>400<br>404 | | 백제가 야마토왜의 臣民(식민지)이 됨<br>백제가 고구려를 배반하고 야마토왜와 和通 | 신라가 야마토왜의 臣民(식민지)이 됨 | 야마토왜가 帶方(黃海道)침입 |
| ⑦ 438~479 | 야마토왜 宋송에 대하여 南朝鮮지배 칭호를 얻어냄 | | | |

| | | | | |
|---|---|---|---|---|
| ⑧ 462 | 야마토왜 王, 南韓 지배를 바라고 宋에 대하여 七國諸軍事 요청 | | | |
| ⑨ 5세기 | 야마토왜 王, 宋에 대하여 南韓지배 요구 | | | |
| ⑩ 5세기 전반 | | 백제에 日本의 郡縣설치 | | |
| ⑪ 5세기 후반 | | 야마토왜, 日本郡縣이 있는 지방명을 冠한 王侯名을 南齊에 요구 | 신라에 日本의 郡縣 설치 | 야마토왜와 고구려 전쟁(신라쟁탈차) |
| ⑫ 6세기 후반 | | | 신라, 백제에 대항하기 위하여 야마토왜와 우호관계 맺음 | |
| ⑬ 600<br><br>600,610, 611,623 | | | 야마토왜, 신라와 전쟁(任那부흥차)<br>신라, 야마토왜에 조공 | |
| ⑭ ~668 | | 백제, 야마토왜에 빈번히 조공사 파견 | 신라, 야마토왜에 빈번히 조공사 파견) | |
| ⑮ ~735 | | | 신라, 唐을 견제하기 위하여 야마토왜에 조공사 파견 | |
| ⑯ 9세기 이후 | | | 日本에 귀화하는 신라인 증가 | |

이러한 이노우에의 주장은 앞의 절 『古代朝鮮』에서 주장과 일치하지 않는다. 다시 말하면 391년에 倭가 바다를 건너 백제를 쳐서 臣下로 삼았다는 주장을 제외하고는 두 저서는 서로 다른 주장을 하고 있다. 이렇게 볼 때 이노우에는 근거도 없이 자의적인 허구의 주장을 되풀이 하고 있음을 알게 된다. 또 <표 1>에 나타나 있는 바와 같이 허구의 주장을 되풀이 함과 동시에 전후 당착 내지 모순된 주장을 자주 하고 있음을 알게 된다. 이러한 당착 모순된 주장의 예를 들면 다음과 같다.

① 任那日本府는 4세기 후반에 설치되었다고 하면서 다른 한편에서는 6세기초 즉 532년에 설치되었다고 주장한다.

② 任那日本府는 명칭은 『百濟本紀』에 의해서 조작되었다고 하면서 다른 한편 大化改新 전후에 日本府라는 명칭이 생겨났다고 주장한다.

③ 任那日本府는 야마토왜의 派出기관 내지 남한경영의 거점도 아니라고 하면서 다른 한편에서는 任那日本府는 야마토왜의 군사기지인 동시에 派出기관이었다고 주장하고 있다.

④ 또 任那日本府는 加耶에 거주하는 호족이라고 하면서 다른 한편에서는 야마토왜가 파견한 조직이라고 주장한다.

이러한 내용이 담긴 이노우에의 주장을 제시하면 다음과 같다.

R-1. (A) 4세기 후반 야마토 朝廷이 南朝鮮 전반에 진출하고 있기 때문에 任那日本府의 설치는 이 시기이다(18쪽).
(B) 532년 신라에 金官加羅國이 멸망된 후 이른바 任那日本府가 설치되었다(191쪽).

R-2. (A) 任那日本府의 명칭은 『百濟本紀』에 의하여 조작된 것이다(19쪽).
(B) 大化改新 전후에 '日本府'의 명칭이 생겨났으며, 백제·加羅에서 제법 일반화하였다(6쪽).

R-3. (A) 任那日本府의 내용도 日本에서 일반적으로 알려져 있는 것과 같은 야마토 朝廷의 派出기관(출장기관) 내지 남조선경영의 거점도 아니었다(91쪽).
(B) 5세기 초기까지 고구려와의 광범한 전선은 극히 유동적이며 대화조정의 조선지배의 형태도 여기에 따라 군사거점의 확보뿐이었다. 그래서, 任那(金官加羅)의 基地의 기능은 이러한 군사적 통할이었다. (중략) 이리하여 야마토왜의 派出기관으로서의 기능은 거의 정리되었다(19쪽).

R-4. (A) 好太王碑文의 倭의 세력은 (중략) 任那日本府의 실태와 마찬가지로 在地豪族으로 왜인이라 칭하는 자가 주체였다(92쪽).
(B) 『日本書紀』에 보이는 任那日本府는 (중략) 일반적으로는 야마토 조정에서 파견되었으며 任那 지방을 지배하고 있는 출장기관이다(391쪽).

## 4. 맺는말

개설서인 『古代朝鮮』과 논문집인 『任那日本府와 倭』에서 한 이노우에 히데오의 주장은 모두 허구이다. 특히 조선·항해수준은 유치하여 9세기에도 日本은 단독으로는 海外로 나갈 수 없었으므로 신라 초기부터 A.D. 500년까지 日本이 군대를 한반도에 出兵하여 한반도 제국을 속국으로 삼았다는 一連의 주장은 허구일 수밖에 없다.

같은 지역에 거주하는 호족의 것보다도 뒤떨어진 천황의 가옥과 권력(王權), 6세기 일본의 강역은 야마토(奈良)도 벗어나지 못하여 하나의 독립국을 유지하기에도 어려울 정도로 협소하였고, 일본의 官位는 7세기에 이르러서야 시행되었으며, 조선·항해수준이 유치한 일본은 한국(신라)의 도움 없이는 해외로 나갈 수 없었던 상황 등 고대 일본의 정치적 상황[36]을 기록한 『일본서기』의 기록은 무시한 채, 『삼국사기』는 조작되었고, 일본은 기원전부터 강력한 고대국가였다고 전제한 다음 고대 한국은 일본의 식민지였다고 이노우에는 주장하고 있는 것이다. 이는 그가 일본에 관위제가 시행되기 이전에 백제의 무령왕·성왕·위덕왕에 의하여 통치되었다는 『일본서기』의 기록[37]을 근원적으로 부정하고 싶은 심리에서 그러한 주장을 한 듯하다. 이리하여 그는 역사를 전적으로 왜곡하였는데, 그의 주장을 정리하면 다음과 같이 될 것이다.

① 『삼국사기』 초기기록은 조작되어 믿을 수 없다.

② 고대한국은 중국의 식민지였으나 倭(日本)는 기원전 200년부터 독립국이었다.

---

36) 최재석, 2003, 「古代 韓日관계사 연구의 기본 시각」 『韓國學報』 112 참조.
37) 최재석, 2002, 「6세기의 백제에 의한 大和倭 경영과 法隆寺 夢殿의 觀音像」 『韓國學報』 109.

③ 한반도에도 倭(야마토왜)가 존재했으며 한반도의 加羅·任那·加耶는 모두 倭를 지칭한다.

④ '백제삼서'는 백제가 야마토왜를 위하여 쓴 역사서이며『日本書紀』의 조작기사는 日本人이 한 것이 아니라 백제인이 작성한 '백제삼서'에 연유한다.

⑤『日本書紀』의 조작기사 가운데는 역사적 진실이 숨겨져 있다.

⑥ 한일관계에 관한『日本書紀』의 기사는 560년 이후부터 사실이다. 이것은 513년부터 554년까지 백제가 야마토왜 경영팀을 파견하여 야마토왜를 경영한 기사를 은폐하기 위한 주장인 듯하다.

⑦ 任那=加耶 거주 倭人의 정치조직이 任那日本府이다.

⑧ 5세기초 야마토왜는 帶方 지방(黃海道)을 침공하였으며 백제·신라를 속국으로 삼았다.

⑨ 4세기에 야마토왜는 군대를 한반도에 파견하였으며 그곳에 야마토왜의 郡縣을 설치하고 지배하였다.

⑩ 4세기말~5세기초, 5세기 후반에 신라를 쟁탈하기 위하여 야마토왜와 고구려가 전쟁을 하였다.

⑪ 같은 시기(4세기말~5세기초) 남한사람(구체적으로 국명을 밝히지 않음)이 고구려의 남하를 방어하기 위하여 야마토왜의 군대를 이용하였다.

⑫ B. C. 57~A. D. 500년 사이에 야마토왜는 군대를 파견하여 신라를 침공하였다.

⑬ 백제는 668년까지 빈번히 야마토왜에 조공사를 파견하였다.

⑭ 신라는 738년까지 唐을 견제하기 위하여 야마토왜에 조공사를 파견하였다.

이노우에 히데오의 주장은 스승인 三品彰英의 주장과 일치한다. 그의 주장은 어느 것이나 근거가 없으며 허구였다. 末松保和, 今西 龍, 三品彰英, 鈴木靖民[38] 등과 함께 고대한일관계사와 한국고대사를 가장 왜곡한 사람들의 반열에 들어가는 사람이라 할 수 있겠다.

38) 이들에 대하여는 주 1)의 논고 참조.

# 제7장 다무라 엔초(田村圓澄)의 고대한일관계사 연구 비판

## 1. 머리말

한국고대사, 일본고대사 내지 고대한일관계사를 방대하게 왜곡한 사람, 예를 들면 스에마스 야스카즈(末松保和), 스즈키 야스타미(鈴木靖民) 등에 대하여는 각각 두 편의 비판논문을 발표하였지만 그렇지 않은 사람에 대하여는 한 편의 비판논문을 발표해 왔다. 다무라 엔초(田村圓澄)는 후자의 경우로 그에 대하여는 1996년 한 편의 비판논고를 발표했었다.[1)]

그런데 최근 일본의 고서점 一誠堂의 고서목록 104호에서 다무라가 1999년 『古代日本の國家と佛教』(東京 : 吉川弘文館)라는 저서를 간행하였음을 알게 되어 곧 고서점에 책을 주문하여 읽게 되었다. 1996년의 비판논고는 다무라의 12편의 논저를 비판한 것인데, 거기에는 '아스카불교', '하구호불교', '조선불교', '일본불교' 등 하나같이 불교라는 명칭이 붙어 있었다. 1999년의 저서는 그 내용을 읽지 않더라도 책 제목에 '국가'라는 명칭이 있는 것만 보아도 일본의 고대국가는 물론이고, 고대의 한·일 두 나라 관계를 다루고 있음이 분명하므로 고대한일관계사를 살펴보는 데 적합한 저서임을 알 수 있다.

여기서는 다무라 엔초의 고대한일관계사를 비판함으로써 일본고대사 학자들의 역사왜곡에 대한 본인의 비판을 일단락 짓고자 한다.

---

1) 최재석, 1996, 「田村圓澄의 古代韓日佛教關係史연구 비판」 『民族文化』 19.

## 2. 신라왕자 金泰廉 일행의 일본방문 기사

우선 『속일본기』에서 신라왕자 김태렴 일행의 일본방문 기사를 제시하면 다음과 같다.

A-1. 天平勝宝 4년(752) 정월 25일. 正七位下 야마구치노이미키히토마루(山口忌寸人麻呂)를 견신라사로 임명하였다(출발·귀국일자 없음).
A-2. 天平勝宝 4년 윤3월 22일. 신라왕자 韓阿湌 金泰廉, 대사 金暄, 왕자의 送使 金弼言 등 700여명이 7척의 배를 타고 九州에 도착하였다.
A-3. 天平勝宝 4년 윤3월 28일. 사인을 大內(天武·持統陵), 山科(天智陵), 惠我, 直山(元明·元正陵) 등의 능에 파견하여 신라왕자의 內朝를 보고하였다.
A-4. 天平勝宝 4년 4월 9일. 東大寺의 盧舍那大佛의 像이 완성되어 開眼供養을 하였다.
A-5. 天平勝宝 4년 6월 17일. 신라 사인을 朝堂에서 향응하였다.
A-6. 天平勝宝 4년 7월 24일. 태렴 등이 귀국길에 올랐는데 難波館에서 묵었다.
A-7. 天平勝宝 5년 2월 9일. 종5위하 오노다모리(小野朝臣田守)를 견신라대사로 임명하였다. (이상 『속일본기』)

도다이지(東大寺) 盧舍那佛 개안식이 행해지기 약 2개월 반 전에 일본천황(孝謙)이 사인(正七位下 山口忌寸人麻呂)을 신라에 파견하여 노사나불 개안식에 신라관인을 초청하였다. 신라왕자 김태렴과 일본파견대사 김훤이 일본에 도착한지 6일 후에 일본천황은 일본불교의 종주국인 신라의 왕자 등이 일본에 온 것을 일본의 역대천황(5왕)의 능에 보고하였다. 노사나불 개안식이 있은 지 2개월 8일 후인 6월 17일 일본천황은 신라왕자와 신라사인들을 위하여 일본왕궁(朝堂)에서 크게 잔치를 베풀었다. 신라사인 일행이 귀국한 지 약 6개월 후인 753년 2월 9일에 일본천황(孝謙)은 다시 귀족사인(從五位下 小野朝臣田守)를 신라에 파견하여 신라왕자와 사인 일행이 노사나불 개안식에 참석해준 데 대하여 감사의 뜻을 표하였음이 위의 사료에 나타나 있다.

신라관인을 초청할 때 신라에 파견한 일본사인의 관위는 불과 '正7位下'였는 데 대하여 개안식이 끝난 후 신라에 감사의 뜻을 표하기 위하여 파견한 일본사인의 관위는 '從5位下'였다는 사실에 주목할 필요가 있다. 일본조정이 노사나불 개안식에 신라관인을 초청하였는데 신라는 의외로 신라왕자도 방일케 하였으므로, 일본조정은 신라왕자 귀국 후 사인을 보내 감사의 뜻을 표할 때는 귀족에 해당하는 從5位下의 관인을 신라에 파견한 것으로 생각된다. 요컨대 일본은 신라불경 사경 역사상 가장 왕성한 시기[2)]에 大華嚴寺와 노사나불을 조상해 놓고 일본 화엄학의 종주국인 신라 사람들을 초청해서 그들의 인정을 받으려 하였다. 신라쪽에서는 신라왕자를 비롯한 많은 사람들을 일본에 보내 종교적·사회적으로 인정해주었으며, 일본은 여기에 대하여 거국적인 감사의 표시를 한 것으로 보인다.

8세기 일본불교(奈良佛教)는 審祥의 신라 華嚴經 강설에 심취한 일본 천황 쇼무(聖武)의 신라 화엄학 도입으로 시작된다.

동대사의 건립과 8세기 나라(奈良)불교의 발전은 주로 일왕 쇼무에 의해 전개되었기 때문에 이에 대해 논의하려면, 재위기간 동안(724～756) 시종 일본불교 興隆에 노력하였으며 신라 화엄학에 깊은 감명을 받고 일본 백성에게 그 신자가 되라고까지 한 쇼무의 불교정책부터 살펴보아야 할 것이다. 불경(한역)도 제대로 읽지 못하고 있는 일본불교의 수준을 알게 된 쇼무는 우선 730년대부터 신라인들이 주석한 불경 주석서를 구입하여 사경 하는 데 주력하도록 하였다. 이 작업이 어느 정도 진척되자 740년대에 신라스님 審祥을 초청하여 신라어로 행해진 화엄경 강설을 들었는데, 일왕 쇼무를 위시하여 일본 전국의 승려들이 강설장에 모여 3년간에 걸쳐 화엄경 강설을 경청하였다.

---

2) 최재석, 1998, 『古代韓日佛教關係史』, 一志社, 301～303쪽.

심상의 화엄경 강설은 일본불교사상 최초의 불경 강설이었다. 화엄경 강설에 심취한 일왕 쇼무는 불사 건립을 발원하게 되었고, 그의 발원으로 이루어진 사찰과 불상이 곧 東大寺이며 동대사의 主佛인 비로사나불이었다. 752년의 노사나불의 개안식은 초대된 신라인 사절의 임석하에 행해졌는데, 이때 신라는 700여명으로 구성된 사절단을 일본에 파견하였다. 신라인이 주석한 불경주석서의 사경으로 시작된 쇼무왕의 통일신라불교 도입은 동대사의 건립과 동대사의 주불인 비로사나불의 개안식 거행으로 일단 끝이 난다고 하겠다. 쇼무왕이 세상을 떠난 지 49일 되는 날에 왕비 고메이(光明)가 쇼무 생시에 애용하던 신라제 물건 600여 점을 명복을 빌기 위해 비로사나불에 헌납한 것도 그러한 연유에서였다.

東大寺를 짓고 그 남대문에 붙인 사원의 현판 이름은 '도다이지'(東大寺)가 아니라 '大華嚴寺'였는데, 통일신라의 화엄학을 도입한 사찰인 동시에 앞으로 일본 화엄종의 본산이라는 것을 나타내기 위해서였다. 물론 지금은 그 현판이 붙어있지 않다.

불교적·사상적 측면에서 8세기의 일본불교는 신라불교의 도입 그 자체였다. 일본인 단독으로 거대하고도 뛰어난 조각품인 비로사나불을 만들었다고는 생각할 수 없다. 재료나 造佛 기술적인 면에서 볼 때 노사나불은 일본인의 손에 의해 제작될 수 없는 것이었으며, 건축기술의 측면에서 보더라도 동대사 즉 대화엄사는 일본인 단독의 기술로는 조영될 수 없는 건축물이었고, 顔料의 시각에서 보더라도 동대사는 일본인의 손으로는 조영될 수 없는 것이었다. 동대사의 창고인 正倉院의 소장품과 복식류도 이미 필자의 두 권의 책에서 언급한 바와 같이 일본에서 제작할 수 없는 물품이었다.[3)]

그러나 다무라 엔초(田村圓澄)는 당시의 일본불교 상황이나 『속일본기』의 기록에 의하지 않고 신라왕자 김태렴의 일본방문의 의의를 다음과

3) 위의 책, 448～450쪽; 최재석, 1996, 『正倉院 소장품과 統一新羅』, 一志社 참조.

같이 왜곡하고 있음을 보게 된다. 어느 것도 사실과 부합한 것이 없다.

① 신라왕자 김태렴은 일본천황을 拜禮하고 조공하기 위하여 일본을 방문하였다. 그리하여 신라왕자는 오랑캐나라의 손님[蕃客]의 대접을 받았다.

② 신라왕자는 동대사의 불상을 배례하기 위하여 일본을 방문하였다.

③ 신라왕자의 일본방문은 일본정부와의 사전합의로 이루어졌다.

④ 신라왕자는 동대사 노사나불과 結緣, 즉 인연을 맺기 위하여 일본에 파견되었다.

⑤ 일본정부는 신라왕자가 아니라 본래 신라왕(경덕왕)을 초청하여 일본을 宗主國, 신라를 일본에 부속된 작은 나라[附庸國]로 되돌려 놓으려고 의도하였다.

⑥ 신라왕자 김태렴뿐만 아니라 일행(동행자)도 일본정부에 의하여 통제되었다.

⑦ 노사나불의 세계[法界]는 일본뿐만 아니라 신라까지 확대되었다.

요컨대 다무라는 불교뿐만 아니라 정치에 있어서도 일본이 신라의 종주국이라는 주장을 하고 있다. 이러한 의미가 담긴 그의 주장을 제시하면 다음과 같다.

B-1. 고겐(孝謙) 정부에 있어 신라왕자 김태렴 등의 '拜朝', '貢朝'가 가장 중요한 행사였다(435쪽).[4)]

B-2. 신라왕자 김태렴과 그 일행은 平城京에서 '배조'와 '공조'의 의식을 통하여 시종 '蕃客'으로서의 처우를 받았다(446쪽).

B-3. 大安寺 및 東大寺의 참배, 특히 동대사 노사나불의 배례는 신라왕자 김태렴과 그 일행의 일본방문의 유일한 목적이며 최대 의례였다(428~429쪽).

B-4. 동대사의 예불이야말로 신라왕자 김태렴의 일본방문의 유일한 목적

4) 괄호 속의 숫자는 다무라 엔초(田村圓澄)의 저서의 위치를 나타낸다.

이었다(429쪽).

B-5. 신라왕자 김태렴에 의하여 통솔된 700명의 방일, 또한 370여명의 入京은 遣新羅使 야마구치히토마로(山口人麻呂)나 다자이후(大宰府)의 중개인으로 하여 고겐(孝謙) 정부의 사전협의에 의하여 결정된 사실이다(446쪽).

B-6. 신라왕자 김태렴이 거느린 370여명의 신라인이 (중략) 일본에 간 목적은 단 한가지, 즉 동대사 노사나불에 結緣하기 위해서였다(445쪽).

B-7. 쇼무天皇은 신라 경덕왕에 대하여 방일하여 노사나불에 결연·예배하도록 초청하기 위하여 야마구치히토마로를 신라에 파견하였다(394쪽).

B-8. 신라 경덕왕이 왕자 김태렴을 일본에 파견한 목적은 고겐천황의 초청에 답하여 경덕왕 대신에 김태렴을 동대사 비로사나불의 開眼供養會에 참가시키는 것에 있었다. 그러나 고겐정부가 신라왕자 김태렴의 '배조', '공조'에 방일의 의의를 구한 것은 『속일본기』가 기록하는 바다(448쪽).

B-9. 고겐정부는 동대사 노사나불의 개안공양회에 신라의 경덕왕을 초청하여 길이 막힌 日本과 신라의 외교관계를 종주국－부용국의 원점에 되돌려 새로운 출발의 전기로 삼으려고 의도하였다. 따라서 신라왕자 김태렴의 대안사·동대사 참배를 뒤로 미루고 우선 고겐천황에 대한 '拜朝', '貢朝'를 실시하였다(429쪽).

B-10. 신라왕자 김태렴의 일본방문은 동대사 노사나불의 개안공양회의 참석이 주목적이었지만 同行者의 일본방문도 일본 측에 의하여 인정되어 있었다(446～447쪽).

B-11. 동대사 노사나불의 '法界'를 신라에까지 확대하는 것이 노사나불 조립의 안목이었다(394쪽).

다무라는 신라와 일본의 관계를 왜곡하기 위하여 당나라 황제 玄宗까지 등장시킨다. 이에 관한 그의 주장을 알아본다.

B-12. 天平勝宝 4년(752) 3월 3일. 견당일본사 등을 拜朝하였다. (중략) 동대사 노사나불의 개안공양회는 1개월 후에 박두하였다. 이번의 견당사 파견은 동대사 노사나불의 조립에 대하여 당의 玄宗에게 보고하는 것이 主眼目이 아니었는가. 그것과 함께 신라와의 관계에 대해서

> 도 현종에게 보고한 것으로 생각한다. 일본이 신라에 대하여 설정한 종주국-부용국의 이념과 儀禮는 천평 6년(734) 이후, 신라 측의 무례에 의하여 붕괴직전의 사태로 되어 있으며, 이 회복을 의도하는 일본에 대하여 당의 이해와 지원을 얻는 것도 이번의 견당일본사 파견의 목적의 하나였다고 생각한다(452쪽).

다무라는 위의 B-12에서 일본이 당나라에 使人을 파견하여 노사나불의 조영과 일본이 설정한 신라와 일본의 관계에 대한 당나라의 지원요청을 당 현종에게 하였다고 주장하고 있으나 그러한 주장의 역사적 근거는 없다. 전적으로 지어낸 허구이다.

752년(天平勝宝 4년) 3월 3일에 천황을 배례한 당나라파견 일본사인은 후지하라(藤原清河)이며 그가 탄 선박은 安南에 표착하여 후에 당나라로 갔으나 거기서 사망하였다.[5] 당나라에 간 일본사인에 대한 당나라의 태도는 냉대 그 자체였다. 일본사인은 중국 시장에서 물건도 자유로이 구입할 수 없을 정도였으니[6] 다무라의 위의 주장은 사실이 아니다. 설사 B-12의 주장이 사실이라 하더라도 일본이 시종 신라의 지도를 받았다는 역사적 사실[7]에 영향을 줄 수 없다.

## 3. 헤이조쿄(平城京·奈良)를 방문한 신라사인

헤이조쿄를 방문한 신라사인에 대하여도 다무라는 다음과 같이 주장하고 있다.

---

5) 鈴木靖民, 1985, 『古代對外關係史の研究』, 東京: 吉川弘文館, 612쪽.
6) 최재석, 1998, 「'新羅送使'와 中國 파견 日本使人에 대하여」 『民族文化』 21 (『古代韓國과 日本列島』 수록) 참조.
7) 본고 6절 "신라와 일본의 관계" 참조.

C-1. 신라왕자 김태렴과 수행고관은 헤이조쿄의 客館을 준비하였으며 (중략) 신라의 귀족과 그 수행원 등에 대하여 헤이조쿄의 귀족의 저택이 숙박소로 예정되어 있다. 숙박희망자의 숙박료·식사비 등 일인당 기준이 정해져, 각자가 이것에 상당한 물품을 준비하는 것도 이야기되었다. 일본 측의 희망한 물품에 대해서도 화제가 된 것으로 생각한다(444쪽).

C-2. 신라왕자 김태렴 및 수행고관의 (중략) 체류 중의 거주와 의식은 예에 따라 일본 측이 부담하지만 그 밖의 동행자의 거주·식료는 동행자의 자기부담이었다. (중략) 동행자는 모두 헤이조쿄 체류 중의 숙박비를 충당하기 위하여 신라물품을 휴대하였다(447쪽).

C-3. 또 신라왕자 김태렴의 수행고관을 제외한 대다수의 사람들은 숙박비에 충당될 물품을 휴대하고 있었다(444쪽). 방일한 신라인이 소유하는 모든 물품에 대하여 다자이후(大宰府)는 檢校하고 명부에 등재하였다. 또 신라인이 이것을 헤이조쿄로 반입하는 것을 인정했다(444쪽).

C-4. 天平勝宝 4년(752) 정월 25일에 견신라사인으로 임명된 야마구치히토마로(山口人麻呂)는 동대사 노사나불 개안공양회에 경덕왕의 참배·결연을 요청하는 고겐천황의 뜻을 전함과 동시에 또한 신라인의 동행·참배를 허용 내지 환영한다는 일본 측의 方針을 전했을 것이다. 그리고 신라인 일행의 헤이조쿄 체류시의 숙박·식사의 구체안을 신라 측과 이야기하고 숙박료는 각자가 부담하는 것, 즉 그러한 물품을 지참하고 이것을 숙박료 등에 충당한다는 합의가 된 것으로 생각한다. 신라왕자 김태렴에 인솔되어 방일한 신라인은 헤이조쿄에서의 숙박료 등에 충당될 물품을 각자가 준비하여 본국(신라)을 출발한 것으로 보아야 할 것이다(444쪽).

C-5. 신라왕자 김태렴 및 그 일행은 異國(일본)의 노사나불을 예배하기 위하여 본국 신라를 출발하여 산을 넘고 바다를 건너 멀리 일본에 가는 여행을 취하였다(433쪽).

C-6. 신라왕자 김태렴과 그 일행은 동대사 노사나불의 배례가 끝날 때까지 일본에의 行程을 '頭陀', '苦行'으로 생각하고 '不惜身命'(신명을 아끼지 않는다)의 각오로 참가하였을 것이다(434쪽).

C-7. 신라왕자 김태렴과 그 일행은 兩寺의 中尊에 대한 배례를 마치고 長途의 노고도 처음으로 치유되고 法悅과 만족감에 잠겼을 것이다(435쪽).

즉 다무라는 노사나불의 개안식에 초대된 신라왕자와 사인 일행이 그들의 숙박비와 식사비에 충당될 물품을 신라로부터 휴대하고 일본에 왔으며, 이러한 물품은 규슈(九州)의 다자이후(大宰府)의 검색을 받은 연후에야 일본 왕경에 올 수 있었다고 주장하고 있다. 다무라의 이러한 주장은 수도 없이 일본을 방문한 수백명의 발해인이 몇 달 동안, 긴 경우에는 8개월 이상이나 일본에 체류하며 일본조정으로부터 갖은 대접을 받음과 동시에 귀국 할 때에는 수많은 보물을 발해로 가져갔으며, 이러한 물품을 발해인 자신이 아니라 일본인들을 시켜 발해 왕경까지 운반시킨 사실[8]과 대조하여도 거짓임이 분명해진다. 또 다무라는 일본보다 후진국인 신라의 왕자일행이 선진국인 일본에 왔다는 뜻을 나타내기 위하여 그 일행이 身命을 아끼지 않는다는 각오로 산을 넘고 바다를 건너 먼 일본으로의 여정을 마쳤으며 드디어 일본의 사찰을 배례하고서야 크나큰 만족감을 얻었다고 주장하고 있다.

## 4. 『일본서기』, 『속일본기』의 한일관계 왜곡기사에 대한 태도

『일본서기』에 사실을 기록한 것과 거짓을 기록한 것이 있는 것처럼 『속일본기』에도 사실을 기록한 것[9]과 거짓을 기록한 것이 있다.

그런데 다무라는 역사를 왜곡한 기록만을 끄집어내어 예시하고 있다.[10] 그가 『일본서기』의 왜곡기사를 사실로 인정하고 인용하고 있는 사례를 살펴보자.

---

8) 최재석, 1991, 「渤海와 日本의 관계」 『韓國學報』 63(『統一新羅·渤海와 日本의 關係』 수록) 참조.

9) 예를 들어 『續日本記』 宝慶 3년 4월조.

10) 다음의 본고 5절 참조.

D-1. 신라왕 … 금·은·彩色 및 綾羅·평직비단을 가져와서 80척의 배에 싣고 일본관군을 따랐다(『일본서기』 仲哀 9년 10월 3일조)(342쪽).[11)]
D-2. 『일본서기』에서 고대 조선반도의 3국 즉 백제·신라·고구려와 그 인민을 '蕃'이라 하는 기사의 初見은 진구고고(神功皇后)조이다. 먼저 신라왕이 진구고고에게 조공을 맹세하고 이어서 고구려·백제의 왕이 "지금부터 이후는 오랫동안 '西蕃'이라 칭하고 조공을 그치지 않겠다"고 맹세하였다(257쪽).
D-3. 금과 은 또 珍寶가 많은 신라국을 우선 주아이(仲哀)천황에게 주려고 하였으나 주아이천황이 죽자 진구고고의 胎中의 아이에게 준 사람이 '아마테라스오오카미'(天照大神)인 것은 『古事記』나 『日本書紀』는 일치하고 있다. '아마테라스오오카미'의 명을 받아 그 가르침에 따라 진구고고가 신라정벌을 결행하였다(251쪽).
D-4. 『일본서기』 天武 8년 10월 甲子조에 신라사인이 금·은·동 10여종의 調物을 進調하고 별도로 천황·황후·태자에게 별도 헌물이 있었다(343쪽).
D-5. 『일본서기』 朱鳥 원년 4월 戊子조에 신라사인이 금·은·동 60여종의 조물을 貢上하였고 별도로 황후·태자·여러 왕(親王) 등에게 조물을 헌상하였다(343쪽).
D-6. 『일본서기』 持統 2년 2월 辛卯조에 금·은·동 10여종의 조물과 별도로 불상 등 10여종, 그리고 80여종의 珍異物을 헌상하였다(343쪽).

'아마테라스오오카미'의 명을 받은 진구고고가 신라를 정벌하여 신라에서 선박 80척분의 많은 금·은·보화를 가져왔을 뿐만 아니라 신라·고구려·백제의 3국 왕이 앞으로 일본의 西蕃이 되어 조공을 그치지 않겠다고 일본에 맹세하였다고 한 기사 D-1, D-2, D-3은 『일본서기』의 왜곡기사를 신뢰하고 그대로 인용한 것이다. 1945년 이전에 세상을 휩쓸었던 이른바 '皇國史觀'을 다무라 엔초는 신봉하고 있음을 보게 된다. D-1의 기사, 즉 주아이(仲哀) 9년 10월 3일조의 본래 기사는 "그때 바람의 신이 바람을 일으키고 바다의 신은 파도를 일게 하고 바다 속의 큰 고기가 떠올라 배를 도왔다. 즉 크나큰 바람이 순하게 불어 범선이 파도를 좇아 노를 젓는 수

11) 다무라는 D-1의 경우 한자원문을 그대로 제시하였으나 필자가 번역하였다.

고를 하지 않고도 신라에 도착하였으며 이를 본 신라왕이 백기를 들고 항복하고 스스로 포로가 되어 모든 귀중한 문서를 제출함과 동시에 금후 영원히 일본에 복종하겠다고 맹세하고 금·은 등 많은 보물을 조공품으로 제출했다"는 내용의 것이었으나 다무라는 어린이 동화 같은 위의 내용을 생략하고 단지 신라에서 많은 보물을 가져왔다는 것만 언급한 것이다.

D-4, D-5, D-6은 덴무(天武)시대는 야마토왜(일본)가 백제의 지배에서 벗어나 새로운 국가를 만드는 시기라는 것에 주목한다면 일본의 새로운 지배층이 필요로 하는 물품을 구입한 것임을 알 수 있을 것이다.

다무라는 『일본서기』의 왜곡기사뿐만 아니라 『속일본기』의 왜곡기사도 사실로 받아들이고 있다.

> D-7. 『속일본기』는 지금까지 일본을 방문한 신라사인의 경우와는 달리 신라왕자 김태렴의 '배조', '공조'에 대하여 상세한 기록을 싣고 있다(435쪽).

다무라는 『속일본기』가 신라왕자 김태렴에 대해서는 지금까지 일본을 방문한 신라사인과는 달리 상세한 기록을 싣고 있다고 주장하나 일본에 간 다른 신라사인에 대한 기록에 비해 상세하게 기록한 것이 없다. 일본에 도착한 것과 귀국길에 오른 것 두 기사뿐으로[12] 다른 신라사인의 경우와 동일하다.

> D-8. 일본 최초의 都城制 宮都인 후지하라쿄(藤原京)와 후지하라구우(藤原宮)가 완성되고 (중략) 다음해 3월 2일 신라사인의 왕자 金良琳이 일본을 방문하여 국정의 奏請·調物의 進獻을 하였다(264쪽).
>
> D-9. 慶雲 3년(706), 정월 초하루의 朝賀의식에 신라사인 金儒吉 등이 참석하였다. 후지하라구우에서의 朝賀에 신라사인이 참가한 것은 모두 3회였다(266쪽).

12) 天平勝宝 4년 윤3월 22일과 같은 해 7월 24일조.

앞의 D-8과 D-9에서 다무라는 후지하라쿄가 준공되자 신라사인(신라왕자)이 調物을 진상하고 정초의 하례식에 참석하였다고 주장하고 있으나 신라가 후지하라쿄를 조영하고 일본의 국정을 지도한 것이다. 『속일본기』 慶雲 3년(706) 정월 1일조에 천황이 太極殿에 나가 (일본인의) 새해 인사를 받았고, 신라사인 金儒吉 등도 자리를 함께한 것으로 되어 있으나 당시의 상황으로 보아 일본천황이 신라사인을 모시고 하례식을 거행했다고 보는 것이 타당한 해석일 것이다.

당시의 상황을 알아보자.

후지하라쿄(藤原京)는 690년에 그 터를 잡은 후 몇 차례 地鎭祭를 거행한 다음 조영사업에 들어갔는데, 본격적인 조영사업은 692년부터 694년에 진행된 것 같다.

후지하라쿄도 일본에 있는 다른 고대 사원, 예를 들면 호고지(法興寺·飛鳥寺), 창건 호류지(法隆寺·若草伽藍), 시텐오지(四天王寺), 야마다테라(山田寺), 가와라데라(川原寺), 재건 호류지(法隆寺 西院)의 조영처럼[13] 高句麗尺·高麗尺을 사용하여 조영되었다. 즉 후지하라쿄는 694년(持統 8) 12월 6일에 기요미하라노미야(飛鳥淨御苑宮)에서 후지하라궁(藤原宮)으로 궁실을 옮긴 이후 710년(和銅 3) 3월 10일 헤이조쿄(平城京)로 천도하기까지 15년간 당시의 중앙정치권력의 소재지였는데 후지하라쿄의 宮域 안의 구획터잡이나 京內의 條坊道路 등도 예외 없이 고구려척[大尺]을 기준척으로 하여 설정되어 있다.[14]

다행히도 후지하라쿄에서는 적지 않은 양의 기와가 출토되고 있다. 여기서 출토된 기와문양과 통일신라시대의 기와문양은 거의 동일하다. 複辦八葉蓮花文과 그 중앙에 있는 中房문양 주변에 있는 연주문까지 동일하다.

---

13) 岡田英雄, 1989, 「飛鳥時代寺院の造營計劃」『研究論集』(奈良國立文化財研究所) 8.

14) 井上和人, 1984, 「藤原京」『佛敎敎育』 154.

앞에서 후지하라쿄 조영과 통일신라와의 관계를 살펴보았는데, 후지하라쿄 천도(694)와 헤이조쿄 천도(710)까지의 약 15년간의 후지하라쿄시대의 한일관계를 살펴보자.

알려져 있는 바와 같이 이 시기는 일본에서는 지토(持統)·몬무(文武)·겐메이(元明)의 시대, 신라에서는 孝昭·聖德王 시대이다. 이 후지하라쿄시대(694～710)도 앞선 시대와 마찬가지로 통일신라가 일본을 지도한 시대이다. 후지하라쿄시대의 한일관계를 보면 천도가 행해진 지 채 3개월도 되지 않은 695년(孝昭 4·持統 9) 3월 2일에 후지하라쿄 정부의 정치를 지도하는 신라사절[金良琳]의 파견부터 시작한다(<표 1> 참조). 698년 3월과 700년 5월에 후지하라쿄 조정은 연이어 2회의 사절을 신라에 파견하는데, 이것은 701년에 법적 확립을 본 다이호(大寶)의 기본법 편찬과 관련이 있다. 다이호의 기본법 제정을 당과의 관련 하에서 설명하는 분위기가 일본에서는 지배적이나, 이 기간 동안에 당과의 교섭이 전혀 없었기 때문에 그러한 주장은 설득력이 없다. 668년 이후 처음으로 702년부터 704년 사이에 일본사절이 당에 파견되지만 여러 측면에서 보아 견당사절이 일본에 끼친 영향은 견일신라사절이나 견신라일본사절·견신라일본학문승의 그것에 비하면 무시하여도 좋을 듯하다.

703년 1월에 신라가 신라대사[金福護]를 보내 효소왕의 喪을 알리자 일본은 그 대사가 아직 일본에 체류 중인 703년 윤4월 1일에 大赦令을 내렸다. 신라의 왕이 돌아가셨다는 소식을 전해들은 일본이 대사령을 내린 사실에 당시 신라 정부와 후지하라 정부의 관계가 여실히 나타나고 있다. 신라 복식과 정치제도를 받아들인 당시 일본으로서는 당연하다고 하겠다. 일본은 신라사절을 통해 신라국상의 賻儀條로 비단(綿) 2필과 시비단(絁) 40필을 전하였다. 705년 10월 30일 신라의 사절[金儒吉]이 일본에 도착하자 후지하라쿄의 일본정부는 일본 전국의 기병을 집합하여 신라사절을 영접하였으며 신라음악·고구려음악·백제음악을 연주하여 신라

사절을 향응하였다.[15)]

〈표 1〉 후지하라쿄시대(695~719)의 신라와 일본의 관계

| 신라사절 일본 파견 | 일본사절 신라 파견 | 일본의 정치적 사건 |
|---|---|---|
| | | 694. 12. 후지하라쿄로 천도 |
| 695. 3. 2~<br>(金良琳) | | 695. 3. 2. 신라에 의한 일본 국정 지시 |
| | 695. 7. 25~ | |
| 697. 10. 28~<br>698. 2. 3 | | 698. 正. 19. 신라물품을 몬무천황릉(文武天皇陵)에 헌납 |
| | 698. 3~ | |
| | 700. 5. 13~<br>700. 10. 19 | |
| 700. 11. 8~<br>701 | | 700. 3.~701. 3. 다이호(大寶)의 기본법 편찬.<br>701. 正. 14. 재일신라대사 사망, 일본조정이 150필, 眞綿 932근, 麻布 100단 부의함.<br>(702. 6. 29~704. 7. 1. 일본, 처음으로 견당사 파견) |
| 703. 1. 9~<br>703. 5. 2 | | 703. 1. 9. 신라사 孝昭王의 喪을 일본에 알리다.<br>703. 윤4. 1. 일본, 大赦令 내리다. |
| | 703. 9. 22~<br>704. 8. 3 | 703. 10. 25. 견신라일본사를 통해 신라 國喪 부의조로 綿 2필과 시비단(絁) 40필을 진상. |
| | 704. 10. 9~<br>705. 5. 24 | |
| 705. 10. 30~<br>706. 1. 12<br>(金儒吉) | | 705. 11. 13. 신라인 영접하기 위해 제국에서 騎兵 징발.<br>706. 正. 7. 백제·신라·고구려 음악으로 신라사 향응.<br>706. 2. 16. 選任令·엄직·서위 규정·부역령, 부역감면·義倉·繼嗣令 등 7개조 제정. |
| | 706. 8. 21~<br>707. 5. 28 | 706. 12. 9. 脛裳(일본식) 벗고 白袴(신라식)를 입게 하다.<br>707. 5. 28. 신라 학문승 기호오(義法)·기기(義基)·소오슈(惣集)·지쿄(慈定)·조다쓰(淨達) 등이 신라에서 귀국. |
| 709. 3. 14~<br>709. 6. 1 | | 헤이조쿄(平城京)로 천도. |

15) 최재석, 1997, 「일본의 王都 藤原京·平城京 조영과 통일신라」『정신문화연구』 69(『古代韓日佛敎關係史』 수록) 참조.

# 5. 미마나(任那)와 다자이후(大宰府)의 왜곡

## 1) 미마나에 대하여

다무라는 미마나는 한반도에 있는 伽倻라는 전제하에 일본(야마토왜)이 그 가야를 지배하였으나 후에 가야 문제로 일본과 신라가 다투었다고 다음과 같이 주장하고 있다.

> E-1. 수세기에 걸치는 왜와 신라와의 사이에는 미마나(任那) 문제가 있었다. (중략) 그러나 주의할 것은 신라 측의 의식에서는 왜왕과 신라왕은 종주국-부용국의 관계, 즉 상하의 관계가 아니라 시종 互格·대등한 관계였다(242쪽).

그러나 <표 2>에 나타나 있는 바와 같이 미마나는 623년 이전에는 신라에 복종함과 동시에 미마나 관리는 신라의 관위를 사용하였으며 623년 7월에는 백제의 관위를 사용하였다고 『일본서기』는 기록하고 있다.

일본인들은 미마나에 日本府가 있다는 것만 강조할 뿐 『일본서기』에 나타나 있는 미마나 관리가 신라관위와 백제관위를 사용한 사실에 대하여는 전혀 언급하지 않고 있다. 미마나가 신라와 백제의 관위를 사용하였다는 것은 미마나가 신라와 백제의 식민지였다는 것을 뜻한다.

〈표 2〉 미마나에서 신라와 백제의 관위 사용(『일본서기』)

| 연대 | 신라 관위 | 백제 관위 |
|---|---|---|
| 610년 7월 | 신라 관위 사용 | |
| 611년 8월 | 신라 관위 사용 | |
| 623년 | 신라에 복종 | |
| 623년 7월 | | 백제 관위 사용 |

종래 일본인들은 거의 전부 가야와 미마나는 동일국이며 일본이 가야 즉 미마나를 지배하였다고 주장하고 있으나, 당시 일본은 조선·항해 수준이 유치하여 중국은 고사하고 신라 왕복도 신라 선박의 도움 없이는 불가능하였으니[16] 그러한 주장은 근거 없는 허구임이 분명해진다.

### 2) 다자이후에 대하여

다무라 엔초는 또 다자이후에 대하여도 언급하고 있다. 그는 북규슈(北九州)의 쓰쿠시(筑紫)에는 일본의 행정기구인 다자이후가 있으며 이 기구가 일본을 방문하는 신라사인을 조사하고 때에 따라서는 신라로 되돌려 보냈다고, 이른바 '放還'시켰다고 다음과 같이 주장한다.

> E-2. 訪日하는 신라사인이 증가하는 시기는 일본과 신라와의 외교관계가 긴박해지는 시기와 겹쳐 있다. 전에 볼 수 없었던 다자이후로부터의 신라사인의 放還이 시작되어 이후 계속되는 것도 이 시기였다(438쪽).

규슈의 북단에 있는 항구 쓰쿠시는 한국에서 일본열도 특히 야마토왜 지역에 들어가려면 반드시 경유해야 하는 해상요지이다. 그런데 이 지역과 한국과의 관계를 논하려면 우선 일본과 한국의 조선·항해 수준의 비교, 고대 한국과 일본의 왜곡되지 않은 정치관계의 파악, 그리고 9세기까지의 북규슈를 중심으로 한 일본의 방위체제의 파악 등이 전제되어야 한다. 이러한 점 등을 고려한 후에 필자가 파악한 쓰쿠시 지역과 고대한국과의 관계의 진실은 다음과 같다.

① 야마토왜는 조선·항해 기술이 유치하여 9세기까지 신라의 원조에

---

16) 舒明 11년 9월조; 최재석, 1996, 『正倉院 소장품과 統一新羅』, 一志社, 147～148쪽.

의해서만이 한국과 중국 왕래가 가능하였으므로 쓰쿠시는 실질적으로 야마토왜(日本)보다 한국과 더 밀접한 관계를 갖는다.

② 400년경부터 백제가 패망한 시기까지의 쓰쿠시는 백제의 야마토왜 경영(정치, 종교, 불사조영 등)의 해상루트 거점인 동시에 일본열도에 있는 백제가 지도하는 여러 왜(히고왜 포함)들을 관리하는 관리의 거점이기도 하였다.

③ 661년부터 672년까지의 시기의 쓰쿠시는 야마토왜를 비롯한 여러 왜국들이 백제부흥군을 원조하는 전초기지였다. 사이메이여왕이 백제의 왕족(무왕의 조카)인 복신의 지시에 따라 야마토에서 쓰쿠시까지 달려가서 백제구원병과 무기를 준비하였고 이러한 구원병과 무기를 가지고 백제부흥군의 왕인 豊이 백촌강에서 항쟁한 사실에 의하여 백제와 쓰쿠시(야마토왜)의 관계와 백제 왕족과 사이메이여왕의 관계를 알 수 있다.

④ 664년부터 672년까지 야마토왜를 지배한 당의 백제 鎭將은 우선 쓰쿠시에 군대를 파견하여 백제에서처럼 都督府를 설치하고 6회에 걸쳐 군대를 파견하여 전쟁배상물자를 받아냈다.

⑤ 668년부터 9세기까지의 쓰쿠시는 통일신라에 의한 일본 정치 지도의 해상루트의 거점인 동시에 신라 무역인의 신라물품 판매의 거점이었다. 신라가 해상루트를 장악한 지역은 비단 쓰쿠시(筑紫)뿐만 아니라 나니와(難波)까지 미쳤으며, 중국에서는 양자강 이북 전체 지역까지 확대되어 야마토의 일본 학문승을 나니와까지 보내주기도 하였다. 신라의 일본 해상루트 장악은 실제는 7세기까지 소급된다. 국방시설이나 인력이 전무한 9세기 말까지 신라인은 북규슈 전지역을 활보하며 신라물품을 극도로 선호한 일본인에게 신라물품을 판매하였다. 그리고 쓰쿠시에 이른바 '다자이후'가 존재했으나 적어도 대외적 기능에 있어서는 유명무실한 기구에 불과하였으며 쓰쿠시에는 7세기부터 9세기까지 재당 신라조계와 유사한 신라인의 시장·조계가 존재하였으며, 여기서 일본은 필요로 하는 모든 물품을 구매하였고 또한 항해에 필요한 도움을 받았던 것이다.[17)]

‘쓰쿠시다자이후’(筑紫大宰府)라는 개념도 다양하여 일정하지 않다. 따라서 쓰쿠시와 쓰쿠시다자이후도 지역적으로 다를 수 있다. 여기서는 쓰쿠시에 존재했던 것으로 추정되는 넓은 의미의 쓰쿠시다자이후에 관한 『일본서기』의 기사를 검토하고자 한다. 지금 쓰쿠시 관련 정치기구의 명칭과 그 존재시기에 관한 기사를 제시하면 다음과 같다. 일견하여 무질서하고 난잡함이 드러나 있다. 다자이후가 실제로 존재한 기구가 아니라 조작된 기구임을 알 수 있다. 그 명칭과 존재시기 사이에는 아무런 관련이 없음이 <표 3>에 나타나 있다. 좀 더 구체적으로 살펴보자.

〈표 3〉 쓰쿠시 관련 정치기구의 명칭과 그 존재시기(『일본서기』)

| | 筑紫國 | 筑紫都督府 | 筑紫大宰府 | 筑紫將軍所 | 筑紫大宰帥 | 筑紫國造 | 筑紫火君 | 筑紫大宰 | 筑紫君 | 筑紫大宰府典 | 筑紫率 | 筑紫大宰率 | 筑紫使者 |
|---|---|---|---|---|---|---|---|---|---|---|---|---|---|
| 神武 即位前 | ○ | | | | | | | | | | | | |
| 孝元 7월 2일 | | | | | | ○ | | | | | | | |
| 應神 41년 2월 | ○ | | | | | | | | | | | | |
| 479(雄略 23) 4월 | ○ | | | | | | | | | | | | |
| 527(繼體 21) 6월 | | | | | | ○ | | | | | | | |
| 528(繼體 22) 12월 | | | | | | | | | ○ | | | | |
| 534(安閑 元) 윤12월 | ○ | | | | | | | | | | | | |
| 536(宣化 元) 5월 | ○ | | | | | | | | | | | | |
| 554(欽命 15) 12월 | | | | | | ○ | | | | | | | |
| 554(欽命 17) 정월 | | | | | | | ○ | | | | | | |
| 592(崇峻 5) 11월 | | | | ○ | | | | | | | | | |
| 609(推古 17) 4월 | | | | | | | | ○ | | | | | |
| 643(皇極 2) 4월 | | | | | | | | ○ | | | | | |
| 643(皇極 2) 6월 | | | | | | | | ○ | | | | | |
| 649(大化 5) 3월 | | | | | ○ | | | | | | | | |
| 664(天智 3) | ○ | | | | | | | | | | | | |
| 665(天智 4) 8월 | ○ | | | | | | | | | | | | |
| 667(天智 6) 11월 | | ○ | | | | | | | | | | | |
| 668(天智 7) 7월 | | | | | | | | | | | ○ | | |
| 669(天智 8) 정월 | | | | | | | | | | | ○ | | |
| 671(天智 10) 4월 | ○ | | | | | | | | | | | | |

17) 최재석, 1997, 「筑紫(大宰府)와 古代韓國」 『人文論集』 42 참조.

| | | | | | | | | | | | | | |
|---|---|---|---|---|---|---|---|---|---|---|---|---|---|
| 671(天智 10) 6월 | | | | | | | | | | | ○ | | |
| 671(天智 10) 11월 | | | ○ | | | | | | | | | | |
| 672(天武 元) 6월 | ○ | | | | | | | ○ | | | | | |
| 673(天武 2) 8월 | | | | | | | | ○ | | | | | |
| 676(天武 5) 9월 | | | | | | | | ○ | | | | | |
| 677(天武 6) 11월 | | | ○ | | | | | ○ | | | | | |
| 678(天武 7) 12월 | ○ | | | | | | | | | | | | |
| 682(天武 11) 4월 | | | | | | | | ○ | | | | | |
| 682(天武 11) 8월 | | | | | | | | ○ | | | | | |
| 683(天武 12) 정월 | | | | | | | | ○ | | | | | |
| 685(天武 14) 9월 | | | | | | | | | | | | | ○ |
| 685(天武 14) 11월 | | | | | | | | ○ | | | | | |
| 686(朱鳥 元) 윤12월 | | | | | | | | ○ | | | | | |
| 687(持統 元) 4월 | | | | | | | | ○ | | | | | |
| 689(持統 3) 정월 | | | | | | | | ○ | | | | | |
| 689(持統 3) 6월 | | | | | | | | ○ | | | | | |
| 689(持統 3) 윤8월 | | | | ○ | | | | | | | | | |
| 690(持統 4) 9월 | ○ | | | | | | | | | | | | |
| 690(持統 4) 10월 | | | | | | | | ○ | ○ | | | | |
| 691(持統 5) 정월 | | | | | | | | | | ○ | | | |
| 692(持統 6) 윤5월 | | | | | | | | | | | | ○ | |
| 694(持統 8) 4월 | | | | | | | | | | | | ○ | |
| 694(持統 8) 9월 | | | | | | | | | | | | ○ | |
| 698(文武 2) 5월 | | | ○ | | | | | | | | | | |

위의 기록에서 다음과 같은 사실을 알 수 있다.

① 『일본서기』는 쓰쿠시가 지방행정구획인 쓰쿠시국(筑紫國)이었다고 한다. 그러나 쓰쿠시가 야마토왜의 지방행정단위로서의 '구니'(國)가 된 일은 한 번도 없다. 쓰쿠시가 '구니'라는 것은 조작이다. 이른바 조작된 왕인 진무(神武)시대 이전부터 존재하였다고 하니 더욱 그러하다.

② 쓰쿠시에는 당의 행정조직인 쓰쿠시도독부(筑紫都督府)(天智 6년 11월 9일)를 제외하고라도 서로 다른 3개의 정치기구, 즉 쓰쿠시다자이후(筑紫大宰府)(天智 10년 11월 10일), 쓰쿠시쇼군쇼(筑紫將軍所)(崇峻 5년 11월 5일), 쓰쿠시구니(筑紫國)(神武前紀 10월 5일)가 존재한다고 『일본서기』는 기록하고 있다. 조작하다 보니 3개의 명칭이 생긴 것으로 생각된다.

③ 그 기구의 책임자의 명칭은 다음 9종으로 나타나 있다. 이것도 조

작하다 보니 이렇게 각양각색으로 된 것이다.

ⓐ 筑紫大宰帥 (大化 5년 3월) ⓑ 筑紫國造 (孝元 7월 22일)
ⓒ 筑紫火君 (欽命 17년 正월) ⓓ 筑紫大宰 (推古 17년 4월)
ⓔ 筑紫君 (繼體 22년 12월) ⓕ 筑紫大宰府典 (持統 5년 1월 14일)
ⓖ 筑紫率 (天智 7년 7월) ⓗ 筑紫大宰率 (持統 6년 閏5월 15일)
ⓘ 筑紫使者 (天武 14년 9월 15일)

『海外國記』 덴지(天智) 3년 12월에 쓰쿠시대장군(筑紫大將軍), 『속일본기』 몬무(文武) 4년조에 쓰쿠시소료(筑紫總領)라는 직명이 보이니 그 책임자의 명칭은 도합 11종에 이른다.

④ 다자이후(大宰府) 책임자의 호칭이 筑紫國造 → 筑紫君 → 筑紫國造의 예와 같이 처음의 호칭이 다음의 호칭으로 바뀌었다가 다시 처음의 호칭으로 되돌아간다는 것은 조작이 아니고서는 있을 수 없는 것이다.

쓰쿠시다자이후(筑紫大宰府)의 명칭과 그 책임자의 명칭의 다양성, 특히 단지 5년 사이에 책임자의 명칭이 다섯 번이나 바뀌었다는 것에 의해서도 그러하지만 신라사인을 초기에는 조공사로 표현하였다가 후기에는 주로 '放還'[추방]되었다고 기록하고 있는 것에서도 조작임을 알 수 있다.

〈표 4〉 신라사인을 조공 또는 放還된 사인으로 표현한
『일본서기』와 『속일본기』의 기록

| 연 대 | 표 현 | 연 대 | 표 현 |
|---|---|---|---|
| 668. 9. 12. | 進調 | 697. 10. 28. | |
| 669. 9. 11. | 진조 | 700. 11. 8. | |
| 671. 10. 7. | 진조 | 703. 正. 9. | |
| 672. 11. 24. | | 705. 10. 30. | 貢調 |
| 673. 閏6. 15. | | 719. 5. 7. | 공조 |
| 675. 2. | 진조 | 721. 12. | 放還 |

| 675. 3. | 진조 | 723. 8. 8. | 內貢 |
|---|---|---|---|
| 676. 11. 3. | 진조 | 726. 5. 24.(6. 5.) | 貢調 |
| 678. | 貢上當年之調 | 732. 正. 22. | |
| 679. 10. 17. | 朝貢·調物·別獻·貢 | 735. 2. 27. | 返却 |
| 680. 11. 24. | 진조 | 738. 6. 24. | 방환 |
| 681. 10. 20. | 공조·별헌 | 742. 2. 5. | 방환 |
| 683. 11. 13. | 진조 | 743. 4. 25. | 放却 |
| 684. 12. 6. | | 752. 閏3. 22. | |
| 685. 11. 27. | 진조 | 760. 9. 16. | (방환)(四者備具宣來朝) |
| 687. 9. 23. | 獻調賦 | 763. 2. 10. | 朝貢 |
| 689. 4. 20. | 獻 | 764. 7. 19. | |
| 690. 9. 23. | | 769. 11. 12. | |
| 692. 11. 8. | 진조 | 774. 3. 4. | 방환 |
| 695. 3. 2. | 進調獻物 | 779. 10. 9. | 공조 |

<표 4>에서 721년 이전까지는 거의 전부 신라사인이 일본에 '進調'하였다고 기록하고 그 이후는 신라사인이 주로 '放還'되었다고 기록하고 있음을 보게 된다.

그러면 다음의 일본사서는 일본에 간 신라사인을 어떤 이유로 放還하였다고 기록하고 있는지 <표 5>에서 살펴보자.

신라사인이 일본에 도착한 당일에 추방되었다고 한 것, 2일 또는 1개월 19일 후에 추방되었다고 한 것, 혹은 2개월 21일 또는 5개월 후에 추방되었다고 한 것까지 모두 일률적이 못 되고 각양각색이다. 또 추방의 이유도 명기치 않은 것부터 천황의 아버지의 사망, 신라사인이 조공을 조공이 아니라고 주장하였다고 하는 것까지 7사례 모두 제각각이다.[18] 또 신라사인에 대한 대접의 관점에서 볼 때 그냥 추방하는 경우가 있는가 하면 극진히 대접(향응)하고 추방하는 경우도 있으니 이 역시 조작기사가 아니고서는 있을 수 없는 일이다.

18) 최재석, 1993, 『統一新羅·渤海와 日本의 關係』, 一志社, 135~136쪽.

〈표 5〉 放還 기사의 분석

| 일본도착 년월 (A) | 방환 년월 (B) | A와 B의 시간적 거리 | 방환되었다는 장소 | 방환 이유 |
|---|---|---|---|---|
| 721(養老 5년) 12. | 좌동 | 같은 달 | 다자이후 | 천황의 父의 사망 |
| 734(天平 6년) 12. 6. | 735. 2. 27. | 2개월 21일 | 兵部省 | 신라국호 변경 |
| 734(天平 10년) 正. | 738. 6. 24. (향응) | 약 5개월 | 다자이후 | |
| 742(天平 14년) 2. 3. | 742. 2. 5. (향응) | 2일 | 다자이후 | 왕궁 미완성 |
| 743(天平 15년) 3. 6. | 743. 4. 25. | 1개월 19일 | 지구젠(筑前) | 조공인데도 조공이 아니라고 함 |
| 760(天平宝字 6년) 12. 6. | 760. 9. 16. | 같은 날(?) | 다자이후(?) | 신라사인의 격이 낮다(輕使) |
| 734(宝龜 5년) 12. 6. | 774. 3. 4. | 같은 날 | 다자이후 | 조공을 조공이 아니라고 함 |

## 6. 신라와 일본의 관계

먼저 이른바 關市令에 대하여 잠시 알아본 다음 신라와 일본과의 관계를 살펴보고자 한다. 관시령에 관한 다무라의 주장은 다음과 같다.

F-1. 8세기의 일본에 있어 신라는 '蕃國'의 하나이며 신라사인은 '諸蕃사인'이었다. 일본을 방문한 신라사인에 대한 일본 측의 법적 규제(延喜式)는 다음과 같다. (延喜式 본문 생략 … 필자) 諸蕃사인은 통과하는 곳에서 일본인과 交雜하거나 일본인과 이야기를 하여서는 아니 되며 또 경유하는 구니(國), 군(郡)의 官司에서 일이 없으면 蕃客과 만나거나 또 번객이 정박하는 곳에서 번객이 마음대로 출입하는 것은 허락되지 않는다(440쪽).

F-2. 번객은 입국 시 소지품을 所司에 신고하지 않으면 아니 되었다. 앞의 延喜式과 합하여 생각하면 일본을 방문한 번객이 일본 체류 중, 소지품을 일본인과 자유로이 교역하는 것이 허락되지 않았으며 또한 그 기회도 없었다(440～441쪽).

F-3. 번객과의 '교역'은 우선 官司가 행한다. 私人이 관사보다 먼저 번객과 '교역'하는 것은 禁制이다. 만약 번객과의 '교역'이 발각되면 이것을 신고한 자에게는 교역품의 반이 수여되고 반은 관에 몰수된다. 어떻든 '律令國家'의 성립에 의하여 私人에 의한 신라사인과의 '교역'은 불가능하게 되었다(441쪽).

F-4. '관시령'은 제번과의 '교역'은 우선 官司가 행하도록 규정하고 있다. 私人이 관사보다 먼저 '교역'하는 것은 禁制되어 있다. 8세기의 시점에서 신라와 일본과의 '교역'을 想定한다면 신라왕자 김태렴이 일본 정부와 직접 상거래하는 것이 합법이며 상인이 개재할 여지가 없었다 (445쪽).

F-5. 天平勝宝 4년(752) 6월에 쓴 것으로 추정되는 일련의 「買新羅物解」는 신라인과 일본인과의 '교역'을 이야기하는 유일의 문헌이다. 그러나 율령제 하의 일본에 있어서 異例의 개인본위의 '교역'이지만, 이것은 신라왕자 김태렴이 일본에서의 교역을 의도하거나 또는 신라의 상인단을 인솔하여 방일한 것이 아니라 우연의 그리고 일회성의 '교역'이었다. 즉 동대사 노사나불의 개안공양회에 참석하는 목적으로 방일하였지만 이것에 附隨하여 '교역'이 행해진 것으로 생각된다(443쪽).

위에 나타나 있는 바와 같이 다무라는 되풀이하여 오랑캐나라[蕃國]인 신라는 일본과 교역할 수 없다고 주장하고 있다. 즉 신라 사람들은 그들이 정박한 일본 땅에 마음대로 출입할 수 없으며 그들의 소지품은 일본 관헌에게 신고하지 않으면 아니 되며 또한 그들은 일본인과 자유로이 교역하는 것이 허락되지도 않았다고 주장한다. 그러나 이러한 주장은 사실과 다르다. 이미 1939년에 발표된 논문에서 다무라 센노스케(田村專之助)는 일본의 私貿易에 관하여 규정한 關市令에 대하여 되풀이하여 다음과 같이 언급하고 있다.[19]

① 율령의 관시령을 무시하고 민간 무역을 허락하였다.
② 이미 관시령이 무시되어 있었던 것이 분명하지만 당시 唐船이 아직 오지 않았으므로 신라상선과의 무역이 행해졌다.

19) 田村專之助, 1939, 「6世紀中葉以降に於ける日羅貿易の研究」『靑丘學叢』30.

③ 행해지지 않는 관시령으로 사무역 금지의 목소리가 컸지만 당시 唐船이 아직 오지 않았으므로 신라상선과의 무역을 행하였다.
④ 율령(관시령)의 효력이 없었으므로 太政官符를 내고 혹은 다자이후에 명하여 관시령의 順奉을 강조하고 경매를 금하였지만 아무런 효력이 없었다.
⑤ 하가다(博多)와 그 근처에 사는 호족·상인 등이 외국상품[舶來品]을 갈망하고 가격에 관계없이 쟁탈競買에 힘쓰고 있었다.

관시령은 실정에 맞게 창작되거나 혹은 모방된 것이 아니다. 이렇게 볼 때 다무라 엔초는 이미 1930년대에 나온 다무라 센노스케의 논문도 보지 않고 자기 주장을 하고 있음을 알게 된다.

아니 8세기뿐만 아니라 9세기에도 신라인들은 일본에 건너와서 일본인들과 자유로이 교역 하였던 것이다. 『續日本後紀』는 841년(承和 8) 일본인들이 신라의 장보고가 가져온 물건을 구매하느라 가산을 탕진하는 자가 많았으며[20] 831년(天長 8)의 太政官符에는 신라상인이 가져온 물품을 다투어 사느라 값이 치솟아 가산을 거의 탕진하였다고 적고 있다.[21]

그러면 고대한일관계사, 즉 신라와 일본과의 관계에 대하여 살펴보기로 한다. 우선 다무라 엔초의 주장부터 살펴보자.

G-1. 아마테라스 오오카미(天照大神)로부터 부여된 신라에 대한 '통치'는 쇼무(聖武)천황의 권한인 동시에 책임이었다(277쪽).
G-2. 종주국-附庸國의 統屬관계에 있는 일본의 천황에 있어 신라의 '무례'는 '통치'와 관련되어 있다. 아마테라스 오오카미로부터 부여된 신라에 대한 '통치'는 쇼무천황(724～748)의 권한인 동시에 책임이었다(277쪽).
G-3. 텐무기(天武期)·지토기(持統期)의 '율령국가'의 성립에 의하여 倭는 일본이 되고 '왜왕'은 '천황'이 되었다. 천황의 출현에 의하여 일본과 신라와의 관계는 종주국－臣從國의 上下로 전환되었다(242쪽).

---

20) 『續日本後紀』 承和 8년 2월 27일.
21) 『類聚三代格』 天長 8년 9월.

G-4. '왜'가 '일본'이 되고 '왜왕'이 '천황'이 되는 '율령국가'의 구축에 의하여 지금까지의 대등한 관계는 일본 측의 주도에 의하여 '종주국－신종국'의 관계로 전환되었다. 즉 신라는 일본의 '蕃國'이 되었다(242쪽).

G-5. 왜왕과 신라왕은 (중략) 시종 互格 대등한 관계였다. 그러나 '왜'가 '일본'이 되고 '왜왕'이 '천황'이 되는 '율령국가'의 구축에 의하여 지금까지의 대등한 관계는 일본의 주도에 의하여 '종주국－신종국'의 관계로 전환되었다(241쪽).

G-6. 성덕왕이 다스리는 초기에 上宰로서 신라정부의 中樞에 있었던 金順貞이 일본 측이 요구한 종주국＝일본－신종국＝신라의 논리를 받아들였다(273쪽).

G-7. 일본이 신라에 강제한 종주국－부용국의 이념과 체제를 신라 측이 받아들인 것이 뚜렷이 증명[明証]되었다(하략)(245쪽).

G-8. 신라와 당과의 사이에 냉전 상황이 이어져 있을 때 일본이 설정하고 강제한 '번국'의 지위에 신라는 분명한 반발을 나타내지는 않았지만, 당을 후원자로 할 시기가 오면 신라는 일변하여 일본에 대한 강한 저항의 자세를 가지게 되었다(278쪽).

G-9. 수세기에 걸친 倭와 신라와의 관계사에서 왜가 신라를 進攻한 사실이 있는 반면 신라가 왜에 진공한 사실은 없다(263쪽).

G-10. 고대에서의 왜왕과 신라왕과의 지위 내지 관계는 대등하고 동격이었다(241쪽).

G-11. 天宝 12년(753·천평승보 5) 정월 1일에 당의 玄宗이 含元殿에서 백관·제번의 朝賀를 받았을 때, 제번의 사인의 석차는 東畔의 제1은 신라, 제2는 大食國, 西畔의 제1은 土蕃, 제2는 일본으로 되어 있었다. 견당 부사인 오오도모고마로(大伴古麻呂)가 예부터 지금에 이르기까지 신라가 일본에 조공을 하고 있는 사실을 들어 석차의 부당함을 말한 즉, 오오도모고마로가 쉽사리 납득하지 않는 모습을 察知한 장군 吳懷實은 석차를 변경하여 東畔의 제1을 일본, 제2를 大食國, 西畔의 제1을 土蕃, 제2를 신라로 하였다고 한다(453쪽).

지금 위의 주장을 정리하면 다음과 같이 될 것이다.

① 귀신이 하늘에서 생활 하는 이른바 '기미요(神代) 7대'를 지나 제1대 천황인 진무(神武)를 지나 제46대 천황인 쇼무(聖武)에 이르러 하늘을

다스린 아마케테라스 오오카미(天照大神)가 제46대 천황인 쇼무에게 신라통치의 권한을 부여하였다는 내용이다. 제1대 천황인 진무가 하늘에서 내려온 지 179만여년이 되었다고 하니[22) '기미요 7대'를 제외하더라도 아마테라스 오오카미는 179만여년 만에 신라통치의 권한을 천황 쇼무에게 부여하였다는 것이다. 어린이 동화에도 나올 수 없는 이런 어처구니없는 이야기를 다무라는 사실로 인정한 것이다.

② 왜왕이 천황으로 된 시기부터 신라는 일본의 臣從國으로 전환되었는데 신라 자신이 이 관계를 받아들였다고 주장한다.

③ 신라와 당과의 사이에 냉전 상황이 이어졌을 때는 일본이 설정한 종주국－신종국 내지 附庸國의 관계를 수용하지만 당과 친밀한 관계에 있을 때는 이 관계에 대하여 저항한다.

④ 왜는 신라를 침공한 사실이 있지만 신라는 왜를 침공한 사실이 없다.

⑤ 신라가 일본의 신종국으로 있을 때도 두 나라 왕의 관계는 동격이었다.

⑥ 중국에 간 일본사인이 당나라 황제인 玄宗에게 요청하여 신라와 일본의 석차를 바꾸게 하였다.

위의 주장 ②～⑥은 모두 사실이 아니다. 그러한 주장의 역사적 근거는 아무데도 없다. ④는 사실을 왜곡한 것이다. 왜의 조선·항해 수준의 시각에서도 왜가 신라를 침공할 수는 없으며 오히려 신라가 왜를 통치한 것이다.[23] ⑤에서 신라가 일본에 대하여 신하의 나라로 예속되었다고 하면서 두 나라 왕의 관계는 동격이었다고 하니 무슨 말을 하고 있는지 모르겠다. 그리고 ⑥의 주장도 허구이다.[24]

중국에 간 일본대사의 위치는 '타이족'이 雲南지방에 세운 小國인 南詔國 사인보다 아래에 있었으며 일본대사의 비서가 중국물건을 구매하러

22) 『일본서기』 神武天皇 卽位前紀.
23) 이 절의 후반부에서 상술함.
24) 최재석, 2000, 『古代韓國과 日本列島』, 一志社, 346～347쪽.

시장에 갔다가 체포되어 겨우 풀려나기도 하였고 702년부터 당나라에 갔다 온 7회의 일본사절 가운데 중국의 물품을 가져온 사절은 735년 1회 정도에 지나지 않았다.[25] 따라서 일본사인이 당나라 황제에게 요청하여 신라와 일본의 좌석 순위를 바꾸었다는 주장은 허구일 수밖에 없다.

그러면 역사적 사실에 의거하여 신라와 일본과의 관계를 살펴보자.

한반도를 통일한 신라는 668년 9월 신라사인을 백제 지배층이 망명해 있는[26] 일본에 파견하여 전쟁배상물자를 받아내고[27] 한편에서는 당나라와 해전과 육지전에서 대승하여 당의 군대를 한반도 밖으로 축출함[28]과 동시에 다른 한편에서는 664년부터 672년 사이 당의 일본 진출[29]로 생긴 당의 문화, 예를 들면 双六을 금지하고 일본의 국정을 지도하였다.

신라의 왕은 676년 11월 3일에 사인 沙飡 金淸平을 일본에 파견하여 9개월 24일 동안 일본의 정치를 지도하였으며[30] 685년 11월 27일에도 사인 波珍飡 金智祥을 파견하여 6개월 2일간 일본의 정치를 지도하였다.[31] 687년 9월 23일에도 신라왕은 왕자 金霜林과 사인 級飡 金薩慕를 파견하여 5개월 6일간 일본정치를 지도하였으며[32] 8년 후인 695년 3월 2일에도 신라왕은 왕자 金良琳과 사인 薩飡 朴强國을 파견하여 일본의 정치를 지도하였으나 기간은 명시되어 있지 않다.[33] 신라사인에 의한 일본 정치 지

---

25) 위의 책, 344～345쪽.

26) 최재석, 1993, 『統一新羅·渤海와 日本의 關係』, 一志社, 269～270쪽.

27) 위의 책, 270쪽; 天智 7년 9월 12일; 같은 해 11월 1일.

28) 최재석, 1999, 「신라 文武大王의 對唐·對日 정책」 『韓國學報』 95(『古代韓國과 日本列島』 수록).

29) 최재석, 2001, 「『日本書紀』에 나타난 7세기말(664년～672년)의 唐의 日本進出에 관한 기사」 『古代韓日關係와 日本書紀』, 一志社 참조.

30) 최재석, 1993, 『統一新羅·渤海와 日本의 關係』, 275쪽; 天武 5년 11월 3일; 天武 6년 8월 27일.

31) 위의 책, 278쪽; 天武 14년 11월 27일; 朱鳥 元년 5월 29일.

32) 위의 책, 278쪽; 持統 元년 9월 23; 持統 2년 2월 29일.

33) 위의 책, 278～279쪽; 持統 9년 3월 2일.

도의 기간이 9개월여 → 6개월여 → 5개월여 식으로 점차 단축되어가는 것이 눈에 띄는데 이것은 신라에 의한 일본의 정치 지도가 정착되어가고 있음을 나타내는 것이었다.

일본의 국정개혁차 최초로 파견된 676년의 신라사인단에는 高級軍事官이 포함되어 있으며 687년과 695년에 파견된 신라사인단에는 각각 신라왕자(김상림과 김양림)가 포함되어 있다. 신라가 보낸 최초의 일본국정지도 사인단에만 신라 무관이 포함되어 있는 것은 일본이 그때까지 백제에, 특히 664년부터 672년까지 8년간은 당나라에 지배당하고[34] 있었던 사실에 기인하는 것으로 생각된다. 그러한 사인 파견으로 어느 정도 민심이 수습된 연후에 신라는 왕자를 일본에 파견하여 일본의 정치 지도를 친히 감독한 것으로 보인다. 693년에는 신라가 神文王의 喪을 일본에 알리자 일본조정은 일본사인을 신라에 파견하여 신라왕에게 부의조의 물품을 선물하였다.

일본의 국정지도와 개혁은 신라사인의 귀국 후에 행해진 것도 있지만 일본체류 중에 신라사인의 지도로 행해진 것도 있다. 후자의 예로는 681년 4월 3일의 禁式 92조와 동 4월 12일의 姓의 수여는 680년 11월 24일부터 681년 8월 20일까지 체류한 沙湌 김약필에 의하여 지도된 것이며 685년 1월 21일의 冠位制 개정은 684년 12월 6일부터 685년 3월 14일까지 체류한 大奈末 김물유의 지도에 의한 것이다.[35]

그리고 703년 1월 9일 신라사인이 국왕(효소왕)의 상을 알리자 일본조정은 같은 해 윤4월 1일에 일본전국에 大赦令을 내렸으며 신라에 사인을 파견하여 부의조로 비단(綿) 2필과 시(絁)비단 40필을 증정하였으며, 일본은 平城京 조영 직전인 709년 3월 14일 일본에 간 신라사인을 통하여 신라왕에게 견 20필, 미노비단(美濃絁) 30필, 絲 200구, 면 150屯을 증정

34) 위의 책.
35) 최재석, 2001, 『古代韓日關係와 日本書紀』, 一志社, 279쪽.

하였다. 신라왕이 세상을 떠났는데 신라가 아닌 일본이 대사령을 내린 점에 신라와 일본의 관계가 여실히 나타나 있다고 하겠다.

또 신라사인이 714년 11월 11일에 일본에 가자 일본조정은 전국의 騎兵 990기를 동원하여 환영준비를 하였으며 그들이 입경할 때 기병 170기를 거느리고 王都 밖까지 나가 영접하였으며 그들이 귀국할 때는 면 5,450근과 선박 1척을 신라국에 선물한 것이다.[36)]

이렇게 볼 때 어느 측면에서나 다무라가 말하는 '부용국'은 신라가 아니라 일본임이 분명해진다. 다무라는 역사적 사실의 반대 주장을 한 것이다.

## 7. 당·신라·발해·일본의 4국 관계

우선 여기에 대한 다무라의 주장부터 알아본다.

> H-1. 발해는 당과 신라를 연결시켰다. 그리고 발해는 일본에 접근하였다. 이리하여 동아세아의 국제정세는 당－신라, 발해－일본의 제휴관계와 동시에 두 개의 그룹의 대항관계를 만들었다(278쪽).
>
> H-2. 주목되는 것은 730년에 들어와 동아세아의 국제정세가 당－신라, 발해－일본의 제휴관계와 당－신라와 발해－일본의 대항관계의 두 극(二極)으로 분열하였다고 察知된다. 이 새로운 국제 정황은 당에 접근함으로써 종주국＝일본, 附庸國＝신라의 논리를 강제하는 일본에 반발·저항하는 신라의 입장을 지지·강화하는 결과가 된다(448쪽).

위의 다무라의 주장을 정리하면 다음과 같이 될 것이다.

① 발해가 당과 신라를 연결시켰다.

② 발해가 일본에 접근하였다.

---

36) 위의 책, 285～288쪽.

③ 8세기에 당과 신라가 제휴하고 발해와 일본이 제휴하여 두 그룹의 대항관계가 형성되었다.

④ 당-신라, 발해-일본의 대항관계에 의하여 신라를 부용국(속국)으로 강요하는 일본에 반발·저항하는 신라의 입장이 강화되었다.

①은 732년 발해가 당나라의 登州를 치자 당 현종이 신라 성덕왕에게 발해를 치게 하였으나 大雪로 공 없이 귀국하였다는 『삼국사기』의 기록[37]을 두고 하는 주장 같으나 이 기사 하나를 근거로 하여 이와 같은 주장은 할 수 없다. 7세기에 신라와 당나라가 여러 번 치열한 전쟁(해전과 육지전)을 한 앙금은 두 나라 모두 8세기 초까지도 남아 있었을 것이다.

727년 조선·항해수준이 유치하여 바깥 세계로 나갈 수 없는 일본에 돌연 발해의 무장군인단이 들이닥치자 일본이 이들을 고구려국의 군인으로 의식하여 상전으로 모시고 극진히 대접한 사실은 외면한 채 ②처럼 발해가 일본에 접근하였다고만 표현하면 위와 같은 두 나라의 관계를 은폐하는 것이 되는 것이다. 발해의 무장군인단의 일본 파견은 759년까지 4회나 더 지속되었다.

또 8세기에 당과 신라가 제휴하고 발해와 일본이 제휴하여 두 그룹의 대항관계가 형성되었다는 ③의 주장도 근거가 없다. 일본이 발해에 복속된 사실만 있을 뿐이고 발해와 일본이 제휴한 사실은 없다. 당－신라, 발해－일본의 두 그룹으로 나누어진 일도 없으며, 두 그룹으로 나누어진 일 자체가 없으니 두 집단 간에 서로 대항관계에 있는 일은 더욱 있을 수 없다. 따라서 이 관계로 인해 신라를 일본의 속국으로 강요하는 일본에 저항하는 신라의 입장이 강화된 일은 더더욱 있을 수 없다. 따라서 ④의 주장도 동화같은 허구이다. 발해는 많게는 359명의 발해사인단을 일본에 보내, 길게는 8개월 동안 짧게는 2개월 동안 일본에 체류시켰으니 소비

37) 『三國史記』 新羅本紀 聖德王 31년조.

하는 식량 하나만 하더라도 일본의 재정은 크나큰 압박을 받았음을 알 수 있다. 발해인들의 일본 방문이 무려 35회나 되었으며 또한 그들이 일본에 올 때마다 막대한 양의 고귀한 물품을 강요하다시피 받아 그것들을 일본 관리로 하여금 발해 왕도까지 실어 나르게 하였으니[38] 이러한 사실에 의해서도 일본은 발해에 복속된 나라임을 알 수 있다.

이밖에 발해에 대한 일본의 복속관계를 나타내는 몇 가지 사례를 제시하면 다음과 같다.

① 발해인이 일본 항구에 도착하면 일본천황이 항구까지 보낸 위문사의 위문을 받고 종자가 딸린 말을 타고 일본 병사의 호위를 받으면서 일본 왕도로 입경한다.

② 발해인을 영접하기 위해 일본정부는 13종의 官人을 임명한다. 예를 들면, 수행원, 의복의 뒷바라지를 하는 관인, 음식의 뒷바라지를 하는 관인, 발해인의 선언문을 받아쓰는 관인도 있고 발해인의 노고를 위로하는 임무를 담당한 관인도 4종이나 된다. 즉, 발해인이 일본 항구에 도착하면 일본 왕도에서 그곳 항구까지 가서 입항까지의 노고를 위문하는 관리, 발해인이 왕도 근교에 도착하면 그곳까지 마중 나와서 노고를 위문하는 관리, 일본체류 동안의 노고를 위문하는 관리 그리고 그들이 귀국할 때 일본 왕도에서 출항지 항구에 도착하면 그 항구까지 가서 발해인의 노고를 위문하는 관리 등 4종의 관리를 일본천황이 임명하였다.

③ 또 일본조정이 발해인들에게 선물한 많은 물품을 발해 왕경까지 운반하는 일은 발해인 자신들이 아니라 일본 관리들이 담당했기 때문에 일본천황은 그 일본 관리들의 位階를 발해인들의 그것보다 낮게 하였다.

---

38) 최재석, 1991, 「渤海와 日本의 關係」『韓國學報』 63 : 1993, 「渤海에 대한 日本의 服屬과 당시 日本의 政治·軍事的 상황」『발해의 민족형성과 연구사』(이상 『統一新羅·渤海와 日本의 關係』 수록) 참조.

④ 발해는 일본정부의 의사에 반하여 수많은(평균 100여명) 인원으로 구성되는 일단의 사인을 빈번히 일본에 보내어 일본체류 중에는 국왕에 대한 대접을 받게 하고 귀국 시에는 막대한 양의 귀중한 물건(금·은·비단 등)을 가져오게 했다. 이리하여 어떤 때는 가져간 綿이 1만 屯이 되는 일도 있었다.

⑤ 이와 같이 일본이 발해에 복속하는 대가로 발해는 일본인 유학생을 받아줌과 동시에 발해에 오는 일본사인을 발해 배에 편승케 할 뿐 아니라 일본의 당나라파견 사인, 당나라파견 유학생의 入唐·귀국, 在唐 일본 유학생의 일본으로 보내는 편지 전달, 일본정부의 재당 일본 유학생에게 보내는 편지·유학비 전달, 그 밖에 당나라에 관한 정보들을 알려 주었다.

⑥ 백제－야마토왜가 전승국인 신라에게 전쟁배상물자를 지급한 668년부터 발해가 일본에 무장군인단을 파견한 727년까지 일본은 신라 한 나라에만 복속하였으나 727년부터는 일본은 신라와 발해 두 나라에 복속하였다.

이렇게 볼 때 발해가 일본에 속국이나 평등한 관계로 접근하거나 발해와 일본이 제휴한 것이 아니라 일본이 발해의 속국이었다. 물론 당나라와 신라가 제휴하고 발해와 일본이 제휴하여 대항관계를 형성했다는 위 ③의 주장은 근거 없는 허구이다. 그리고 앞의 신라와 일본 관계[39]에서도 나타나 있는 바와 같이 일본이 신라에 속한 것이지 신라가 일본에 속한 것이 아니다.

---

39) 본고 6절 참조.

## 8. 맺는말

1995년까지 발표한 12개의 논저에서 다무라 엔초는 한·일간의 역사를 왜곡하고 있음에도 불구하고 일본의 아스카·하구호·나라시대(8세기) 불교의 원류 내지 배경은 중국이 아니라 한국고대불교이며 호류지 재건 문제도 신라와 교섭을 무시하고서는 이해할 수 없으며, 『일본서기』에 등장하는 쇼토쿠태자(聖德太子)는 역사 속의 인물이 아니라 신앙 속의 인물이라고 올바른 평을 하였다.

그러나 1999년에 간행한 저서에서는 이전보다 더 철저하게 고대한일관계사를 왜곡하고 있음을 알게 되었다. 즉 『일본서기』, 『속일본기』의 역사왜곡을 그대로 사실로 받아들였고, 한국 화엄종의 末寺라 할 수 있는 도다이지(東大寺)의 노사나불(비로사나불) 개안식에 참석하여 일본의 신라화엄종 도입을 인정해준 신라왕자의 일본 방문, 신라인들의 일본왕도의 방문, 미마나(任那)의 문제와 다자이후(大宰府), 특히 그 명칭문제, 고대한일관계, 특히 신라와 일본 관계, 신라인들의 일본열도내 상거래, 당·신라·발해·일본 4국의 관계 등도 모두 왜곡하였다.

1999년 그의 역사왜곡이 그 이전의 역사왜곡보다 더욱 철저해진 데는 어떤 요인이 작용하고 있는 것일까? 그리고 『고대일본의 국가와 불교』라는 번듯한 타이틀의 책에 天孫降臨이 있었다는 179만년보다 훨씬 이전에 하늘에서 살았다는 일본건국신화의 태양의 여신 아마테라스 오오카미가 724년부터 748년까지 재위한 일본왕 쇼무(聖武)에게 신라 통치의 책임을 주었다는 글이 숨어있는 데는 놀라지 않을 수 없었다. 요컨대 고대한일관계에 관한 다무라 엔초의 주장 가운데 역사적 사실에 근거한 것은 하나도 없었다.

# 제8장 광복 후 한국내 일본연구지에 게재된 일본인 학자의 역사왜곡 비판

## 1. 머리말

우리는 이미 주로 1945년 이전에 활동한 5인(黑板勝美·津田左右吉·太田亮·池內宏·末松保和)의 일본고대사학자와 1945년부터 1980년대까지 활약한 江上波夫 외 15인의 일본고대사학자의 일본고대사연구에 대하여 살펴보았다. 그 결과 그들의 일본고대사연구에는 거의 언제나 그 속에 한국고대사와 고대한일관계사가 포함되어 있으며 1945년 이후의 연구경향도 그 이전의 것과 별 차이 없이 여전히 '皇國史觀'의 주장을 하고 있음을 알게 되었다.[1)]

그러나 여기서는 일본내에서가 아니라 한국내의 여러 일본연구지에서 일본고대사 내지 고대한일관계사는 어떻게 서술되고 있는가를 알아보고자 한다. 좀더 구체적으로 말하면 광복 후 1980년대 말까지 한국내에서 발간된 주요 일본연구지에 나타난 일본고대사 서술의 내용과 성격을 살펴보려고 한다. 그런데 백제연구지는 그 명칭부터 엄밀한 의미에서 일본연구지는 아닐지 모르나 그 내용에서 고대한일관계를 많이 다루고 있을 뿐만 아니라 거기에 대한 日人학자의 논문이 많이 수록되어 있으므로 일본연구지의 범주에 넣기로 하였다. 지금 본인이 검토대상으로 삼은 일본

1) 최재석, 1990, 『日本古代史研究批判』, 一志社.

연구지의 내용은 <표 1>과 같다.

〈표 1〉 고찰의 대상이 된 한국내 일본연구지(1945~1980년대)

| 잡지명 | 간행처 | 고찰대상 호수 |
|---|---|---|
| 1. 韓日文化 | 부산대 | 1-1(1962. 9)~1-2(1962. 12) |
| 2. 韓日關係研究所紀要 | 영남대 | 창간호(1970. 7)~10·11(1981) |
| 3. 日本學報 | 한국일본학회 | 창간호(1973. 8)~23(1989. 11) |
| 4. 日本研究論叢 | 현대일본연구회 | 창간호(1979. 12)~5(1986) |
| 5. 日本學誌 | 계명대 | 창간호(1980. 4)~8(1988. 2) |
| 6. 日本研究 | 중대 | 창간호(1980. 12)~4(1986) |
| 7. 日本學 | 동국대 | 창간호(1981. 12)~8·9(1989. 9) |
| 8. 日本研究 | 부산대 | 창간호(1982. 12)~7(1988. 12) |
| 9. 日本文化研究 | 외대 | 창간호(1985. 4)~4(1989) |
| 10. 韓日比較文化研究 | 덕성여대 | 창간호(1985) |
| 11. 日本研究論叢 | 부산산업대(경성대) | 창간호(1987. 11)~3(1989. 12) |
| 12. 日本學年報 | 일본문화연구회 | 창간호(1987)~2(1989. 9) |
| 13. 日本研究 | 명지대 | 창간호(1990. 1) |
| 14. 百濟文化 | 공주사대 | 창간호(1967. 5)~17(1986) |
| 15. 百濟研究 | 충남대 | 창간호(1970. 10)~19(1988. 12) |
| 16. 馬韓·百濟文化 | 원광대 | 창간호(1975. 10)~11(1988) |
| 17. 百濟論叢 | 백제문화개발연구원 | 창간호(1985. 12) |

표를 보면 첫째 한국에서 1960년대 초에 최초로 일본연구지가 간행되었으며, 둘째 60년대에 시작된 일본연구지가 70년대를 지나 80년대에 이를수록 그 수가 크게 증가하였음을 알 수 있다. 즉 60년대에 2종이던 것이 70년대에는 5종으로 불어났고 이것이 80년대에는 자그마치 10종으로 늘어났다. 셋째 일본연구지는 대부분이 대학의 연구소에서 간행하였음을 알 수 있다.

그런데 여기서 우리가 제일 먼저 주목하게 되는 것은 日人학자들은 한국의 일본연구지에 투고하면서도 일본국내의 일본고대사연구에서처럼, 한국고대사 내지 고대한일관계사에 대해서 언급하고 있다는 점이다. 다음에 그들이 중점적으로 논의한 주제에 대하여 살펴보고자 한다.

## 2.『三國史記』 평가

日人학자들은 일본국내에서『三國史記』의 초기기록이 조작되었다고 하는 1945년 이전의 주장을 광복 후 오늘날까지도 변함없이 주장하고 있다.[2] 그렇다면 이들은 한국내의 일본연구지에서는 어떠한 주장을 하고 있는가 매우 궁금하지 않을 수 없다. 결론부터 말하면 그러한 주장을 하는 사람의 수는 줄었지만 주장 자체는 일본내에서의 주장과 같으며 1945년 이전과 같은 주장을 하고 있었다. 그 주장을 적기하면 다음과 같다.

A-1. 백제의 건국에 관한『三國史記』의 기사는 믿을 수 없으며 백제건국은 서기 290년부터 372년 사이에 漢山城 근처에 성립되었다고 밖에 생각할 수 없다.[3]

A-2. 백제의 건국은 8대 古爾王때부터 국가체제를 정비하여 태조가 되었던 것에 의한다.[4]

A-3. 백제왕국의 건국은 기원전 18년이라고 하지만 근거가 불명하다.[5]

A-4. 古爾王 27년에 官位 16品을 정했다고 하지만 신빙성이 의심스럽다.[6]

A-5. 山田英雄은『日本書紀』에서는 사실 그 자체를 빌려온 것은『魏志』와『晋起居註』뿐이지만『三國史記』편찬은 중국사서를 발췌한 것 같다고 말하였다.[7]

위에서 우리는『三國史記』초기기록은 조작되어 믿을 수 없을 뿐만 아니라 그 내용의 사실성에 있어서도『日本書紀』에 크게 뒤떨어진다는

---

2) 위의 책 참조.
3) 芳賀 登, 1984,「日本에 있어서의 百濟史硏究의 意義」(日文번역논문)『馬韓·百濟文化』7, 37쪽.
4) 위의 논문, 37쪽.
5) 芳賀 登, 1987,「古代日本における百濟の位置」『馬韓·百濟文化』10, 129쪽.
6) 위의 논문, 129쪽.
7) 위의 논문, 133쪽.

일본국내에서의 주장을 한국내에서도 하고 있음을 알게 된다.

## 3.『日本書紀』 비판

알려져 있는 바와 같이『日本書紀』는 조작된 부분이 사실의 부분보다 몇 배나 많으며 필자도『日本書紀』의 조작된 부분의 대강을 제시한 바 있다.[8]『日本書紀』가 조작되어 있음이 명백함에도 불구하고 日人학자들은 '조작'이라는 표현을 쓰지 않았으며 그 대신 다음과 같이 교묘한 표현을 사용하여 조작되었다는 인상을 주지 않으려고 하고 있음을 보게 된다. '謝過' 대신 '痛惜'이라는 용어를 사용하는 것과 일맥상통하다고 하겠다.

① 이념에 의한 기사의 확대
② 유동적인 설화
③ 새로운 요소의 부가
④ 정치적 이념에 의한 附會
⑤ 선입관과 이념의 서술
⑥ 이념에서 도출된 것
⑦ 지배관념의 수용내지 영합
⑧ 干支 2巡 소급 기술
⑨ 若干 신빙성을 결하고 있다.
⑩ 무력정복과 朝貢 형식으로 백제문화 도입을 理想으로 하였다.

지금『日本書紀』기사에 대한 이들의 평가 가운데 대표적인 것을 적

8) 최재석, 앞의 책 및 최재석, 1993,『統一新羅·渤海와 日本의 關係』의 제3부 日本史書와 日本史學者의 論理 참조.

기하면 다음과 같다.

B-1. 『古事記』와 『日本書紀』의 차이는 『古事紀』 편찬에서 『日本書紀』 편찬에 이르는 시기에 이 전설이 확대하였다.[9]

B-2. 이념에 의하여 기사가 확대되었다.[10]

B-3. 이 설화는 아직 유동적이다. (중략) 설화가 유동적이라는 것은 새로운 요소를 첨가하여 설화의 내용을 풍부하게 할 수 있다.[11]

B-4. (한국의 3국 또는 4국이 동시에 朝貢史를 파견한 것은) 한국의 제국을 臣從시키고 있는 것을 강조한 정치이념에 의하여 附會된 것이다.[12]

B-5. 일본이 한국과 (중략) 대등하고 정상적인 국제관계를 수립하기 위하여는 역사서에 종종 보이는 선입관·이념과 역사사실과를 가능한 한 분리하여 각각을 별개로 검토할 필요가 있다.[13]

B-6. 예를 들면 『日本書紀』의 고구려관에는 두가지의 경향이 있다. 하나는 大唐에 다음가는 높은 문화를 가진 국가며 다른 하나는 신라 백제 임나와 같이 야마토 王朝에 예속적인 위치에 있는 나라이다. 전자는 7세기중엽의 생각이고 사실에 가까운 것이고 후자는 8세기 전반의 생각이며 『日本書紀』 편찬의 이념에서 도출된 것이다.[14]

B-7. 『百濟本紀』는 (중략) 7세기말의 지배관념의 내용 또는 그것에의 영합에 불과하다.[15]

B-8. 『日本書紀』 본문을 만든 제 1차의 편차는 「百濟記」의 기재가 나타내는 연차보다도 干支 2巡 소급하는 연차로 이용할 것을 방침으로 하고 있었다.[16]

B-9. 神功皇后紀 46년(246 366)조에서 仁德紀 530년(365 485)조까지의 야마토 朝廷과 백제·신라와의 국교관계기사의 출전은 『百濟記』이다. (중략) 약간 신빙성을 결하고 있다.[17]

---

9) 井上秀雄, 1989, 「『日本書紀』の高句麗觀」 『日本學』 8·9합집, 16쪽.
10) 위의 논문, 16쪽.
11) 위의 논문, 16～17쪽.
12) 위의 논문, 17쪽.
13) 위의 논문, 23쪽.
14) 위의 논문, 23쪽.
15) 山尾幸久, 1986, 「日本書紀と百濟系史料」 『百濟硏究』 17, 197쪽.
16) 위의 논문, 201쪽.

B-10. 『古事記』의 백제관은 문화적으로 뛰어난 나라이지만 그 문화를 도입하기 위하여 이것을 무력으로 정복하고 그 문화를 조공 형식으로 도입하는 것을 이상으로 하고 있었다.[18]

B-11. (『日本書紀』는) 이념에 의한 기사를 확대하였다.[19]

## 4. 한국의 三國과 일본의 관계

편의상 백제와 일본의 관계와 임나문제는 별도의 장에서 살펴보기로 하고, 여기서는 日人들이 한반도의 三國과 일본과의 관계에 대하여 어떻게 주장하고 있는가를 알아보고자 한다. 먼저 그들의 주장의 요점을 알아보면 다음과 같다.

① 한국의 三國(고구려·신라·백제)이 일본에 조공을 바쳤다.

② 일본이 조선에 군대를 파견(출병)하여 '三韓'을 '정벌'하였다.

③ 일본이 가야의 군인과 물자를 徵發하였으며 백제왕국의 再興에 개입하고 고구려군대를 축출하였다.

④ 倭는 중국에 대하여 倭·백제·신라·任那·加羅·秦韓·慕韓 등 7국의 군사지배권을 요구하였다.

⑤ 신라·고구려·백제 3국이 일본에 降服하여 일본의 直轄領土(內官家)가 되었다.

⑥ 한반도의 삼국의 백성이 일본천황의 덕을 흠모하여 '귀화'하였다.

지금 이들의 주장을 적기하면 다음과 같다.

---

17) 芳賀 登, 1987, 앞의 논문, 131쪽.
18) 井上秀雄, 1989, 앞의 논문, 12쪽.
19) 위의 논문, 29쪽.

C-1. 백제·신라·통일신라가 일본에 여러 번 '朝貢' '貢' '獻' '貢物'하였다(長廣의 긴 글을 본인이 정리한 것이다).[20]

C-2. 백제사나 신라사의 연구는 '任那의 朝貢'의 廢止와 관련없이는 이해할 수 없으며, 『日本書紀』 大化 元年(645) 7월조에 고구려·백제·신라가 함께 朝貢을 바치고 百濟朝貢使는 任那朝貢使를 겸하여 임나의 조공을 바쳤다고 되어 있다.[21]

C-3. 神功皇后의 삼한정벌 조선출병 이야기와 관련하여 백제의 사절이 일본에 오도록 되었다.[22]

C-4. 5세기 제 4반기에 倭國을 구성하는 제국의 武將이나 군중이 伽倻諸國에 가서 軍丁 軍資의 徵發활동을 행함과 동시에 백제왕권의 再興에 개입하고 신라로부터의 고구려병 축출을 응원한 것은 사실이다.[23]

C-5. 倭는 고구려에 대항하기 위하여 군사권에 대하여는 백제를 포함한 7국(倭, 百濟, 新羅, 任那, 加羅, 秦韓, 慕韓)의 都督諸軍事를 요구하였다.[24]

C-6. 백제와 왜와의 밀접한 관계의 일면은 册封體制를 매개로 하여 왜왕이 자칭하고 除授된 爵命의 실상에서 판단된다.[25]

C-7. 例하면 仲哀 9년 10월에 신라가 일본국에 항복하였기 때문에 고구려 백제양국도 항복하여 '內官家'가 되었다.[26]

C-8. 來投·來奔·奔人·來服·來屬은 (천황의) 德化와 관련이 있다.[27]

한편 日人학자들은 신라와 일본의 관계에 대하여는 다음과 같이 왜곡 주장한다.[28]

---

20) 長廣敏雄, 1982, 「古代佛敎美術からみた韓國と日本」 『日本學』 2.
21) 芳賀 登, 1984, 앞의 논문, 39쪽.
22) 위의 논문, 36쪽.
23) 山尾幸久, 1986, 앞의 논문, 200쪽.
24) 武田幸男, 1986, 「廣開土王碑の百濟と倭」 『百濟硏究』 17, 186쪽.
25) 위의 논문.
26) 井上秀雄, 1989, 앞의 논문, 16쪽.
27) 芳賀 登, 1984, 앞의 논문, 45쪽.
28) 진정한 신라와 야마토왜와의 관계에 대하여는 최재석, 1990, 「제4장 1절. 백제의 야마토왜와 고구려 신라와의 관계」 『百濟의 大和倭와 日本化過程』, 一志社 참조.

① 일본은 성스러운 나라인 동시에 종주국인 데 반해 신라는 '野蠻國' '臣從國' '附庸國'이다.

② 일본에 파견되는 신라의 使人은 오로지 일본에 '拜朝' '貢納' 만을 일삼기 위해서 존재하였다.

③ 일본은 군대를 파견하여 신라를 정벌하였다.

④ 신라는 일본에 불상과 토산물을 貢上하였다.

⑤ 일본은 신라의 김춘추를 인질로 삼아 이것을 唐과의 외교정책에 이용하였다.

이러한 日人학자들의 허위주장을 적기하면 다음과 같다.

D-1. 聖朝인 일본과 蕃國인 신라와의 사이는 상하의 隔絶이 있었다.[29)]
D-2. 신라사는 원칙적으로 貢調使 즉 貢調의 임무를 띤 使者였다.[30)]
D-3. 附庸國인 신라의 국왕이 종주국인 일본의 천황에 대하여 調를 貢進하는 것이며 일본으로 오는 신라사의 貢調는 신라는 附庸國이고 일본은 종주국이라는 관계를 體現하는 증거로 간주되었다.[31)]
D-4. 일본의 律令法은 신라를 蕃國인 위치를 주었다.[32)]
D-5. 신라측의 첫째로 孝謙天皇이 강하게 요구한 宗主國－臣從國의 논리를 조건없이 받아들이지 않으면 아니 되었다.[33)]
D-6. 신라사의 존재이유는 일본측으로서는 '拜朝'와 '貢納' 뿐이었으며 그밖의 아무것도 아니었다.[34)]
D-7. 신라왕자 金泰廉은 貢調使의 대사 金暄의 首令으로 來日하였다.[35)]
D-8. (『日本書紀』에서) 고대 일본의 남조선침략은 神功 46년에 구할

29) 田村圓澄, 1989, 「平城京の新羅使」『日本學』8·9合輯, 33쪽.
30) 위의 논문, 35쪽.
31) 위의 논문, 35쪽.
32) 위의 논문, 39쪽.
33) 위의 논문, 40쪽.
34) 위의 논문, 44쪽.
35) 위의 논문, 42쪽.

수 있으며 또한 神功 49년 신라토벌의 장군을 파견하고 同 62년에는 葛城臣襲津彥을 파견하여 신라를 정벌하였다.[36)]

D-9. 신라는 일본에 使人을 파견하여 불상 등을 獻上하고 있다.[37)]

D-10. 藤原京에 도착한 (신라사) 金信福 등은 5월에 토산물을 貢上하였다.[38)]

D-11. 야마토 3년(647) 신라로부터 金春秋를 인질로 삼아 唐에의 접근을 꾀하였다.[39)]

D-12. 야마토 3년 신라로부터 김춘추를 인질로 하여 당나라에의 접근을 도모하였다.[40)]

또 日人學者들은 언급의 양은 적으나 고구려에 대해서도 신라와 마찬가지로 일본에 정벌되었다고 주장한다.[41)] 즉 일본군이 고구려에 진군하여 승리하고 정복하였으며, 고구려왕궁에 들어가 珍寶를 가져와 일본천황에 獻上하였다. 또 고구려의 멸망 후에도 고구려 使人이 일본에 朝貢하였다고 주장한다. 일본이 고구려를 정복하였다는 주장은 일본국내에도 오늘날까지 잘 발표되지 않은 주장인 것이다. 고구려 멸망 후에도 고구려가 일본에 朝貢하였다고 한 것은 조작된『日本書紀』의 기사에 의거한 주장이다. 지금 이들의 주장을 적기하면 다음과 같다.

E-1. (大和狹手彥은) 고구려 원정에도 관계가 있다.[42)]

E-2. 日人(狹手彥)이 고구려에 원정하며 승리를 거두었다.[43)]

E-3. 日人이 대장군으로서 병력 수만을 거느리고 고구려를 정복하였다.[44)]

---

36) 芳賀 登, 1987, 앞의 논문, 139쪽.

37) 中井眞孝, 1984,「7世紀の日韓佛教交涉」『馬韓·百濟文化』7, 107쪽.

38) 田村圓澄, 1989, 앞의 논문, 30쪽,

39) 芳賀 登, 1984, 앞의 논문, 40쪽.

40) 芳賀 登, 1987, 앞의 논문, 145쪽.

41) 진정한 고구려와 야마토왜와의 관계에 대하여도 최재석의 앞의 책을 참조할 것.

42) 日野 昭, 1981,「大伴狹手彥의 傳承과 佛教」(日文번역논문)『韓日關係研究所紀要』10·11합집, 142쪽.

43) 위의 논문, 144쪽.

E-4. 그는 승리를 틈타 고구려궁에 들어가 珍寶를 얻어 돌아와 천황에 獻上했다.[45]

E-5. 고구려 멸망 후 거의 매년에 걸쳐 使者의 왕래가 있었다.[46]

## 5. 백제와 일본 관계

日人학자들은 백제가 신라나 고구려보다 훨씬 더 일본에 대하여 예속되어 '臣從國'이 되었다고 주장하는데 이것은 일본(야마토왜)이 백제에 의하여 형성되고 경영된 사실[47]을 은폐하기 위해서인 것이다. 그런데 이러한 허위주장의 글이 다름아닌 백제와 일본 사이에 있었던 역사적 진실을 규명하려는 백제연구지에 게재되고 있는 데 주목하는 것이다.

지금 이들의 주장의 골자를 요약하면 다음과 같이 될 것이다.

① 일본은 백제왕을 폐위시키기도 하고 王都인 웅진을 백제왕에 '下賜'하기도 하였으며 또한 백제를 다시 소생시키기도 하였다.

② 백제는 오랫동안 수없이 일본에 조공을 바쳤다.

③ 일본은 백제를 보호하였다.

④ 백제는 일본에 왕자를 인질로 파견하여 겨우 외교관계를 유지하였다.

⑤ 일본은 백제를 타파하고 臣民으로 삼았다.

⑥ 七支刀는 백제내의 중국인이 만든 것이고 백제왕(近肖古王)이 일왕(神功皇后)에 獻上한 것이다.

⑦ 『日本書紀』가 인용한 『百濟本紀』는 백제왕이 어떻게 천황에 봉사하였는가를 나타내는 史書이다.

---

44) 위의 논문, 144쪽.

45) 위의 논문, 145쪽.

46) 井上秀雄, 1989, 앞의 논문, 20쪽.

47) 최재석, 1990, 『百濟의 大和倭와 日本化過程』, 一志社 참조.

⑧ 백제는 수없이 불상 불경 승려 사공 瓦博士 화공 등을 貢上하였다.

이러한 골자가 담긴 이들의 주장을 적기하면 다음과 같다.

F-1. 應神紀 3년에는 백제왕이 천황에 무례한 짓을 하여 백제왕을 폐위시켰다.[48]
F-2. 雄略 21년 3월 천황이 백제가 고구려 때문에 패하게 되었다는 소식을 들으시고 熊津을 汶洲王에게 주고 그 나라를 구하였다고 되어 있다.[49]
F-3. 백제국은 이미 망하였지만 (중략) 천황의 도움으로 다시 그 나라를 만들었다.[50]
F-4. 今西 龍은 백제는 고구려 신라 백제의 3국 가운데 시종 일본의 원조 보호에 의하여 나라를 유지한 나라로서 이 나라가 존재했기 때문에 저 강대한 고구려도 그 南下를 저지당하였다 (중략) 하고 기술하고 있다.[51]
F-5. 백제는 일본에 오랫동안 朝貢하였다.[52]
F-6. 백제왕이 왕자를 倭王에게 인질로 파견하여 왜왕의 군대를 도입한 것은 사실의 가능성이 크다.[53]
F-7. 백제와 왜는 인질외교로 유지되었다.[54]
F-8. (廣開土王碑의 辛卯年條 기사의) 倭가 백제를 破하고 臣民으로 삼았다고 평가되는 관계는 그 과정과 실태는 불명하지만 22년 전에 맺은 양국관계의 연장선상에 있다.[55]
F-9. 廣開土王碑는 왜가 辛卯年에 와서 바다를 건너 백제를 파하고 신라를 신민으로 삼았다고 되어 있다.[56]

---

48) 芳賀 登, 1987, 앞의 논문, 139쪽.
49) 芳賀 登, 1984, 앞의 논문, 45쪽.
50) 위의 논문, 45～46쪽.
51) 위의 논문, 29쪽.
52) 芳賀 登, 1987, 앞의 논문, 141쪽.
53) 山尾幸久, 1986, 앞의 논문, 204쪽.
54) 武田幸男, 1986, 앞의 논문, 184쪽.
55) 위의 논문, 185쪽.
56) 芳賀 登, 1987, 앞의 논문, 137쪽.

F-10. 七支刀는 백제영내에 잔존 유입한 東晉系 중국인이 작성한 것이고 (중략) 백제 躍進의 배후에는 이미 왜왕과의 결합이 있었으며 이것은 七支刀銘에서 확인된다.[57]

F-11. 石上神社의 七支刀는 『日本書紀』 神功紀 52년(252) 9월조의 백제의 近肖古王이 神功皇后에 獻上한 것 속에도 그 이름이 보인다.[58]

F-12. 石山神宮의 七支刀는 泰和 4년(369)의 銘文이 있으며 이것은 백제의 세자로부터 왜왕에 贈呈된 것으로 보아 거의 사실로 보인다.[59]

F-13. 『百濟本紀』라는 書名은 천황에 대한 백제왕의 봉사의 基本(本像)을 뜻하며 백제왕이 어떻게 천황에 봉사하여 왔는가를 나타내는 사서이다.[60]

F-14. 백제의 聖明王 때에 불상 경전 僧을 일본천황에 獻上하고 불교 수용을 요청하였다.[61]

F-15. 崇峻 6년(580) (백제는) 令照·令威·惠衆·惠存·道嚴·令開 등의 沙門과 寺工·鑪盤博士·瓦博士·畵工을 獻上하였다.[62]

## 6. 미마나(任那)에 대한 서술

### 1) 任那의 地域比定

이른바 任那문제에 있어 가장 먼저 풀어야할 과제는 任那가 어디에 위치하는가 하는 문제이다. 그런데 한국·중국·일본 등 삼국의 역사서나 金石文은 모두 任那와 伽耶를 전혀 별개의 나라로 기록하고 있고, 동일한 나라로 기록된 것은 한 곳도 없다. 본인은 이미 그 증거를 여러 번 제시한

57) 武田幸男, 1986, 앞의 논문, 184쪽.
58) 井上秀雄, 1984, 「日本における百濟史研究」 『馬韓·百濟文化』 7, 53쪽.
59) 芳賀 登, 1987, 앞의 논문, 133쪽.
60) 山尾幸久, 1986, 앞의 논문, 196쪽.
61) 鎌田茂雄, 1984, 「百濟佛教の日本傳來」 『馬韓·百濟文化』 7, 161쪽.
62) 위의 논문, 68~69쪽.

바 있으므로[63] 여기서는 먼저 일본 역사서에서 한 사례만 증거로 제시하고자 한다.

> 任那者 去筑紫國 二千餘里 北阻海以在鷄林之西南(『日本書紀』 崇神 65年 7月)(任那는 筑紫國에서 2千餘里이며 北쪽은 바다로 막히고 鷄林의 西南에 있다.)

『日本書紀』의 崇神 65년 7월조의 기사는 任那가 伽耶가 될 수 없음을 분명히 보여주고 있다. 또 중국의 사서인 『宋書』와 『南齊書』의 기사에도 伽耶와 任那가 동일국임을 나타내는 곳은 아무데도 없다.

〈표 2〉 중국사서에 나타난 六國 관계 기사

| | 年 | 王 | 分類 | 官號 | 出處 |
|---|---|---|---|---|---|
| A | 425 | 珍 | 自稱 | 使持節 都督 倭百濟新羅任那秦韓慕韓 六國諸軍事(下略) | 『宋書』 |
| B | 451 | 濟 | 加號 | 使持節 都督 倭新羅任那加羅秦韓慕韓 六國諸軍事(下略) | 『宋書』 |
| C | 478 | 武 | 自稱 | 使持節 都督 倭百濟新羅任那加羅秦韓慕韓 六國諸軍事(下略) | 『宋書』 |
| D | 478 | 武 | 冊封 | 使持節 都督 倭新羅任那加羅秦韓慕韓 六國諸軍事(下略) | 『宋書』 |
| E | 479 | 武 | 進號 | 使持節 都督 倭新羅任那加羅秦韓慕韓 六國諸軍事(下略) | 『南齊書』 |

<표 2>를 다시 정리하면 <표 3>과 같이 될 것이다.

---

63) 최재석, 1990, 「6장」, 「7장」, 「8장」『日本古代史硏究批判』 및 최재석, 1993, 「제3부 제2장 任那歪曲史비판」『統一新羅·渤海와 日本의 關係』, 一志社 참조.

〈표 3〉 중국사서에 나타난 六國 관계 기사(정리)

| | 倭 | 百濟 | 新羅 | 任那 | 加羅 | 辰韓 | 慕韓 | 計 |
|---|---|---|---|---|---|---|---|---|
| A | ○ | ○ | ○ | ○ | | ○ | ○ | 6國 |
| B | ○ | | ○ | ○ | ○ | ○ | ○ | 6國 |
| C | ○ | ○ | ○ | ○ | ○ | ○ | ○ | 7國 |
| D | ○ | | ○ | ○ | ○ | ○ | ○ | 6國 |
| E | ○ | | ○ | ○ | ○ | ○ | ○ | 6國 |

위의 표에서 任那와 加羅는 분명히 별개의 나라임을 알 수 있다. 그리고 任那=伽耶 또는 任那=加羅라는 증거는 아무 곳에도 없다.

그럼에도 불구하고 일본 학자들은 한결같이 任那와 伽耶는 동일국이라고 주장하거나 加羅와 伽耶는 동일국이라고 주장하고 있다. 伽耶와 加羅는 그 명칭이 유사하나 동일지역 내지 동일국은 결코 아니다.

그들은 그들의 허구주장을 메꾸기 위하여 다시 새로운 造語인 '加羅諸國' '金官加羅'라는 용어를 만들어 사용하고 있음을 보게 된다.[64]

『三國遺事』나 『日本書紀』에 加羅라는 지명이 있으나 <표 4>에 나타나 있는 바와 같이 신라 7국의 하나 또는 임나 10국의 하나로 존재할 따름이다. 따라서 지명의 명칭은 동일하나 전혀 별개의 지명이다.

〈표 4〉 國名의 비교

| 國名 | 『三國遺事』 | 『日本書紀』 | |
|---|---|---|---|
| | 6伽耶 | 新羅 7國 | 任那 10國 |
| 金 官(金海) | ○ | | |
| 阿 羅(咸安) | ○ | ○ 安羅 | ○ 安羅 |
| 小伽耶(固城) | ○ | | |

64) 일본이 이른바 任那문제에 얼마나 집착하고 있는 지는 이노우에의 다음과 같은 견해에도 잘 나타나 있다고 하겠다. "任那문제의 완전한 해결은 고대한일관계사의 종착점이고 넓게 말하면 동아시아사에 있어서의 일본고대사상의 완성이기도 하다." 井上秀雄, 1980, 「任那의 實態」(日文번역논문) 『韓日關係研究所紀要』 9, 3쪽.

| | | | |
|---|---|---|---|
| 大伽耶(高靈) | ○ | | |
| 星山 또는 碧珍(星州) | ○ | | |
| 古 寧(咸寧) | ○ | | |
| 比自炑 | | ○ | |
| 南加羅 | | ○ | |
| 喙 國 | | ○ | |
| 多 羅 | | ○ | ○ |
| 卓 淳 | | ○ | |
| 加 羅 | | ○ | ○ |
| 斯二岐 | | | ○ |
| 卒 麻 | | | ○ |
| 古 嵯 | | | ○ |
| 子 他 | | | ○ |
| 散半下 | | | ○ |
| 乞 湌 | | | ○ |
| 稔 禮 | | | ○ |

비고 : ① '신라 7국'의 신라는 한반도의 신라가 아님.
② 적지 않은 日人들과 한국인들이 신라 7국을 임나 소속의 국으로 취급하고 있다.

G-1. 任那는 낙동강 河口의 金官(加羅)國만을 가리키는 것과 中下流 西岸의 加羅諸國(加羅 加耶)을 가리키는 것으로 되어 있다.[65]

G-2. 任那는 金海 加羅 지방이다.[66]

G-3. 남부가야 지역은 '任那加羅' '安羅'이다.[67]

G-4. 俠義의 의미에서 任那國은 『日本書紀』에서는 南加羅라고 기술되어 있는 나라이다.[68]

G-5. 任那는 『日本書紀』에서는 그 원전의 편찬자가 금관가라국의 별명을 확대하여 가라제국까지 통용하였다.[69]

G-6. 『魏志』 韓傳에서는 倭를 임나나 백제에서는 가라제국의 별명으로 하였다.[70]

65) 芳賀 登, 1984, 앞의 논문, 30쪽.
66) 위의 논문, 36쪽.
67) 芳賀 登, 1987, 앞의 논문, 134쪽.
68) 井上秀雄, 1980, 앞의 논문, 5쪽.
69) 위의 논문, 14쪽.
70) 芳賀 登, 1987, 앞의 논문, 130쪽.

G-7. 任那는 낙동강 하구의 '금관(가라)국'만을 가리키기도 하고 중하류지역의 가라제국을 가리키기도 한다.[71]

G-8. 미마나[任那]는 니무나[主浦]에서 轉訛하고, 일본에서는 '미마나'라 불리고 한국에서는 금관가라국의 국내(가라제국 내부)에서도 통용의 국호였다.[72]

G-9. 일본에서는 (중략) 가라제국을 任那라 부르고 있다.[73]

G-10. 廣義의 任那는 가라제국이다.[74]

G-11. '任那'가 가야제국을 일괄하는 총칭으로 사용되고 있는 자체는 의문의 여지가 없다.[75]

G-12. '任那'란 용어가 南加羅·大加羅·安羅를 별개로 가리키는 경우도 있다.[76]

G-13. 卓淳國은 조선반도 남부에 있다.[77]

G-12의 주장을 한 야마오 유키히사(山尾幸久)는 또 다음과 같은 史料를 제시하여 이것으로 임나와 伽耶가 동일한 국가라는 증거를 삼고 있으나, 그것이 그러한 증거는 되지 못한다. A, B, C는 관련 없는 사료이고, D는 『宋書』의 기록처럼 임나와 가라가 서로 다른 2국임을 나타낸다.

A. 地惣任那(『翰苑』 新羅條)

B. 其先 附屬於百濟 後因百濟征 高麗人不堪戎役 相率歸之 遂致强盛 因襲加羅·任那諸國滅之(『通典』 邊防門 新羅條)

C. 任那之下韓(『日本書紀』)

D. 任那加羅(廣開土王碑)

---

71) 위의 논문, 130쪽.

72) 井上秀雄, 1980, 앞의 논문, 3쪽.

73) 위의 논문, 3쪽.

74) 위의 논문, 3쪽.

75) 山尾幸久, 1986, 앞의 논문, 198쪽.

76) 위의 논문, 198쪽.

77) 馬淵和夫, 1982, 「稲荷山古墳出土鐵劍金象嵌銘の日本語表記上の位置」 『日本學誌』 2·3合輯, 92쪽.

### 2) 任那 내지 任那日本府의 성격

任那 내지 '任那日本府'의 성격에 대하여 일본인 학자들은 각인각색의 주장을 하고 있다. 그러나 그들의 주장은 다음 세 가지 유형으로 요약할 수 있을 것이다. 일본왕의 왕권 정도, 일본의 조선·항해수준, 일본의 강역, 일본의 官位 시행년 등 당시 일본의 정치적 상황에 의거하여 보면[78] 그들의 주장은 근거 없음을 알게 된다.

(1) 일본의 被支配國 내지 被救援國인 任那가 '在地勢力'인 任那日本府를 보호하였다.

(2) 任那日本府는 일본의 현지기관이며 가라제국을 통합하고 그 외교를 통제하였다.

(3) 任那는 일본의 영토로서 신라정벌과 백제 구원의 근거지였다.

이러한 이들 주장은 일본국내에서 간행되는 잡지에서 행하는 주장과 같은 것이라 할 수 있다. 이들의 주장을 적기하면 다음과 같다.

H-1. 한국남부의 제국 중에는 야마토 조정의 피지배국 내지 우호국이 있었다.[79]
H-2. 신라와 백제의 침략을 받은 가라제국에서 야마토 조정에 구원을 구하였다.[80]
H-3. 임나와 일본부는 야마토 조정의 정치기관이 아니라 在地勢力을 중심으로 한 것이다.[81]
H-4. 安羅國은 6세기 중엽에 任那日本府라고 명명된 정치집단을 비호하고

---

78) 최재석, 2003, 「古代 韓日관계사 연구의 기본시각」『韓國學報』 112.
79) 井上秀雄, 1980, 앞의 논문, 4쪽.
80) 위의 논문, 4쪽.
81) 井上秀雄, 1984, 앞의 논문, 53쪽.

있었다.[82]

H-5. 任那日本府는 일본의 현지기관으로 볼 수 있으며 加羅國의 정치세력을 통합하기 위한 기관으로 생각된다.[83]

H-6. 任那日本府는 任那諸國의 외교를 통제하는 기관이다.[84]

H-7. 529년 이후에 任那가 금관국을 합병하여 倭의 지배지역은 붕괴하는 위기에 직면하였다.[85]

H-8. 이것들은 任那에 있어서의 倭의 지배권이 붕괴하여 가는 전후의 일이다.[86]

H-9. (前略) 일본의 영토인 임나의 권세자이며 일본의 위력을 빌려 백제에 위세를 떨쳤다.[87]

H-10. 日人이 임나에 파견되어 그 구원을 하도록 하였다.[88]

H-11. 日人이 직접 임나의 현지에 가서 이(新羅)를 진압하고 다시 백제까지도 구원하였다.[89]

끝으로 이노우에 히데오(井上秀雄)의 주장에 대하여 한마디 부언하고자 한다. 그는 한편으로는 (1) 임나일본부나 왜의 문제를 『일본서기』의 일본측 전승사료에 의하여 조작된 百濟觀만을 기준으로 검토하는 것은 잘못이며,[90] (2) 임나는 그 명칭이나 소재에 대하여도 완전히 입증할 만한 사료가 없다[91]고 올바르게 지적하면서도 다른 한편으로는, (3) 임나일본부의 명칭은 6세기말에 생겼으며, (4) 임나는 일본의 피지배국이라고 전혀 엉뚱하고 왜곡된 주장을 하고 있음을 보게 된다. 또 임나의 地名比定을 쓰다 소키치(津田左右吉)나 스에마스 야스카즈(末松保和) 등의 比

82) 井上秀雄, 1980, 앞의 논문, 6쪽.
83) 芳賀 登, 1984, 앞의 논문, 31쪽.
84) 위의 논문, 31쪽.
85) 芳賀 登, 1987, 앞의 논문, 144쪽.
86) 中西 進, 1984, 「山上憶良は韓國人か?」『日本學』4, 47쪽.
87) 위의 논문, 47쪽.
88) 日野 昭, 1981, 앞의 논문, 141쪽.
89) 위의 논문, 141쪽.
90) 井上秀雄, 1984, 앞의 논문, 59쪽.
91) 井上秀雄, 1980, 앞의 논문, 3쪽.

定을 추종하여 다음과 같이 단정하는 것도[92] 잘못이다. 이것은 그 자신의 주장인 (1), (2)와도 모순된다. 이노우에의 모순된 두 가지 주장은 쓰다 소키치가 한편으로는 『일본서기』는 조작된 것이라고 수없이 주장하면서도 다른 한편으로는 결국 '皇國史觀'의 주장과 동일한 주장을 하는 것[93]과 유사하다고 하겠다.

井上秀雄의 任那地名比定

| | |
|---|---|
| 安羅 － 慶南 咸安 | 多羅 － 陜川 |
| 加羅 － 慶北 高靈 | 斯二岐國 －宜寧 |
| 卒麻 － 慶南 密陽 | 子他 －居昌 또는 晋州 |
| 散半奚 － 慶南 草奚 | 久嵯 －固城 |

## 7. 백제의 야마토왜 경영 기사의 해석

백제가 武寧王, 聖王, 威德王 3대에 걸쳐 야마토왜 經營팀을 파견하여 3년 내지 7년 기간 단위로 야마토왜를 경영하다가 그 경영임무를 후임 경영팀에 인계하고 백제로 귀국했다는 사실은 『일본서기』에 명기되어 있다. 이 기사도 여러 번 서술한 바 있으므로 여기서는 기사의 대략만을 적기하고자 한다.

武寧王 13년(513; 繼體 7) 6월 －－ 백제 무령왕이 五經博士를 파견하여 야마토왜 경영
武寧王 15년(516; 繼體 10) 9월 －－ 上同
聖　王 25년(547; 欽明 8) 4월 －－ 성왕이 백제관리를 파견하여 야마토왜 경영

92) 위의 논문, 7～8쪽.
93) 皇國史觀에 대하여는 최재석, 1990,「黑板勝美의 日本古代史論 批判」『정신문화연구』38 참조.

威德王 1년(554; 欽命 15) 2월 ― ― 백제왕이 백제 官人·五經博士·僧·易博士·曆博士·醫博士·採藥師·樂人 등 도합 20인의 경영팀을 파견하여 야마토왜 경영

그러나 日人학자들은 『일본서기』의 이 기사를 사실로 인정하는 것을 완강히 거부하고 일본국내 잡지에서 주장한 것과 같은 주장을 한국내 일본연구지에서도 하고 있음을 알게 된다. 이들은 『일본서기』에 보이는 백제에 의한 야마토왜 경영 기사를 철저하게 왜곡해석한다. 6세기 전반, 즉 백제의 무령왕·성왕·위덕왕의 시대(야마토왜의 繼體~欽命 시대)는 백제가 일본(야마토왜)에 예속된 시대라고 주장함으로써 감히 백제가 야마토왜를 경영하였다는 발상조차도 하지 못하도록 봉쇄하는 계략으로 삼고 있음을 보게 된다. 일례로 오오야 미쓰오(大谷光男)의 논문을 보면, 제목 자체는 그럴 듯하게 「무령왕과 일본의 문화」로 되어 있지만 내용은 무령왕이 일본(야마토왜) 왕에 조공을 바치고 왜왕은 무령왕에 물건을 下賜하는 것으로 꾸미고 있다.[94] 또, 야마오 유키히사(山尾幸久)는 6세기 전반 시대(무령왕·성왕시대)는 백제왕이 일본왕에 가장 현저하게 봉사하는 시대라고 주장하고 있다. 이리하여 이들은 이 시대에 오히려 백제가 야마토왜에 예속되었다고 다음과 같이 주장한다.

I-1. 백제가 일본에 조공하고 천황이 百濟使人에 물건을 하사하였다.[95]
I-2. 6세기 전반시대는 백제왕이 일본왕에 가장 두드러지게 봉사하는 시대이다.[96]
I-3. 백제왕이 불상 불경을 獻上하고 表文을 奉呈하였다.[97]
I-4. 백제가 일본에 3,000명의 군대를 파견해 줄 것을 요청하고 南中國의 진품을 진상하였다.[98]

---

94) 大谷光男, 1977, 「武寧王と日本の文化」『百濟文化』 8.
95) 위의 논문.
96) 山尾幸久, 1986, 앞의 논문.
97) 鎌田茂雄, 1984, 앞의 논문; 芳賀 登, 1987, 앞의 논문.

이와 같이 사전 은폐작업을 한 후에 이들은 백제에 의한 야마토왜 경영 사실을 은폐하기 위하여 백제의 일본경영팀 일본파견 이유를 다음과 같이 조작한다. 그러나 주장하는 사람마다 서로 다른 주장을 하고 있음을 알 수 있다.

J-1. 伴跛國이 略取한 땅(己汶, 帶沙)를 돌려달라고 백제가 일본에 五經博士를 貢上한 것이다.[99]
J-2. 일본은 백제의 국제정치와 군사관계를 도와주고 반대급부로 백제의 문화를 수입하였다.[100]
J-3. 백제가 일본으로부터 임나의 4개 현을 割讓받는 데 대해 보답으로 오경박사를 파견하였다.[101]
J-4. (이유를 밝히지 않고 그냥) 백제는 오경박사 僧을 보내고 交代시켰다고 한다.[102]
J-5. 백제의 오경박사의 來日은 貢上 交代이며 중국 백제문화의 수입과정이다.[103]
J-6. 오경박사들의 파견은 상급기관에 대한 하급자의 의무적인 交代근무제[上番]이다.[104]
J-7. 백제가 중국의 諸博士를 倭에 파견한 것이고 이것은 '上番'근무이며 그의 인솔자인 백제장군을 따라온 副引率者는 倭將이다.[105]

지금 이해의 편의상 이러한 백제의 일본경영팀 파견을 왜곡한 여러 주장을 표로 나타내면 다음과 같다.

---

98) 芳賀 登, 1987, 위의 논문.
99) 大谷光男, 1977, 앞의 논문.
100) 井上秀雄, 1989, 앞의 논문.
101) 日野 昭, 1981, 앞의 논문.
102) 芳賀 登, 1987, 앞의 논문.
103) 大谷光男, 1977, 앞의 논문.
104) 日野 昭, 1981, 앞의 논문.
105) 平野邦雄, 1984, 「日本研究의 回顧와 展望: 日本의 文獻史學을 中心으로」 『百濟研究』 15.

〈표 5〉 백제의 일본경영팀 파견에 대한 왜곡해석(日人)

| 파견의 해석 | 주장자 |
|---|---|
| ① 伴跛國에 뺏긴 땅을 일본에 돌려달라고 청하기 위하여 | 大谷 |
| ② 일본이 백제의 국제정치·군사관계를 돕는 반대급부로 | 井上 |
| ③ 일본이 임나 4현을 할양해 주는 보답으로 | 日野 |
| ④ 백제의 貢上과 중국·백제문화의 수입과정 | 大谷 |
| ⑤ 상급기관(일본)에 대한 하급기관(백제)의 의무 | 日野·平野 |

우리는 위의 표에서 오오야 미쓰오(大谷光男)와 히노(日野 昭)가 한 가지 주장을 하지 않고 각각 서로 다른 두 가지 주장을 하고 있음을 보게 된다. 여기서 우리는 서로 다른 다섯 가지 주장을 한 히라노 구니오(平野邦雄)의 주장에 주목한다. 왜곡하다 보니 다섯 가지 주장을 하게 된 것이다. 百濟 官人에 의한 야마토왜 경영 기사를 얼마나 완강히 거부하고 있는가가 여실히 나타나 있다. 그는 이미 일본국내 잡지에서 다음과 같은 네 가지 주장을 하고 다시 한국에 와서 앞에 본 바와 같은 허구의 주장, 즉 하급기관인 백제가 상급기관인 일본에 대한 의무로 백제인(일본경영팀－괄호내 필자)을 일본에 파견하였다고 주장한 것이다.

**히라노 구니오의 주장**

① 중국인이 백제를 경유하여 일본에 와서 交代근무 하였다.

② 伴跛國에 뺏긴 땅을 일본이 대신 돌려달라고 청하기 위하여(이 주장은 <표 5>의 ①의 주장이다).

③ 백제와 梁나라와의 교류의 계속이 백제와 倭 사이에 나타났다.

④ 任那 정세의 급박함과 고구려 정세에 대비한 백제 원조군의 일본 요청의 댓가로.[106]

106) 최재석, 1990, 『日本古代史硏究批判』, 一志社.

일본국내에서 <표 5>의 ③ 주장을 한 사람은 우에다 마사아키(上田正昭), 사카모토 다로(坂本太郎) 등이며 새로운 왜곡주장을 한 사카모토 요시다네(坂元義種)는 백제의 일본경영팀 파견을 인질의 제도화라고 하였던 것이다.[107)]

그런데 이러한 주장 가운데 백제의 官吏·五經博士·僧 등으로 구성되는 일본경영팀의 일본파견을 하급기관인 백제가 상급기관인 倭에 대한 의무적 교대근무라고 한 히노·히라노 등의 주장이나 예속국인 백제가 그 종주국인 중국의 諸博士를 倭에 진상했다는 히라노의 주장[108)]에는 폭소마저 느끼게 한다.

그리고 이들이 주로 오경박사에 대해서만 언급할 뿐 야마토왜 경영팀의 팀장인 백제관리의 존재나 僧·易博士·曆博士·採菜士·樂人 등 그 팀의 다른 구성원의 존재나 역할에 대하여는 거의 언급하지 않는 것도 주목된다. 백제가 파견한 일본경영팀의 전체상을 고의로 노출시키지 않기 위해서인 것으로 보인다. 지금 이들의 대표적인 왜곡주장을 적기하면 다음과 같다.

K-1. 大谷은 末松保和의 『任那興亡史』를 소개인용하여 그 시기에 백제가 일본에 시종 進調·貢上을 하였다고 서술하고 있다(이 항목은 필자가 요약한 것이다).[109)]

K-2. 백제왕의 왜왕에 대한 외교공세는 諸博士의 파견에 가장 잘 나타나 있다. 513～554년까지는 (중략) 백제왕의 (천황에 대한) 봉사가 가장 현저한 시대였다. 武寧王(501～522), 聖王(523～553)의 2대에 걸쳐 왜왕에의 盡力과 봉사를 할 필요가 있었다.[110)]

---

107) 위의 책, 229쪽.

108) 사료 L-13(平野邦雄, 1984, 79쪽) 참조.

109) 大谷光男, 1977, 앞의 논문. 末松保和의 『任那興亡史』의 허구성에 대해서는 최재석, 1988, 「末松保和의 日本上代史論 批判」 『韓國學報』 53(『日本古代史研究批判』 수록) 참조할 것.

110) 山尾幸久, 1986, 앞의 논문, 195쪽.

K-3. 6세기 전반의 백제는 가야제국의 일괄지배에 倭왕권을 이용하기도 하고 남북전쟁에서 왜왕의 군사력을 이용하였다.[111]

K-4. 欽明 13년(552) 10월 백제의 聖明王이 사신을 보내 釋迦佛金銅像 1具·幡蓋 若干·經論 若干卷을 獻上하고 따로 表文을 奉呈하여 流通禮拜의 공덕을 말하였다.[112]

K-5. 백제의 聖明王이 佛像 1具·幡蓋·經論과 함께 불교의 공덕을 賞讚한 上表文을 바쳤다.[113]

K-6. 백제가 544년 545년에 사절을 야마토 조정에 파견하여 3,000명의 군대의 파견을 요구하고 남중국의 진품과 천황을 위하여 丈六의 불상을 만든 일련의 행동은 불교의 전래가 고구려·신라 연합군과 싸우기 위한 구원군 파견과 관련이 있다.[114]

K-7. 繼體時代의 내전은 대한정책의 破綻을 가져오고 532년 '金官(本伽羅)'이 드디어 신라에 항복하고 534년 백제의 聖明王은 고구려와의 군사적 긴장 속에서 宋나라에 조공을 再開하였다. 그것은 왜왕의 東亞細亞에 있어서의 국제적 지위의 退潮를 뜻했다.[115]

이상이 6세기 전반은 백제가 야마토왜에 예속된 시대라는 것을 주장하기 위하여 조작해 낸 주장이고 다음은 백제가 야마토왜를 경영하였다는 『일본서기』의 기사를 올바르게 받아들이는 것을 거부하고 오히려 이것을 왜곡해석한 사례이다.

L-1. 繼體 10년 9월(516) 백제가 五經博士를 (일본에) 貢上한 것은 伴跛國이 약탈한 己汶 帶沙의 땅을 백제에 돌려 달라고 청하기 위해서였다.[116]

L-2. 백제와의 국교에서 국제정치와 군사관계에서 일본이 적극적으로 대응하고 그 반대급부로서 백제의 문화를 도입하였다.[117] (종래 잘 쓰는

111) 위의 논문, 195쪽.
112) 鎌田茂雄, 1984, 앞의 논문, 67～68쪽.
113) 芳賀 登, 1984, 앞의 논문, 33쪽.
114) 芳賀 登, 1987, 앞의 논문, 132쪽.
115) 烟井 弘, 1989, 「繼體紀の二·三の問題」『日本學』8·9合輯, 73쪽.
116) 大谷光男, 1977, 앞의 논문.

출병 대신 '적극적 대응'이란 표현을 하고 있는 데 유의한다.)

L-3. 백제 聖王이 일본에 오경박사, 의박사, 역박사 및 미술, 공예기술자를 보냈다.[118]

L-4. 欽明 15년(554) 백제의 聖王이 僧을 교대시켰다.[119]

L-5. 512년(繼體 6년) 倭가 任那西半部의 4縣(上哆唎·下哆唎·사 娑陀·牟婁)을 백제에 割讓하였다. 이리하여 倭와 백제와의 連繫가 강화되어 백제는 오경박사를 보내고 다시 510년에 이를 대신하여 다른 오경박사가 파견되었다.[120]

L-6. 繼體 7년(513) 6월, 同 10년(516) 9월의 백제의 오경박사의 渡日은 그것이 貢上이며 교대이며 중국 백제문화 수입과정이다.[121]

L-7. 이것은 백제로부터의 문물의 거래와 학자의 上番交代를 기술한 것이다.[122]

L-8. 백제로부터의 醫·易·曆博士의 上番이 재촉된 것에 따라 파견되었다. (중략) 이것은 일종의 上番制가 시행되어 있었던 것이다.[123]

L-9. 上番交代的인 국교의 기사는 당시의 외교의 실태를 전하는 것이다.[124]

L-10. 繼體 7년(513) 6월 백제에서 五經博士 段楊爾가, 同 10년(516)에는 五經博士 漢高安茂가 渡日하여 이것에 의하여 백제가 일본과의 문화교류가 시작되었다.[125]

L-11. 당시는 오경박사도 승려도 일본이 설치한 기관이 있어서 근무한 형식이었던 것으로 추정되는데 당시의 백제인들은 근무가 끝나면 다음 사람들과 교대하여 귀국하였다.[126]

L-12. 『일본서기』에는 繼體·欽明 5개소에 걸쳐 백제로부터의 '諸博士'의 上番에 관한 기사가 있다.[127]

L-13. 중국 남조로부터 諸博士를 백제가 倭에 파견한 것이다.[128]

---

117) 井上秀雄, 1989, 앞의 논문, 12쪽.
118) 芳賀 登, 1984, 앞의 논문, 26쪽.
119) 위의 논문, 28쪽.
120) 日野 昭, 1981, 앞의 논문, 140쪽.
121) 大谷光男, 1977, 앞의 논문, 13쪽.
122) 日野 昭, 1981, 앞의 논문, 152쪽.
123) 위의 논문, 153쪽.
124) 위의 논문, 154쪽.
125) 鎌田茂雄, 1984, 앞의 논문, 68쪽.
126) 위의 논문, 68쪽.
127) 平野邦雄, 1984, 앞의 논문, 79쪽.
128) 위의 논문, 79쪽.

L-14. 백제로부터의 '諸博士'의 '上番'으로 백제장군을 따라서 '副'로서 그들을 인솔하고 來朝한 장군은 倭의 무장들이다.[129)]

## 8. 광복 전 日本人 學者들에 대한 평가

본인은 쓰다 소키치(津田左右吉)·이마니시 류(今西 龍)·스에마스 야스카즈(末松保和) 등과 그 軌를 같이 하는 이나바 이와키치(稻葉岩吉[君山]) 등의 역사(일본사·한국사) 서술에 대하여는 비판을 가하지 않았지만 쓰다 소키치·이케우치 히로시(池內 宏)·이마니시 류·미시나 아키히데(三品彰英)·스에마스 야스카즈 등의 한국사 및 한일관계사 왜곡서술에 대하여는 체계적으로 비판한 바 있다.[130)] 나카 미치요(那珂通世)와 시라토리 구라키치(白鳥庫吉)에 대하여는 부분적으로 비판한 바 있다.[131)]

여기서는 그들의 한국사 왜곡·말살에 관한 몇 가지 사례에 대해서만 적기하고자 한다.

(1) 이들은 한결같이 모두 『삼국사기』의 초기기록은 조작·전설의 것이라고 주장한다.

---

129) 위의 논문, 81쪽.

130) 津田左右吉에 대하여는 최재석, 1985, 「『三國史記』 初期記錄은 과연 造作된 것인가」 『韓國學報』 38(편의상 이하에서 A라 함) 및 최재석, 1989, 「津田左右吉의 日本古代史論 批判」 『民族文化硏究』 23 참조. 池內 宏에 대하여는 A 및 최재석, 1988, 「池內 宏의 日本上代史論 批判」 『人文論集』 33 참조. 今西 龍에 대하여는 A 및 최재석, 1987, 「今西 龍의 韓國古代史論批判」 『韓國學報』 46 참조. 三品彰英에 대하여는 A 및 최재석, 1987, 「三品彰英의 韓國古代社會·神話論批判」 『民族文化硏究』 20 참조. 末松保和에 대하여는 A 및 최재석, 1988, 「末松保和의 日本上代史論 批判」 『韓國學報』 53 참조.

131) 그리고 那珂通世와 白鳥庫吉에 대한 부분적인 비판은 앞의 각주 논문 A 참조.

(2) 쓰다 소키치는 『삼국사기』의 타국·타민족과의 관계기사, 국내정치기사, 일본과의 관계기사, 善政을 베푼 왕의 기사는 모두 조작이라고 주장한다.

(3) 이마니시 류는 한국의 역사는 외국의 식민지로 시작하여 식민지로 끝났으며 『삼국사기』의 신라인은 일본에서 이주한 일본인이며 한국사는 『일본서기』를 중심으로 연구하여야 한다고 주장하였다.

(4) 스에마스 야스카즈는 다음과 같이 허위의 주장을 하였다.

① 한국사는 중국(樂浪)이 지배하는 시기와 일본의 식민지인 任那의 시기로 시작한다.

② 『삼국사기』의 法興王(514～554)까지의 기사, 즉 6세기 중엽까지의 기사는 半조작·半전설·半역사적 기록이다.

③ (한국·중국·일본 삼국의 어느 역사기록도 한결같이 任那와 加耶를 별개의 국가로 기록하고 있는데도) 스에마스는 任那와 加耶는 동일국가라고 주장함과 동시에 그 任那의 강역은 한국 남부 전체(경상남북도 전라남북도 충청남도)에 걸쳐 있다고 주장한다.

④ 일본이 한국을 지배(進出)하였음을 뒷받침할 일본문화의 여러 유적을 한반도에서 확인할 수 있다.

⑤ 일본천황이 백제왕에게 王都인 熊津을 '下賜'하였다.

(5) 한편 미시나 쇼에이도 다음과 같이 허위 왜곡 주장을 하였다.

① 『삼국사기』의 「신라본기」 智證王(500～513) 이전의 기사는 조작이다.

② 同 「고구려본기」의 故國原王(331～370) 이전의 기사는 조작이다.

③ 23대 법흥왕(514～554) 이전은 骨品制가 존재하지 않았다.

④ 고대 한민족은 '南方系族'과 관련이 있으며 신라 화랑도 南方의 것(臺灣의 원시종족인 高砂族)을 移入한 것이고 卵生始祖神話도 대만의 高砂族의 신화에 가장 가깝다.

⑤ 백제의 멸망은 일본의 한반도 경영의 포기를 뜻한다.

⑥ 『삼국사기』의 화랑기사는 조작이며, 후에 반국가적 반사회적인 것으로 변하고, 마침내는 淫俗인 巫俗으로 변하였다.

⑦ 일본의 '天孫' 降臨神話가 한국의 加耶 신화에서 조작된 것이라는 것을 인정하지만 일본신화가 더 "선진적"이고, "역사의 정도가 높고", "내용이 풍부"하다.

이와 같이 한국사를 왜곡 말살하려고 한 과거의 일본사학자들에 대하여 현재 日人학자들은 어떠한 평을 가하고 있는가를 살펴보고자 한다. 이들은 광복 후 한국내 일본연구지에서 다음과 같은 비평을 하고 있다. 우선 한국사 말살의 저의를 품고 那珂通世·白鳥庫吉·津田左右吉·稻葉岩吉·池內 宏 등이 주축이 되어 시작한 이른바 '滿鮮史'를 유럽의 근대사학을 수용한 역사학이며 그러한 학자들은 역사학의 객관성과 보편성에 대하여 빈틈없는 태도를 명시하고 있다고 평을 하고 있는 것이 눈에 띈다.[132]

M-1. 今西 龍가 처음으로 실증사학으로서 백제사를 연구하는 第一步를 구축하였다.[133]

M-2. 일본역사학계에 크나큰 영향을 미치고 오늘날 아직도 그 성과가 언급되고 있는 것은 今西 龍 이후이다.[134]

M-3. 稻葉는 '朝鮮總督府'의 修史官으로서 『朝鮮史』 전 35권 稿本 3,538 册에 달하는 편찬의 중심인물이 되었는데 조선측의 위원들이 건국신화－단군, 箕子에 대하여 민족신화를 발휘하는 기사이므로 제1권에 사실로서 수록해야 한다고 하는 주장에 대하여 이것은 신화상의 인

132) 平野邦雄, 1984, 앞의 논문, 76쪽. 이러한 平野邦雄의 역사관과 역사왜곡은 그의 主著에 잘 나타나 있으며 이 主著에 대한 비판은 이미 최재석, 1990, 『日本古代史硏究批判』의 제6장과 제7장에서 한 바 있다.

133) 井上秀雄, 1984, 앞의 논문, 51쪽.

134) 위의 논문, 51쪽.

물이므로 사실로서 인정할 수 없으므로 반대하였다. 史實이란 '支那史料'에 게재되어 있는지 없는지가 기준이 된다고 주장하여 이미 일본에서 진행중에 있던 『大日本史料』『大日本古文書』와 같은 편년적으로 확실한 사료를 列記하는 '학술적'이고 '公平無私'한 편찬을 진행시켜야 한다고 응수하였다.[135)]

M-4. (稻葉와 池內의) 주장은 (중략) 학문적인 합리주의를 견지하려는 태도를 엿볼 수 있다.[136)]

M-5. 백제사에 관한 실증적인 연구성과는 池內 宏, 末松保和, 三品彰英 등의 諸氏에 의하여 행해졌다.[137)]

M-6. 이들은 固有 사료와 중국사료와의 세밀한 고증을 비롯하여 사회학·민족학 등의 연구방법을 역사학에 도입하여 사료가 적은 백제사연구에 새로운 분야를 개척하였다.[138)]

M-7. (任那 연구) 성과의 정점에 서는 것이 末松保和의 『任那興亡史』이다.[139)]

위의 여러 주장에 나타나 있듯이 현재 일본사학자들도 주로 1945년 이전에 글을 써서 韓國古代史를 왜곡하고 말살하려 한 일본사학자들을 한결같이 객관성과 보편성, 학문적인 합리주의와 세밀한 고증을 한 훌륭한 사학자로 평을 함과 동시에 그들의 행동을 '근대사학', '실증사학'이라 평을 하고 있음을 보게 된다. 현재 대한민국이 1945년 이전의 일본의 식민지가 아닌가 하는 착각마저 들 정도이다.

여기서 일본학을 전공하였으며 동시에 同人誌 형식으로 일본연구지(『日本學年報』)를 간행한 바 있는 몇몇 한국인의 日人學者(三品·末松)에 대한 평을 알아보고자 한다.

N-1. (三品의 연구는) 戰前의 일본제국주의 식민주의적 연구한계를 가질

---

135) 平野邦雄, 1984, 앞의 논문, 77쪽.
136) 위의 논문, 77쪽.
137) 井上秀雄, 1984, 앞의 논문, 51쪽.
138) 위의 논문, 51쪽.
139) 芳賀 登, 1984, 앞의 논문, 306쪽.

수밖에 없었고 (중략) 현재의 일본신화학은 그러한 한계점을 탈피하였다.[140]

N-2. 三品와 末松는 일본에 있어서의 일본신화와 한국고대사연구에 크게 기여하고 영향을 끼친 것은 사실이다.[141]

N-3. 崔在錫은 三品를 과격하게 비판하였다.[142]

N-4. 崔在錫의 三品彰英 비판과 末松保和 비판은 자칫하면 일본신화학자들이 모두 역사를 왜곡하고 있는 것처럼 인상을 줄 우려가 있다.[143]

崔吉城과 魯成煥은 崔在錫이 三品彰英을 과격 비판하였다고 하면서, 崔在錫의 三品과 末松 비판은 역사를 왜곡할 인상을 줄 우려가 있다고 비판하였지만 그 구체적 근거는 제시하지 않았다.

위와 같이 일본학자를 평가한 崔吉城은 일본식민지시대의 연구에 대하여 다음과 같이 비판한다.

**崔吉城의 식민지시대 연구 비판**[144]

O-1 가능한 한 식민지통치의 맥락에서 벗어나 즉 脫식민지적 입장에서 고찰하고자 한다(91쪽).

O-2 (식민지시대의 연구도) 脫民族主義的 분석이 대표적 요청이다(92쪽).

O-3 일본식민지이념에 나온 본연구대상을 긍정적 평가를 하고 싶다(104쪽).

O-4 새로 부임한 齋藤總督이 문화주의를 표방하면서 조선본위의 德政을 행하게 되었다(94쪽).

O-5 本稿는 (중략) 당시의 현지조사자료(중추원)를 분석하여 전체로서의 통치이념을 고찰하고 싶다(93쪽).

O-6 최근 (중략) 일제의 사관에서 빠져 나오려는 노력은 日·韓 양국에서 동시에 행해지고 있다(97쪽).

O-7 풍속 등의 연구는 (중략) 삼일운동 후 문화정치를 표방하여 조사된 것

140) 崔吉城, 1988, 「日本民俗研究의 問題點과 展望」『日本學報』20, 71쪽.
141) 魯成煥, 1989, 「한국의 日本神話研究」『日本學年報』2, 62쪽.
142) 崔吉城, 1988, 앞의 논문, 70쪽.
143) 魯成煥, 1989, 앞의 논문, 62쪽.
144) 崔吉城, 1989, 「日本植民地統治理念の研究」『日本學年報』2. 이하 인용문에는 이 논문의 쪽수만 표시함.

이고 직접적인 침략자료는 아니었다(98쪽). (위의 글의 대부분은 직접 인용문이다.)

O-8 보고서의 내용을 보니 조사자는 脫植民主義에 가까운 입장에 있었다(97～98쪽).

그는 이와 같은 주장을 뒷받침해주듯 日文으로 논문을 쓰면서 첫째 일제의 식민지경영을 일본의 '통치이념'으로 표현하였으며, 둘째 '解放'·'光復' 대신 시종 '戰前'·'戰後'라는 용어를 사용하였으며, 셋째 한일관계를 시종 '日韓關係'·'日韓양국'이라는 일본위주의 용어를 사용하고 있음을 보게 된다. 어떤 식민지지배도 '통치이념'과는 무관하다. 세계 植民史에서 그 유례를 보기 힘들 정도로 잔학성이 심한 일본의 식민지(조선)지배를 崔吉城은 '통치이념'·'德政'이라는 용어로 대신하였던 것이다.

한국사에 있어서는 성군의 출생과정에만 신화의 형식을 빌리는 데 대하여 일본의 경우는 한국의 신화를 모방하여 조작하되 그 시대를 수백년 동안 길게 잡고 있는 것이 특징이다. 쓰다 소키치가 일찍이 지적한 바와 같이 일본의 신화는 조작한 설화로서[145] 진정한 의미의 神話는 아니다. 일본의 신화는 일본고대사의 한 부분으로 같은 시기에 똑같은 의도로 조작되었으므로 그러한 조작신화에 의미를 가하는 자체가 '皇國史觀'의 고대사를 서술하는 것과 같은 것이다.

## 9. 日本研究誌 간행의 목적과 현황

가령 중국사를 연구한다고 할 때 그 서술은 중국인의 입장과 한국인의 입장에 따라 달라질 수 있으며 또 현실적으로 보통 달라지고 있다. 이것은 다름아닌 역사의 시각이나 사관의 문제일 것이다. 왜곡된 역사서술

145) 최재석, 1990, 『日本古代史研究批判』의 제2장, 특히 54～55쪽 참조.

을 제외하면 일본에서 간행된『朝鮮學報』는 이러한 시각에 선 잡지의 하나의 예가 된다고 할 수 있을 것이다. 그런데 한국내의 일본연구지에 실린 논문들을 보면 일본어로 쓴 일본인의 글(고대한일관계)이 大宗을 이루고 있으며, 그러한 논문도 역사를 왜곡한 것이 대부분이었던 것이다. 이렇게 되면 고대한일관계에 관해서 한국에서 간행된 한국인의 잡지이면서도 일본인이 日人의 시각에서 출판한 잡지라 하여도 지나친 말은 아닐 것이다. 일본고대사나 고대한일관계사의 진실을 규명하고 동시에 거기에 대한 지금까지의 일인학자들의 왜곡·은폐·허위를 바로잡기 위하여 출발한 일본연구지가 지금과 같이 되어 버렸던 것이다.

그리고 우리는 또 한국내의 일본연구지에 나타난 다음과 같은 사실을 지적해두고자 한다.

① 어떤 연구지는 독창성이 없는 日人의 旣발표 논문을 한국어로 번역하여 이것을 게재하고 있다.

예:『韓日關係硏究所紀要』10·11합집(1981)의 上田正昭의「古代의 日本과 韓國文化」.[146)]

② 어떤 연구지는 역사를 전적으로 왜곡한 일본인의 논문을 한국인이 한국어로 번역하여 게재하고 있다.

예1:『韓日關係硏究所紀要』9(1980)의 井上秀雄의「任那의 實態」.[147)]

예2:『韓日關係硏究所紀要』10·11합집(1981)의 日野 昭의「大伴狹手彦의 傳承과 佛敎」.

예3:『馬韓·百濟文化』7(1984)의 芳賀 登의「日本에 있어서의 百濟史硏究의 意義」.

예4:『百濟文化』15(1984)의 平野邦雄의「百濟史硏究의 回顧와 展望」.

---

146) 上田正昭의 日本古代史論批判은 최재석, 1990, 위의 책, 제6장 참조.

147) 井上秀雄의 한국사왜곡은 최재석, 1985,「『三國史記』초기기록은 과연 조작되었는가」『韓國學報』38 참조.

③ 거의 전적으로 역사를 왜곡한 일문으로 된 일본인의 논문을 게재하고 있다.

예1: 『日本學』 2(1982)의 長廣敏雄의 「古代佛教美術からみた韓國と日本」.

예2: 『百濟研究』 8(1977)의 大谷光男의 「武寧王と日本の文化」.

예3: 『百濟研究』 17(1984)의 武田幸男의 「廣開土王碑の百濟と倭」.

예4: 『百濟研究』 17(1984)의 山尾幸久의 「『日本書紀』と百濟系史料」.[148)]

예5: 『馬韓·百濟文化』 10(1987)의 芳賀 登의 「古代日本における百濟の位置」.

역사를 왜곡한 이러한 日人들의 논문은 처음부터 잡지의 게재논문으로 청탁되어 게재된 것도 있으며 때로는 해당 연구소 주최 국제학술발표회의 논문으로 발표되었다가 그 연구소의 연구지에 게재된 것도 있다. 따라서 이 후자의 논문은 많은 청중 앞에서 당당하게(?) 고대한일관계사를 왜곡한 논문이 되는 것이다. 또 대개는 정치·외교관계를 다루는 논문에서 한일관계를 왜곡하지만 때로는 특수한 주제, 예를 들면 불교미술을 다루는 곳에서 고대한일관계사를 왜곡하기도 한다.[149)]

한국내의 적지 않은 일본연구소나 백제연구소 당국이 지금 보아 온 바와 같이 일본인을 초청하여, 1945년 광복 이전과 같이 한반도 제국이 일본 식민지였다는 왜곡된 논문을 청중 앞에서 발표하게 하거나 그곳에서 발간되는 전문 연구지에 게재하고 있어도 여기에 대하여 일반은 물론 학계에서도 아무런 반응이 없는 것이 지금의 현실인 것이다.

그러나 한국내 일본연구지에 게재된 日人학자의 고대한일관계사에 관한 논문 가운데 보탬이 되는 것이 하나 있다고 한다면, 일본학계는 광복

---

148) 山尾幸久의 日本古代史論 批判은 최재석, 1990, 앞의 책, 제6장 참조.

149) 長廣敏雄, 1982, 「古代佛教美術からみた韓國と日本」 『日本學』 2.

후에도 이전의 학풍인 '皇國史觀'에 의거하고 있다는 것을 소개한 이노우에 히데오라 할 수 있을 것이다.

① 해방 후 일본고대사 내지 고대한일관계를 사회과학적으로 해명하려는 움직임이 일어났으나 이것은 일시적인 현상으로 끝나고 다시 야마토왜의 우위성을 주장하는 것으로 기울어졌다.

소개자[이노우에]는 그 원인을 연구의 세분화 경향과 현실의 사회개혁의 좌절에 있다고 설명하고 있으나, 이것은 이에나가 사부로(家永三郎)의 지적처럼[150] 정치권력의 개입에 있는 것이다.

② 일본학계는 『일본서기』의 일본 중심 기사를 사실로 인정하여 정치·국제·대외관계는 『일본서기』 기사를 기준으로 생각하므로 新發見의 金石文·墓誌·문헌자료도 그 자체의 연구가 아니라 『일본서기』에 맞추기 위하여 연구하였다.[151] 따라서 문헌자료에는 관심이 없으며 새로운 역사상의 창조에 반대한다.

③ 고고학적 발견도 한국과의 비교 검토의 시각은 피하고 그 대신 중국과의 관계와 천황제 국가의 발전 실증자료로 삼는다.

④ 조작된 일본고대사의 成果(?)를 손상시킬 염려가 있기 때문에 백제사를 적극적으로 연구하지 않는다.

지금 이에 관한 이노우에 히데오의 소개문을 적기하면 다음과 같다.[152]

---

150) 坂本太郎 외 3인 校注, 1967, 『日本書紀 (上)』, 岩波書店, 69쪽.

151) 이것과 관련하여 하가 노보루(芳賀 登)는 다음과 같이 지적한다. "일본의 백제사연구와 한국사연구의 원점에는 『일본서기』 史觀의 속박의 역사가 존재한다." 芳賀 登, 1984, 앞의 논문, 38쪽.

152) 井上秀雄, 1984, 「日本における百濟史研究」 『馬韓·百濟文化』 7. 이하 인용문에는 이 논문의 쪽수만 표시함.

P-1. 패전직후의 일본고대사연구는 天皇制의 성립·본질을 비롯하여 그 고대사회의 구성을 사회과학적으로 해명하고 또 任那日本府를 비롯하여 한국 고대諸國과의 관계를 근본적으로 다시 보기 위하여 戰前의 일본에서의 한국고대 및 그 자체를 다시 보려고 하였다. 그러나 이 학계의 刷新은 일시적인 현상으로 그치고 외침으로 끝나고 말았다. 연구의 세분화의 경향과 현실의 사회개혁이 벽에 부딪치자 천황제의 객관적인 연구는 정체되고 역으로 대외관계에서의 야마토왜 朝廷의 우위성을 주장하는 결과가 되었다(52쪽).

P-2. 일본학계의 통설은 『일본서기』에 모순이 없는 때는 원칙적으로 史實로 인정한다(53쪽).

P-3. 일본학계는 (중략) 정치 특히 국제관계나 외교문제는 『일본서기』의 기사를 기준으로 생각하고 있기 때문에 新發見의 墓誌나 문헌사료에는 크나큰 관심을 보이지 않는다(55쪽).

P-4. 무령왕릉에서 발견된 墓誌類의 연구는 1978년 일본에서 발견된 稻荷山古墳 출토 鐵劍의 金象嵌銘文과 마찬가지로 『일본서기』의 관계기사와 대응한다고 생각되는 부분만을 존중하고 이러한 銘文 자체에서 새로운 歷史像을 창조하는 것은 반대하고 있다(55～56쪽).

P-5. 1972년 高松塚 古墳壁畵가 발견되고 1978년 稻荷山古墳 出土의 鐵劍銘文이 발견되는 등 새로운 자료가 속출하였지만 이것들을 한국고대문화와 비교검토하는 관점은 사라지고 대외적으로는 중국과의 관계를, 대내적으로는 천황제 국가의 발전을 실증하는 것으로 되고 있다(52쪽).

P-6. 한국에는 고대의 귀중한 金石文이 많지만 (중략) 일본의 학계는 金石文을 『일본서기』의 기술에 맞추어 해설하려고 하는 견해뿐이고, 金石文 자료를 연구하는 것은 거의 볼 수 없다(59쪽).

P-7. 일본에서 일본고대사와 가장 깊은 관계가 있는 백제사연구는 반드시 진척되지 않았다. (중략) 그 이유는 일본과의 관계가 밀접하기 때문에 일본고대사의 연구성과를 현저하게 차질나게 할 염려가 있는 백제사를 적극적으로 연구할 분위기가 없었기 때문이다(52쪽).

우리는 이리하여 津田左右吉·末松保和·家永三郎·井上秀雄 등의 주장에 의하여 일본 정치권력과 학계가 오늘날까지 일본고대사의 진실이 탄로될까봐 얼마나 고심하고 있는가를 알 수 있을 것 같다. 津田左右吉은

『일본서기』의 백제중심 기사를 고치지 못한 것을 한탄하였으며, 末松保和는 『일본서기』에 대하여 '求眞的 態度'를 가지면 뿔을 바로 잡으려다 소를 죽이게 된다고 하였으며, 家永三郎는 "일본의 정치권력과 그 주구"가 있는 한 일본고대사의 진실을 파헤치기 힘들다고 지적하였으며, 지금 살펴본 井上秀雄은 오늘날의 일본고대사 연구 분위기가 광복 이전과 변동이 없다는 것을 우리에게 알려 주었다.

## 10. 맺는말

지금까지 1945년부터 1980년대 말까지 한국내의 일본연구지에 발표된 日人학자들의 일본고대사에 관한 논고를 살펴보았다. 이들은 일본고대사 자체에 대하여는 거의 언급하지 않는 대신 주로 한국고대사와 고대한일관계사에 대해서만 논문을 발표하였다. 그러나 이들 논문의 내용을 보면 거의 전부 역사를 왜곡하거나 허위의 역사에 관한 것이었다. 논문에서 한 주장은 1945년 이전에 주장한 것과 거의 똑같다.[153] 한국고대사와

153) 다음의 芳賀 登의 지적에서도 우리는 日人들이 그다지도 한결같이 『삼국사기』의 기록이 조작되었다고 하는 저의를 알 수 있을 것이다. 日人들은 겉으로는 다음과 같이 주장하고 있지만 실제로는 조금도 달라진 것이 없음에 유의해야 할 것이다. 한 예로 平野邦雄는 객관적 학문적 방법으로 백제와 야마토왜와의 관계를 다룬다고 하여 놓고, 우리가 지금까지 보아 온 바와 같이 역사를 왜곡한 것은 그가 제일이었던 것이다.

① 今後 백제사를 일본사에 종속된 것으로 보는 것이 아니라 자립한 一國史이며 관련이 깊은 고구려·신라의 역사와 대비시키고 나아가서는 7세기까지의 東亞細亞史 속의 백제사를 생각할 필요가 있다(井上秀雄, 1984, 앞의 논문, 57쪽).

② 일본에 있어서 백제연구는 커다란 잘못을 저지르고 있다(芳賀 登, 1984, 앞의 논문, 49쪽).

③ 일본에서는 아직도 근본적인 의식전환이 이루어지고 있다고는 말하기 힘

고대한일관계사를 전적으로 왜곡한 日人들의 논고가 광복 후 오늘날 한국내 일본연구지에 버젓이 발표되고 있는 것이 현실이고 보면 이러한 현실을 어떻게 받아들여야 할지 당혹감을 느낀다. 일본연구지나 백제연구지의 창간취지가 진정한 고대한일관계사의 추구와 백제문화의 탐구에 있다고 하면서도 현실은 그 반대의 방향으로 달리고 있다.

---

들다(芳賀 登, 위의 논문, 49쪽).
④ 백제와 倭와의 양국관계에 대하여 객관적으로 입증하는 학문적 방법에 대하여 생각해 보기로 하겠다(平野邦雄, 1984, 앞의 논문, 75쪽).

# 제9장 2007년 현재 일본 고교 일본사교과서의 내용분석

## 1. 머리말

필자는 1985년부터 지금에 이르기까지 20여 년 동안 약 30여 명의 일본 사학자들의 고대한일관계사·한국고대사·일본고대사에 관한 논저를 고찰한 바 있다.[1] 그 결과 이들은 대개 근거 제시 없이 『삼국사기』 초기 기

1) 최재석, 1985, 「『三國史記』 初期記錄은 과연 造作된 것인가」 (8人의 일본사학자 비판) 『韓國學報』 38 : 1986, 「末松保和의 新羅上古史論 批判」 『韓國學報』 43 : 1987, 「三品彰英의 韓國古代社會·神話論批判」 『民族文化研究』 20; 1987, 「今西 龍의 韓國古代史論批判」 『韓國學報』 46 : 1988, 「末松保和의 日本上代史論 批判」 『韓國學報』 53 : 1988, 「池內 宏의 日本上代史論 批判」 『人文論集』 33 : 1989, 「太田 亮의 日本古代史論 批判」 『日本學』 8·9합집(동국대) : 1990, 「津田左右吉의 日本古代史論 批判」 『民族文化研究』 23 : 1990, 「黑板勝美의 日本古代史論 批判」 『정신문화연구』 38 : 1990, 「坂本太郎 外 三人의 『日本書紀』 批判」 『韓國傳統文化研究』 6; 1990, 「오늘날의 日本古代史研究 批判: 江上波夫 外 13人의 日本古代史研究를 중심으로」 『韓國學報』 60; 1990, 「平野邦雄의 日本古代政治過程論 批判」 『日本古代史研究批判』 : 1992, 「任那歪曲史 비판: 지난 150년간의 代表的 日本史學者(12인)들의 地名歪曲비정을 중심으로」 『겨레문화』 6 : 1992, 「六國史와 日本史學者들의 論理의 虛構性」 『韓國傳統文化研究』 8 : 1993, 「鈴木靖民의 統一新羅·渤海와 日本의 關係史研究批判」 『정신문화연구』 50 : 1993, 「三品彰英의 『日本書紀』 研究批判」 『東方學志』 77·78·79합집 : 1996, 「田村圓澄의 古代韓日佛教關係史연구 비판」 『民族文化』 19 : 1999, 「鈴木英夫의 古代 韓日關係史 연구비판」 『百濟研究』 29 : 2002, 「鈴木靖民의 古代韓日 관계사 연구비판」

록은 조작되었다고 주장하거나 또는 『삼국사기』가 조작되었다는 전제하에서 고대한국은 일본(왜)의 식민지였다고 주장하는 것을 알게 되었다.

그러면 20세기를 지나 21세기의 일본 역사서는, 그 가운데도 특히 일본 고등학교의 일본사교과서는 고대사를 어떻게 서술하고 있을까? 21세기의 일본교과서의 내용은 20세기 일본 고대사학자들의 주장과 동일 내지 유사할 것인지 아니면 판이하게 달라진 내용을 담고 있을 것인지 우리들의 호기심을 자아내게 한다.

## 2. 고대한일관계 서술

### 1) 한·일 관계

현재 일본고교에서 사용하고 있는 일본사교과서는 약 11종에 이르는 것으로 알고 있으나 필자가 가지고 있는 것은 9종의 교과서이다.[2] 필자의 검토대상이 된 것은 이 가운데 비토 마사히데(尾藤正英) 외 7인이 저술한 『新選日本史B』이다. 나머지 8종의 교과서 내용도 조만간 분석·검토되어야 할 것이다. 9종의 교과서의 외형적인 특징을 살펴보면 횡서로 된 것이 8종이고 종래의 형식대로 종서로 된 것이 1종이다. 또 간행년도 표기를 보면 서기로 표시한 것이 3종이고 일본의 기년[平成]을 사용한 것이 6종으로, 전자의 2배에 이른다. 후자는 1945년 이전의 전통을 따르고 있는 것이라고 하겠다.

---

『民族文化』 25 : 2003, 「1892년의 하야시 타이호(林泰輔)의 『朝鮮史』 비판: 고대 한일관계사를 중심으로」 『先史와 古代』 18 : 2003, 「井上秀雄의 古代韓日 관계사 연구비판」 『民族文化』 26.

2) 9종의 교과서는 다음과 같다.

먼저 고대한일관계사에 관한 교과서의 내용을 살펴본 다음 거기에 대한 필자의 의견을 피력하고자 한다.

A-1. 미마나(任那)는 원래 조선반도 남단에 있었던 나라(國)였으나 倭와 맺은 미마나의 세력 하에 있었다고 간주한 지역도 『일본서기』는 미마나라고 부르고 있다(21쪽).
A-2. 5세기에는 야마토 정권(大和政權)은 조선이나 중국에서 일본열도로 이주하여 온 渡來人[귀화인]을 많이 받아들였다(23쪽).
A-3. 5세기에는 야마토 정권은 조선이나 중국에서 일본열도로 이주해오는 도래인(귀화인)를 많이 맞이하였다. (중략) 야마토 정권은 이러한 기술자를 (중략) 기술자집단으로 조직하였다(23쪽).
A-4. 야마토 정권은 조선반도에 병사를 보내 伽倻諸國과의 결합을 유지하려고 하였으나 562년까지 가야제국은 백제·신라의 지배하에 들어가 조선반도에서의 야마토 정권의 거점을 잃었다(26쪽).
A-5. 야마토 정권은 조선반도로 진출함으로써 대륙의 선진문화를 섭취하여 군사적으로 경제적으로도 크나큰 힘을 가지게 되었다(22쪽).
A-6. 6세기에 이르러 (중략) 백제 등의 朝鮮諸國에서 불교가 전해졌다. 이와 같이 도래인이 야마토 왕권의 발전에 공헌한 바가 컸다(23쪽).
A-7. 조선반도에서는 660년 당이 신라와 연합하여 고구려의 배후에 있는 백제를 우선 공격하여 멸망시켰다. 中大兄皇子는 백제를 구원하기 위하여 大軍을 보냈으나 663년 白村江의 전투에서 당의 군대에 패하여

| | 서명 | 저자 | 간행년 |
|---|---|---|---|
| 1 | 新選日本史B | 尾藤正英 외 7人 | 平成 18년 |
| 2 | 日本史B | 青木美智男 외 12人 | 2006년(3版) |
| 3 | 高校日本史B | 石井 進 외 12人 | 2003년 |
| 4 | 日本史B | 山本博文 외 11人 | 平成 18년 |
| 5 | 高等學校日本史B | 伊藤純郎 외 10人 | 平成 18년 |
| 6 | 高校日本史B | 宮原武夫 외 15人 | 平成 18년 |
| 7 | 詳說日本史B | 石井 進 외 11人 | 2006년 |
| 8 | 新日本史B (이상 횡서) | 江坂輝弥 외 10人 | 平成 18년 |
| 9 | 最新日本史 (종서) | 朝比奈正幸 외 15人 | 平成 18년 |

일본은 조선반도에서 후퇴하였다(31쪽).

A-8. 백제와 고구려에서 많은 왕족과 귀족들이 망명해왔다(35쪽).

A-9. 일본은 신라에 일본에 대하여 조공하는 모양새를 취하게 하려고 하였기 때문에 신라와의 관계는 종종 긴장하였다(39쪽).

위의 내용을 정리하면 다음과 같이 될 것이다.

① 倭의 세력하에 있는 한반도 남단의 나라[伽倻]를『일본서기』는 미마나(任那)라 호칭한다.

② 5세기에 일본열도에 한국과 중국에서 많은 이주민이 있었는데 야마토 정권(일본)이 이를 수용하였다.

③ 야마토 정권은 중국과 한국에서 이주해 온 기술자들을 조직하였다.

④ 야마토 정권은 가야제국을 562년까지 지배하였다.

⑤ 야마토 정권은 한반도에 진출하여 아세아대륙의 문화를 섭취하였다.

⑥ 6세기에 백제 등 한반도제국에서 불교가 야마토왜에 전해졌다.

⑦ 660년 일본의 中大兄皇子가 백제구원군을 보냈으나 663년 白村江 전투에서 패하여 일본은 한반도에서 철수하였다.

⑧ 백제와 고구려의 많은 왕족과 귀족들이 일본에 망명하였다.

⑨ 야마토왜가 대륙문화를 섭취하여 군사적·경제적으로 강력한 힘을 가진 국가가 되었다.

그러나 이러한 주장들은 사실과 거리가 멀거나 허구이다.

첫째, 미마나[任那]는 한반도 밖에 위치하며(崇神 65년 7월) 존립과 멸망을 일곱 번이나 반복한 나라라는 점에서 가야국이 될 수 없다.[3] 또 두 나라의 멸망 시기나 개국년 등에도 차이가 나서 동일국이 될 수 없음을

3) 최재석, 2005,「가야와 미마나(任那)는 동일국인가: 가야·미마나 관계 재론」『新羅史學報』3.

알 수 있다. 또한, 『일본서기』가 가야를 미마나[任那]로 호칭하였다는 주장도 허위이다. 『일본서기』 어디에도 그러한 언급은 없다.

둘째, 비단 5세기뿐만 아니라 그 전이나 후에도 중국에서 많은 이주민이 일본열도로 이주하였다는 증거는 없다. 중국에서 많은 이주민이 있었다고 주장하는 것은 한국에서 많은 이주민이 있었다는 의미를 희석시키기 위해서인 것으로 생각된다.

문신을 하고 맨발로 다녔으며 문자도 없이 원주민만 거주하는[4] 일본열도에 고구려·신라·백제·가야 등 한반도의 이주민이 대량으로 이주하여 그곳을 개척했다. 이러한 역사적 사실은 일본열도의 여러 지명, 예를 들면 村·里·邑·鄕·町·郡·縣 등 각종 지역의 이름이나, 다리[橋], 사찰, 역, 목장, 산, 선착장, 하천, 들판, 해변 등의 명칭이 한국 고대 국가명으로 되어 있었던 사실만을 보아도 일본열도에 고대한국인이 진출하여 그곳을 개척하였음을 알 수 있다.[5] 야마토왜왕의 거처와 권력이 같은 지역에 거주하는 호족보다도 뒤떨어진 상황이었으니[6] 강력한 왕권의 전제하에서만 가능한 이주민 문제, 기술자 문제 등의 정치적 문제를 야마토왜왕이 처리하였다는 주장도 터무니없는 것임을 알 수 있다. 5세기는 백제로부터 대규모의 집단 이주민이 여러 번 야마토 지역에 이주·정착한 시기이다. 『일본서기』 오진(應神) 14년 이 해[是歲]조, 동 2월조, 동 15년 8월 6일조, 동 20년 9월조의 백제로부터 집단이주민 기사는 이러한 상황을 전하는 것이다.

셋째, 5세기에 야마토 정권이 존재하였다면 그것은 백제로부터의 이주민이 세운 정권이었을 것이다. 따라서 자생적인 야마토 정권이 존재하여 그 정권이 중국과 한국에서 온 기술자들을 조직하였다는 주장도 허구이며 근거가 없다.

넷째, 일본은 조선·항해기술이 유치하여 한반도 제국의 도움 없이는

---

4) 『北史』 倭國傳; 『晉書』 倭人傳.
5) 최재석, 1990, 『百濟의 大和倭와 日本化過程』, 一志社, 124～132쪽.
6) 『日本書紀』 雄略 14년; 安閑 元年 7월.

중국은 물론 한반도에도 내왕할 수 없었으니[7] 일본이 배로 한반도로 건너와서 伽倻國을 지배했다거나 아세아 '대륙문화'를 섭취하였다는 주장은 허구일 수밖에 없다. 또 '한국문화'라 하지 않고 '대륙문화'를 섭취하였다고 한 것은 한국문화가 일본에 진출하였다는 사실을 은폐하기 위해서이다. 한반도에는 한국의 문화는 없고 다만 중국의 문화만이 존재했다고 하는 것은 일본에 한국문화가 아니라 중국문화가 도래하였다는 것을 고교학생들에게 고취하려는 목적에서 나왔던 것으로 보인다.

다섯째, 앞에서는 일본이 한반도에 진출하여 대륙문화를 섭취하였다고 주장하더니 불교에 관해서는 한반도의 제국이 일본에 전해 주었다고 모순된 주장을 하고 있다. 6세기는 백제가 3년 임기제(나중에는 7년 임기제)의 백제관리들을 파견하여 야마토왜를 경영하던 시대였으므로[8] 백제가 백제와 별개의 나라인 일본에 불교를 전해 준 것이 아니라 백제가 경영하는 일본에 불교를 포교한 것이다.

여섯째, 660년 백제구원군을 보낸 사람은 백제왕족인 福信이지[9] 中大兄皇子는 아니다. 중대형황자는 664(皇極 3)년과 646(大化 元年)년에 나오는 인물일 뿐 660년에 등장하는 인물은 아니다. 또 663년 白村江 전투 때의 구원군은 일본의 군대가 아니라 백제왕 豊의 군대였다. 그 전투에 패하여 백제왕 풍이 도망가자 백제왕자인 忠勝, 忠志가 일본군을 거느리고 항복한 사실만 보아도 일본군이 백제왕의 군대였음을 알 수 있다. 또 일본이 백촌강 전투에서 패하여 한반도에서 철수하였다는 주장도 사실을 왜곡한 것이다. 일본이 한반도에서 철수한 것이 아니라 일본이 아닌 백제가 백촌강의 전투에서 패하여 그때까지 백제가 경영하던 일본[야마토왜]으로 후퇴한 것이다. 말하자면 백제본토가 제1전선이고 야마토왜가 제2

7) 『日本書紀』 齊明 3년(657) 是歲; 舒明 11년(639) 9월.
8) 최재석, 2002, 「6세기의 백제에 의한 大和倭 경영과 法隆寺 夢殿의 觀音像」 『韓國學報』 109.
9) 『三國史記』 義慈王 20년 ; 『舊唐書』 백제 ; 『舊唐書』 劉仁軌.

전선인 셈이다. 일본으로 후퇴한 백제장군들은 예상되는 나·당연합군의 침공 루트, 즉 대마도→北九州→세도내해[瀨戶內海]→大阪→나라[奈良]에 백제山城을 구축하여 신라의 침공에 대비하였다[10]는 점에서도 이 사정을 알 수 있다. 그 백제산성은 지금도 金田城, 水城, 大野城, 長門城, 常城, 屋島城, 高安城으로 남아 있다.

6세기에 백제가 일본을 경영한 사실, 663년 백촌강 전투에 참전한 일본군[왜군]이 백제왕 풍의 군대였다는 사실은 접어 두고라도 일본열도인 대마도에서 나라[高安城]에 이르는 길목에 있을지도 모를 신라의 침공에 대비하여 백제가 방위용 백제산성을 구축하였다는 사실 하나만 보아도 일본은 백제가 경영한 땅이었음을 알 수 있다.

7세기 일본의 군대가 백제왕 풍의 군대였다는 사실과 6세기 백제와 일본과의 관계를 말해주는 법륭사 유메도노(夢殿)에 소장되어 있는 觀音像의 존재[11]에 의해서도 한국과 일본의 관계를 분명히 알 수 있을 것이다.

일곱째, 고구려의 왕족과 귀족이 일본에 망명한 사실은 없으며, 백제의 왕족과 귀족이 일본에 간 것은 사실이지만 이는 앞에서 언급한 바와 같이 663년 백촌강 전투에 패한 후 백제의 지배층이 그때까지 백제가 통치한 야마토왜로 후퇴한 것이다.

일본의 역사교과서는 요컨대 백제가 백제관리를 파견하여 야마토왜를 경영하였다는 사실을 근원적으로 은폐하기 위하여, 야마토왜는 5세기부터 강력한 고대국가로 성장하여 밖으로는 한반도 남부를 식민지로 삼았고, 안으로는 중국이나 한국에서 온 이주민과 기술자를 수용하여 이들을 조직하였으며, 7세기에는 고구려와 백제 왕족의 일본 망명을 받아들였다고 주장하고 있는 것이다. 이렇게 볼 때 고대한일관계에 관한 일본 고교 일본사교과서의 서술은 거의 전부 사실을 왜곡했거

---

10) 최재석, 2001, 「663년 백촌강 전투 패전 후 백제에서 후퇴한 백제장군들이 日本에서 방위산성을 구축한 기사」『古代韓日關係와 日本書紀』, 一志社.

11) 최재석, 2002, 앞의 논문 참조.

나, 허구의 서술임을 알 수 있다.

### 2)'왜의 五王'

먼저 왜의 五王에 관한 교과서의 내용을 살펴보자.

B-1. 倭五王은 讚·珍·濟·興·武의 5인. 여러 설이 있으나 武는 雄略天皇에 해당된다고 한다.『宋書』「倭人傳」에 의하면 武는 "옛부터 父祖 친히 甲冑를 입고(擐) 山川을 跋涉하여 寧處에 틈이 없었다. 東은 毛人을 정복한 것 55국, 西는 衆夷를 복속시킨 것 66국, 건너서(渡) 海北[朝鮮半島]을 평정한 것 95국 …"라고 宋의 順帝에게 上表하고 있다(22쪽).

B-2. 5세기 초에서 대략 1세기 동안 야마토 정권의 5代의 왕(倭의 五王)은 중국의 南朝(宋 등)에 조공하고 군사지휘권을 나타내는 높은 칭호를 얻으려고 하였다. 이것은 중국황제의 권위를 배경으로 조선 제국에 대한 정치적 입장을 유리하게 하려고 계획한 것이었다(21～22쪽).

B-3. 倭의 五王은 중국의 황제로부터 倭王에 임명되었다(27쪽).

B-1은 順帝 昇明 2년(478년) 倭王 武의 上表文의 일부이다. 그런데 왜왕 武가 유랴쿠(雄略) 천황이라고 단정하나 그러한 증거는 없다. 또 毛人 55국, 衆夷 66국, 海北 95국이 어느 나라를 지칭하는 것인지 지금까지 밝혀진 바 없다. 그런데 일본 고교교과서는 해북 95국만은 '조선반도'라고 단정하고 있다. 허구의 역사를 사실의 역사인 양 학생에게 가르치고 있는 한 예이다.

B-2도 거짓 주장이다. 중국에서 고구려왕, 백제왕, 신라왕에 대하여 수여되는 각종 칭호는 실질적 내용이 없는 형식적인 칭호에 지나지 않는다.[12] '樂浪公'이라는 칭호가 고구려왕에게만 주어진 것이 아니라 백제왕, 신라왕에게도 수여되는 예에서도 알 수 있고, 倭王에게 수여되는 칭호에 그 당시 존재하지도 않는 秦韓·慕韓이라는 국가가 포함

---

12) 최재석, 2000,『古代韓國과 日本列島』, 一志社, 523쪽.

되어 있는 것에서도[13] 알 수 있다. 또 형식적인 칭호라 하더라도 고구려왕이 받은 칭호가 제일 높고 백제왕이 받은 칭호가 그 다음이고 왜왕이 받은 관위가 제일 낮다. 이렇게 볼 때 왜의 5왕이 중국으로부터 군사지휘권을 나타내는 높은 칭호를 얻으려고 하였고 이것을 배경으로 조선 제국에 대한 정치적 입장을 유리하게 하려고 계획하였다고 주장하나 이 주장도 전적으로 허구이다.

### 3) 일본의 각종 제도와 인접국가(중국과 한국)와의 관계

일본과 중국의 관계에 대하여 교과서는 다음과 같이 서술하고 있다.

> C-1. 600년 遣隋使를 최초로 하여 607년 小野妹子를 파견하였다. (중략) 遣隋使를 따라 高向玄理, 南淵請安, 僧旻 등 유학생이나 유학승이 중국에 건너갔다. 그들이 중국에서 얻은 지식과 경험은 후의 국정개혁에 크나큰 역할을 하였다(27쪽).
> C-2. 야마토 왕권은 倭의 五王 이후 끊겨 있던 중국과의 국교를 재개하고 600년의 遣隋使를 최초로 하여 607년에는 小野妹子를 파견하였다(27쪽).
> C-3. 內政에서는 隋나라와의 외교가 아마도 계기가 되어 603년에는 冠位12階가 정해졌다(27쪽).
> C-4. 614년 당은 또 고구려로 공격을 시작했다. 그 때문에 조선반도의 나라들과 日本은 전쟁에 대비하는 나라 만들기를 서두르지 않으면 아니 되었다. 바로 그 무렵 중국에서 귀국한 유학생이 唐의 국가조직 등을 전하니 조정에서는 그때까지의 氏姓제도를 고쳐 강력한 중앙집권적 국가를 만들자는 움직임이 높았다. 그래서 中大兄皇子는 中臣鎌足 등과 함께 645년 蘇我蝦夷·入鹿을 넘어뜨리고 정권을 쥐고 그때까지의 정치개혁에 착수하였다(30쪽).

위의 내용을 정리하면 일본은 600년부터 중국파견 일본 유학생·유학승·사절들이 중국에서 얻은 지식과 경험을 국정개혁에 반영하여 冠位 12

---

13) 위의 책, 519～520쪽, 522쪽.

階를 재정하고 氏姓제도를 개정하여 중앙집권국가를 건설하였다. 그러나 이러한 주장은 사실과 거리가 멀다.

572년부터 621년까지[聖德太子 시대]의 모든 문화는 고대 한국의 틀을 벗어날 수 없었고 동일하며[14] 아스카(飛鳥)시대, 하쿠호(白鳳)시대, 나라(奈良)시대 불교의 원류 내지 배경은 중국이 아니라 고대 한국 불교였다.[15] 당시 일본정부는 중국(唐)이 아니라 신라문화의 수입에 적극적이었으므로[16] 위의 교과서의 내용은 사실과 매우 다른 것임을 알 수 있다.

당나라에 파견한 일본대사 藤原常嗣가 자기가 데리고 온 일본승 엔닌(圓仁)의 중국체류 허가를 얻어내지 못한 것을 당나라에 있던 신라 租界의 도움과 협조로 체류 허가를 얻어낸 사실, 일본대사의 비서가 물건을 구매하러 중국시장에 갔다가 중국관가에 소환된 사실 등을 보아도[17] 중국과 일본과의 관계의 한 단면을 알 수 있다.

또 일본사절이 중국에서 얻은 지식은 하찮은 것에 불과하였다. 702년부터 838년까지의 사이에 당나라에 파견된 7회의 일본사절 가운데 중국의 정세에 대해 보고한 사절은 777년과 803년에 파견된 2회의 사절뿐이며 나머지 5회의 사절은 아무 보고도 하지 않았다. 보고를 하지 않은 것이 아니라 보고를 할 수 있는 정보를 얻지 못하였다고 하는 것이 사실에 가까운 표현일 것이다. 그리고 중국 상황을 보고하였다는 사절의 보고내용을 보면 극히 한정되고 상식적인 수준에 머물렀다. 777년에 출항하여 778년에 귀국한 일본사절의 보고내용을 보면 중국황제의 이름과 연령, 황태자의 이름, 그리고 중국 연호 정도가 보고사항의 전부였으며 804년에 출발하여 805년에 귀국한 일본대사의 보고내용도 중국천자의 이름과 연령, 자녀의 수, 황태자의 이름과 연령, 황태후의 성과 연호 정도였다.[18]

14) 田村圓澄, 1975, 『飛鳥佛教史研究』, 191쪽.
15) 田村圓澄, 1982, 『日本佛教史 1: 飛鳥時代』, 東京 : 法藏館, 48쪽.
16) 田村圓澄, 1975, 『飛鳥·白鳳佛教論』, 99쪽.
17) 圓仁, 『入唐求法巡禮行記』.

따라서 중국파견 일본사절이 중국의 문물제도를 도입하여 일본의 국정에 반영하였다는 주장은 허구일 수밖에 없음을 알 수 있다.

660년(推古 8년) 제1차 遣隋日本使가 야마토 정권 측의 독자 배로 중국 본토에 직항하는 것은 외교적으로나 기술적으로나 불가능하였다.[19] 그리고 주목되는 것은 舒明朝[629~641]에 귀국한 對唐 학문승은 신라의 불교를 견문하고 신라의 불교계와 접촉한 사실이다.[20]

이와 같이 일본교과서는 모든 제도를 한국에서 도입하면서도 중국에서 도입하였다고 주장함과 동시에 법륭사와 平城京의 조영, 大宝令의 제정 등은 일본 자신이 독자적으로 조영·제정한 것처럼 서술하고 있다.

### 4) 광개토왕비문 해석

먼저 광개토왕비에 관한 교과서의 서술을 제시한다.

D-1. 廣開土王碑 - 廣開土王의 공적을 적은 碑. 碑文에 의하면 "百殘(百濟)新羅는 舊是[본래] 屬民으로 由來朝貢하였다. 그런데 倭, 辛卯년(391)부터 지금까지 바다를 건너서 百殘를 破하고 新羅를 □□하여 그래서 臣民으로 했다"고 되어 있어 그것에 대항하여 고구려 군이 남하하여 倭軍을 破한 상황이 상세하게 기록되어 있다(21쪽).

D-2. 391년, 왜군, 조선에 출병. 백제·신라를 파하였다(290쪽).

D-3. 404년, 왜군, 帶方郡 지방에 출병하여 고구려와 싸워 破했다(290쪽).

D-4. 고구려의 광개토왕 비문에 의하면 야마토 정권은 군대를 조선반도에 보내 고구려와 싸웠다. 이 무렵 야마토 정권은 伽倻의 任那(金官國)와 맺어 조선반도 남부에 세력을 뻗쳤다(21쪽).

초기(1884년)부터 1995년까지 110여 년간 광개토왕비만을 다룬 논문

---

18) 최재석, 2000, 앞의 책, 344～347쪽.
19) 田村圓澄, 1983, 『日本佛教史 4: 百濟·新羅』, 東京 : 吉川弘文館, 301쪽.
20) 田村圓澄, 1994, 『飛鳥·白鳳佛教史(上)』, 同和出版公社, 199쪽.

은 약 500편에 이른다. 그런데 D-1은 1889년의 사쿠라이 다다나오(櫻井忠直)의 『會餘錄』 제5집의 기사를 그대로 소개한 것이다. 야마토왕의 거처는 5세기까지도 띠[茅]로 지붕을 이은 보잘 것 없는 것이었으며[21] 왕권은 같은 지역에 사는 세력가(호족)보다도 뒤떨어진 유명무실의 것이었다.[22] 조선·항해수준은 유치하여 한반도 제국(신라·백제)의 도움 없이는 7세기에도 중국은 고사하고 한반도에도 내왕할 수 없었다.[23] 또 일본열도 각지의 지명은 앞의 한·일관계에서 언급한 바와 같이 예외 없이 고대한국(백제·신라·고구려·가야 등)의 국명이었고,[24] 또한 663년 백촌강 전투에 참전한 왜군이 실제는 백제왕의 군대였다.[25] 특히 광개토왕비의 비문이 고구려의 국토를 크게 넓힌 광개토왕의 陵에 속한 것이었다는 사실에 비추어 보아도 D-1은 날조된 것임을 알 수 있다.

앞에서 언급한 바와 같이 지난 110여 년간 광개토왕비에 관한 논저가 500편에 달하는데도 여기에 대하여는 한 마디의 언급도 없이 1889년에 조작된 비문 하나만을 교과서에 소개하고 있다. 그런데 다른 곳에서는 "추정하는 설도 있다"(22쪽) 등의 표현을 사용하여 다양한 견해가 있음을 소개하면서도 여기서는 왜곡된 하나의 해석만을 소개하고 있다. 그 비문이 고구려의 국토를 크게 넓힌 광개토왕의 능의 비문이라면 다음과 같이 복원·해석되어야 할 것이다.[26]

> 백잔[백제]과 신라는 예로부터 [고구려의] 속민으로서 조공을 바쳐왔는데 그 후 신묘년(391)부터 조공을 바치지 않으므로 [광개토왕은] 백잔(백제)·왜구·신라를 파하여 이를 신민으로 삼았다.

---

21) 仁德 元년 1월 3일; 同 4년 3월 21일; 齊明 元년 是冬.
22) 雄略 14년.
23) 齊明 3년 이 해; 舒明 11년 9월; 圓仁, 『入唐求法巡禮行記』.
24) 최재석, 2003, 「古代 韓日관계사 연구의 기본 시각」 『韓國學報』 112.
25) 『삼국사기』 의자왕 20년; 『舊唐書』 백제; 동 劉仁軌; 『唐書』 백제.
26) 이형구·박노희, 1986, 『廣開土大王陵碑新硏究』, 同和出版公社, 11쪽.

D-2는 D-1의 내용을 더욱 왜곡·확대한 것이다. D-1에서는 「新羅를 □□하여」라고 해놓고는 D-2에서는 "新羅를 파했다"로 해석한 것이다. 즉 한편에서는 광개토왕비의 판독이 불가능하다고(D-1) 해놓고는 다른 한편에서는 그 비문을 판독하고 있으니(D-2) 여기에도 저자의 역사왜곡의 구체적 사례가 나타나 있다고 하겠다. 야마토왜 정권이 조선반도 남부에 세력을 뻗쳤다거나, 미마나[任那]가 金官國이라는 것이나, 伽倻와 미마나가 동일국이라고 하는 주장[27]도 허구이다. 앞에서 지적한 야마토왜의 정치적 상황(야마토왜왕의 거처, 왕권, 조선·항해수준 등)의 관점에도 야마토 정권이 한반도 남부를 지배하기는커녕 진출 자체도 불가능했다.

왜군을 야마토왜의 군대라 할 경우 왜군이 고구려와 싸워서 破하였다는 D-3의 주장도 사실일 수 없다. 앞에서 언급한 바와 같이 야마토왜는 조선·항해수준이 유치하여 한반도의 제국의 도움 없이는 한반도에도 내왕할 수 없었으니 왜의 군대가 백제와 신라의 훨씬 북방에 있는 고구려와 싸워서 이를 파하였다면 그 왜는 일본의 전신인 야마토왜일 수 없다. 따라서 왜의 군대가 帶方郡에 침입한 것이 사실이라면 그 왜는 야마토왜가 아닌 다른 왜일 수밖에 없다. 그런데 『당서』, 『구당서』, 『삼국사기』 등에서 백제왕 풍의 군대를 倭人·倭兵·倭衆 등으로 호칭[28]하고 있는 것을 보면 그 왜의 군대가 백제의 군대일 가능성이 있다고 하겠다. 더욱 구체적으로는 北九州에 존재한 백제계 왜의 군대일 가능성이 높다고 하겠다.[29]

---

27) 가야와 임나가 동일국이 될 수 없다는 점에 대하여는 최재석, 2005, 「가야와 미마나(任那)는 동일국인가?」 『新羅史學報』 3 참조.

28) 주 25) 참조.

29) 최재석, 2000, 「『三國史記』 초기기록에 나타난 倭에 대하여」 『한국학연구』 12(『古代韓國과 日本列島』 수록) 참조.

### 5) 聖德太子와 蘇我氏

교과서 내용 중 이른바 쇼토쿠(聖德)太子와 소가씨(蘇我氏)에 관한 서술을 제시하면 다음과 같다.

E-1. 憲法 17조는 604년 聖德太子가 제정한 것으로 전해지고 있다(27쪽).
E-2. 聖德太子가 세상을 떠나자 조정에서는 蘇我馬子의 子 蝦夷와 손자인 入鹿이 권세를 부렸다(30쪽).
E-3. 女帝인 推古천황이 즉위하였으며 다음해 조카인 聖德太子가 섭정이 되었다. 太子는 馬子와 협력하여 국정의 개혁을 시작하였다(26쪽).
E-4. 蘇我氏는 渡來人과 관계를 맺고 조정의 재정권을 쥐었다(26쪽).
E-5. 中大兄皇子는 中臣 가마다리[鎌足] 등과 함께 645년 蘇我蝦夷·入鹿을 넘어뜨리고 정권을 쥐어 지금까지의 정치개혁에 착수하였다(30쪽).

쇼토쿠태자가 사망한 해에 관해 두 가지 설이 있고 출생년도에 대해 세 가지 설이 있는 것은 접어 두고라도, 두 살 때 전쟁에 출정하여 정적을 물리치고 7세에 섭정이 되어 야마토왜의 모든 중요 정책을 결정하였다는 기사[30]에 의해서도 쇼토쿠태자는 그 존재 자체가 의심스럽다. 따라서 쇼토쿠태자에 관한 E-1, E-2, E-3의 기사는 사실의 기록이 아니다. 쇼토쿠태자는 역사적 인물이 아니라 신앙 속의 인물일 뿐이다.[31]

588년(崇峻 元)까지는 소가노 우마코(蘇我馬子)가 야마토왜에 파견된 백제사인을 통하여 백제왕의 허가를 얻어 야마토왜의 비구니들을 백제로 파견하였으므로[32] 소가노 우마코는 백제의 충신으로 볼 수 있다. 그러나 그 이후 蘇我蝦夷·入鹿 부자가 백제왕에 반역하여 스스로 야마토왜 왕의 행세를 하였으므로[33] 마침내 백제왕이 보낸 사인(鎌足 등)에 의하여 誅

30) 최재석, 1998, 『古代韓日佛敎關係史』, 一志社, 148쪽.
31) 田村圓澄, 1994, 앞의 책, 154쪽.
32) 崇峻 전기(587) 6월 21일; 同 元년.
33) 皇極 元년 正월 15일; 同 이 해; 同 3년 11월.

殺되었다.[34] 따라서 소가씨와 도래인이 결합하여 일본조정의 정권을 장악하였다는 E-4는 사실이 아니다. 쇼토쿠태자가 세상을 뜨자 蘇我蝦夷·入鹿이 권세를 부렸다는 E-2도 사실을 반영한 기사가 아니다. 백제왕의 사인이 백제왕을 반역한 인물을 처단한 후에 단행한 행정개혁[大化改新]이라면 그 개혁은 의당 백제왕(의자왕)에 의해 행해진 것으로 보아야 한다. 그러나 『일본서기』는 그 행정개혁을 야마토왜 스스로가 행한 개혁으로 기술하고 있다. 따라서 645년에 일본이 정치개혁을 하였다는 E-5 기사도 주체세력을 왜곡한 것이다. 소가씨를 처단한 측은 백제왕이지 일본측이 아니다. 소가씨 처단과 행정개혁을 담당한 주인공 가마다리[鎌足]도 소가씨 처단시의 행동대원(두 사람)이 백제인인 것처럼 분명히 백제인이다. '鎌足'을 '가마다리'로 읽는 것에서도 한국인임을 알 수 있다.[35] '鎌足'의 '足'은 한국음은 '다리'로 읽지만 일본음은 '아시'로 읽는다. 백제왕(의자왕)에 의한 가마다리의 일본 파견에 관하여는 『일본서기』는 일체 언급하지 않고 있다.

## 3. 고대 일본(왜)에 대한 서술

### 1) 판독불가능의 金印의 글자와 '委奴國'과 倭

교과서는 다음과 같은 서술이 야마토왜 내지 야마토왜왕에 관한 것이라고 주장하고 있다.

F-1. 야마토 정권은 5세기 후반 雄略天皇[왜왕 武] 경부터 지방 호족에 대한 지배를 강화하여 중앙의 정치기구도 정비해 나갔다. 그 정부를 야

34) 皇極 3년 1월 1일; 同 4년 6월 12일; 同 4년 6월 13일.
35) 최재석, 2001, 『古代韓日關係와 日本書紀』, 一志社, 246~247쪽.

마토 조정이라 부른다. 조정은 大王을 중심으로 畿內의 유력 호족에 의하여 구성되어 있었다. 호족은 그 우두머리[長]인 우지노가미(氏上)가 혈연을 기반으로 하는 정치적 집단인 氏를 대표하여 大王을 섬겼다(24쪽).

F-2. 각지의 구니[國]의 시작 등을 설명할 여러 가지 神話나 傳承은 天照大神을 조상신으로 하는 大王家의 神話나 傳承과 결합하여 또 그 일부에 편입되었다. 그리고 6세기에는 그것들이 宮廷에서 『帝紀』(大王家의 系譜)와 『旧辭』(神話나 야마토 王權의 이야기)로 종합되었다고 생각된다(23～24쪽).

F-3. 야마토 王權은 國造(구니노미야쓰고)의 영역 내에 그 토지의 일부를 할애하여 屯倉(미야케)이라 불린 직할지를 두어 地方 호족에 대한 지배를 강화하였다(25쪽).

F-4. 金印은 (중략) 기원 57년에 後漢의 光武帝로부터 하사된 것으로 생각된다(17쪽).

F-5. 기원 57년에 倭奴國王이 후한의 光武帝에 사인을 보내 印綬를 받았다고 한다(17쪽).

F-6. 672년(壬申) 吉野에서 군대를 일으킨 大海人皇子는 東國의 군대를 모아 大友皇子를 넘어뜨리고[壬申의 亂] 다음 해 飛鳥淨御宮에서 즉위하고 天武天皇이 되었다(32쪽).

위의 기사에 대하여 살펴보자.

(1) 앞(倭의 五王)에서 언급한 바와 같이 왜왕 武가 유랴쿠천황이라는 증거는 없다. 또 F-1에서 5세기 후반에 야마토 조정(정부)이 존재하여 강력한 왕권을 배경으로 畿內의 유력 호족을 거느리고 그곳을 통치하였다고 주장하지만 그러한 증거는 『일본서기』의 어느 곳에서도 발견되지 않는다. 야마토왜왕의 권력은 오히려 『일본서기』 雄略 14년 조의 기사에 나타나 있는 바와 같이 유명무실한 것이었다.

(2) F-2에서 天照大神의 이야기를 꺼내는 것을 보면 1945년 이전 '皇國史觀'의 殘影이라고도 할 수 있겠다. 또 신화나 전승의 이름을 빌려 야마토 정권이나 야마토 왕가의 존재를 주장하고 있으나, 6세기는 백제의

무령왕·성왕·위덕왕의 祖·子·孫 3대의 시대로, 이 3대 왕이 야마토왜 경영팀을 파견하여 그곳을 경영한 시대였으므로[36] 그러한 정권이나 大王家는 있을 수 없다. 따라서 그 시대에 야마토왜왕의 계보가 있었다고 한다면 이것은 조작일 수밖에 없다.

(3) 야마토왜왕[천황]이 각 지방에 미야케(屯倉)라는 직할지를 두었다는 F-3의 내용도 사실이 아니다. 『일본서기』는 B. C. 3세기(垂仁 27년)부터 645년(大化 元년)까지 사이에 일본열도 전역에, 그리고 200년(神功攝政前紀)부터 역시 645년까지 사이에는 한반도에도 둔창을 설치하였다고 주장하고 있다.[37] 그러나 이는 야마토왜의 시각과 천황의 권위와 일본 강역의 시각에서도 허구임이 분명해진다.

(4) F-4, F-5는 같은 내용의 것으로, 金印의 글자 판독이 불가능함에도 불구하고 '漢委(倭)奴國王'으로 해석하여 금인을 後漢의 光武帝가 倭 즉 일본에 하사한 것으로 풀이하고 있다. 판독불가능의 글을 '漢委奴國'으로 해석하여 '한위노국'은 왜국(일본)이라고 견강부회한 것이다. 그리고 남의 나라에서 下賜받는다는 표현을 극도로 기피하는 일본이 자기 나라의 역사를 끌어올리기 위해서는 남의 나라로부터 下賜받았다는 표현도 기꺼이 사용하고 있음을 보게 된다.

(5) F-6은 大友皇子와 大海人皇子의 싸움 즉 왕자간의 싸움으로 묘사하고 있으나, 壬申의 전쟁은 야마토왜를 지배하고 있던 백제계 인물을 축출하고 신라인이 창출한 정권을 수립하는 전쟁이었다.[38]

---

36) 최재석, 2002, 「6세기의 백제에 의한 大和倭 경영과 法隆寺 夢殿의 觀音像」 『韓國學報』 109.

37) 최재석, 1999, 「고대 한국과 日本列島에 大和倭王의 식민지(屯倉·官家)를 설치했다는 『日本書紀』 기사의 허구성에 대하여」 『民族文化研究』 32(『古代韓日關係와 日本書紀』 수록) 참조.

38) 최재석, 1998, 「672년 日本에서 일어난 壬申의 전쟁과 統一新羅」 『韓國學報』 93(『古代韓國과 日本列島』 수록) 참조.

그리고 3세기, 4세기, 5세기, 6세기의 동아시아 지도를 제시하면서 그 때(3세기)부터 일본열도 전체가 마치 야마토왜[日本]의 강역인 것처럼 나타내고 있는데(18·20·22·26쪽) 이것은 문장에 의해서가 아니라 지도에 의한 역사왜곡이다. 『일본서기』에는 '倭'를 야마토로 읽는다고 되어 있다. 이것은 야마토 지역만이 '倭'였다는 것을 나타내는 것이다.

### 2) 고분과 출토품

고분과 출토품에 관한 교과서의 서술 내용은 다음과 같다.

G-1. 大和(야마토)를 중심으로 한 近畿 지방에 특히 거대한 고분이 집중하고 있다. 이 일로 해서 고분을 만든 각지의 王이 야마토 지방의 왕을 盟主로 하여 정치적 연합체를 만들었다. 이것을 야마토 정권이라 한다(21쪽).

G-2. 중기 고분에서 조선 전래의 馬具나 무기가 대량으로 출토되는 것 등으로 인하여 북방계 騎馬민족이 조선반도를 경유하여 일본열도에 침입하여 지도자가 되었다고 추정하는 설도 있다(22쪽).

G-3. 5세기 전반에 大阪평야에서 만들어진 譽田山古墳(傳應神陵)이나 大山古墳(傳仁德陵)은 야마토 왕권의 권력이나 권위의 크기를 잘 나타내고 있다(22쪽).

G-4. 6세기 말에는 大王의 묘도 前方後圓墳에서 大陸風의 方墳으로 바뀌었다(24쪽).

G-5. (高松塚 고분 벽화[천연색으로 표현]를 제시하면서) 白鳳시대의 복장이라고 주장하고 있다(35쪽).

G-6. 고분 출토품 1. 冑(妙前大塚 3호분) 2. 短甲(鎧塚) 3. 金銅製 環頭太刀(湯舟坂 2호분) 4. 金銅製 冠(藤本古墳) 5. 金銅製 沓(江田船上 고분) - 앞의 출토품을 일본제로 전제하고 그림 제시(22쪽).

G-7. 百舌鳥 고분군(大阪府) - 일본제로 전제하고 그 가운데 일본 최대의 前方後圓墳의 사진 제시(22쪽).

G-8. 지방에도 筑紫·吉備(岡山平野) 毛野(北關東) 등 전국에서 큰 前方後圓墳이 만들어져 각지의 왕은 大王에 복속하면서도 각각의 지역에서

독자적으로 세력을 펴고 있고 싶어 했다고 생각된다(22쪽).

G-9. 大陸의 墓制의 영향을 받아 橫穴式石室이 나타났다(24쪽).

G-10. 1968년 埼玉縣 行田市의 교외에 있는 稻荷山 古墳에서 鐵製劍과 刀, 曲玉, 거울, 鐵製 화살, 갑옷, 帶金具, 마구 등이 발견되었다. 이러한 부장품에서 묘의 주인은 남성이고 말도 타는 武將이었을 것이라고 추정된다. (중략) 명문(115문자)에는 와카다케루大王[雄略天皇]을 섬긴 오와케의 臣의 다음과 같은 의미의 문장이 자랑스럽게 기술되어 있었다. "나 오와케의 臣의 조상은 영웅의 오호히코(東國을 평정하였다고 한 전설의 영웅)인데 나는 그 8代째의 子孫이다. 大王의 친위대장으로 섬기고 와카다케루大王의 사무소가 시키의 宮(奈良盆地에 있었다)에 있을 때 나는 大王이 天下를 다스리는 것을 도왔다."

이 철검의 명문이 해독되어 熊本縣 江田船上 고분 출토의 大刀에 새겨 은을 박은 銘文 "治天下獲□□□鹵大王"도 해독되었다. 이리하여 稻荷山 古墳 出土(埼玉)와 江田船上 고분 출토(熊本)의 大刀의 주인인 東國과 九州의 호족이 와카다케루大王을 섬기고 있었던 것이 명백해졌으며 大王이 동쪽은 關東 地方 서쪽은 九州 中部에 이르는 넓은 범위를 지배했던 것이 추정된다(25쪽).

G-3에서 거대한 傳應神陵과 傳仁德陵은 야마토 왕권의 권력과 권위의 크기를 나타내고 있다고 주장하나 전응신릉 근처의 丸山 고분 출토의 안장 金具의 문양이 가야의 고령 고분 출토의 안장 금구의 문양과 흡사하며[39] 전인덕릉에서 출토된 銅鏡은 무령왕능의 것과 親緣관계가 있고 칼의 손잡이는 무령왕능의 것과 유사하고 갑옷은 江田船上 고분의 短甲의 형태와 유사하다.[40] 이렇게 되면 야마토와 近畿 지방은 백제가 지배한 지역이었다는 증거가 되는 것이다.

G-1, G-3, G-5, G-6, G-7 등에서 고분의 畿內 발생설을 주장하고 있으나 그런 증거는 없다.

또 G-1, G-8, G-9 등은 일본열도 각지에 호족 내지 왕이 존재하나 이

39) 森 浩一, 1981, 『巨大古墳の世紀』, 東京 : 岩波書店, 207쪽.

40) 위의 책, 170; 174～187쪽.

들 왕과 호족은 야마토 정권의 왕인 '大王'의 지배를 받는다는 것을 주장하는 글이다. 그러나 그 주장을 뒷받침하는 증거는 아무데도 없다. 야마토왜왕의 권력은 같은 지역에 거주하는 호족의 그것에도 훨씬 미치지 못하는 유명무실의 것이었다[41]는 점에 의해서도 그러한 주장은 허구임을 알 수 있다.

G-4, G-7, G-8의 이른바 前方後圓墓는 일본 고유의 것으로 서술하고 있으나 한국에도 榮山江 유역 등 여러 곳에 존재하고 있다.[42]

또 '대륙'의 영향으로 橫穴式石室이 일본에 나타났다고 하나 대륙이 아니라 '한반도의 고대국가'의 영향이라고 해야 할 것이다. 무령왕능과 유사한 傳仁德陵에도 竪穴式石室이 있었으니[43] 이 수혈식 석실도 일본 고유의 것이 될 수 없다.

G-10에서 稻荷山 古墳 출토 鐵劍과 江田船上 고분 출토 大刀를 각각 大王을 섬기는 지방(埼玉, 熊本) 호족의 것으로 단정하고 있으나 전자의 문체·용어 모두 고대 한국의 것과 일치하며[44] 후자의 大刀와 함께 출토된 많은 장신구는 고대 한국에서 도래한 물품이고 大刀銘 '□鹵大王'은 백제의 蓋鹵大王으로 보는 것이 자연스럽다.[45]

띠[茅]나 나무껍질로 된 오막살이 같은 집에 거주한 일본왕[仁德천황]이[46] 사후에 길이 474m, 넓이(전방부) 300m나 되는 거대한 분묘를 남겼다고[47] 주장한다면 이는 이미 논리를 떠난 동화의 세계로 둔갑한 것이라

---

41) 雄略 14년조.

42) 申敬澈외 4人, 2000, 『韓國의 前方後圓墳』, 忠南大출판부; 오순제, 2006, 「영산강 유역의 전방후원분」 『한민족의 기원과 매장문화 학술세미나 발표 요지』.

43) 森 浩一, 1965, 『古墳の發掘』, 東京 : 中央公論社, 38쪽 ; 1981, 『巨大古墳の世紀』, 141쪽.

44) 馬淵和夫, 1982, 「稻荷山古墳出土鐵劍金象嵌銘の日本語表記上の位置」 『日本學誌』 2·3合輯.

45) 李進熙, 1991, 「船山大刀銘の硏究史の諸問題」 『靑丘學術論集』(韓國文化硏究振興財團).

46) 仁德 元년 1월 3일; 同 4년 3월 21일.

고 할 것이다.

요컨대 당시 왜국은 조선 3국으로부터 정치·경제·문화적으로 압도적인 영향을 받고 있었던 것이 사실이며[48] 횡혈식 석실을 비롯하여 陶質土器, U자형 쟁기 끝, 馬具 등의 출토 지점을 지도에 그리면 왜국 내는 조선 일색으로 칠해진다는[49] 지적은 정확한 것이라 하겠다. 이렇게 볼 때 고분과 출토품에 관한 일본 교과서의 해석은 억지이고 허구임을 알 수 있다.

### 3) 王都와 正倉院

#### (1) 왕도

먼저 王都에 관한 서술부터 알아보자.

H-1. 遣隋使에 이어 630년부터 견당사가 파견되었다. 당시는 아직 조선·항해 기술이 미숙하였을 뿐만 아니라 동지나해를 횡단하는 항로를 취한 일도 있어 견당사선은 종종 조난하였다. 그러나 중국의 문화를 원하는 유학생·유학승 등은 위험을 무릅쓰고 견당사를 따라 바다를 건넜다(39쪽).

H-2. 중국의 都城制를 본 따서 藤原京을 조영하였다(32쪽).

H-3. 平城京은 條坊制에 의하여 동서남북으로 整然하게 구획되었다. (중략) 다시 정부는 당을 본받아 708년에 和同開珎을 주조하였다(36쪽).

H-4. 1998년 7세기 후반의 飛鳥池 유적(奈良縣 明日香村)의 工房터에서 400점 가까이의 동전(거의 細片)과 그 동전의 鑄型 등이 발견되었다. 원형의 동전에는 중앙에 열린 4角의 구멍 上下에 '富本'의 두 자와 좌우에 七曜文(7점)을 배열하여 富本錢이라 한다. (중략) 그런데 근년에 平城京·藤原京 터에서 계속해서 발견되었으며 다시 飛鳥池 유적 출토에 의해서 富本錢은 7세기 후반의 天武朝까지 소급하고 일본 最古의 동전인 것이 명백해졌다. (중략) 현재 富本錢이 어느 정도 유통하였는지는 不明하다(36쪽).

---

47) 森 浩一, 1981, 『巨大古墳の世紀』, 127～128쪽.

48) 石野博信, 1990, 『古墳時代史』, 東京 : 雄山閣, 142쪽.

49) 위의 책, 142쪽.

690년부터 694년까지 사이에 조영된 藤原京은 중국의 도성제를 모방하여 조영되었다고 주장하나(H-2), 등원경은 한국자[고구려자]를 사용하여 조영되었다.[50] 또 708년부터 710년 사이에 조영된 平城京도 당의 제도를 본받아 조영되었다고 주장하나(H-3) 평성경의 원형이 등원경이고 평성경에서 출토된 기와가 등원경에서 출토된 기와와 유사하며, 평성경에서 출토된 자(尺)와 빗은 한국의 것과 동일하고 또한 평성경에서 출토된 지붕기와의 八葉複瓣蓮花文은 등원경의 것과 유사 내지 동일하고 통일신라의 것과 유사하다.[51] 또 평성경 조영 전에 있었던 일본파견 신라사인과 신라파견 일본사인의 왕래 상황 그리고 곧 언급하겠지만 평성경 천도 1년 전에 일본을 방문한 신라사절에 대한 일본조정의 극진한 영접에 의해서도 평성경 조영이 중국이 아니라 신라와 밀접한 관련이 있음을 알 수 있다.[52] 등원경·평성경 터에서 최근 富本이라고 쓰인 엽전이 발견되었다고 하나(H-4) 아직도 그 정체가 밝혀지지 않았다.

일본의 유학생·유학승이 당나라파견 일본사인을 따라 중국에 갔다고 하였으나(H-1) 일본사인을 너무나 소홀히 다루는 중국관헌의 태도,[53] 아스카·하쿠호·나라 시대의 불교의 원류 내지 배경은 중국이 아니라 한국고대 불교라는 점, 당시 일본정부는 중국[唐]이 아니라 신라문화의 수입에 적극적이었다는 점[54] 등을 고려할 때 중국파견 일본 유학생·유학승의 역할을 과장하여서는 아니 된다.

大宝令 제정, 등원경·평성경 조영, 재건법륭사·동대사 등 일본의 각종 제도는 중국이 아니라 신라와 관련이 있음은 일본과 신라의 사절파견 시기에도 나타나 있다. 일본의 각종 제도와 일본사절의 중국파견 시기,

---

50) 최재석, 1998,『古代韓日佛教關係史』, 一志社, 203쪽.
51) 위의 책, 225쪽.
52) 위의 책, 217쪽.
53) 최재석, 2000,『古代韓國과 日本列島』, 一志社, 344～347쪽.
54) 주 15) 및 주 16) 참조.

일본사절의 신라파견 시기, 그리고 신라사절의 일본파견 시기를 표로 제시하면 <표 1>과 같이 된다.

〈표 1〉 7~8세기의 일본의 각종 제도와 신라

| 일본의 각종 제도 | | 日本사절 중국파견 | 日本사절 신라파견 | 신라사절 日本파견 |
|---|---|---|---|---|
| 기본법 | 대보령제정<br>(700~701) | | 693. 3.~<br>695. 9.~<br>700. 5.~700. 10. | 697. 10.～698. 2.<br>700. 11.～701(?) |
| 왕경조성 | 등원경조영<br>(692~694) | | 693. 3.~ | 690. 9.～690. 12.<br>692. 11.~693. 2.<br>693. 2.~ |
| | 평성경조영<br>(708~710) | 702. 6.~704. 7. | 700. 5.~700. 10.<br>703. 10.~704. 8. | 705. 10.~706.正.<br>709. 3.~709. 6. |
| 사찰건립 | 재건법륭사<br>조영(7세기말) | | 675. 7.~676. 2.<br>676. 10.~677. 6.<br>681. 7.~681. 9.<br>684. 4.~685. 5.<br>687. 正.~689. 正.<br>693. 3.~<br>695. 9.~ | 679. 10.~680. 6.<br>680. 11.~681. 8.<br>681. 10.~682. 2.<br>683. 11.~684. 3.<br>684. 12.~685. 3.<br>685. 11.~686. 5.<br>687. 9.~688. 2.<br>689. 4.~689. 7.<br>690. 9.~690. 12.<br>692. 11.~693. 7.<br>697. 10.~698. 2. |
| | 동대사조영<br>(743~752) | 752.윤3.~753. 12.<br>(제2선) | 740.正.~740. 10.<br>742. 10.~<br>752. 正.~ | |

비고: 각 사절 파견의 연월은 『續日本記』에 의거함.

또 앞의 2절 3항에서 언급한 바와 같이 일본의 제도가 중국파견 일본사절에 의하여 도입되었다고 하더라도 그들이 중국에서 얻어오는 것은 단지 중국황제의 이름과 연령, 자녀의 수 정도에 지나지 않았다. 설사 그들이 중국의 문물제도를 얻어올 수 있었다고 가정하더라도 <표 1>에 의하여 일본의 각종 제도는 중국이 아니라 신라와 관련이 있음을 알 수 있다. 즉 일본의 각종 제도는 일본사절의 신라파견, 신라사절의 일본파견과 밀접한 관련이 있는 것이다. 그리고 표를 통해 어떤 제도는 신라사인의 일본체류 중에 제정·조영되었음을 알 수 있다. 이것은 그 제도가 신라의 전문가의 지도하에 이루어졌다는 것을 나타내는 것이다. 평성경[나라] 천도 전 해인 709년 3월 14일에 일본조정이 해륙양방면으로 일본에 간 신라사인 金信福 일행을 성대하게 영접한 것이나 같은 해 5월 27일에 일본 궁정에서 김신복 일행에게 잔치를 베풀고 신라 국왕에게 비단 20필, 美濃絁 30필, 명주실 200絇, 면 150돈을 선물하였다고 『속일본기』는 기록하고 있는데, 이것은 평성경 조영시 신라의 협조에 대한 감사의 표현이었을 것이다. 거기에다 평성경 터에서 한국의 자[尺]와 빗이 출토되었다고 한다면 평성경은 신라인의 협조에 의해서가 아니라 신라인 기술자가 직접 조영한 것으로 보는 것이 타당한 해석일 것이다. 明治시대에 일본이 한국인 건축기술자를 초청하여 재건법륭사를 수리하게 한 사실도 그 방증의 하나가 될 것이다.

이렇게 볼 때 일본인 학자들이 한결같이 입을 모아 일본 고대의 각종 제도는 중국의 것을 도입하여 만들었다고 주장하는 것은 사실과 거리가 먼 근거 없는 허구였음을 알게 된다.

### (2) 정창원

I-1. 正倉院의 宝庫에는 중국·조선은 물론 東로마나 페르시아·인도 등의 양식을 전하는 것이 있으며 天平文化의 국제적인 성격을 잘 나타내고 있다(40쪽).

I-1은 정창원에 관한 교과서의 서술이다. 정창원 소장품은 거의 전부 중국과 한국에서 제작한 것이다.[55] 조선·항해수준이 유치하여 밖으로 나갈 수 없는 일본은 일본열도에 남아서 신라상인들이 가져다주는 물품을 구입할 수밖에 없는 처지에 있었다.[56] 따라서 정창원 소장품이 동로마·페르시아·인도의 양식을 전하는 것이 있으며 天平文化의 국제적인 성격을 나타낸다는 서술은 사실이 아니다. 은연중에 8세기에 일본이 동로마·페르시아·인도와 국제무역을 하였음을 나타내려고 한 것이다. 신라의 도움 없이는 일본은 7세기·8세기는 물론이려니와 9세기에도 동로마·인도는 고사하고 중국에도 갈 수 없었다.[57] 鳥毛立女屛風, 남색 유리잔[紺瑠璃杯], 螺鈿紫檀五絃琵琶 등의 칼라 사진을 제시하고 있는 것이 눈에 띈다. 남색 유리잔은 중국이나 사산조, 페르시아, 서아시아의 영향도 있다고 하고 있으나(41쪽) 이 남색 유리잔은 경북 松林寺 출토 유리잔과 유사하다.[58]

### 4) 사원과 미술품

#### (1) 사원과 聖德太子

사원에 관한 서술을 제시하면 다음과 같다.

J-1. 小我氏의 발원에 의한 飛鳥寺(法興寺), 太子(聖德)의 발원으로 전해지는 法隆寺 등은 飛鳥文化를 대표하는 사원이다. 이러한 사원은 고분과 교체하여 豪族의 권위를 나타내는 것이 되었다(28쪽).
J-2. 현재의 法隆寺는 7세기 말경에 재건된 것으로 생각되고 있다(28쪽).
J-3. 불교를 깊이 믿는 聖德太子가 일찍부터 불교를 받아들이고 있던 小我氏와 함께 정치를 지배하게 되어 왕도가 있었던 飛鳥지방을 중심으로

---

55) 최재석, 1996, 『正倉院 소장품과 統一新羅』, 一志社.
56) 田村專之助, 1939, 「6世紀中葉以降に於ける日羅貿易の研究」『青丘學叢』30.
57) 최재석, 1996, 앞의 책, 147～148쪽.
58) 위의 책, 543～546쪽.

하여 크나큰 사원이 세워져 불교문화가 성했다(28쪽).

J-4. 傳聖德太子像을 제시함(26쪽).

J-5. (592년) 女帝인 推古天皇이 즉위하고 다음 해 聖德太子가 攝政이 되었다(26쪽).

J-6. 604년 聖德太子가 제정했다고 전해지는 憲法 17조는 天皇을 君主로 하는 국가의 질서를 확립하기 위하여 호족들에 대하여 관리로서 지켜야 할 마음가짐을 설함과 동시에 불교를 국가의 정신적 支柱로 하려고 하였다(27쪽).

J-7. 律令국가가 건설되어 있던 天武·持統 두 천황의 시대에는 궁정을 중심으로 젊고 활기찬 문화가 일어났다. 이것을 白鳳文化라 한다(35쪽). 白鳳文化란 7세기 후반에서 8세기 초까지의 문화를 가리킨다(35쪽).

위의 서술 가운데 法隆寺 재건 시기에 관한 J-2의 기사만이 사실을 전하는 것으로 생각된다.

전술한 바와 같이, 쇼토쿠태자는 출생과 사망에 대한 이설, 전쟁참여와 섭정이 된 연령 등 『일본서기』에 기술된 내용이 매우 허황하다. 즉, 『일본서기』의 기사에 나타나는 이른바 쇼토쿠태자는 그 존재 자체가 의심스럽다.[59] 따라서 J-3~J-6의 기사는 허구임을 알 수 있다. 현실감을 주기 위하여 쇼토쿠태자상을 제시하고 있으나(J-4) 국적 불명의 의복을 착용하고 있는 점으로도 그 존재의 허구성이 들어난다. 6세기의 복장이라면 일본 원주민의 의복[60]이 아닐 바에야 마땅히 한복[백제 옷]을 착용한 그림을 제시했어야 옳다. 쇼토쿠태자는 역사 속의 인물이 아니라 신앙 속의 인물이라는 다무라 엔초(田村圓澄)의 지적[61]은 우리의 판단이 타당함을 보여 주는 것이라 하겠다.

사원이 고분과 교체하여 출현하였다는 주장도, 이것들이 豪族의 권위

59) 최재석, 1997, 「'聖德太子'에 관한 『日本書紀』의 기사와 日本人 주장의 허구성에 대하여」 『韓國學報』 87(『古代韓日佛敎關係史』 수록) 참조.

60) 『晉書』 倭人傳; 『後漢書』 倭傳; 『三國志』 倭人傳.

61) 田村圓澄, 1994, 『飛鳥·白鳳佛敎史(上)』, 154쪽.

를 나타낸다는 주장(J-1)도 근거가 없다.

法興寺(飛鳥寺)는 백제 위덕왕이 사람을 보내 건립한 것[62]이고 창립 법륭사는 607년 백제왕(무왕)이 사람을 보내 건립한 것[63]이다. 따라서 법흥사가 소가씨(蘇我氏)의 발원으로 이루어졌다는 주장이나 법륭사가 쇼토쿠태자의 발원으로 이루어졌다는 J-1의 주장은 전적으로 허구이다.

또 7세기 후반 이전의 문화를 飛鳥文化, 7세기 후반에서 8세기초까지를 白鳳文化라 칭하고 있으나(J-7) 전자는 백제의 문화, 후자는 백제 멸망 이후의 통일신라의 문화를 가리킨다. 앞에서 다무라 엔초가 지적한 바와 같이 그 배경은 모두 한국문화이다.

### (2) 미술품

미술품에 관한 교과서의 서술내용을 제시하면 다음과 같다.

K-1. 法隆寺 金堂 석가 三尊像
광背 뒤의 명문에 의하여 聖德太子의 병 치유, 死後의 안락을 기원하기 위하여 만들어진 것을 알 수 있다. 구라쓰구리도리(鞍作鳥)의 작품이다(28쪽).

K-2. 法隆寺 金堂 벽화
(아잔타의 벽화그림[천연색]까지 제시하면서) 두 보살상은 꼭 닮았다. (중략) 法隆寺 金堂의 보살상은 인도의 영향을 받았다(35쪽).

K-3. 中宮寺 半跏思惟像
百濟·中國 南朝 양식의 특색을 전하고 있다(29쪽).

K-4. 中宮寺 天壽國繡帳
중궁사는 聖德太子가 창건하였다. 聖德太子의 죽음을 슬퍼한 妃인 橘大郎女가 太子가 轉生한 天壽國의 상황을 그리게 하여 자수시킨 것(29쪽).

---

62) 최재석, 1996,「6세기 百濟 威德王의 對大和倭 불교정책과 法興寺 조영」『정신문화연구』 65(『古代韓日佛教關係史』 수록).

63) 최재석, 1998,『古代韓日佛教關係詞』, 76쪽 각주 9) 참조.

위의 미술품의 설명내용에 대하여 살펴보자.

Ⓐ 法隆寺 金堂 석가삼존상에 대하여

법륭사 금당의 석가삼존상의 본존·脇侍는 夢殿의 관음상이나 益山郡 蓮洞里의 석조여래상과 동일하다.[64] 몽전의 관음상은 백제의 위덕왕이 부왕인 성왕을 위하여 제작한 것이다.[65] 석가삼존상의 光背에 '鞍作止利佛師造'라는 명문이 있으나 그 협시불 광배에 7세기 말부터 나타나는 複瓣蓮花文이 있으므로[66] 7세기초인 623년 도리[止利·鳥]가 조상하였다고 한다면 그 명문은 조작한 것이 된다.

Ⓑ 法隆寺 金堂 벽화에 대하여

金堂 벽화에 사용된 안료는 6종이나 되나 일본은 8세기 중엽에도 그러한 안료를 생산할 수 없었으며 또한 金堂內陣小壁의 飛天像은 신라기와의 비천상과 동일한 점 등으로[67] 미루어보아 인도의 영향을 받아서 일본인이 그렸다는 K-2의 주장도 허구임을 알 수 있다.

일본은 752년에도 각종 공예품과 공예품의 재료가 되는 금, 철정, 여러 안료와 염료를 일본에 간 신라상인으로부터 구입하였으므로[68] 정창원 소장품이나 그 시대의 미술공예품은 일본에서 제작할 수 없었음을 알게 된다.

Ⓒ 中宮寺 半跏思惟像

국립중앙박물관에는 국보 83호 金銅彌勒菩薩半跏思惟像이 소장되어

64) 위의 책, 403～407쪽.
65) 최재석, 2002, 「6세기의 백제에 의한 大和倭 경영과 法隆寺 夢殿의 觀音像」 『韓國學報』 109.
66) 최재석, 1998, 앞의 책, 479～480쪽.
67) 위의 책, 408～410쪽.
68) 최재석, 1996, 『正倉院 소장품과 統一新羅』, 149～160쪽.

있다. 이 보살과 일본의 중궁사 반가사유상은 너무나 닮았다. 그러나 일본 교과서는 중궁사의 것을 백제·중국 南朝 양식의 특색을 전하고 있다고 하여(K-3), 일본이 백제와 중국의 양식을 받아들여 일본이 제작한 것처럼 서술하고 있다. 백제 양식이 아니라 백제와 중국의 두 나라 양식을 따랐다는 주장도 사실을 오도하는 표현이다.

6세기 중엽부터 7세기말까지 일본은 시종 한국 불상을 얻거나 구매한 점, 재일본 고대 금동불상의 형식과 유형이 한국의 고대 불상과 동일 내지 유사한 점, 불상 조상의 필수적 재료가 되는 수많은 금속품과 밀랍과 각종 안료는 일본에서 생산하지 못했던 점, 불상 제작의 배경이 되는 불교교리와 사상의 이해는 고사하고, 7세기나 8세기에도 신라인이 주석 한 불경 주석서 없이는 불경도 제대로 읽을 수 없는 일본의 상황[69]을 고려한다면 K-3의 불상도 일본에서 제작할 수 없었음을 알게 된다.

Ⓓ 中宮寺 天壽國繡帳

천수국수장의 명문 성립을 덴무·지토 시대로 생각한다면 이 명문의 기술은 사실이 아니고 오히려 쇼토쿠태자가 '성인', '법왕'이었다는 것을 나타내기 위한 조작이었다고 볼 수 있다.[70] 실제로 그 명문이 담긴 '천수국수장'은 문양이나 색채 등으로 미루어보아 正倉院 소장의 자수와 같은 8세기에 만든 것이며 8세기에도 이러한 물품은 일본에서 만들 수 없었다.[71] 따라서 이미 살펴본 바와 같이 실존인물이 아닌 쇼토쿠태자가 중궁사를 창건하고 쇼토쿠태자의 妃가 자수하였다는 것은(K-4) 역시 허구일 수밖에 없다.

이상에서 우리는 일본은 과거 고대 한국이 남겨놓은 고분과 그 출토

69) 최재석, 1998, 앞의 책, 508～510쪽.
70) 田村圓澄, 1994, 『飛鳥·白鳳佛敎史(上)』, 212쪽.
71) 李春桂, 1995, 『正倉院의 服飾과 그 제작국』, 일신사, 234～238쪽.

품, 정창원 소장품[72] 및 각종 미술품을 일본 자신의 것으로 주장하고 있음을 보게 된다. 터키에 남아있는 고대 로마의 유물과 유적을 고대 로마의 것이 아니라 터키의 것이라고 주장하는 논리와 동일하다고 하겠다.[73]

## 4. 맺는말

『일본서기』는 6세기 일본[야마토왜]이 백제(또는 백제의 왕)가 파견한 야마토왜 경영팀에 의하여 경영됨과 동시에 조선·항해수준이 유치하여 단독으로 바깥 세계로 나갈 수 없어서 동아시아의 해상권을 장악한 신라[新羅送使]의 도움에 의해서만이 한국이나 중국에 갔다 올 수 있었다고 기록하고 있다. 또 일본의 왕경[藤原京·平城京]과 사원[창건호류지·재건호류지]은 한국인이 와서 조영하거나 또는 한국인의 기술협조로 조영되었다. 또한 고대 일본(6세기~7세기 초)의 모든 문화의 원류는 중국이 아니라 한국의 것이었다고 한국인이 아닌 일본의 한 원로 불교사학자가 설파하고 있고, 또 다른 일본의 고분 연구가는 증거를 제시하면서 일본의 수많은 고분이 한국과 관련이 있다고 지적하고 있다. 그럼에도 불구하고 일본의 고등학교 학생들의 교재인 일본사교과서는 『일본서기』의 기록이나 증거를 제시하며, 일본의 역사적 진실을 밝힌 일본학자의 견해는 도외시한 채, 전적으로 역사를 왜곡한 사람들의 주장만을 반영하고 있다. 교과서에서는 고대 한국이 일본의 식민지였으며 일본의 문화는 한국의 것이 아니라 중국의 것을 도입하여 이루어진 것이라고 주장하고 있다. 이러한 역사왜곡은 19세기 일본육군참모본부 등이 시작한 역사왜곡의 전통을

72) 정창원 소장품은 대부분 신라가 조선·항해수준이 유치한 일본에 가져가서 판매한 것이지만 물품은 신라와 당, 두 나라의 것이다.

73) 나머지 8종의 교과서도 분석의 대상으로 삼았던 교과서와 그 내용이 대동소이하였음을 부기하여 둔다.

이어받은 것으로 보인다.

오래 전에 미국 역사교과서에서 미국은 영국의 식민지로부터 시작하였다고 쓴 것을 읽은 기억이 있다. 물론 개인(들)이 간행한 교과서도 일본정부의 통제 하에 있지만, 이러한 개인이 간행한 교과서이건 일본정부가 간행한 교과서이건, 일본의 역사교과서가 미국의 역사교과서처럼 사실을 사실대로 기록할 때 비로소 일본이 역사적 사실을 존중하고 1945년 이전의 체제를 완전히 벗어난 선린우호의 국가라고 말할 수 있을 것이다.

구로이타 가쓰미(黑板勝美), 쓰다 소키치(津田左右吉) 등을 위시하여 일본의 거의 모든 고대사학자들이 근거의 제시 없이 고대 한국은 일본의 식민지라고 주장하고 있고, 현재 사용하고 있는 일본 고교의 일본사교과서도 앞에서 살펴본 바와 같이 역시 고대 한국은 일본의 식민지였다고 기술하고 있다.

본인은 지난 20여년 동안 조사연구한 140여 편의 논저를 통하여 일본인 고대사학자들의 주장은 근거 없는 허구임과 동시에 오히려 고대 일본이 한국(백제)의 식민지였다는 것을 주로 일본 사료를 통해 증명하였다. 그러나 일본은 고사하고 한국의 고교 교과서조차 이러한 연구결과를 반영할 기색조차 보이지 않는다. 이것은 한국 정부의 교육담당부서나 교과서 편찬기관들이 본인의 연구결과를 보지 못하였거나, 보았더라 하더라도 일본의 눈치를 보느라고 이 연구결과를 교과서에 반영시킬 염두도 내지 못한 것이 아닌가 한다.

당시에는 몇 원만 주면 손에 넣을 수 있었다. 이와 같은 격변의 시기에 일본에 왔던 그는 고미술의 보존을 위해 노력하였다.

그는 실제로 미학을 배우고 멀리 떨어져 있는 府나 縣까지 여행하면서, 조각이나 회화 등이 보존되어 있다고 전해지는 寺院을 방문하였으며, 일본 정부는 그의 조사 편의를 위하여 모든 경비를 지불하는 한편 유능한 비서와 통역을 붙여주었다.

1881년(明治 14) 그는 '그림 감상회'라는 조그마한 美術家 클럽을 설립하여 집회나 전람회를 위한 장소를 빌리고 그 일체의 비용을 본인이 부담하면서 모든 집회를 주재하기도 하였다.

1885년 일본의 미술교육특별위원회는 5개월 동안의 심의를 거쳐 페놀로사 교수의 제언을 받아들여 필묵과 종이를 사용하는 日本畵를 다시 각 학교에서 가르치기로 결정하였다. 페놀로사 교수의 감독하에서 그림 감상회의 지도적 화가를 교사로 하여 새로운 중앙미술학교의 준비사무국이 설치되고, 국립미술관의 설립 계획도 착수되었다. 다음해, 그림 감상회는 1881년 이후 제작된 우수작품을 중심으로 전람회를 개최하였다.

1886년 6월 다시 다섯 번째로 동경대학 철학강좌 담당자로 임명되었고, 7월부터는 대학에서 文部省과 宮內省의 共同관할에 속하는 미술조사위원회로 적을 옮겼다. '미술학교 이사', '帝室博物館 미술부 이사', '미술학교 미학·미술사 담당 교수' 등이 그의 관직이었다. 1886년 말에 유럽의 미술행정과 미술교육을 조사하기 위한 특별위원으로서 두 사람의 일본인과 함께 해외에 파견되었는데, 유럽 각지의 주요도시를 방문하고 일본에서 사용할 참고자료로 많은 사진과 서적을 구입하였다.

1887년(明治 20) 페놀로사 일행은 일본으로 돌아왔고 東京美術學校가 정식으로 개교되었다. 페놀로사에게는 고고학과 미술의 전문가인 일본인 9명이 조수로 주어졌으며, 특히 국내 寺刹의 보물을 등록하는 일이 맡겨졌다. 여기에는 보물의 수리, 수리비의 보조, 수출 등에 관한 법률을 기초하는 일도 포함되었다. 1886년부터 1889년까지의 3년간은 일본에서 그의 영향력이 최고조에 달했던 시기였다고 할 수 있다. 세 번이나 천황으로부터 敍勳을 받았으며, 헤아릴 수 없을 정도의 사회적 영예와 공직상의 특전이 주어졌다.

이보다 몇 년 전, 즉 1886년에 자기의 日本畵 컬렉션을 보스턴 미술관에 양도하였으며 1890년에는 보스턴 미술관에 신설된 동양미술부의 부장으로 취임하였다. 일본을 떠날 때 그는 메이지(明治) 천황을 배알하는 특전이 주어졌으며 메이지 천황은 직접 勳三等 훈장을 달아주었다(지금까지 이와 같은 고위의 훈장이 외국인에게 수여된 적이 없었다). 메이지가 친히, "귀하는 일본 국민과 그 국민의 미술에 대하여 계몽하여 주었는데 귀국하면 미국 국민에게 일본미술을 위하여 계몽해 달라"고 하였으므로 그는 대단히 감격하였다.

1892년 '中國과 日本의 역사, 문학, 미술'이라는 제목으로 보스턴에서 최초로 연속 강연을 행하였다. 1893년 시카고에서 만국박람회가 개최되었을 때 일본을 담당하는 미술심사위원에 임명되었고 일본은 이때 처음으로 '産業부문'이 아닌 '미술부문'에 출품하였다.[2)]

다시 일본을 방문할 필요를 느낀 1896년 봄, 유럽으로 출항하여 그곳에서 수 개월을 연구한 다음 일본으로 건너갔다. 초가을에 일본에 도착한 그는 古都인 교토(京都)를 관통하는 鴨鳥川 주변에서 생활하였다. 일본의 예술가·종교가·시인 등이 빈번히 그곳을 방문하였다. 페놀로사가 처음 진정으로 불교를 공부한 곳은 密敎의 중심지 중 하나인 三井寺였다. 여기서 그는 일본풍의 생활을 하였고 전부터 밀교에 마음이 끌렸었기 때문에 三井寺의 櫻井敬德阿闍梨 밑에서 受戒하고 諦信이라는 호까지 가질 정도로 일본 문화에 심취하였다.

2) 시카고 만국박람회의 미술 부문에 대하여는 김영나, 2000, 「1893년 시카고 만국박람회의 조선관」『서양미술사학회 논문집』 13 참조.

그는 일단 미국으로 귀국하여 신변을 정리한 뒤 이번에는 기한을 정하지 않고 일본에 체류하기로 결심하였다. 1897년부터 1900년까지 도쿄(東京)에서 살았으며 그 동안 교토·나라(奈良)·닛코(日光) 등의 유적지를 방문하고 연구하였다. 연구대상으로 했던 영역은 미술뿐만 아니라 종교·사회학·能樂, 중국이나 일본의 漢詩까지 미쳤다. 도쿄의 여러 학교와 미술 클럽이나 단체에서 강연를 하였고, 일본·영국·미국에서 발간되는 간행물에 기고를 하였는데, 이상의 일을 기초로 하여 이 책도 구상하게 되었다.

1904년 노일전쟁에서 日本이 승리하자 그는 깊은 감동을 받았다. 그는 10년 전 청일전쟁에서 승리에 대한 대가로 일본이 받기로 했던 것이 '三國간섭'에 의하여 저지되었을 때에는 격분하여 잡지 등에 글을 쓰기도 하였다. 1907년에 일본을 또 방문하지 않으면 탈고할 수 없을 것 같다고 말하기도 하였으나, 해외에서 한여름을 연구로 지내다가 1908년 9월 돌연히 런던에서 사망하였다. 일본 정부는 런던의 묘지에 안장되어 있던 페놀로사의 유골을 일본으로 옮겨 생시의 페놀로사의 염원대로 琵琶湖를 바라보는 三井寺에 改葬하는 일에 노고를 아끼지 않았다. 이러한 사실에서도 일본과 페놀로사의 각별한 관계를 알 수 있다.

1910년 봄, 미망인 메리 페놀로사는 남편의 원고를 가지고 일본으로 갔으며, 아리가 나가오(有賀長雄)와 가노 도모노부(狩野友信老)가 2개월에 걸쳐 같이 원고를 검토해주었다. 특히 아리가 나가오의 도움이 없었다면 이 책의 간행은 불가능하였다고 술회한 미망인의 서문에서, 당시 일본의 세계관과 미술관이 한 미국인 부인을 통해 세상에 알려졌다고도 말할 수 있을 것이다. 바꾸어 말하면 1912년 페놀로사의 東洋美術論이나 韓日關係論은 죽은 페놀로사 자신의 것도 그의 미망인의 것도 아닌, 일본인의 것이었다고 해도 지나치지 않을 것이다. 중국 국가명이나 한국 국가명을 각각 중국 발음과 한국 발음으로 기술하지 않고 일본어로 표기한 것에서

도 그러한 것이 드러나 있다고 하겠다. 吳를 Go, 百濟를 Hiakusai로 표현한 것이 그 예이다. 페놀로사에 대한 일본천황의 특별 대우와 그가 일본에서 완전히 일본식으로 생활하고, 죽은 뒤에도 일본 땅에 묻히고 싶어 할 정도의 親日感情을 가졌다는 것이 미망인의 글에 나타나 있다.

## 3. 고대 한일관계에 대한 기술

페놀로사는 일본천황이 布告를 내려 일본 왕실의 장례의식에 殉死를 금하고 土偶로 이를 대신하게 한 것은 기원전 2년이며, 이미 기원전에 천황이 통치하는 고대국가가 일본에 성립되었다고 주장하고 있다. 그러나 당시에 천황의 권위나 권력은 같은 지역에 함께 거주하는 호족보다도 약하고 보잘것없는 존재였으므로 고대 일본 천황은 일본을 통치할 수 없었다. 『일본서기』에 의하면 470년에 일본(야마토왜)의 한 호족은 일본왕실의 보물을 전하지 않은 채 착복할 수 있었고,[3] 또한 일본 천황과 함께 거주했던 한 호족의 주택은 천황의 것보다도 견고했다는 기록[4]에 의해서도 페놀로사의 주장은 사실이 아님을 알 수 있다. 그는 中國 前漢시대(B. C. 195～A. D. 7)에 일본은 중국 王朝로부터 전적으로 독립되어 있었으며(47～48쪽),[5] 일본의 고분출토품은 중국의 漢시대와 관계되는 것이 많으며(53쪽), 또 일본의 고대미술을 조사하였더니 漢으로부터 이주민이 계속 일본에 들어왔던 행적을 알 수 있었다(53쪽)고 주장하고 있으나 그러한 증거는 아무 곳에도 없다.

그는 아이누(Ainu), 구마소(熊襲), 에조(蝦夷) 등의 부락이 7세기에 매

3) 『日本書記』 雄略 14년조.
4) 『日本書記』 雄略 14년조.
5) '47～48쪽'은 E. F. Fenollosa, 1912, *The Epochs of Chinese and Japanese Arts* 의 쪽수를 표시함. 이하 책명은 생략하고 쪽수만 표시함.

우 일반적으로 일본 전국에 산재해 있었으며, 일본의 많은 地名이 이러한 부족에서 유래한다고 주장하였다(53쪽). 그러나 일본열도는 高句麗·百濟·新羅·伽耶라는 지명으로 뒤덮여 있었으며, 畿內지방에서는 百濟라는 지명이 다른 지명보다 훨씬 많이 보인다.[6] 이러한 현상은 한반도의 고구려·백제·신라·가야 등 여러 국가의 국민이 일본열도에 집단적으로 진출하여 그곳을 개척하였음을 의미한다. 마치 영국인이 호주나 뉴질랜드로 진출하여 그곳을 개척한 것과 유사하다.

페놀로사는 3세기에서 6세기에 이르는 시기는 일본이 서서히 문명을 습득하는 시대, 半文明 시대, 상업(공예)과 학문의 여명시대라고 주장하였다(53쪽). 그러나 6세기는 백제의 무령왕·성왕·위덕왕 3왕이 백제인을 일본에 파견하여 경영하던 시기였으므로 그의 주장은 역사적 사실을 은폐한 것이 된다. 또 다음과 같은 주장도 하였다.

> 吳나라의 중국인과 당시의 일본인 사이에 적어도 5세기경부터 이미 교통이 빈번히 이루어졌다고 믿을 만한 이유가 있다. 이 점에서 분명히 海路로 중국의 文字와 經書, 다시 불교에 관한 초보적 지식이 日本에 들어 왔다. 일본인은 지금도 이 시대에 전래된 한자의 발음을 吳音이라 부르고 있다. 吳나라에서 일본에 이주한 자가 많았음에 틀림없다(chapt. 3).

그런데 중국의 吳는 서기 222년부터 280년까지 58년간 존재했던 나라로서 4세기나 5세기에는 존재하지 않은 과거의 王國이다. 그러나 페놀로사는 吳나라가 5세기에도 존재했던 나라로 착각하고 있음을 알게 된다.

또 일본은 적어도 5세기경부터 중국과 빈번히 선박으로 왕래했다고 주장하였다. 이 주장 역시 근거가 없는 것이다. 일본은 조선·항해 수준이 매우 낮아서 7세기까지도 한국의 도움 없이는 단독으로 중국에 갈 수 없

---

6) 최재석, 1990, 『百濟의 大和倭와 日本化過程』, 一志社, 124~131쪽.

었다. 일례로 657년(齊明 3) 일본은 使人을 신라에 보내 일본의 학문승 등을 신라 사인과 함께 당나라에 가게 해달라고 부탁하였으나 신라가 이를 거절하자 그대로 일본에 귀국하였다는 기사가 『日本書記』에서 확인된다.[7] 또한 762년(天平寶字 6)에는 중국에 파견할 일본사인이 탑승할 선박을 조선하였으나 安藝國(岡山)에서 難波(大阪)로 가는 도중에 파도에 의해 船室이 파손되어 출발하지도 못하였다.[8] 일본 승려 엔닌(圓仁)의 『入唐求法巡禮行記』에 의하면 9세기에도 일본인은 신라 배를 선호하였으며 신라인의 항해기술 지도 없이는 중국을 왕래할 수 없었다. 이러한 예들로만 보아도 페놀로사의 주장은 잘못된 것임이 확인된다.

페놀로사는 6세기말에 대륙 문명, 즉 중국의 영향으로 일본의 천황제도(帝政; Imperial), 풍부한 도시생활, 상상력이 풍부한 문학, 종교이론, 佛보살 세계에서의 영적인 위계제도가 형성되었다(55쪽)고 주장하였으나 그 근거도 희박하다.

일본의 대표적이고 양심적인 고대사학자 중 한 사람인 이시모 다쇼(石母田正)는 일본에서 고대국가가 성립된 것은 7～8세기라고 주장하고 있다.[9] 이렇게 볼 때 기원전에 일본천황이 통치하는 일본 고대국가가 성립되었다고 했던 페놀로사의 주장은 근거가 없는 허구임을 알게 된다. 또 조메이(舒明) 천황(재위 629～640)에 의하여 일본과 唐의 외교관계가 개시되었다고 하였으나(64쪽), 중국 기록에 의하면 631년(舒明 3; 貞觀 5) 일본은 사인을 파견하지 못하였으며 신라 사신편에 중국에 上表文(朝貢書)을 바쳤을 뿐이다.[10] 또 페놀로사는 조메이 천황(655～661) 내지 고교쿠(皇極) 천황(642～644)이 중국의 冠服과 위계제도 등을 수용하였다고 주장하였는데(64쪽), 이 역시 사실이 아니다. 663년 日本軍을 거느린 백

7) 『日本書記』 齊明 3년 是歲조.
8) 『續日本記』 天平寶字 6년 4월 17일조.
9) 石母田正, 1971, 『日本の古代國家』, 東京 : 岩波書店, 10쪽.
10) "太宗貞觀五年 遣使者入朝 (中略) 久之 更附新羅使者 上書"(『舊唐書』 일본조).

제부흥군의 왕 豊이 663년 백촌강 전투에서 패하자 백제에 주둔하고 있던 당나라 사령관[百濟鎭將]이 일본에 군대를 파견하여 쓰쿠시(筑紫)에 都督府를 설치한 시점부터 672년까지 일본을 통치하였는데 이 시기에 唐의 모든 정치제도가 일본에 전래된 것이다.[11] 참고로, 신라는 일본에서 당의 세력과 그 잔재를 일소하기 위한 차원에서 681년(天武 9) 일본의 唐服制 사용을 금지시키기도 하였다.[12]

그는 고대 한국은 일본의 지배하에 있었으며(46쪽) 오랫동안 일본에 조공하였다고 주장하고 있다(48쪽). 또 한국의 伽耶는 任那와 동일한 나라라는 전제 아래 그러한 주장을 한 것 같으나 이것도 사실이 아니다. 가야와 任那의 멸망 시기와 開國 연도의 차이만 보아도 가야와 任那는 동일 지역이 아님을 알 수 있으며,[13] 『日本書紀』에 기록된 任那의 위치에 관한 기사에 의해서도 동일 지역이 될 수 없다.[14] 7세기(668년)에 일본은 한국의 명목상 宗主國이었기 때문에 당과 심각한 마찰을 낳았다고 주장하였는데(90쪽), 이 주장도 허구이다. 또한 그가 사용했던 한국의 '명목상 종주국(nominal superior)'이라는 표현이 무슨 뜻인지 이해하기가 매우 어렵다. 668년에 일본과 당 사이에 심각한 마찰이 있었다고 주장하였으나 (90쪽), 이것도 사실이 아니다. 663년 백촌강 전투에서 나당연합군에 패한 일본은 668년 신라와 당, 두 나라의 영향하에 놓여 있었다. 다시 말해 일본은 唐의 百濟鎭將의 지배하에 있었으므로 일본과 당 사이에 심각한 마찰이 생겨날 수 없었고, 또한 실제로 그러한 마찰이 일어나지도 않았다. 그리고 668년 고구려를 멸망시키고 나서 바로 일본으로 뛰어간 新羅使人에 일본은 전쟁 배상물자를 상납하였다. 즉 일본천황은 신라왕에게 바칠 물자인 絹 50필, 綿 500근, 가죽 100매를 日本使人을 시켜 신라사인의 배

11) 최재석, 2000, 『古代韓國과 日本列島』, 一志社, 197쪽; 227～228쪽.
12) 위의 책, 286～287쪽.
13) 최재석, 1993, 『統一新羅·渤海와 日本의 關係』, 一志社, 522～537쪽.
14) "任那者 去筑紫國 二千餘里 北阻海以在 鷄林之西"(『日本書紀』 崇神 65년 7월).

에 동승시켜 신라까지 가지고 가도록 하였다.[15)]

페놀로사는 일본은 동북아 지역에서 조공적 지위에 있지 않았고, 과거나 오늘날이나 언제나 독립된 지도자의 지위에 있었으며, 이러한 상황을 입증할 수 있다고까지 주장하였지만 이것 역시 전혀 허구이다. 6세기 백제는 무령왕·성왕·위덕왕 3代의 시대였으며, 6세기의 일본은 이들 백제의 3왕에 의해 통치되었다는 『일본서기』의 기사에 의해서도[16)] 일본이 언제나 독립국의 지위를 유지하면서 아시아를 지도하는 위치에 있었다는 페놀로사의 주장은 사실 확인을 하지 않은 일본 편애의 독단적 주장임을 알 수가 있다.

페놀로사는 덴지(天智) 천황(662～671)시대에 唐의 제도를 조직적으로 연구하기 시작하였고(65쪽) 덴지천황이 착수한 중국 여러 제도의 연구는 다음 왕인 덴무(天武) 천황(672～686)과 그의 왕후로 왕위를 계승한 지토(持統) 천황(687～686)도 이 방침을 계승하였다고 주장하고 있다(67쪽). 그는 지토가 그의 아들의 이름으로 정무를 보았으며 그녀의 최대 업적은 大宝律令을 제정하고 702년에 이를 공포한 것인데 이는 모두 중국의 先例를 깊이 연구한 것에 기초한 것이라고(92쪽) 주장하였다. 그러나 당의 제도를 연구 수용하였다는 이러한 주장은 모두 사실이 아니다. 덴무시대인 665년, 667년, 669년 唐에 특별사절로 파견되었다는 일본인은, 실제로는 663년 백촌강 전투 이후 唐 백제진장의 지시에 의하여 백제진장의 본부인 웅진 도독부와 쓰쿠시 도독부를 왕래하면서 백제진장의 일본 통치를 보좌하는 일본관리였던 것이다.[17)]

일본의 조선술과 항해기술 수준은 매우 낮았고, 9세기까지도 한국

---

15) 『日本書紀』 天智 7년 11월.

16) 최재석, 1991, 「武寧王과 그 前後時代의 大和倭 경영」 『韓國學報』 65(『統一新羅·渤海와 日本의 關係』 수록) : 2001, 『古代韓日關係와 日本書紀』, 一志社, 103～141쪽 참조.

17) 최재석, 2000, 『古代韓國과 日本列島』, 197～199쪽.

(백제·신라)의 도움 없이는 중국에 갈 수 없었으니,[18] 7세기에 일본 단독으로 중국을 왕래하였다는 것은 허구의 주장일 수 밖에 없다. 실제로 일본은 덴지·덴무 시대에 중국에 사신을 파견한 적이 없었다.[19] 덴무시대에 신라는 당나라와 전쟁을 벌여 당 세력을 몰아냄과 동시에 다른 한편으로는 신라 관리를 일본에 파견하여 일본의 여러 제도를 신라식으로 개정하였다.[20]

또 페놀로사는 702년의 大宝律令 제정은 중국의 선례를 따른 것이라고 주장하였다. 그러나 대보율령은 701년부터 702년에 걸쳐 시행되었고,[21] 당나라에 파견한 일본 사신은 702년 6월에 출발하여 704년에 귀국하였으므로[22] 대보율령의 제정·공포와 견당일본사는 관련이 없다. 참고로 덴지·덴무 시대인 668년부터 686년 사이에 신라는 무려 16회에 걸쳐 사신을 일본에 파견하였으며 일본은 이 기간에 7회나 사신을 신라에 파견하였다.

신라의 영향력 하에 있었던 일본은 668년부터 700년까지 한 번도 중국에 使人을 파견할 수 없었으며, 신라는 이 기간에 당과의 네 번에 걸친 海陸戰에서 크게 승리하여 당 세력을 한반도에서 축출함과 동시에 다른 한편으로 일본에 사신을 여러 번 파견하여 일본의 정치개혁을 단행하였다. 일례로 쓰쿠시 도독부 시대에 들어온 중국 놀이를 금지하였고 일본의 朝服을 신라식으로 고치도록 하였다. 668년부터 700년까지 32년 동안 일본은 단 한 번도 唐에 사인을 파견할 수 없었지만 신라와는 빈번하게 사인을 교환했던 사실을 보더라도 大宝의 기본법이 신라의 법을 기초로 하

18) 최재석, 1996, 『正倉院 소장품과 統一新羅』, 一志社, 147~148쪽.
19) 鈴木靖民, 1985, 『古代對外關係史の研究』, 東京 : 吉川弘文館, 612쪽 부표 2 참조.
20) 최재석, 1993, 『統一新羅·渤海와 日本의 關係』, 269~280쪽.
21) 江上波夫 外(監修), 1993, 『日本古代史事典』, 東京 : 大和書房, 311쪽.
22) 주 17 참조.

였던 것을 미루어 짐작할 수 있다.

페노롤사는 일본이 당시 한국의 친구이며 종주국이라고 주장하였는데(90쪽), 이것도 사실이 아니다. 663년 백촌강 전투에서 백제부흥군을 도운 일본군은 백제 왕 豊의 군대였으며, 백촌강 전투마저 패하자 豊은 도망하였고 백제 왕자인 충승·충지가 일본군을 거느리고 나당연합군에 항복한 사실[23]에 의해서도 일본이 백제의 친구나 종주국이 아니라 백제의 영토였음을 알 수 있다.

## 4. 在日 고대 한국 미술품에 대한 기술

페놀로사는 분명히 일본 호류지(法隆寺)에는 한국 고대 미술품이 존재한다고 지적하였는데, 이것은 올바른 지적이었다. 그는 오늘날 남아 있는 한국 미술품 중 가장 위대하고 완전한 작품은 호류지 유메도노(夢殿)의 救世觀音像(The Great Standing Buddha 또는 Bodhisattva; <그림 4>)일 것이라고 하였다(50쪽).[24] 그러나 그는 이 불상이 일본 불상과 함께 6～7세기에 중국의 영향을 받아 제작된 것이며(45쪽), 불상의 하반신은 南인도와 한국의 초기 양식이고, 상반신은 희랍식 불상조각의 전형(Greco-Buddhist type)이며, 모발은 순수한 희랍식 불상조각의 보살상(Greco-Buddhist Bodhisattva)을 따랐다고 주장하여(91쪽) 불상의 의미를 반감시켰다. 이

23) 최재석, 1999, 「『日本書紀』에 나타난 백제왕 豊에 관한 기사에 대하여」『百濟硏究』 30 ; 『三國史記』 의자왕 20년조 ; 『舊唐書』 백제조 ; 동 劉仁軌조 ; 『唐書』 백제조.

24) 救世觀音이 두 손으로 보주를 맞잡고 있는 것이 백제의 영향에 의한 것이라는 근래의 연구는 참고할 만하다. 大西修也, 2002, 「寶珠捧持形菩薩出現の思想的背景」『日韓古代彫刻史論』, 福岡: 中國書店, 191～210쪽. 이밖에 夢殿觀音에 관하여는 金相鉉, 1999, 「百濟 威德王의 父王을 위한 追福과 夢殿觀音」『한국 고대사 연구』 15, 41～75쪽 참조.

불상이 일본 불상과 함께 6~7세기 중국의 영향을 받아 제작되었다고 하는 주장은 근거가 없는 것이다. 그리고 정확한 근거의 제시 없이 함부로 불상의 하반신은 南인도와 한국의 초기 양식이고, 상반신은 희랍적 불상 양식이라고 주장한 것에서도 학문적 태도와 한계성을 엿볼 수 있다.

百濟觀音像, 즉 보병을 쥐고 있는 觀音立像(Standing Kannon with a Vase; <그림 7>)은 입고 있는 치마가 길게 아래로 쳐져 있고 아주 얇게 조각되어서 체구에 밀착되어 있는데, 이것은 본래 한국양식이라고 말하여(48쪽) 분명하게 단정하지는 않았지만 韓國製임을 암시하고 있다.

그는 또 나라(奈良) 藥師寺 東院堂에 있는 等身大의 觀音像(The Standing Kannon)과 호류지 夢殿의 구세관음상이 한국미술의 최고봉을 나타낸다고 말하여(90쪽), 나라 藥師寺에 있는 관음상도 夢殿의 救世觀音像처럼 한국제임을 밝혔다. 그는 이밖에 小像이지만 여윈 銅造觀音瞑想坐像(Attenuated Bronze Seated Kannon of Contemplation)이나(48쪽) 가니만지(蟹滿寺)의 거대한 銅造석가여래좌상(Colossal Bronze Seated Buddha of Kanimanji)도 한국제라고 지적하였다(91쪽).[25)]

이밖에 6세기에 제작된 한국 미술의 불멸의 작품 중 하나인 玉蟲廚子(Tamamushi Shrine, 비단벌레 欌; <그림 8>)도 한국제라고 지적하였다(49쪽).[26)]

그러나 페놀로사는 오랫동안 일본이 한국을 지배하였고(46쪽), 그 결과 한국은 일본에 조공을 바쳤다고 전제하면서(48쪽) 호류지에는 일본으로 실려 온 많은 탁월한 한국 미술품이 소장되어 있다고 주장하였다(58

25) 어떤 일본 불상이 한국에서 온 도래불인가에 대한 페놀로사의 판단은 그 당시까지 전해진 일본인들의 전칭에 의거한 것으로 생각된다. 福地復一, 1887, 「日本に遺存せる三韓の佛像」『考古學雜誌』 6, 233~235쪽.

26) 玉蟲廚子를 비롯하여 삼국시대의 우리 회화가 일본에 미친 영향에 대한 종합적인 고찰은 安輝濬, 1989, 「三國時代 繪畫의 日本 傳播」『國史館論叢』 10, 154~226쪽 : 2000, 『한국 회화사 연구』, 시공사, 135~200쪽 참조.

쪽). 일례로 玉蟲廚子는 590년(崇峻 3)에 한국이 일본의 왕후에게 진상한 것이라고(49쪽, 56쪽) 주장하였다. 또 가니만지에 있는 석가여래 巨像은 한국의 걸작(Korean masterpiece)이라고 말하면서도, 다른 한편으로는 이 불상이 한국의 재료를 사용하여 한국 특색의 영향을 받아서 제작한 일본 최초 시도라고 주장하여(91쪽) 日本製임을 강하게 시사하였다. 물론 한국이 590년에 옥충주자를 일본 왕후에게 진상하였다는 주장이나 일본이 한국의 재료를 사용하여 가니만지의 석가여래 거상을 만들었다는 것은 모두 근거 없는 허구의 주장이다.[27)]

요컨대 현재 일본에 전하는 고대 불상 가운데 순수 한국제는 4점 정도에 지나지 않으며 그것도 한국이 고대 일본의 식민통치를 받던 시대에 조공품으로 보낸 것이라는 것이 페놀로사의 주장의 골자임을 알 수 있다.[28)]

페놀로사는 夢殿의 觀世音像(<그림 4>)이 오랫동안 일본의 지배를 받아왔던 한국에서 제작되어 일본으로 가져온 것이라고 주장하였으나, 이 불상은 한국(백제)이 일본경영팀을 파견하여 지배하던 나라 지역에 백제의 위덕왕이 전문기술자를 파견하여 역시 일본에 불교를 전한 바 있는

---

27) 가니만지(蟹滿寺)의 조각은 金英愛, 2002,「8세기 統一新羅 彫刻과 天平 彫刻의 관계: 여래상을 중심으로」『美術史學研究』236에서 부분적으로 다루고 있다.

28) 삼국시대 불교미술이 일본 불교미술에 미친 영향에 대한 연구는 그 동안 상당한 진척을 보였고 연구업적도 축적되어 있는 상태이다. 그 가운데 대표적인 연구를 들면 다음과 같다. 黃壽永, 1982,「新羅의 佛像과 日本」『新羅文化祭學術發表會論文集』(東國大學校 新羅文化研究所) 3, 9～17쪽 ; 姜友邦, 1982,「新羅의 佛敎彫刻이 일본에 미친 영향」『新羅文化祭學術發表會論文集』(東國大學校 新羅文化研究所) 3, 19～28쪽 ; 秦弘燮, 1983,「古代 韓國 佛像樣式이 日本 佛像樣式에 끼친 영향」『梨花史學研究』13·14합집, 167～173쪽 ; 김리나, 1992,「百濟 彫刻과 日本 彫刻」『百濟의 彫刻과 美術』, 공주대학교 박물관, 129～169쪽; 文明大, 1998,「百濟 佛像彫刻의 對日交涉: 百濟 佛敎의 日本 傳播」, 한국미술사학회 편,『百濟 美術의 對外交涉』, 도서출판 藝耕, 133～167쪽 ; 金英愛, 1998,「三國時代 佛敎 彫刻이 日本 아스카(飛鳥)時代 佛敎 彫刻에 미친 영향」『文化財』31, 61～86쪽.

父王인 聖王을 위하여 만든 것이다.[29]

## 5. 일본의 고대미술에 대한 기술

페놀로사는 희랍적 불교미술(Greco-Buddhist art)이 일본에 깊게 뿌리 내렸으며(96쪽; 106쪽), 다른 한편으로는 인도·北중국·吳(222～280)·한국 등 아시아 각지에서 다양한 불교미술이 유입되었다고 주장하였다(51쪽). 또 일본과 한국은 未開시대 초기에는 吳나라 미술의 영향을 받았다고 주장하였다(46쪽).

그는 일본의 불교미술은 6세기말에 시작되었고 吳·隋·백제에서 거의 동시에 불교가 전래되었다고 하였다(52쪽).[30] 스이코(推古)(593～628) 이후의 小金銅佛에서 희랍풍의 美가 확인되는데, 이것은 희랍이 영향으로 생겨난 것이 아니라 일본인 천재가 독자적으로 발견한 것이라고 주장하였다(65쪽).

위에서 언급한 주장을 정리하면 일본의 고대 미술은 독자적으로 희랍 미술을 발견함과 동시에 어떤 때는 일본 미술이 吳의 영향으로, 또 어떤 때는 희랍 미술이 인도·北중국·吳·한국 등 4개국으로부터, 또 어떤 때는 吳·隋(중국)·백제로부터 동시에 전래되었다고 주장하니 그의 論旨를 파악할 길이 없다. 다시 말해 페놀로사는 일본의 고대 미술은 아주 멀리 떨어져 있는 희랍적 典型을 섭취(adopting)하였다고도 하고(106쪽), 다른 한

29) 최재석, 2002, 「6세기의 백제에 의한 大和倭 경영과 法隆寺 夢殿의 觀音像」 『韓國學報』 109.

30) 최근 일본과 한국의 불교미술을 한 자리에서 직접 비교할 수 있는 전시가 있었다. 최근까지 연구성과를 총망라한 논문들이 실려 있어 좋은 참고가 된다. Washizuku Hiromitsu, Kim Lena et al., 2003, *Transmitting the Forms of Divinity: Early Buddhist Art from Korea and Japan*, New York: Japan Society 참조.

편에서는 일본인 천재가 희랍풍의 미를 독자적으로 발견하였다고도 하니 그의 주장은 중구난방임을 알 수 있다. 다음에 살펴보는 『일본서기』에 실려 있는 기사의 내용과 같이 백제의 전문기술자 집단이 일본에 건너와서 사찰을 건립하였다면 그 사찰에 나타나는 불교미술은 당연히 백제의 것일 수밖에 없다.[31)]

『일본서기』 스슌(崇峻) 元年(588)조 기사에는 백제왕(威德王)이 백제의 관리(4명), 승려(9명), 사찰건립 전문기술자(2명), 사찰의 탑건립 전문인(1명), 기와제작인(4명), 畵工(1명)으로 구성되는 사찰조영팀을 그때까지도 官位制가 실시되지 않았던(일본은 603년에 처음으로 冠位가 시행됨) 일본에 파견하여 백제의 사찰인 法興寺를 造營하였다고 기록되어 있다.[32)] 이 사찰조영팀은 백제의 제3위의 관위인 恩率이라는 관직을 가진 백제관리 首信에 의해 인솔되어 일본에 파견되었다.

또 페놀로사는 552년(欽明 13, 聖王 30) 한국의 왕자가 일본의 긴메이(欽明) 천황에게 經典(partial set of Buddhist scripture)과 金銅佛像 등을 보냈다고 하였는데(54쪽) 이는 『일본서기』의 552년 기사를 잘못 해석한 데서 기인한 것이다. 『일본서기』의 긴메이 13년 기사는 윤색되어 있지만 분명히 백제왕이 백제 관리(백제 왕자가 아님)를 일본에 파견하여 일본천황에게 백제 불교를 널리 포교하라고 지시한 내용이다. 그때 천황은 개인적으로는 기꺼이 백제의 지시에 따르겠지만 단독으로는 이 문제를 결정할 수 없다고 대답하였다.

그는 호류지 金堂의 釋迦三尊佛像(<그림 5>), 阿彌陀三尊佛像, 가니만지의 藥師如來像, 주쿠지(中宮寺)의 木彫像 등이 일본에서 일본인에 의해서 제작된 것이라고 주장하였다. 먼저 호류지에 관한 주장부터 살펴

---

31) 백제 건축이 일본에 미친 영향은 金東賢, 1998, 「百濟 建築의 對日 交涉」, 한국미술사학회 편, 『百濟 美術의 對外交涉』, 도서출판 藝耕, 61~76쪽 참조.

32) 최재석, 1996, 「6세기 百濟 威德王의 對大和倭 불교정책과 法興寺 조영」 『정신문화연구』 65(『古代韓日佛敎關係史』 수록) 참조.

보자.

호류지 조영을 위한 정지작업이나 상나무의 벌채와 운반, 窯 설치 등은 쇼토쿠(聖德)태자(쇼토쿠태자에 대하여는 다음 절에서 언급할 것임)가 직접 진행하였다고 하였는데(57쪽), 이것은 호류지를 일본인이 조성하였다는 주장이다. 그리고 호류지가 670년 화재로 소실되었으나 현존 건물 가운데 좌우의 金剛力士가 지키고 있는 中門, 前庭의 五層塔, 金堂 등 세 건물은 창건 당시의 것이라고 주장하였다.[33] 하지만 호류지의 초창 건물들은 일찍이 일본인 건축전문가 이토 주타(伊東忠太)가 백제인이 조영하였다는 견해를 밝힌 바 있듯이 백제계에 의해 완성된 것이다.[34] 요컨대 호류지의 창건도, 재건도 한국인에 의해 이루어졌다는 것이다.[35] 따라서 페놀로사가 호류지의 金堂이야말로 일본의 건축, 아니 중국 고대 건축의 가장 고귀한 作例 중 하나라고(58쪽) 주장한 것도 근거 없음을 알 수 있다. 역대 천황의 거처가 '礎石立柱'(땅 위에 초석을 조성하고 그 위에 기둥을 세우는 방식)식 기와집이 아니라 맨땅을 파고 그 위에 바로 기둥을 세우는 방식의 집이었다는 점에 주목하면 초석입주의 호류지는 일본인이 지을 수 없는 건물임을 알게 된다.[36]

그는 호류지의 소장품에 대하여도 여러 가지 주장을 하였다. 호류지에는 일찍부터 한국의 우수한 미술품이 많이 소장되어 있다고 했으면서도, 다른 한편으로는 인도·페르시아·중국·한국 등 각국의 것이 망라되어 있다고 주장하였다(58쪽). 그리고 희랍풍의 벽화, 노르망디식의 天蓋, 고딕식의 조각상, 이집트의 銅器 등 여러 가지 물건이 있다(59쪽)고 주장하였

33) 670년 소실 당시 원래의 건물은 전혀 남아있지 않았다는『일본서기』의 기록을 뒷받침하는 와카쿠사사원지가 1939년에 발굴되었다. 武藤 誠, 1988,『日本美術史』, 姜德熙 역, 知識產業社, 52쪽.

34) 伊東忠太, 1942,『日本建築の硏究(上)』, 220～221쪽.

35) 최재석, 1995,「法隆寺 창건과 百濟」『博物館誌』(江原大) 2 : 1997,「法隆寺 再建과 통일신라」『韓國學報』86(이상『古代韓日佛敎關係史』수록).

36) 최재석, 1998,『古代韓日佛敎關係史』, 一志社, 418～420쪽.

다. 이처럼 잡다한 정리되지 않는 주장을 우리는 어떻게 받아들여야 할 지 당황하게 된다. 호류지에 소장되어 있는 물품은 거의 전부 한국의 것이다.[37] 이집트의 銅器라 한 것도 한국 고유의 食器類이거나 향로 등이다.[38]

호류지 조영에 사용된 자[尺]는 한국자[高句麗尺]이며, 호류지의 金堂·五層塔·中門·回廊 등의 기둥은 한국 특유의 배흘림(entasis) 기둥이고, 金堂 內陣의 천장 문양(複瓣蓮花文)은 皇龍寺址 출토 기와의 문양과 동일하며, 金堂 상층 난간의 형식이나 天蓋의 형식은 한국의 松林寺 출토 사리장치와 유사 내지는 동일하다.[39] 또 金堂 內陣에 그려진 벽화에 보이는 飛天像은 신라 기와의 飛天文과 너무나 유사하다.[40]

페놀로사는 호류지 금당의 主佛인 釋迦三尊像(Altar Trinity; <그림 5>)도 일본인이 조영하였다고 주장하였다.[41] 더불어 이 불상은 이른바 쇼토쿠태자의 감독 아래 吳의 최초 일본이주인인 도리(止利) 佛師의 제2세가 제작한 것이며, 5세기 吳의 불상양식과 유사하지만 용모는 인도인이나 흑인을 닮았다고 주장하였다(60쪽). 이 불상의 天衣의 주름이 한국 제작인 夢殿의 觀音像과 관련이 있다고 했으면서도 한국제가 아니고 吳(222～280)에서 일본으로 이주한 이주민의 작품이라고 했던 것이다. 적어도 5세기부터 吳나라 사람과 일본인 사이에 빈번한 교류가 있었으며 吳에서 일본에 이주한 자가 많았다고 단정하였고, 그 가운데 일본으로 귀화하면서 '도리(止利)'라는 姓을 갖게 된 吳의 불상조각가가 야마토(大和)에 정착하

---

37) 일본 공예의 원류가 한국에 있다고 인정하는 일본인 학자들이 늘어나고 있는 추세이다. 中野政樹, 1994, 「正倉院 寶物과 新羅 遺物」『미술사연구』 8(심영신 역), 269～280쪽.

38) 최재석, 1998, 『古代韓日佛教關係史』, 414～416쪽의 사진 참조.

39) 위의 책, 389～394쪽.

40) 위의 책, 409쪽의 그림 참조.

41) 호류지 금당 석가삼존에 보이는 한국적 요소에 관한 연구는 大西修也, 2002, 「法隆寺金堂釋迦三尊像の源流」『日韓古代彫刻史論』, 福岡: 中國書店, 381～402쪽 참조.

여 살았다고 믿었던 것이다(chapt. 3).

앞서 지적했듯이 吳는 222년부터 280년까지 58년간 존속한 나라이므로 5세기에 吳와 日本이 빈번히 왕래하였다는 주장은 허구일 수밖에 없다. 쇼토쿠태자가 감독하였다는 것도, 5세기에 吳에서 일본으로 이주민이 도래했다는 것도, 吳의 이주민이었던 도리의 후손이 불상을 만들었다는 것도 근거 없는 허구이다.[42)]

또 스이코(推古) 시대(593～628)에 제작된 金銅小佛像(square gilt-bronze statuette)에 있는 "崇峻二年(589) 止利佛師第二世"라는 명문에 의해 6세기에 다른 이주민과 함께 일본인이 된 도리의 아들이 만들었다고 주장하였다(59쪽). 그러나 『日本書紀』에는 도리가 불상을 조상하였다는 구절이 어느 곳에도 없으며, 또 석가삼존불의 광배에 "鞍作止利師造"라는 명문이 있으나, 이 협시불 광배에 7세기말부터 나타나는 複瓣蓮花文이 보이므로 이 석가삼존불의 광배 명문은 조작되었음이 분명하다.[43)] 더불어 실제로 止利式 불상(늘어뜨린 머리의 모양, 가슴장식, 승저문, X자 지느러미형 天衣 등)은 부여 군수리 폐사 출토 금동보살입상과 흡사하다고 일본인 미술사학자 구노 다케시(久野 健)가 지적한 바 있으므로 백제인이 조상하였을 가능성이 크다. 또 구노 다케시는 호류지 금당의 석가삼존상, 호류지의 석가여래상, 백제관음 등도 부여에서 출토된 불상과 흡사 내지 유사하다고 지적하였다.[44)] 小金銅佛을 포함하여 在日 古代 불상은 일본인이 제작한 것이 아니라 한국에서 만들었거나 또는 한국과 대륙에서 도래한 사람과 그 자손에 의해 만들어진 것이다.[45)]

---

42) 安部의 수장이라는 점에 착안한 도리의 출신에 관한 논고는 林南壽, 1994, 「韓日古代 馬具로 본 安部首 止利佛師의 出身 背景」『미술사연구』 8, 139～156쪽 참조.

43) 최재석, 1998, 『古代韓日佛敎關係史』, 479～486쪽.

44) 久野 健·田枝軒宏, 1979, 『古代朝鮮佛と飛鳥佛』, 東京 : 東出版 ; 최재석, 앞의 책, 502～503쪽.

45) 久野 健, 1982, 『古代小金銅佛』; 松原三郎, 1968, 「飛鳥白鳳佛と朝鮮三國期

한 예로 석가삼존상은 어느 부분을 보아도 한국의 것과 유사하다. 즉 석가삼존불의 面相[인상], 肉髻의 형식, 法衣의 형식, 懸裳[옷자락], 光背, 寶冠, 天衣, 가슴장식, 座臺문양 등은 한국불상의 그것과 유사 내지 동일하다.[46]

동양미술사에 관하여 서구 미술사학계에 지대한 영향을 미쳤던 종래의 일본 미술사학계는 일본에 현존하는 고대 금동불이 일본에서 제작되었다는 것을 주장하기 위해, 7세기초에 출현하였다가 7세기 중엽에 사라진 이른바 도리가 일본화한 불상인 호류지 금당의 본존인 석가삼존상을 위시하여 여러 불상을 만들었다고 주장해 왔으나 도리가 백제계 도래인이라는 설이 점차 설득력을 얻고 있다.[47]

6세기 중엽부터 7세기말까지 일본이 계속해서 한국 불상을 수입했던 점, 일본에 현존하는 고대 금동불 형식이나 유형이 거의 한국 고대 불상과 유사하다는 점, 불상 조상의 필수적 재료인 수많은 금속과 밀랍, 각종 안료가 일본에서 생산되지 않았다는 점 등으로 미루어 보아 일본에 현존하는 고대 금동불은 일본에서 조성하기 어려웠음을 알게 된다.

불교 교리와 사상에 관한 어느 정도의 지식이 없이는 불상은 물론 佛寺나 佛畵도 제작할 수 없다. 일본은 8세기에도 신라인이 주석을 단 불경 주석서에 크게 의존하는 상황이었으므로, 당시 일본이 신라에서 건너간 도래인의 도움 없이 불교의 사상과 높은 예술성이 담긴 불상을 제대로 만들 수 있었으리라고는 도저히 생각하기 어렵다.[48]

끝으로 일본이 6세기부터 7세기말까지(『日本書紀』의 해당 연월일) 한국의 불상을 수입한 사례를 다음에 제시해 두고자 한다.

---

の佛像: 飛鳥白鳳佛源流考として」『美術史』68, 144～163쪽.

46) 최재석, 1998, 『古代韓日佛敎關係史』, 399～407쪽.

47) 林南壽, 1994, 앞의 논문, 주 42 참조.

48) 최재석, 1998, 앞의 책, 507～508쪽.

① 545년(欽明 6; 聖王 23) 9월, 백제가 丈六의 불상 조영.
② 552년(欽明 13; 聖王 30) 10월, 백제왕 석가불의 金銅像 보냄.
③ 579년(敏達 13; 眞平王 元) 10월, 신라, 불상 보냄.
④ 584년(敏達 13; 威德王 31) 9월, 백제에서 불상 1具 가져옴.
⑤ 616년 (推古 24; 眞平王 38) 7월, 신라, 불상 보냄.
⑥ 623년(推古 31; 眞平王 45) 7월, 신라, 佛像·舍利 보냄.
⑦ 688년(持統 2; 神文王 8) 2월 2일, 신라의 佛像 구입.
⑧ 689년(持統 3; 神文王 9) 4월 2일, 신라의 佛像 구입.

이와 같은 기록이 엄연히 존재함에도 불구하고 아무런 근거의 제시 없이 "일본의 젊은 미술은 7세기를 통하여 10년 단락으로 급속히 발전을 하였다"고 한 주장(64쪽)에서 그의 미술론에 내재된 비논리성을 파악할 수 있을 것이다.

## 6. 쇼토쿠태자에 대한 기술

페놀로사는 일본인의 주장처럼 이른바 쇼토쿠태자가 603년에 법율을 기초한 다음 이것을 공포하고, 官位 12階를 제정하였다고 주장한다. 또 쇼토쿠태자는 동아시아의 聖賢 대열에 속하는 비범한 천재였고, 종종 일본에서 불교의 콘스탄티누스大帝로 비유되며 일본의 모든 개혁의 중심인물이었다고 주장하였다. 나아가 백제왕이 쇼토쿠태자의 친구였다고까지 주장하였다.

페놀로사는 『日本書紀』의 한 부분 기사에 의거하여 '쇼토쿠태자'를 실존 인물로 묘사하였는데, 『일본서기』의 쇼토쿠태자에 관한 또 다른 기사도 살펴보아야 할 것이다. 사망년과 출생년에 대해 두세 가지 설이 있는 것을 잠시 접어두더라도, 2세 때 전쟁에 출정하여 政敵을 물리치고 7세 때에 섭정이 되어 일본의 모든 중요 정책을 결정하였다는 기사는 쇼토쿠태자라는 존재 그 자체가 의심스러운 인물이라는 생각을 들게 한다. 또 추상적으로 쇼토쿠가 섭정이 되어 모든 중요 정책을 총괄하였다고 기록하고 있으나 실제로는 스이코(推古) 여왕(거의 100세를 넘는 역대 천황의 수명이나 적지 않은 천황 사이에 존재하는 空位기간으로 인해[49] 이 여왕을 포함한 역대 천황의 존재가 의심스럽다)이 결정한 사항이 훨씬 많았으니 이 또한 조작이 아니고서는 있을 수 없는 일이다.[50] 따라서 '聖德太子와 二王子'라는 그림은 쇼토쿠태자의 실존을 근거하는 자료가 될 수 없다. 당시 일본의 남자 옷이 橫幅衣(loincloth)였던 점에서도[51] 이 그림의 주인공은 쇼토쿠태자가 아님이 분명해진다.[52]

그는 백제의 阿佐太子에 대해서도 왜곡하였다. 백제는 앞에서 언급한 바와 같이 588년(崇峻 元年; 威德王 35)에 사찰조영팀을 일본에 파견하여 法興寺의 조영을 착수하였고 이것이 끝나자 593년에 佛舍利를 보내 여기에 안치하였고, 2년 뒤인 593년에는 사람을 보내 일본에 불교를 포교하였으며 596년 법흥사가 준공되자 또 사람을 보내 일본 불교의 중심인물이 되도록 했다. 이런 일련의 사업이[53] 끝나자 597년(推古 5; 威德王 44) 백제왕은 태자 阿佐를 파견하여 지금까지 백제가 추진해온 일련의 불교사업을 시찰케 한 것이다. 그런데 페놀로사는 7세기초 국빈(guest)으로 일본

---

49) 역대 천황의 수명과 空位기간에 대하여는 최재석, 2001, 『古代韓日關係와 日本書紀』, 一志社, 310~311쪽 참조.

50) 최재석, 1997, 「'聖德太子'에 관한 『日本書紀』의 기사와 日本人 주장의 허구성에 대하여」 『韓國學報』 87(『古代韓日佛敎關係史』 수록) 참조.

51) 이춘계, 1991, 「일본의 고대 복식」 『최재석교수 정년퇴임기념논문집 한국의 사회와 역사』, 一志社.

52) 安輝濬, 1989, 앞의 논문 ; 李成美, 1995, 「日本 初期 繪畵에 나타난 韓國의 影響」 『한국정신문화연구원 예술연구실 제5회 학술세미나 발표요지』 참조.

53) 최재석, 1998, 『古代韓日佛敎關係史』, 58쪽 참조.

에 간 한국의 아좌태자가 쇼토쿠태자를 그렸다고 주장하며(49쪽) '聖德太子와 二王子' 그림을 제시하였으나(52쪽), 이것이 언제 누구에 의하여 그려졌는지는 아직도 수수께끼이다.[54)]

## 7. 맺는말

왕권도 갖지 않았던 일본 천황은 나무껍질로 지붕을 이은 보잘것없는 집에 거주하였으며, 일본의 官位는 7세기초에 이르러서야 시행되었다. 일본의 강역은 처음에는 나라(奈良) 범위였고, 7세기에도 야마토, 가와치, 세쓰, 야마세를 벗어나지 않는 좁은 지역이었으며, 또한 조선·항해 수준이 매우 낮아 7세기에 이르러서도 한국(신라)의 도움 없이는 해외로 나갈 수 없었다. 이와 같은 고대 일본의 정치적 상황을 기록한 『일본서기』의 기사는 외면한 채, 페놀로사는 이미 기원전에 일본은 강력한 천황이 통치하는 고대국가가 성립하여 고대 한국을 일본의 지배하에 두었으며, 5세기 경부터 중국과 빈번히 선박을 왕래시켜 중국의 정치제도와 불교제도를 수입하여 일본의 것으로 만들었다고 주장하지만, 이 모든 것은 사실에 근거하지 않은 허구의 주장이다.

또 페놀로사는 일본의 많은 지명이 아이누(Ainu), 구마소(Kumaso), 에비수(Evisu)와 같은 부족의 이름에서 유래되었다고 주장하는데 이것도 허구이다. 일본열도의 각 지명은 거의 모두 한국의 고대국가 지명인 고구려(Korai; Koma), 신라(Siraki; Sinra), 백제(Kudara), 가야(Kaya; Kara)라는 이

54) 『일본서기』에는 阿佐太子가 일본에 파견되었다는 기록만 있을 뿐이며 쇼토쿠태자 그림에 대한 언급은 없다. 또 '聖德太子及二王子像'은 그림의 양식상으로도 아스카 시기의 것이 아님이 이미 판명되었다. 安輝濬, 앞의 논문; 李成美, 1998, 「百濟時代 佛畵의 對外交涉」, 한국미술사학회 편, 『百濟 美術의 對外交涉』, 도서출판 藝耕, 171～204쪽 참조.

름으로 되어 있다.

관위가 시행되지 않았던 6세기의 일본은 백제의 무령왕·성왕·위덕왕에 의해 경영·통치되었으며, 특히 위덕왕은 577년에 백제의 승려와 사찰을 건립하는 공인과 불상을 만드는 공인 등을 일본에 파견하였으며, 588년에는 일단의 사찰 건립팀을 파견하여 아스카테라(飛鳥寺)를 건립하였다고 『일본서기』에 기록되어 있다. 호류지 夢殿의 구세관음상은 6～7세기에 중국의 영향으로 일본에서 제작되었다고 주장하나 이 역시 일본을 경영했던 백제의 위덕왕이 父王인 성왕을 위하여 제작한 것이다.

페놀로사는 몇 차례 일본에 체류하며 대표적 일본 학자인 아리가 나가오(有賀長雄), 가노 도모노부(狩野友信老)의 자문을 받아 책을 서술하였기 때문에 그의 저서에서 드러나는 견해는 일본인의 역사관을 대변하는 것이라 할 수 있겠다.[55)]

55) <그림 1>과 <그림 2>는 김원룡 외 (편), 1984, 『佛像』(한국의 미 10), 중앙일보사의 것이고, <그림 3～8>은 法隆寺, 1989, 『法隆寺とシルクロード佛教文化』의 것이다. 이 그림들은 제10장과 제11장의 참고자료임.

〈그림 1〉 금동미륵보살반가사유상(金銅彌勒菩薩半跏思惟像)
높이 93.5cm / 7세기 / 국립중앙박물관 소장, 국보 83호

〈그림 2〉 불국사 금동비로자나불좌상(佛國寺 金銅毘盧舍那佛坐像)
높이 1.77m / 8세기 / 경북 경주, 국보 26호

〈그림 3〉 법륭사 금당벽화 (模寫)
2호벽 / 1폭

〈그림 4〉 法隆寺 夢殿의 救世觀音像

〈그림 5〉 法隆寺의 釋迦三尊像

〈그림 6 〉法隆寺의 藥師如來像

〈그림 7〉 法隆寺의 百濟觀音像

〈그림 8〉 法隆寺의 玉蟲廚子[비단벌레장]

# 제11장 제켈의 불교미술론에 나타난 고대한일관계사 비판

## 1. 머리말

독일 하이델베르크대학 교수이며 미술사학자인 디트리히 제켈(Dietrich Seckel)은 1957년 『동아시아의 불교문학』이라는 책을 출간하여 중국과 일본의 불교미술을 다루었다. 5년 후인 1962년에는 *Kunst des Buddhismus*(『불교미술』)라는 책을 출간하였다. 이 책은 1964년 킵(Ann E. Keep)에 의하여 영역되어 *The Art of Buddhism*(New York: Crown Publishers, Inc.)으로 출간되었으며 한국에서는 1985년 백승길에 의하여 『佛敎美術』(열화당 간행)로 번역 출간되었다.

『불교미술』은 인도·스리랑카·인도네시아·인도지나·중앙아시아·중국·한국·일본의 불교미술과 전파 과정을 다루고 있으며 고대 한일불교관계사에 대해서도 언급하고 있다. 그러나 고대한일관계사는 적지 않은 부분이 사실과 다르게 기술되어 있어서 이 부분을 비판의 대상으로 삼았다.

## 2. 고대 한일불교관계에 대한 기술

초기 일본에는 문자도 없고 자연의 힘을 믿는 토속신앙밖에 없었으며, 그 후로는 神道라 불리게 된 조상숭배뿐이었다는 제켈의 기술은 『日本書

紀』 긴메이(欽明) 13년(552) 10월조의 내용의 일부를 옮긴 것이다. 중국 기록에 의하면 당시 일본 원주민은 문신을 하고 맨발로 다녔으며 남자는 서로 묶어 연결하는 橫幅衣를 입었고, 여자의 옷은 홑옷으로 만들어 중앙에 구멍을 뚫어 입는 貫頭衣였다.[1]

그런데 4~5세기 경에 일본의 귀족과 승려가 놀라운 재능을 가지고 새로운 외래사상인 중국 사상을 채택하였다는 제켈의 주장은 근거 없는 일방적인 것이다. 또 後漢 양식의 청동거울에 새겨진 서기 300년에 유래하는 불상들이 일본에서 발견된 사실을 지적하였으나 왜 청동거울이 일본에 존재하는지는 해석을 가하지 못하고 있다. 4~5세기경에 일본의 귀족이나 승려가 존재하였다는 증거는 아무 데도 없으며 이 시기에 그들이 놀라운 재능을 가지고 외래문화인 중국 문화를 채택하였다는 증거도 없다. 일본의 고대국가 성립 시기는 7~8세기이므로[2] 수백 년 전인 4~5세기의 일본에 귀족계급이 존재할 수 없다.

청동거울의 사용자는 당시는 일반 서민이 아니라 돈 있는 귀족계급이었음이 틀림없을 것이므로 후한 양식의 청동거울이 일본열도에서 발견되었다면 우선 중국의 귀족계급이 가져온 것인지, 또는 한국의 귀족계급이 가져온 것인지 논의되어야 할 것이다. 이 경우 중국인이 일본으로 이주하였다고 가정할 경우, 당시 청동거울을 가질 정도의 중국 귀족계급이 위험을 무릅쓰고 먼 바다를 건너 일본으로 이주하겠는가 하는 의심이 생긴다.

지금 제켈의 주장을 제시하면 다음과 같다.[3]

> A-1. 초기의 일본은 후기 신석기시대의 발전 수준에서 거의 고립된 생활을 해왔다. 문자도 없었고, 종교적인 신앙도 자연의 힘을 믿는

---

1) 『後漢書』 倭傳 ; 『三國志』 倭人傳 ; 『晉書』 倭人傳.
2) 石母田正, 1971, 『日本の古代國家』, 東京 : 岩波書店, 15쪽.
3) 인용문의 쪽은 Ann E. Keep의 영역본 *The Art of Buddhism*(1968)의 쪽수를 나타냄.

토속신앙과 뒤에 神道라고 불리게 된 조상숭배뿐이었다(92쪽).

A-2. 일본은 놀라운 재능을 가지고 새롭고 외래적인 사상의 유형을 채택했다. 4세기나 5세기에 불교 사상과 다른 중국 문화의 요소를 어느 정도 알고 있었을지도 모르지만 그것은 제한된 범위이었을 것이다. 소위 후한 양식의 청동거울에 새겨진 서기 300년에 유래하는 불상들이 일본에서 발견되었으나 그들이 이 불상들의 의미를 진실로 이해했는지는 의심스럽다(92쪽).

6세기와 그 이후 시기에 있어서 한일불교관계에 대하여 제켈은 상대적으로 많은 지면을 할애하고 있다. 그러나 주장의 대부분은 역사를 왜곡하거나 허구적인 것이었다. 대부분 일본인의 주장을 수용한 것 같다. 먼저 그의 주장을 제시하고 여기에 대한 비판을 가하기로 한다.

B-1. 6세기에 불교 교리와 미술에 관한 상세한 지식을 일본에 전한 것도 백제였기 때문이다. 미술사의 입장에서 보면 그 시대 백제의 유존하는 불교미술 작품이(고구려의 경우에 있어서와 마찬가지로) 대단히 드물다는 사실이 이 문제를 더욱 어렵게 만든다. 미술품들은 신라와의 전쟁으로 파괴되고 말았다. 결과적으로 소위 '구다라(백제) 양식'으로 제작된, 일본에 남아 있는 작품들에서 추리할 수밖에 없다. 그런데 이 양식도 또한 비교의 수단으로 이용할 수 있는 작품이 한국에 없기 때문에 뭐라고 정의내리기가 곤란하다. 이러한 악순환이 중국, 한국, 일본의 초기 불교미술사에 있어났던 사건들과 그 사건들 사이의 관계를 규명하는 시도에 중대한 방해물이 되고 있다(88쪽).

B-2. 일본의 불교에로의 개종은 6세기 중간 이후에 가서야 비로소 시작되었다. 이것은 대부분이 일본을 방문했거나 그곳에 정착한 백제의 예술가들(건축가, 조각가, 화가)의 공적이었다(92쪽).

B-3. 6세기 중엽(538~552)에 한국의 중개를 통해서, 그러나 아무런 준비도 없이, 그렇지 않으면 산발적인 접촉 뒤에, 일본은 성숙하고 고도로 발달된 중국 불교의 형태를 만나게 되어 대단히 우세한 문화를 대면하게 되었다(92쪽).

B-4. 한국이 처해 있는 지리적인 위치는 이 나라가 숙명적으로 문화적인 중개(intermediary) 역할을 담당하게 된다는 것을 암시한다. 이

절차가 서쪽에서 동쪽 방향으로 이루어졌다는 사실은 한나라와 위나라 시대의 중국과 그 당시에는 아직도 역사의 초기, 즉 후기 신석기시대에 있던 일본 사이의 문화적인 水平의 차이에 의해서 설명할 수 있을 것이다. 한국은 여러 중요한 면에서 중국의 영향을 받았고, 그 영향을 동화해서 그것을 일본에 다시 전파했다. 이러한 방법으로 불교미술은 아시아를 관통하는 대행진에 있어서 특히 중요한 전진을 할 수 있었다(88쪽).

B-5. 중개자로서의 한국의 역할을 연구함에 있어서 학자들은 한국의 고유한 것, 특히 한국적인 요소들이 수행했던 역할의 문제를 밝혀내지 못했다. 최근에 와서야 한국 미술(고고학적인 사실의 단순한 편집과 구별되는)의 정신에 관한 연구가 시작되었다(88쪽).

B-6. 한국의 불교미술, 특히 한국의 조각을 올바르게 다루기는 쉽지가 않은데, 그 까닭은 한국 작품이 직접 모델로 삼고 또 길잡이 역할을 했던 중국의 원 작품들이 아주 없어진 것이나 진배없기 때문이다. 그렇기 때문에 한국 작품들이 어느 정도까지가 모방이고 또는 원작인지를 가늠하기는 곤란하다. 그러나 한국의 국립중앙박물관에 소장되어 있는 멋진 미륵반가사유상(Maitreya)(<그림1>)은[4] 이러한 한국적인 요소를 뚜렷하게 잘 표현하고 있다. 그러나 이것과 비교되는 중국의 작품이 없기 때문에 현재로서는 이러한 특징들을 학자적인 정확성을 가지고 설명할 수는 없다(87쪽).

B-7. 보다 더 뚜렷하고 역사적으로 큰 의의가 있는 것은 한국, 특히 일본에 대한 당나라의 영향이었다. 당나라는 이들 두 나라에 불교의 문화적, 예술적 전통이라는 전체적인 유산을 동시에 전파했다. 8세기까지 이들 두 나라는 처음에는 六朝의, 뒤에는 수나라와 당나라 시대의 중국의 자발적인 제자들이었다. 따라서 이 두 나라의 초기 불교미술은 중국 미술의 진정한 반영이었고, 또 그래서 이들 나라의 미술품들이 없어진 중국 고전 불교미술의 보물 등에 대한 소위 대용품을 이루고 있다(84쪽).

위의 주장을 정리하면 다음과 같이 될 것이다.

① 6세기에 백제가 일본에 불교와 불교미술을 전하였는데 그 대부분

4) 그림은 본서 제10장 후미에 있음. 이하 동일.

은 일본을 방문하였거나 그곳에 정착한 백제인에 의해서였다.

② 6세기 중엽 일본은 한국(백제)의 중개를 통하여 중국 불교에 접하였다고 세 번이나 언급하여 이를 강조하였다.

③ 8세기까지 중국은 특히 일본에 불교 유산을 전해 주었다. 초기 일본 불교미술은 중국 것의 진정한 반영이었다.

④ 일본은 이미 육조 시대(222～589)부터 중국 미술의 영향을 받았다.

6세기에 한국이 중국 문화를 일본에 전해 준 중개지 역할을 하였다는 제켈의 주장에는 일본이 6세기에 독립국이었다는 전제가 내포되어 있다. 독립국이었다는 전제하에서만 '중개'라는 용어를 사용할 수 있는 것이다. 가령 A, B, C라는 3개의 국가가 존재하고 이 가운데 B가 A의 문화를 C에 전해 주었을 경우에만 B가 '중개'라는 역할을 하였다고 말할 수 있을 것이다. 그러나 B와 C가 하나의 국가였을 경우에는 당연히 B가 중개의 역할을 하였다고 말할 수 없다. 다음에 언급하는 바와 같이 일본에 관위가 시행되기 이전 시대인 6세기의 일본은 백제에 의하여 경영되었으며 또한 백제의 관위가 통용되었다. 그리고 백제는 일본에서 많은 군대와 인부를 징집함과 동시에 일본에서 생산되는 많은 물자(馬, 船, 麥)와 병기를 백제로 가져와서 사용하였다. 그런데 제켈은 이러한 사실을 파악하지 못하고 한국과 야마토왜를 별개의 왕국으로 취급하고 한국이 중국의 문화를 일본에 중개하였다고 주장한 것이다. 그렇다면 당시 6세기의 일본은 어떠한 정치적 상황이었는지 알아보자.

『日本書紀』는 일본의 천황과 강역에 대하여 다음과 같이 전하고 있다. 일본 천황이 거처하는 가옥은 맨땅에 나무기둥을 박고 지붕을 띠[茅]로 잇는 식의 초라한 홋다데 하시라(掘立柱)의 가옥으로서 같은 지역에 거주하는 호족의 것보다도 뒤떨어졌고, 또 다른 호족은 천황의 보물을 착복할 수도 있었으니[5] 천황의 권위나 권력은 없는 것이나 마찬가지였다. 또 6세기 초 일본의 강역은 가와찌(河內·大阪)에도 미치지 못하였고[6] 7세기에 이르러서 겨우 '기나이(畿內)', 즉 야마토(大和)·야마시로(山城)·가와찌(河內)·세츠(攝津)를 포함하는 협소한 지역에 지나지 않았으니[7] 하나의 독립국으로 유지하기란 어려웠다. 거기에다 조선과 항해 수준이 유치하여 6～7세기는 물론 9세기에도 한국의 도움 없이는 한국이나 중국으로 나갈 수 없었으니[8] 자신의 기술만으로는 외국과 왕래도 할 수 없었다.

이와 같이 유명무실한 천황의 존재와 하나의 독립국으로 유지하기 힘든 좁은 강역, 그리고 조선·항해 수준이 유치하여 한국의 도움 없이는 해외로 나갈 수 없는 일본에 처음으로 관위가 시행된 해는 603년에 이르러서이다. 『일본서기』의 기사를 사실로 인정하더라도 일본은 7세기인 603년에 이르러 처음으로 관위를 시행하였다.[9] 다시 말하면 일본은 603년 이전인 6세기에는 관위가 시행되지 않은, 말하자면 국가의 형태를 갖추지 않은 지역에 불과하였다. 이러한 시기에 백제의 무령왕(501～522), 성왕(523～553), 위덕왕(554～597)은 관리와 각종 전문인으로 구성되는 일본 경영단을 파견하여 그곳을 지도·경영하였다. 무령왕은 오경박사를 파견하여 일본을 경영하였으며,[10] 성왕은 고급관리(達率 怒唎斯致契)를 파견하여 일본 천황에 백제 불교의 포교를 지시하였고 또한 오경박사, 백제 관리, 승려 등을 파견

5) 『日本書紀』 仁德 元年 1월 3일; 同 4년 3월 21일; 雄略 14년.
6) 일본 천황이 사람을 가와찌(河內)의 한 호족에 보내 비옥한 良田을 달라고 하였으나 그 호족이 이를 거절하였다. 『日本書紀』 安閑 元年 7월.
7) 최재석, 2000, 『古代韓國과 日本列島』, 一志社, 51～87쪽.
8) 『日本書紀』 齊明 3년 是歲 ; 『續日本紀』 天平宝字 6년(762) 4월 17일 ; 圓仁, 『入唐求法巡禮行記』.
9) 『日本書紀』 推古 11년(603; 무왕 4) 12월 5일조.
10) 『日本書紀』 繼體 7년(513; 무령왕 13) 6월; 同 10년(516; 무령왕 16) 9월.

하여 일본의 정치와 불교를 지도하였다.[11] 여기에 대하여 위덕왕은 승려, 造佛工, 造寺工 등을 파견하여 각종 佛寺와 불상을 조영하였는데 그 대표적인 사찰의 하나가 법홍사[飛鳥寺]이다.[12]

일본에 조불공, 조사공 등을 파견하여 불상과 사찰을 조영한 백제 위덕왕은 고급 관리를 파견하여 일본의 정치를 지도하고 백제 불교를 포교한 부왕(父王)인 성왕을 위하여 호류지(法隆寺) 유메도노(夢殿)의 觀音像(<그림 4>)까지 조성하였는데[13] 지금도 전시되어 있다. 일본에 관위가 시행되기 이전인 6세기의 일본은 백제가 경영하는 지역이었을 뿐만 아니라 다음 사료[14]에 나타나 있는 바와 같이 德率·奈率 등의 백제의 관위가 통용되었다.

C-1. 백제의 관위 나솔(백제의 관위 16위계 중 6)을 가진 東城子言이 긴메이(欽明) 8년(547; 백제 성왕 25) 4월에 일본에 파견되어 그 관위를 가진 채 7년간 일본을 경영하다. 긴메이 15년(554; 성왕 32) 2월에 백제로 귀국하였다(『일본서기』; 이하 동일).

C-2. 백제의 관위 나솔을 가진 彌麻沙가 긴메이 2년(541; 성왕 19년) 7월에 일본에 파견되어 그 관위를 가진 채 그곳에서 1년 9개월간의 임무를 마치고 동 4년 4월에 백제로 귀국하였다.

C-3. 백제의 관위 나솔을 가진 得文이 긴메이 5년(544; 성왕 22) 3월에 일본에 파견, 그 관위를 가진 채 그곳에서 7개월간의 임무를 마치고 동 5년 10월에 백제로 귀국하였다.

C-4. 백제의 관위 나솔을 가진 掠葉禮가 긴메이 7년(546; 성왕 24) 6월 12

---

11) 『日本書紀』 欽明 13년(552; 성왕 30) 10월; 同 15년(554; 성왕 32) 2월.

12) 『日本書紀』 敏達 6년(577; 위덕왕 24) 11월 1일; 崇峻 元年(588; 위덕왕 35) 법홍사 조영착수; 推古 4년(596; 위덕왕 43) 법홍사 준공.

13) 최재석, 2002, 「6세기의 백제에 의한 大和倭 경영과 法隆寺 夢殿의 觀音像」 『韓國學報』 109.

14) 『日本書紀』 欽明 8년 4월; 欽明 15년 2월조; 欽明 2년 7월; 欽明 4년 4월조; 欽明 5년 3월; 欽明 5년 10월; 欽明 7년 6월 12일; 欽明 9년 윤7월 12일; 欽明 8년 4월; 欽明 9년 정월 3일; 欽明 13년 5월 8일; 欽明 14년 정월 13일; 欽明 15년 정월 9일; 欽明 15년 3월 1일.

일에 일본에 파견되어 그 관위를 가진 채 그곳에서 2년 1개월간의 임무를 마치고 동 9년 윤7월 12일에 백제로 귀국하였다.

C-5. 백제의 관위 덕솔(제6관위)을 가진 眞慕宣文이 긴메이 8년(547; 성왕 25) 4월에 일본에 파견되어 그 관위를 가진 채 그곳에서 9개월간의 임무를 마치고 동 9년 정월 3일에 백제로 귀국하였다.

C-6. 백제의 관위 덕솔을 가진 木劦今敦이 긴메이 13년(552; 성왕 30) 5월 8일에 일본에 파견되어 그 관위를 가진 채 8개월의 임무를 마치고 동 14년 정월 13일에 백제로 귀국하였다.

C-7. 백제의 관위 시덕(제8관위)을 가진 木劦木次가 긴메이 15년(554; 성왕 32) 정월 9일에 일본에 파견되어 그 관위를 가진 채 그곳에서 3개월간의 임무를 마치고 동 15년 3월 1일에 귀국하였다.

그리고 백제는 일본에서 많은 군대를 징집하였으며 인부들을 동원하여 백제의 성을 구축케 하였고, 일본의 말[馬], 배[船], 보리, 화살, 병기 등의 여러 물자와 병기 등을 다량으로, 그리고 여러 번 백제로 가져와서 사용하였다. 백제가 일본에서 징집한 인력과 징수한 물품을 표로 제시하면 다음과 같다.[15)]

〈표 1〉 백제가 야마토왜에서 징집한 인력과 징수한 물품 (『일본서기』)

| 年代 | 馬 | 船 | 人夫 | 矢(箭) | 麥種 | 弓 | 군대 | 兵 |
|---|---|---|---|---|---|---|---|---|
| 512년(武寧王12; 繼體6) 4월 | 40필 | | | | | | | |
| 546년(聖王24; 欽明7) 정월 | 70필 | 10척 | | | | | | |
| 548년(聖王26; 欽明9) 10월 | | | 370人 | | | | | |
| 550년(聖王28; 欽明11) 2월 | | | | 30具 | | | | |
| 551년(聖王29; 欽明12) 2월 | | | | | 1000人 | | | |
| 553년(聖王31; 欽明14) 6월 | 2필 | 2척 | | 50具 | | 50장 | | |
| 554년(聖王32; 欽明15) 정월 | 100필 | 40척 | | | | | 1000人 | |
| 556년(威德王3; 欽明17) 정월 | 많이 | | | | | | | 많이 |

비고: 긴메이 9년 10월에 징집한 인부 370인은 백제의 得爾辛의 성 축조에 동원되었다(『日本書紀』).

15) 『日本書紀』 繼體 6년 4월 6일; 欽明 7년 정월 3일; 欽明 9년 10월; 欽明 11년 2월; 欽明 12년 3월; 欽明 14년 6월; 欽明 15년 정월 9일; 欽明 17년 정월.

이와 같이 6세기 일본은 백제가 경영하고 백제의 관위가 통용되는 백제의 영토에 불과하였다. 이렇게 볼 때 제켈의 주장처럼 한국이 일본에 중국 문화를 전해준 중개자가 아니라 한국이 경영하는 일본에 한국 문화를 시행했을 따름이다. 따라서 백제의 관위가 통용되는 일본에 백제의 불교가 보급되는 것을 제켈이 백제가 중국 문화를 일본에 중개해 주었다고 말하는 것은 타당치 않은 것이다. 그러므로 아스카(飛鳥)·하쿠호(白鳳) 시대의 일본 불교는 중국 불교권에 직결된 것이 아니라 한국 불교권에 직결되어 있다고 지적한 다무라 엔초(田村圓澄)의 지적은[16] 타당하다고 하겠다.

또 백제의 영토인 일본에 불교와 불교미술을 전한 담당자는 일본을 방문한 백제인이 아니라 앞에서 언급한 바와 같이 백제왕의 왕명에 의하여 파견된 백제 관리와 그 방면의 전문 기술인 집단이었다. 그리고 이들의 인솔자는 백제의 고위층 관리였다. 또 6세기에 백제가 일본에 전한 것은 중국 불교와 그 불교미술이 아니라 바로 백제화된 불교미술이었다. 경주의 황룡사(553～583) 출토 금동보살상의 두부는 이미 중국 조각 양식을 탈피하여 신라적인 作圖의 면상을 가지고 있었다.[17] 이렇게 볼 때 한국 불교미술의 독자성을 부인하는 제켈의 주장도 사실과 거리가 멀다. 또 일본은 이미 육조 시대(222～589)부터 수·당 시대(581～906)에 이르기까지 중국 미술의 영향을 받았다고 주장하나 이러한 주장도 근거가 없다. 이 주장에는 3세기초보다 훨씬 이전 시대에 이미 일본이라는 국가가 존립하고 있었다는 전제가 내재되어 있다. 물론 이 전제도 근거가 없다.

---

16) 田村圓澄, 1982, 『日本佛敎史 1: 飛鳥時代』, 동경 : 法藏館, 머리말.
17) 久野 健·田枝軒宏, 1979, 『古代朝鮮佛と飛鳥佛』, 東京 : 東出版, 42쪽.

## 3. 호류지(法隆寺)와 쇼토쿠태자에 대한 기술

창건 호류지[法隆寺]는 607년에 완성되었으나 670년에 전소되고 693년(持統 7) 경에 그 주요 가람인 西院 가람이 건조되었다.[18] 우선 호류지에 관한 제켈의 견해를 제시하면 다음과 같다.

D-1. 돈황 석굴이나 일본의 나라 근교에 있는 호류지[法隆寺]의 불화에서 윤곽이 뚜렷하고 발랄하며 때로는 금욕적인 모습을 가진 승려들을 만나게 되는데, 이것은 발달한 당나라 양식을 대표한다(83쪽).

D-2. 호류지에는 710년 전에 그려진 벽화가 金堂(<그림 3>)에 있어, 그것이 고전적인 불교미술의 불멸의 걸작을 대표한다. 중국에도 이러한 예는 남아 있지 않다. 불행히도 1949년에 부주의로 불이나 이제는 그림자 같은 파편들만 몇 조각 남아있다(93쪽).

D-3. 현존하는 많은 작은 청동 불상들 그리고 약간의 목조 불상들과 함께 이 불상은 '고졸한' 양식으로 그 뒤의 모든 발전의 바탕과 시발점 역할을 했다. 이것이 동아시아에 있어서 불교미술의 첫 단계였다는 사실을 고려하면, 그것은 확실히 형태에 있어서나 정신적인 깊이에 있어서나 고도의 완성을 이룩했다(92～93쪽).

D-4. 일본에서(사실 동북아시아 전체를 통해서) 제일 오래된 절인 호류지는 그 대부분이 오늘날까지 남아 있다. 607년에 창건되어 무한한 가치를 가진 초기 불교미술의 보고이며, 이 단계의 불교미술품은 중국과 한국에도 그리 많이 남아 있지 않다. 이 절의 주존불에는 623년의 명문이 있다. 이 작품은 중국 이민의 후손인 도리라는 이름을 가진 불상 鑄物師의 작품이다. 이 작품은 중국에서는 없어진 위나라 미술양식을 대표하는 거대한 불상이다(92쪽).

위에 나타난 그의 주장을 정리하면 다음과 같이 될 것이다.

① 호류지 불화에 나타난 금욕적인 승려들의 모습은 당나라 양식

---

18) 大野達之助(編), 1979, 『日本佛敎史辭典』, 東京 : 東京堂, 430쪽.

을 대표한다.

② 호류지는 710년 전후에 그려진 벽화가 金堂에 있다

③ 많은 작은 청동 불상들과 약간의 목조 불상들은 그 이후의 모든 불상 발전의 시발점의 역할을 하였다.

④ 호류지는 607년에 창건되었다.

⑤ 호류지의 主尊佛에는 623년에 제작된 명문이 있으며 이 작품은 중국이민의 후손인 도리(止利)라는 이름을 가진 주물사의 작품이다.

그는 창건 호류지와 재건 호류지, 그리고 호류지에 안치된 불상들이 모두 일본에서 제작되었다는 전제하에 논리를 전개시켜 나갔으나 모두 근거 없는 주장이다. 차례로 살펴보자.

창건 호류지는 백제의 기술자가 건축하였다.[19] 호류지의 경우는 이러하다. 이 사찰의 금당·탑·회랑 등이 한국 자[高麗尺]로 계획되었으며[20] 기둥의 모양은 한국 고유의 것인 배흘림(entasis; 기둥 중간의 배가 약간 볼록 나오도록 한 건축양식)이었고, 금당의 內陣 천장의 문양이 複瓣蓮花文으로, 경주 皇龍寺址에서 출토된 기와 모양과 동일하다.[21] 다무라 엔초가 호류지의 재건 문제는 한반도와의 관련, 특히 신라와의 교섭을 제외하고서는 정당한 이해에 도달할 수 없다고 지적함과 동시에 玄奘이 일으킨 新譯佛教의 최초의 파도는 당나라에 유학한 일본 학문승들에 의해 당나라에서 직접 전해진 것이 아니라 신라에 유학을 한 일본 학문승에 의해 일본에 파급되었다고 주장[22]한 것만 보아도 호류지 조영은 중국인이나 일본인과는 관련이 없고, 신라와 관련되

19) 伊東忠太, 1942, 『日本建築の研究』(上), 220～221쪽.

20) 岡田英雄, 1989, 「飛鳥時代寺院の造營計劃」 『研究論集』(奈良國立文化財研究所) 8.

21) 최재석, 1998, 『古代韓日佛教關係史』, 一志社, 390쪽.

22) 田村圓澄, 1978, 「行基と新羅佛教」 『日本文化と朝鮮』 3 : 1982, 앞의 책, 288쪽.

어 있음을 알게 된다.

그렇다면 호류지에 안치된 불상들은 어떠한가? 구노 다케시(久野健)는 호류지에 소장된 釋迦三尊佛 등 어느 불상도 한국에서 출토된 유물과 동일 내지 유사하지 않은 것은 없다고 다음과 같이 지적하고 있다.[23]

첫째, 호류지 석가삼존불(<그림 5>) 가운데 中尊의 석가를 크게 만들고, 그것에 대해 양 脇侍를 작게 나타내는 삼존 형식은 扶餘 扶蘇山의 성에서 출토된 금동석가삼존불과 일본의 호류지 석가삼존이나 戊子年銘 석가여래불과 공통되며, 또 衲衣나 天衣를 좌우로 강하게 벌리고 전체가 二等邊삼각형이 되도록 한 구성도 공통된다. 다시 化佛을 배치한 外緣을 火焰文으로 메우는 舟形背景의 형식이나 광배의 뒷면에 새긴 銘文의 내용도 가깝다.

둘째, 軍守里 廢寺 출토 蠟石製 석가여래좌상이나 금동보살입상도 裳을 座臺에 길게 늘어뜨리고, 이것이 약간 산 모양을 하여 벌리고 있는 점은 일본의 석가삼존 가운데 중존이나 무자년명 석가, 도리식(止利式) 여래상과 통하고 있고, 금동보살입상의 편평한 側面觀은 호류지 夢殿 관음이나 석가삼존상의 협시 등과 통하고, 고사리형의 드리운 머리[垂髮]나 가슴장식, 천의를 X자 형으로 교차시키고, 양팔에서 좌우로 늘어뜨린 천의가 체구와 평면상에 띠친 모양을 하여 벌리고 있는 점도 공통된다.

셋째, 호류지 석가삼존상의 광배 문양은 익산의 여래좌상석불의 광배 문양과 흡사하고, 이러한 광배 문양이 표본이 되어 호류지 석가삼존불상의 광배가 생겨난 것이 틀림이 없다.

그는 호류지 금당 석가삼존불뿐만 아니라 석가여래상, 百濟觀音(<그림 7>), 大寶藏殿의 이른바 도리식 관음상, 비단벌레장[玉蟲廚

---

23) 久野 健·田枝軒宏, 1979, 앞의 책 : 久野 健, 1981, 『渡來佛の旅』: 1982, 『古代小金銅佛』.

子](<그림 8>), 飛鳥寺 석가여래상, 當麻寺 본존미륵상, 興福寺의 佛頭와 그 밖의 일본에 있는 여러 고대 불상에 대해서도 관찰의 폭을 넓혀 이것들과 한국 불상 간의 유사성에 대해 구체적으로 언급하고 있다. 특히 중국 이민의 후손인 도리(止利)의 작품이라는 이른바 도리식 관음상에 대하여 구노(久野)는 그 관음상의 각 부분, 즉 늘어뜨린 머리모양, 가슴장식, 승저문, X자·지느러미형 천의 등이 모두 한국의 부여 군수리 폐사 출토 금동보살입상과 유사하다고 하였으니 도리식 불상은 한국인이 만든 불상임이 틀림없다고 하겠다. 또 제켈은 호류지의 주존불에는 623년에 제작되었다는 명문이 있다고 주장하나 협시 광배에 7세기 말에 출현하는 複瓣蓮花文이 있으므로[24] 그 명문은 조작된 허구임이 분명해진다. 지금 이해를 돕기 위하여 구노 다케시의 견해를 제시하면 <표 2>와 같다.

또 호류지 금당 내진 벽에 그려진 飛天像은 신라 기와의 문양에 자주 등장하는 비천상과 흡사하다. 그리고 금당 벽화에 사용된 안료는 8세기 중엽에도 일본은 생산할 수 없었음을[25] 지적해 두고자 한다.

요컨대 일본에 造寺工·造佛工 등을 파견하여 그곳에서 사찰과 불상을 만든 백제의 위덕왕(554～597)이 자신보다 앞서 일본에 승려를 파견하여 불교를 포교한 부왕인 성왕(523～553)을 위하여 호류지 몽전의 구세관음상을 조성한 사실[26]에 의해서도 제켈의 주장은 전적으로 허구임이 분명해진다.

---

24) 笠井昌昭, 1990, 「法隆寺金堂釋迦三尊像並びに光背銘について」『佛教藝術』 189 : 大橋一章, 1992, 「法隆寺金堂釋迦三尊像の制作年代について」『佛教藝術』 204 : 최재석, 1998, 『古代韓日佛教關係史』, 195쪽.

25) 최재석, 1998, 『古代韓日佛教關係史』, 408～410쪽.

26) 최재석, 2002, 「6세기의 백제에 의한 大和倭 경영과 法隆寺 夢殿의 觀音像」『韓國學報』 109.

〈표 2〉 한국 불상과 일본에 있는 고대 불상의 유사성(久野 健)

| 在日本 古代佛像 (A) | (A)와 동일·유사한 한국불상 |
|---|---|
| 法隆寺 金堂 釋迦三尊像 | |
| ① 형식(中尊은 크고 脇侍는 작다) | 부여 부소산 출토 금동석가삼존상 |
| ② 衲衣·天衣의 모양 | 上同 |
| ③ 舟形光背의 형식과 모양 | 上同 |
| ④ 中尊의 懸裳의 모양 | 부여 군수리 출토 납석제 석가여래좌상, 금동보살입상 |
| ⑤ 脇侍의 편평한 측면 | 앞의 금동보살입상 |
| ⑥ 脇侍의 고사리형의 드리운 머리 | 上同 |
| ⑦ 가슴장식(천의의 형식과 모양) | 上同 |
| ⑧ 광배의 문양 | 익산의 여래좌상석불 |
| 法隆寺 석가여래상 | |
| ① 긴 面相 | 扶餘 東南 廢寺 출토 蠟石製 보살상; 窺岩里 출토 금동석가여래상 |
| ② 服制 | 上同 |
| 法隆寺 百濟觀音 | |
| ① 팔가락지의 唐草 문양 | 부여 동남 폐사 출토 금동불상 광배와 같다. |
| ② 광배지주하의 산악형 | 부여 규암리 출토 산악문전과 같다. |
| ③ 얼굴의 특징 | 서산 삼존석불의 右脇侍인 보살입상과 같다. |
| 法隆寺 大寶藏殿의 이른바 止利式 관음상 | |
| ① 늘어뜨린 머리의 모양 | 부여 군수리 廢寺 출토 금동보살입상 |
| ② 가슴장식 | 上同 |
| ③ 승저문 | 上同 |
| ④ X자·지느러미형 天衣 | 上同 |
| 法隆寺의 玉蟲廚子의 구성 | 公州 박물관의 三尊千佛碑像 |
| 飛鳥寺 석가여래상의 服制 | 瑞山 삼존석불의 中尊 |
| 當麻寺 본존미륵상의 체구 | 軍威의 삼존석불의 中尊 |
| 興福寺의 佛頭 | 奉化郡의 마애석불 |
| 小倉 콜렉션의 금동삼존불의 협시의 광배 | 瑞山 삼존석불좌 옆 반가사유상의 광배 |
| 白小一郎 소장 押出 보살반가사유상의 天蓋·瓔珞·光背 | 충남 多方里 碑岩寺 출토 석조여래반가사유비상 |
| 四十八體佛 가운데 #176호 상의 좌대모양 연화문 | 부여 규암리 출토 금동관음입상 |
| 大阪 관음사의 금동관음입상의 頭部·양손·천의·몸치장 | 부여 규암리 출토 금동관음입상 |

또 이른바 쇼토쿠태자에 대해서는 제켈은 어떻게 인식하고 있는지 알아보자. 먼저 그의 주장을 제시하면 다음과 같다.

E-1. 이러한 절차와 중국 문화 일반을 채택하는 데 있어서 주동적인 역할을 수행한 사람은 쇼토쿠태자(聖德太子, 574～622)이었다. 왕실의 섭정이자 열성적인 불교 신자로서 그는 이 새로운 종교와 그 종교에 관련된 예술과 문화를 돕는 데 큰 공헌을 했고, 또한 불교가 일본 사회에 뿌리를 내리게 하는 데도 큰 공헌을 했다. 이 외래 종교와 중국의 모형에 바탕을 둔 행정과 정부 조직을 일본에 정착시키는 노력에 있어서 그는 재래적인 전통과 신도를 고수하는 사람들의 맹렬한 반대를 극복해야만 했다. 그러나 일본이 고대 문명으로부터 높은 문화로 발전해서 중국 문화권과 불교문화의 보편성의 일부가 되기 위해서는 이러한 방법밖에 없었다. 일본 문화의 창시자의 한 사람으로 중국 윤리와 불교적 신심의 고상한 정신이 몸에 밴 쇼토쿠태자의 초상은 나라(奈良) 근처의 호류지에 아직도 생생하게 보존되고 있다(92쪽).

제켈은 이른바 쇼토쿠태자가 중국 문화를 도입하는 데 주동적 역할을 하였으며 불교와 관련된 예술과 문화를 정착하는 데 큰 공헌을 하였으며, 불교가 일본 사회에 뿌리를 내리는 데 큰 공헌을 하여 일본 문화의 창시자의 한 사람이 되었으며, 그의 초상은 아직도 호류지에 보존되고 있다고 주장한다. 그러나 그의 주장을 뒷받침할 증거는 아무 데도 없다. 쇼토쿠태자가 사망한 해에 관해 두 가지 설이 있고 출생연도에 대해 세 가지 설이 있는 것은 잠시 접어두고라도 두 살 때 전쟁에 출정하여 政敵을 물리치고, 7세가 되는 해에 섭정이 되어 일본의 모든 중요 정책을 결정하였다는 기사에 의해서도 쇼토쿠는 그 존재 자체가 의심스러운 인물임을 알 수 있다.[27)]

쇼토쿠가 생존했다는 시대의 일본 문화는 중국이 아니라 백제·고구려·신라의 직접적 영향을 받았다고 지적한 다무라는[28)] 한걸음 더 나아가 쇼토쿠는 역사적 존재가 아니라 신앙 속의 존재라고 단언하고 있다.[29)] 이

27) 최재석, 1998, 앞의 책, 148쪽.
28) 田村圓澄, 1975, 『飛鳥·白鳳佛教論』, 29쪽.
29) 田村圓澄, 1994, 『飛鳥·白鳳佛教史 (上)』, 東京 : 吉川弘文館, 154쪽.

러한 시각에서도 쇼토쿠태자는 전설적·종교적 인물이며 실존의 인물이 아님을 알 수 있다.

## 4. 8세기[나라 시대]의 일본 불교미술에 대한 기술

우선 나라(奈良) 시대와 나라 시대의 일본 불교미술에 관한 제켈의 주장을 제시하면 다음과 같다.

F-1. 중국의 장안을 모방해서 설계한 나라는 천황의 거주지였다. 이 도시가 나라 시대(8세기)라는 이름을 주었는데, 이 시대에 불교는 거의 일본의 국교가 되어 승려들의 지나친 영향력 때문에 정치적으로 위험한 결과를 초래했었다. 황실의 신앙적인 열성에 고무되어 불교도들은 문화와 예술 분야, 즉 건축, 조각, 회화와 공예 부문에 있어서 훌륭한 업적을 남겼다. 나라는 오늘날까지도 이 불교미술의 전성기에서 유존하는 가장 인상적인 일본의 유적지이다. 나라는 옛날의 찬란함은 대부분 사라졌지만, 불교와 불교미술의 생생한 인상을 아직도 보여준다. 중국과의 직접적인 접촉이 이루어졌기 때문에 많은 일본 승려들과 '평신도 유학생들'이 중국 본토를 방문했고, 또 그와 마찬가지로 중국의 승려들과 미술가들이 일본을 방문했다. 한국에서는 중국의 영향이 지배적이었다(93쪽).

F-2. 일본의 예술 경향은 당나라 양식의 경향을 따랐는데, 그때 당나라 양식은 최고에 달해 동부 아시아 전체를 위한 모델이 되었다. 중국 양식을 대단히 충실하게 모방했기 때문에 야쿠시지(藥師寺), 도오쇼오다이지(唐招寺), 기타 사찰에 있는 청동이나 옻을 입힌 불상들의 대용품 역할을 할 수 있을 것 같다. 그러나 이 작품들이 맹목적인 복사는 아니었다. 당시 당나라에 존재했던 모든 중요한 불교 종파들의 교리가 정신적인 바탕을 제공해 주었다. 이러한 교리의 영향이 일본에도 급속히 전파되었다. 그 중에서도 화엄종(Avatamsaka school)이 으뜸으로 이 종파는 신라에서도 큰 영향력을 행사했고 또 미술 분야에 있어서 특히 생산적이었다. 나라에서 가장 큰 절이고 또 황실로부터 가장 융

숭한 지원을 받은 도다이지(東大寺)도 이 종파에 속해 있었다. 이 절의 주존불인 비로자나불(Vairocana)은 완숙한 대승불교(Mahayana)의 원초적인 또는 모든 것을 포용하는 부처로서 752년에 완성된 높이 18미터의 거대한 청동 불상인데 그 뒤로 파손되어 몇 번 개수하였다(93쪽).

위의 글에서 제켈의 주장의 요지를 정리하면 다음과 같다.

① 8세기의 일본의 왕도인 나라는 중국의 왕도 長安을 모방하여 설계되었다.

② 중국과 직접적 접촉이 이루어져 많은 일본 승려와 평신도·유학생들이 중국 본토를 방문하고 중국의 승려들과 미술가들이 일본을 방문하였다.

③ 일본의 예술 경향은 당나라 양식을 따랐으며 일본의 여러 사찰의 청동불이나 옷을 입힌 불상들은 중국의 것을 따랐지만 맹목적인 복사는 아니었다.

④ 당나라의 모든 중요 불교 종파들의 교리가 일본 불교의 정신적인 바탕이 되었으며 중국 華嚴宗이 일본에 전파되었으며 일본 도다이지도 화엄종에 속한다.

우선 그의 주장에 대해서 차례로 살펴보자. 제켈은 증거 제시 없이 단지 8세기 일본의 왕도인 나라는 중국의 장안을 모방하여 설계하였다고 주장하고 있으나 그러한 증거는 어디에도 없으며 오히려 신라의 왕도인 경주를 모방하여 설계하였을 가능성이 높다. 일본 왕도의 이름이 한국어의 국가를 뜻하는 '나라'에서 연유되었다는 사실은 잠시 접어두고라도, <표 3>에 나타나 있는 바와 같이 나라 조영 시기는[30] 당나라 파견 일본 使人과는 관계가 없고, 일본 파견 신라 使人이나 신라 파견 일본 사인과 관련이 있음을 알게 된다.[31]

---

30) 遠藤元男, 1982, 『日本古代史事典』, 東京 : 朝倉書店, 61쪽.

〈표 3〉 나라 조영 시기와 각국 사인의 출발·귀국 시기

| 연도 | 나라조영 | 당파견 일본사인 | 일본파견 신라사인 | 신라파견 일본사인 |
|---|---|---|---|---|
| 702 | | 출발 | | |
| 704 | | 귀국 | | |
| 705 | | | 일본도착 | |
| 706 | | | 귀국 | 출발 |
| 707 | | | | 귀국 |
| 708 | 착수 | | | |
| 709 | | | 일본도착·귀국 | |
| 710 | 일단완료 | | | |
| 712 | | | | 출발 |
| 713 | | | | 귀국 |
| 717 | | 출발 | | |
| 718 | | 귀국 | | |

더욱이 왕도의 완성 직전에 나라를 돌아보고 귀국한 신라인을 통하여 709년 5월 27일에 일본 조정이 신라 왕에게 감사의 표시로 絹 20필, 美濃絁 30필, 絲 200, 綿 150돈 등을 진상한 사실[32]에 의하여 신라인이 일본 왕도인 나라를 조영하였을 가능성은 더욱 높아진다. 실제로 헤이조쿄(平城京)를 축조할 때 사용된 한국자[尺]가 출토되었으니[33] 나라가 신라인에 의하여 조영되었다는 사실에 대해서 더 의심할 여지가 없다고 하겠다.

7세기 말에서 8세기에 이르는 하쿠호(白鳳) 시대의 일본 정부는 당나라가 아니라 신라에 대한 문화 수용에 적극적인 자세를 보였고[34] 실제로 新譯佛敎의 최초의 파도는 당나라 유학 일본 학승들에 의해 직접 전해진 것이 아니라 신라 유학 일본 학승에 의해 전해졌다.[35] 또 法相·華嚴의 새로운 불교도 이 시기(653～702)에 신라에게 일본으로 이식되었다.[36]

---

31) 각국 使人의 왕래 시기는 鈴木靖民, 1985, 『古代對外關係史の硏究』, 東京 : 吉川弘文館에 의거함.

32) 『續日本紀』, 和銅 2년 5월 27일.

33) 최재석, 1998, 『古代韓日佛敎關係史』, 203쪽.

34) 田村圓澄, 1975, 앞의 책, 99쪽.

35) 田村圓澄, 1982, 앞의 책, 290쪽.

나라(平城京) 천도와 때를 같이 하여 新譯經典과 그것에 의거하는 신역 불교는 신라 학문승에 의해 일본으로 전해졌으며[37] 나라 시대에 法相宗이 성행하였는데 이것은 신라와의 관계를 무시할 수 없었고, 특히 天興寺 法相宗에서 중요한 지위를 차지하는 사람은 신라에서 공부하고 귀국한 승려였다.[38] 이렇게 볼 때 8세기의 일본 불교가 중국 것을 따랐다는 제켈의 주장은 근거 없는 주장이었음을 알 수 있다.

또 앞에서 언급한 바와 같이 당시 일본은 조선·항해 수준이 유치하며 중국에 갈 때는 언제나 신라의 도움을 청하였다. 그래서 예를 들어 당나라 유학을 마치고 귀국의 날을 기다리던 일본의 학문승은 귀국의 방법이나 수단을 찾지 못하여 長安·洛陽 등의 사찰에서 괴로워하였으며[39] 운 좋게 신라 배를 얻어 타게 되면 언제나 신라의 왕경인 경주를 경유하지 않으면 않되었다. 이러한 사정을 고려하면 많은 일본 승려·평신도·유학생이 중국과 직접 접촉을 이루었다는 제켈의 주장도 허구임이 드러난다.

672년부터 714년의 시기는 신라 불교의 最盛期였다.[40] 당나라에서 신라 배를 얻어 탄 일본인 학문승은 신라에 도착하여, 일본으로 파견되는 신라 사인이 출발할 때까지 신라의 왕도인 경주에 체류하지 않으면 않되었으며[41] 그동안에 신라 불교를 접하게 되었다. 당나라 파견 학문승이 결과적으로 신라 불교를 접하게 되고 이에 심취하게 된 것이다.

이리하여 일본은 8세기에 元曉를 위시하여 적어도 25인 이상의 신라인이 주석을 한 불경을 사경하고 공부하게 되었다.[42] 8세기에도 일본 승

36) 田村圓澄, 1975, 앞의 책, 65쪽.
37) 田村圓澄, 1983, 『日本佛教史 2: 奈良·平安時代』, 東京 : 法藏館, 220쪽.
38) 田村圓澄, 1975, 앞의 책, 139쪽.
39) 田村圓澄, 1994, 앞의 책, 194쪽.
40) 최재석, 1998, 『古代韓日佛教關係史』, 154쪽.
41) 위의 책, 193쪽.
42) 위의 책, 283～334쪽.

려는 漢譯의 불경을 그대로 읽을 수 없어서 신라인이 저술한 불경 주석서를 사경하며 공부하였던 것이다.[43] 더욱이 일본은 8세기에만 신라의 불교를 도입한 것이 아니라 8세기부터 18세기까지도 신라 불교에 심취하여 원효의 글을 인용하였다.[44] 이렇게 볼 때 8세기에 일본이 중국의 불교문화를 도입하였다는 주장은 허구임이 분명해진다.

끝으로 제켈은 일본 도다이지도 중국 華嚴宗의 종파에 속한다고 주장하나 이 주장도 사실이 아니다.

漢譯 불경도 제대로 읽지 못하고 있는 일본 불교의 수준을 알게 된 일본천황 쇼무(聖武)는 우선 730년대부터 신라인들이 주석한 불경 주석서를 구입하여 사경하는 데 주력하도록 하였으며, 이 작업이 어느 정도 진척이 되자 740년대에 신라승 審祥을 초청하여 화엄경을 강설케 하였다. 日王 쇼무를 위시하여 일본 전국의 승려들이 그 강설장에 모여 3년간에 걸쳐 화엄경 강설을 경청하였다. 심상의 화엄경 강설은 일본 불교사상 최초의 불경 강설이었는데 심상의 화엄경 강설에 심취한 쇼무는 화엄종 불사 건립을 發願하게 되었고, 그 발원으로 이루어진 사찰과 불상이 곧, 도다이지와 도다이지의 비로사나불이었다. 752년의 비로사나불의 開眼式은 초대된 신라인 사절의 임석 하에 행해졌는데 이때 신라는 700여 명으로 구성된 대규모의 사절단을 일본에 파견하여 개안식을 축복하여 주었다. 신라인 주석 불경의 사경으로 시작된 쇼무천황의 신라 불교의 도입은 도다이지의 건립과 도다이지의 주불인 비로사나불의 개안식 거행으로 일단 종료되었다고 하겠다.[45]

---

43) 위의 책, 333～334쪽.

44) 김상현, 1995, 「元曉저술의 유통과 그 영향」『韓日文化의 상호이해를 위한 제 문제』.

45) 최재석, 1998, 『古代韓日佛教關係史』, 449쪽.

## 5. 쇼쇼인(正倉院)에 대한 기술

끝으로 쇼쇼인에 관한 제켈의 견해를 알아보자. 우선 그의 견해를 제시한다.

> G-1. 도다이지의 보물 창고인 쇼쇼인(正倉院)에는 750년경으로부터 유래하는 수천 점의 공예품들이 보관되어 있다. 이들은 신심 깊었던 쇼무(聖武) 천황의 소유물이거나 아니면 부처를 위한 봉헌식에 사용되었던 것으로 당나라 양식의 전성기에 만들어진 걸작품들의 대표로서 다른 나라에는 그리 많이 보존되어 있지 않다. 이 중에는 중국에서 수입해 온 것도 있고, 일본에 살던 중국 장인들이 만든 것도 있으며, 또 그들의 제자들이 만든 것도 있다. 여기에도 또한 불교의 보편적인 기능이 증명된다. 불교의 영감 하에 불교 의식과 전통에 봉사하는 작품들은 후대로 전수되었는데, 이것들이 모두 당나라 시대의 보편적인 양식으로 제작되었기 때문이다. 이 양식 자체가 여러 면에서 인도, 근동, 중앙아시아와 연결되어 있다(93～94쪽).

제켈은 위의 글에 나타나 있는 바와 같이 쇼쇼인 소장품은 중국에서 수입한 것과 일본에 살던 중국 장인들이 만든 것과 그들의 일본인 제자들이 만든 것이 포함되어 있다고 주장하고 있으나 이 또한 근거 없는 허구이다. 8세기와 9세기에 걸쳐 당나라에 갔다 온 총 7회의 일본 사절 가운데 중국의 물품을 가져온 사절은 717년에 당나라에 간 사절 1회 정도이다. 그 내용은 자[尺], 활[弓], 화살, 악기, 서적 정도이다.[46] 8세기의 쇼쇼인 소장품은 신라 것 아니면 당나라의 것으로 일본 것은 없다.

당시 일본은 이러한 물품을 만들 수 있는 수준에 있지 않았다.[47] 일본은 그 이전인 7세기 말에, 예를 들면 671년, 679년, 681년, 685년, 687년에

---

46) 최재석, 1996, 『正倉院 소장품과 통일신라』, 133～135쪽.
47) 위의 책, 113～122쪽.

일본에 간 신라 사인들로부터 불교용품, 금·은, 비단류, 布, 금으로 만든 그릇, 가죽류, 칼[刀], 향료, 약물, 동물 등을 구입하였다. 752년에 일본에 간 신라 사절로부터 거울, 화로, 향로, 풍로 등 24종의 각종 물품을 구입한 일이 있다.[48)]

## 6. 맺는말

페놀로사와 제켈은 사학자가 아닌 미술사학자였지만, 그들이 의식하였든 아니 하였든 간에 고대한일관계사를 왜곡하였음을 확인하게 되었다. 제켈은 일본이 3세기초 보다 훨씬 이전 시대부터 독립국으로 존립하였으며, 오로지 중국 문화와 불교를 수입하였다는 일본인들의 주장을 받아들여서 고대 한일불교관계, 호류지, 쇼토쿠태자, 8세기(나라 시대)의 일본 불교미술 등에 대하여 기술하였다. 그러나 이러한 기술들은 본론에서 지적하였듯이 거의 모두 잘못이거나 왜곡한 것이었다.

그런데 제켈의 견해가 일본인이 저술한 16종의 책(이 가운데 두 책은 일본어로 된 것이고 나머지는 서구어, 대개는 영어로 된 것)과 서구인이 저술한 18종의 책에 의거한 것이고 보면 그의 주장은 그 개인의 의견 내지 주장이라기보다는 세계학계의 공통 견해로 보는 것이 타당할지 모르겠다. 잘못 이해되었다고 하더라도 오랫동안 세계의 학설로 굳어진 견해를 바로 잡는 일은 간단하지가 않을 것이다. 그러나 50년 또는 100년 계획을 세워 연구를 축적함과 동시에 이것을 세계어인 영문으로 지속적으로 꾸준히 발표하게 되면 불가능한 일은 아닐 것으로 생각된다.

---

48) 위의 책, 153～155쪽.

# 第12장 홀의 『일본사』에 나타난 고대한일관계사 비판

## 1. 머리말

필자는 1985년부터 2003년까지 사이에 일본고대사학자들의 견해를 검토한 바 있다. 그 결과 일본 고대사학자들은 거의 모두(약 30명) 한국고대사에 관한 기본사서인 『삼국사기』의 초기 기록은 조작되었다고 주장하거나 그러한 전제하에서 고대 한국은 일본의 식민지였다는 주장을 하고 있음을 알게 되었다. 사실은 정반대였다. 그렇다면 일본인이 아닌 서구의 사학자들은 고대한일관계에 관하여 어떠한 견해를 가지고 있는가 호기심을 가지게 되었다. 이리하여 필자가 제일 먼저 관심을 가지게 된 사람이 미국의 존 위트니 홀(John Whitney Hall)이었다. 그는 하버드대학에서 학위를 받고 1961년까지 미시간대학의 교수를 하면서 동 대학 일본연구센터(The Center for Japanese Studies) 소장을 역임하다가 본서 저술시까지 예일대학의 사학과 교수를 하였으니 서구 학자 가운데 필자가 고찰하기에 가장 적합한 사람의 하나라고 할 수 있을 것이다. 필자는 그의 저서 *Japan: From Prehistory to Modern Times* (New York: Dell Publishing Co., 1970)에서 고대사에 대하여 언급한 제1장~제6장을 대상으로 고분을 위시한 아홉 가지 측면에서 고대한일관계사 서술을 살펴보고자 한다.

## 2. 일본에 존재하는 古墳의 주인공

일본에 존재하는 고분에 관하여 홀은 많은 지면을 할애하여 언급하고 있으나 주로 고분의 출현연대, 고분의 제작국, 고분에서 출토된 부장품, 고분의 형태, 그리고 일본인 제작을 전제로 한 닌도쿠(仁德) 고분의 규모 등 다섯 가지 측면에 대해서이다.[1] 공정한 평가를 하기 위하여 그의 주장을 먼저 인용하고자 한다.[2] 홀의 주장 일부만 전할 염려가 있기 때문에 관련된 그의 주장은 가급적 전부 제시하고 그 연후에 비판을 가하고자 한다. 고분뿐만 아니라 이후에 다룰 다른 분야, 즉 이하의 3절~10절에서도 이러한 방법을 취할 것이다.

A-1. 3세기의 중엽 야마토(大和) 평야지역의 통치 엘리트층은 세토 內海의 동쪽 끝의 고도의 발달된 지역에서 거대한 흙무덤(古墳)을 쌓아올리기 시작하였다(20쪽).

A-2. 이 관행은 반세기만에 서쪽으로 퍼져나가 규슈의 북쪽에 이르렀다(20~21쪽).

A-3. 고분들이 나타나기 시작하는 것은 4세기부터이다(22쪽).

A-4. 사실 고분문화란 것은 대륙으로부터의 새로운 침략자의 물결에 종속되어 생긴 것이라기보다 대륙과의 짙어진 접촉으로 진보하고 있었던 야요이 문화 자체의 발전적 추세로도 파악할 수 있다(22쪽).

A-5. 3세기에서 6세기 사이에 축조된 고분은 문자 그대로 이 시대 일본의 엘리트의 생활과 관습에 관한 정보의 보물창고이다(21쪽).

A-6. 고분문화의 성격 변화는 어떤 종류이건 간에 일본의 한반도 진출과 그에 따른 대륙적 영향을 흡수한 결과이며 이 거대한 고분의 규모 확

---

1) A-1~A-3은 고분의 출현연대, A-4~A-7은 고분의 제작국, A-8~A-10은 고분의 부장품, A-11은 고분의 형태, 그리고 A-12는 닌토쿠 천황의 고분을 나타낸다.

2) 인용문 끝에 위치를 나타내는 쪽수는 홀(John W. Hall)의 저서의 위치를 나타낸다.

대란 것이 이들 일본 통치자들의 내외에서의 세력 확장의 표현이 아닐까 하는 상상도 할 수 있을 것이다(23쪽).

A-7. 고분문화의 자생적인 진화설을 뒷받침할 수 있는 증거도 여럿 있다. 첫째, 최초의 고분들이 발견되는 지점이 침략의 무리들이 흔히 정복을 시작하였던 규슈가 아닌 중부 일본이라는 점을 상기해 보자. 더욱이 초기 고분의 대부분이 야요이 형식의 유물을  소장하고 있다는 점이다(22쪽).

A-8. 고분과 그 속의 부장품은 우리에게 또 다른 수수께끼를 던진다. 이 고분시대는 대륙으로부터의 또 다른 침입자들의 물결을 타고 들어 왔을까? 이들은 북방 초원 지역의 퉁구스인들로 漢제국의 해체와 더불어 표류하게 된 것은 아니었을까? 이들 침략자들은 말을 타고 한반도를 거쳐 철검과 우수한 장비로 일본의 야요이 주민을 복속시키고 새로운 형태인 전제적인 정치형태를 강요한 것은 아니었을까? 고분문화와 한국과의 가까운 관계를 말해주는 증거는 많다. 열쇠구멍 모양만 제외한다면 일본에 축조되었던 것과 비슷한 고분들이 한국에서도 보인다. 曲玉 또한 新羅의 금관에서 볼 수 있는 것이다. 그러나 이러한 것은 두 문화의 유사성이나 친화력을 지적해 주기는 하나 뚜렷한 민족 대 민족의 정복사실을 밝혀주는 결정적 증거는 되지 못한다(22쪽).

A-9. 고분의 유물이 뚜렷이 밝히고 있는 것은 무사귀족 계급이 존재하여 인구가 조밀하게 정착된 농촌지역을 지배할 권력을 소유하였다는 것과 그 권력 기반이 이들의 지배하에 있는 지역의 농산물에 놓여있었다는 사실이다(22쪽).

A-10. 커다란 흙무덤 속으로 연도와 사체가 놓이는 널찍한 석실이 뚫려 있다. 부장품은 극히 다양하여 부와 권위의 상징은 거울, 왕관, 꿰어진 보석으로부터 일상생활용품인 칼, 갑옷, 마구, 토기, 농구 따위에 이른다(21쪽).

A-11. 고분은 여러 가지 형태로 둥글거나 네모나게 쌓여진 것도 있으나 가장 뚜렷한 모양은 '열쇠구멍 모양'의 前方後圓으로 다른 어떤 고분 축조 문화에서도 비슷한 모양을 찾을 수 없다(21쪽).

A-12. 닌토쿠(仁德) 천황의 무덤으로 알려진 일본 최대의 고분은 길이가 약 450미터(1,500피트)에 30미터(100피트) 이상의 높이로 오늘도 우뚝 서 있다(21쪽).

### 1) 고분의 출현연대

홀은 일본에 있는 고분은 3세기 중엽 내지 4세기부터 출현하였다고 주장하고 있으나 그러한 근거는 없다. 이른바 오진천황묘(應神天皇墓)가 가장 오래된 고분으로 보이는데, 오진천황 묘의 조성시기에 대한 통설은 5세기 初頭~前半이라고 하지만 이의 합리적인 근거는 없다. 실제 연대는 500년 전후이다.[3] A-2에 나타나 있는 바와 같이 고분의 관행이 야마토 평야지역에서 서쪽으로 퍼져나가 규슈 북쪽으로 이르렀다고 주장하고 있으나 전혀 근거가 없다. 이것은 사실의 정반대이다. 사실은 한반도의 문화가 북규슈를 거쳐 야마토 방면으로 전해졌다.

### 2) 고분의 제작국

홀은 "대륙에 기원을 둔 새로운 유물을 포함한 고분들이 나타나기 시작한 것은 4세기부터이다"(31쪽)라고 말하지만, 그 주장의 초점은 고분을 일본 자체적으로 제작하였다는 데에 있다. 그는 고분은 일본이 한반도에 진출하여 얻은 지식으로 만든 것이거나 야요이 문화 자체의 발전적 추세 내지 일본의 자성적인 진화로 인하여 제작되었다고 주장한다. 또 3세기 내지 6세기 사이에 축조된 고분은 문자 그대로 이 시대 일본의 엘리트의 생활과 관습에 관한 정보를 준다고 하였으니(A-5), 이 주장 역시 일본인이 고분을 제작한 것으로 인식한 것이다.

### 3) 고분의 부장품

홀은 고분문화와 한국과의 가까운 관계를 말해주는 증거는 많다고 함

3) 石渡信一郎, 2001, 『百濟から渡來した應神天皇』, 東京: 三一書房, 89~99쪽.

과 동시에 曲玉 또한 신라의 금관에서 볼 수 있다고 하면서도, 이러한 것은 두 문화의 유사성이나 친화력을 지적해 주기는 하나 뚜렷한 민족 대 민족의 정복사실을 밝혀주는 결정적 증거는 되지 못한다고(30쪽) 주장한다.

그러나 이시노 히로노부(石野博信)는 고분에서 출토된 부장품의 위치를 지도에 그리면 일본 전역이 한국 一色으로 칠해지며, 당시 일본이 정치·경제·문화상 압도적으로 한국 삼국의 영향을 받고 있었던 것은 사실이라고 지적하고 있다.[4)]

### 4) 고분의 형태

홀은 고분의 형태가 둥근 것, 네모난 것도 있으나 '열쇠구멍'형의 전방후원형은 일본 고유의 것이라고 주장하고 있으나(A-11), 이 전방후원형도 한국에 존재하고 있다. 한·일 두 나라 학자가 공동으로 연구하여 2000년에 출판한 충남대학교 출판부의 『한국의 전방후원분』[5)]은 이 사실을 증명하고 있다.

### 5) 닌토쿠(仁德) 천황의 무덤

홀은 닌토쿠천황의 무덤으로 알려진 고분은 일본 최대의 고분이라고 간단히 평하고 외형의 크기만 언급하고 말았다. 본래 오야마(大山) 고분으로 불렸던 것을 '닌토쿠릉'으로 개칭한 것이다. 모리 고이찌(森 浩一)는 오야마 고분의 墳丘는 연구자의 출입도 금지되고 있어서 자기가 깊이를 측정할 수 없으므로 타인의 것에 의지하지 않을 수 없다고 전제하고 오야먀고분 즉 닌토쿠릉의 규모를 제시하고 있다.[6)] 또 그는 1872년(메이지 5)

---

4) 石野博信, 1990, 『古墳時代史』, 東京: 雄山閣, 142쪽.
5) 申敬澈 외 4인, 2000, 『한국의 前方後圓墳』, 대전: 충남대학교 출판부.

9월 7일 닌토쿠릉의 흙이 붕괴되어 고분의 전반부 石室과 石棺이 외부에 露呈되었는데 이때의 긴급 발굴 기록이 사까히시(堺市)의 쓰쓰이 겐조(筒井研三)와 오카무라 헤이베(岡村平兵衛)의 집에 전해지고 있으며 오카무라의 것은 1970년 오사카 시립박물관에 기증되었다고 말하고 있다.[7] 또 오야마고분(닌토쿠 묘)의 연대는 上限은 5세기 중엽경이고 下限은 6세기 초로 추정되는데 그 부장품 중 유리 器는 신라 고분에서 많이 출토되었던 것들과 동일하고 銅鏡은 무령왕릉의 것과 가까운 관계[親緣]에 있고 칼의 손잡이는 무령왕릉의 것과 유사하다고 말하고 있다.[8]

## 3. 일본열도에 정착거주한 민족의 성격

일본열도에 정착한 민족은 어느 민족인가 살펴보자. 먼저 홀의 견해부터 살펴본다.

B-1. 언어 연대학의 기술에 따르면 일본어권은 대략 1,800년에서 1,900년 전에 오키나와 언어권으로부터 분리된 것으로 보인다. 이 연대는 일본인과 오키나와인의 공동의 조상인 야요이인들이 각각 그들의 장차 고향이 될 곳으로 돌아가 끝내 서로 간의 접촉을 잃어버리게 되는 발전과정과 들어맞는 것으로 보인다(31～32쪽).

B-2. 일본열도는 영국의 도서와 마찬가지로 잡다한 민족 혼합의 고향이 되어 있었다. 그들은 오랜 기간에 걸쳐서 대륙의 여러 곳으로부터, 심지어는 남방의 섬으로부터, 일본열도에 도착했던 것이다. 역사 시대가 되자 이 민족의 혼합체는 언어에서, 체질에서, 종교에서, 또 정치적·사회적 구성에서 그들의 인접 대륙인들인 중국인이나 한국인이나 몽

6) 森 浩一, 1981, 『巨大古墳の世紀』, 東京: 岩波書店, 127～128쪽.

7) 森 浩一, 1965, 『古墳の發屈』, 東京: 中央公論社, 38쪽 : 森 浩一, 1981, 위의 책, 141쪽.

8) 森 浩一, 1981, 앞의 책, 174～187쪽.

고인과는 뚜렷하게 다른, 비교적 동질성을 갖춘 민족을 이루게 되었다(21～22쪽).

B-3. 따라서 야요이인의 후예들이 그 이전의 죠오몬인들과 얼마나 융합을 이루었는지, 또 한반도를 통한 이민을 얼마나 흡수하였는지에 관해서는 우리가 알 수 없다 하더라도 거대한 고분을 축조한 사람들의 시대가 되면 그들이 일본의 역사시대를 담당하는 주역이 되었던 것이다(31～32쪽).

위의 자료에 나타나 있는 바와 같이 홀은 일본인과 오키나와인의 공동 조상이 야요이인이라고 하면서도, 다른 한편으로는 선사시대에 대륙의 여러 곳과 남방의 섬으로부터 일본열도에 도착하였는데 역사시대에 이르러서는 중국인·한국인·몽고인과는 뚜렷하게 다른 비교적 동질성을 갖춘 일본민족을 이루게 되었다고 주장한다. 다시 말하면 그는 일본인과 한국인은 근원적으로 다른 민족이라는 주장을 한 것이다.

그러나 본인의 견해는 이러하다. 고대 일본열도의 여러 지명은 고대 한국의 국명을 본딴 지명으로 되어 있었다. 그런 명칭을 가진 곳들을 지도에 표시한다면 일본열도는 거의 다 옛 한국의 왕국 이름으로 뒤덮일 것이다. 지명뿐만 아니라 산, 하천, 다리(橋) 이름도 모두 고대 한국(고구려[고려], 신라, 백제, 가야)의 이름으로 되어 있었다.

좀 더 구체적으로 그 특별한 고유명사를 열거하자면 縣, 鄕, 村, 里, 郡, 町, 邑 등의 행정지명을 위시하여, 神社 이름, 사찰 이름, 庄 이름, 驛 이름, 牧場 이름, 도선장(渡) 이름, 고개(峠) 이름, 들판(原) 이름, 포구(浦) 이름, 해변(濱) 이름, 저수지(池) 이름, 섬(島)이름, 숙박소(泊) 이름, 동네 내지 절방(坊) 이름, 항구(港) 이름 등 온갖 지명을 高(句)麗, 百濟, 新羅, 伽倻라는 명칭을 앞에 붙여 고유명사로 만들었다.[9] 이렇게 볼 때 이들 지명은 고대 한국인이 이주하여 거주한 지역의 명칭이었음이 명백해진다. 우리는 여기서 아프리카, 미국, 호주, 뉴질랜드 등의 지명이나 인명이

9) 최재석, 1990, 『百濟의 大和倭와 日本化過程』, 一志社, 124～132쪽.

영국의 고유명사에서 유래된 것이 적지 않다는 것을 상기하게 된다.

일본고대사학자나 고고학자는 DNA와 HLA 등의 자료에는 눈을 감고 일본인의 조상은 중국남부인이라든가, 또는 일본인의 조상은 대륙의 어디에선가 왔다 등의 말을 하면서 일본인과 한국인의 近隣관계를 숨기려고 하고 있으며, 또한 渡來說을 인정하는 학자도 대개는 도래시기를 야요이 시대라 하고 고분시대라는 것을 인정하지 않고 있다. 홀은 일본어와 한국어는 거리가 먼 관계에 있다고 주장하고 있으나, 고분시대에 도래한 한국인이 사용하는 언어는 한국어였던 것이다. 즉 고대 일본어는 고대 한국어였던 것이다.[10)]

## 4. 일본의 핵심지역과 통치자

먼저, 홀의 주장부터 살펴보자.

> C-1. 3세기 중엽 야마토(大和) 평야지역의 통치 엘리트층은 세토내해(瀨戶內海)의 동쪽 끝에 고도의 발달된 지역에서 거대한 흙무덤을 쌓아올리기 시작하였다(29쪽).
>
> C-2. 3세기에 야마토 국가가 수립되던 때부터 천손족의 역대 족장들과 지지자들은 세력을 확대하고 정권을 공고히 하기 위한 노력을 계속하고 있었다(46쪽).
>
> C-3. 최초로 정치적인 조직이 이루어지고 그것이 정착했던 곳은 北九州와 세토내해 연안 지역이었다. 이 지역은 기나이(畿內) 평야의 중심으로 멀리 떨어진 대륙을 지향하는 고대 일본의 '핵심지역'이었다. 또한 정치적인 권좌가 처음으로 수립되고 번영했던 곳도 바로 이 지역이었다(19쪽).
>
> C-4. (전략) 이런 이유로 일본의 천황가가 최초로 일본 열도의 패권을 수립할 수 있었던 것은 혈연에 기초한 권위 구조로서 이는 그 조상신인

10) 石渡信一郎, 1992, 『聖德太子はいなかった』, 東京 : 三一書房, 24쪽.

아마테라스 오오카미의 사제적 권력에 의하여 뒷받침되었던 것이다. 일본을 다스리게 된 이 최초의 형태가 바로 근대 일본에까지 지속되었던 것이다(18~19쪽).

C-5. 각 지역의 이러한 우지(氏)라는 집단이 바로 漢의 역사가가 '白餘國'이라고 헤아렸던 그것이다. 이들은 처음에는 각각 독립해 있었겠지만 얼마 되지 않아 한층 큰, 지역적으로 가까운 것들끼리 연합체가 형성되고, 다음에는 상급의 권력이나 지도자가 생겨나서 이들 연합체는 하나의 권위 아래 놓여야 한다고 주장하고 나섰을 것이다. 야마토에서 天孫系의 수장들이 권력을 잡게 된 것도 대개 이러한 과정을 거친 것이다(39쪽).

C-6. 진무(神武)라는 이름이라든가 통치력을 행사하는 황제에 대한 개념 등은 중국 왕조의 전통을 흉내내려던 후대 일본 역사가들의 창작임은 두말할 나위가 없다. 또한 역사학자들로서는 진무천황의 역사적 실재성이나 그가 이끈 '東征'의 진실성에 의문을 품을 수밖에 없다. 그러나 천손 계통의 수장이 이끄는 강력한 일군의 가계가 야마토 지방에 출현했었다는 데는 논쟁의 여지가 없다. 실로 여기에 이른바 야마토 국가에 군림한 일본 최초의 정치적 헤게모니의 기원이 있었던 것이다(37쪽).

C-7. 일단 형태가 이루어지자, 야마토 정권은 곧 몇 가지 구조적 특징을 나타내게 되었다. 권력조직의 최정점에는 천손족의 중심가를 이끄는 가장이 있었다. 이 주위에 짜임새는 없지만 일군의 가까운 인척 가문들이 천손계 자체의 우지(氏)를 이루고 있었다(40쪽).

홀은 C-1~C-3에서 일본의 '핵심지역'이 야마토 내지 기나이(畿內)라고 주장하고 있다. 그러나 야마토와 기나이 지역은 일본의 핵심지역이 아니라, 당시 일본 강역의 전부였다. 홀은 일본열도 전체를 일본의 강역으로 전제하고 그 핵심지역이 야마토 내지 기나이라고 주장한 것이다. 6세기는 물론이려니와 7세기 일본의 강역도 기나이에 지나지 않았던 것이다.[11) C-4~C-7은 일본의 통치자에 대한 홀의 주장을 제시한 것이다. 홀은 일본의 통치자는 아마테라스 오오카미(天照大神)의 사제적 권력에 의하여 뒷

11) 최재석, 1998, 「7세기 말 日本의 疆域에 대하여」 『人文論集』 43.

받침 되었다고 함과 동시에 天孫系(The Sun Line Chieftains)의 수장들이 권력을 잡았으며, 초대 천황 진무(神武)의 자손인 천황들이 권력 구조의 최정점에 있었다고 주장한다.

아마테라스 오오카미는 신화, 더욱 정확하게 말하면 조작된 설화 속에 나오는 하늘의 신이며 초대 천황 진무도 조작된 인물이다.[12)]

일본 천황이 하늘에서 하강한 신의 자손이라는 것 자체가 조작된 것이다. 만일 이른바 천손족이 존재하여 그들이 일본을 통치하였다고 한다면, 그 천손족은 고대 한국인이라 하는 것이 타당할 것이다. 3세기에 야마토 국가가 수립되었다는 C-2의 주장도 근거가 없다.[13)] 오진(應神) 천황묘, 닌토쿠(仁德) 천황묘를 비롯하여 모든 고분에서 한국 관련 부장품이 출토된 점으로[14)] 미루어보아도, 일본의 통치자 천황은 한국인이었음을 알 수 있다.

漢나라의 역사에 일본에 백여국이 존재한다고 한 것을 혹은 우지(氏) 집단이라고 하였는데, 이때는 우지(氏)는 존재하지 않았다. 신라, 고구려, 백제, 가야 사람들이 일본열도로 이주하여 그 곳을 개척할 때 만들어진 부락 단위의 국가라고 해석해야 자연스럽다.

조메이(舒明) 천황은 조메이 11년(639)에 百濟川(구다라가와) 근처에 宮을 만들라고 하였고, 동 12월에는 백제천 근처에 九重塔을 건립하였고, 조메이 12년(640)에 百濟宮(구다라노미야)으로 이사하였으며, 다음해인 641년 10월 9일에 그 곳(백제궁)에서 돌아가셨는데, 동 10월 18일에 백제궁 북쪽에 빈(殯, 모가리)을 설치하고, 이것을 백제의 大殯이라 칭하였다는 『일본서기』의 기록에 비추어보아도 백제인이 야마토왜를 통치하였음을 알 수 있다. 또 663년 백제의 白村江 전투에서 나당연합군에 패한 장군 達率 答炑春初를 위시한 백제 장군들이 일본으로 후퇴한 뒤, 나당연합

12) 石渡信一郎, 2001, 앞의 책, 19～29쪽.
13) 위의 책 참조.
14) 石野博信, 1990, 앞의 책 참조.

군의 침공이 예상되는 루트인 쓰시마(對馬)와 쓰쿠시(筑紫)부터 세토내해 일대를 지나 나라(奈良)와 오사카(大阪) 경계 지역까지 백제산성을 구축하였다는 사실[15]을 감안해도 당시 일본은 백제가 경영한 지역이었음을 알 수 있다.

## 5. 일본의 한반도 진출설

우선, 일본인들이 한반도에 진출하였다는 홀의 주장부터 살펴보자.

D-1. 고분문화의 성격 변화는 어떤 종류이건 간에 일본의 한반도 진출과 그에 따른 대륙적 영향을 흡수한 결과이며, 이 거대한 고분의 규모 확대란 것이 이들 일본 통치자들의 내외에서의 세력 확장의 표현이 아닐까 하는 상상도 할 수 있을 것이다(31쪽).

D-2. 야요이인의 후예들이 한반도를 통한 이민을 얼마나 흡수하였는지에 관해서는 우리가 알 수 없다 하더라도, 그들은 거대한 고분을 축조하는 시대가 되면 일본의 역사 시대를 담당하는 주역이 되었다(32쪽).

D-3. 일본 통치자들(강대한 우지의 수장들)은 독자적인 힘을 가진 지역적 지도자로서 야마토 정권의 한반도 원정에 병력을 참가시켰다(47쪽).

D-4. 668년 신라가 중국(唐)의 원조를 얻어 반도를 완전히 통일한 후로는 끝내 일본의 반도로부터의 이탈은 불가피하게 되었다(48쪽).

D-5. 그 후 한반도의 자생적 三國은 자국 영역의 내부를 강화하면서 세력 다툼을 벌이게 된다. 정치적 통일의 전망은 아직 뚜렷하지 않았으나, 앞서 보았듯이 내부의 통일을 어느 정도 이루어가고 있었던 일본인은 곧 한국문제에도 개입하였다. 고구려의 廣開土大王의 업적을 기려 414년 압록강 연안에 세워진 비석에는 391년에 일본군이 한국으로 건너와 백제와 신라의 병력을 패배시켰다고 기록하고 있다(34쪽).

D-6. 6세기에 일본은 동아시아의 국제사회에서 그렇게 미미한 존재는 아니었다. 이전의 세기부터 일본인은 한반도에서 활동적이었고, 미마나

15) 최재석, 2001, 『古代韓日關係와 日本書紀』, 一志社, 208～212쪽 ; 『일본서기』 天智 2년 9월 7일; 天智 3년; 天智 4년 8월; 天智 6년 11월.

(任那) 땅에 작전기지도 획득하고 있었다. 반도의 이 일본의 거점은 고구려·백제 및 신라 간의 삼각투쟁에 있어서 분명히 중요한 역할을 하였다고 한다(47~48쪽).

D-7. 562년 일본인은 미마나에서 완전히 쫓겨났다고 한다(48쪽).

D-8. 일본인 자신들의 주장으로는 4세기 중엽에 한반도의 남해안의 加耶(또는 미마나)에 군사적인 발판을 세웠다는 것이다(31쪽).

D-9. 595년과 602년에는 미마나(任那) 재점거를 위한 원정군을 보냈다. 그 후 이러한 군사적 노력은 버렸다(53쪽).

위의 D-1~D-4는 일본이 한반도에 진출하였다는 것을 나타내는 주장이고, D-5는 391년 일본군이 한국으로 건너와 백제와 신라의 병력을 패배시켰다는 것이 광개토왕비문에 나타나 있다고 주장한 것이다. 그리고 D-6~D-9는 미마나(任那)에 관한 주장이다.

일본(야마토왜)은 조선·항해기술이 발달하지 못하여 신라에 부탁하여 신라배를 얻어타고 중국(당나라)에 사신이나 승려를 보냈다.[16)]

일본의 종교사학자 다무라 엔초(田村圓澄)는 중국에 파견된 일본의 학문승은 일본의 조선·항해술의 미숙으로 한 사람의 예외도 없이 한국의 선박(대개 신라선박)에 승선하였다고 언급하고 있다.[17)] 이렇게 볼 때, 일본이 한반도에 진출하거나, 진출하여 군사활동을 행하였다는 D-1~D-4의 주장은 근거 없는 허구의 주장이다.

광개토왕비문에 391년 일본군(야마토 군대)이 한국으로 건너와 백제와 신라의 병력을 패배시켰다는 내용이 있다는 주장도 사실이 아니다. 광개토왕비에 보이는 왜는 일본(야마토왜)이 아니었다.[18)] 조메이(舒明) 11년(639) 당나라에 파견된 일본의 학문승 에온(惠隱)과 에운(惠雲)이 신라 사인을 따라 입경하였다는 『일본서기』의 기사는 일본이 한국에도 일본 선박으로 자유로이 내왕할 수 없었음을 보여준다고 하

16) 齊明 3년(657) 是年조.

17) 최재석, 1998, 『古代韓日佛教關係史』, 一志社, 154쪽.

18) 石渡信一郎, 2001, 앞의 책, 198쪽.

겠다.

홀은 미마나(任那)와 가야(伽倻)를 동일국가로 전제하고, 야마토왜(일본) 군대가 가야에 진출하여 일본의 군사적 기지로 삼았다고 주장하고 있다. 이 주장도 일본인들의 주장을 그대로 받아들인 것이다. 무엇보다도 『일본서기』 스진(崇神) 65년의 기사, 가야와 미마나의 멸망년과 개국년, 미마나와 가야에 소속된 각 지명의 비교, 미마나의 존재를 의심하게 하는 미마나의 존립과 멸망의 반복기사 등 어느 시각에서도 가야와 미마나는 동일국이 아니었고, 또한 동일국이 될 수 없었다.[19]

『일본서기』의 스이코 18년(610) 7월, 동 19년(611) 8월, 동 31년(623), 동 31년(623) 7월 기사에 의하면, 미마나에서 신라 관위와 백제 관위가 사용되었으니 미마나는 오히려 신라와 백제의 식민지였다고 해석하는 것이 타당할 것이다.[20]

## 6. 5~6세기 일본의 정치 상황

우선 5~6세기의 일본에 관한 홀의 주장부터 알아보자. 그의 주장을 제시하면 다음과 같다.

> E-1. 오늘날 역사가들의 의견은 일본의 정치적 통일은 아마 古墳이 출현되기 시작한 3세기말 내지 4세기초의 시점에야 달성되었으리라는 점에 일치하고 있다(34쪽).
>
> E-2. 5세기가 되면 초기 야마토 국가의 이 권력은 거의 정점에 도달하였던 것 같다. 5세기는 닌토쿠(仁德)라는 통치자로 시작하는데, 그의 광대한 무덤은 완성하는 데 20년이나 걸렸다고 한다. 5세기는 유랴쿠(雄

19) 최재석, 2005, 「가야와 미마나(任那)는 동일국인가: 가야·미마나 관계 재론」 『新羅史學報』 3.

20) 위의 논문 참조.

略) 천황으로 끝나는데 그는 常道를 벗어난 전제군주로서 공물을 증정하려고 부단히 노력한 자였다. 얼마나 자랑이 심하였는지, 중국기록에 올라있기로는 동방의 55個州 서방의 66個州 및 바다 건너 한반도의 15個州에 군림했다는 것이다. 중국 측 사료는 이 5세기에 '倭의 五王'이 중국에 조공사절을 보냈다고 언급하고 있다.

6세기경에는 한층 진전된 정부구조의 윤곽이 뚜렷하게 되었다. 야마토 연합세력의 수장은 스스로 진정한 군주의 뜻인 '스메라 미코토'라 칭하고 '우지' 수장들의 집합체에 대해 종래보다 더 추상적이고 절대적인 大權이 있음을 주장하기 시작했고, 또 우지의 수장들은 실제로 그를 섬기는 관리이며 그가 하라는 대로 할 책임이 있다고 자인하였다. 점차 일련의 세분된 위계칭호인 '카바네'(姓)도 생겨났다(46쪽).

E-3. 역사상 일본인은 백제와 가장 자주 동맹하였는데 그것은 아마 백제가 일본에서 중국으로 갈 때의 해상루트를 낀 전략적으로 중요한 곳에 위치하고 있었기 때문일 것이나, 또 한편 백제가 다른 두 나라보다 높은 문화수준을 지니고 있었기 때문이기도 할 것이다(47~48쪽).

E-4. 5세기와 6세기에 (중략) 한자를 쓸 줄 알았던 것은 아마 당분간은 한국과 중국에서 온 이주민에 한정되었을 것이고, 이들은 통치계층의 서기로 일을 보았다. 이들에게 주어진 '후히토'(史)라는 이름은 야마토 통치자에 의해 주어진 영예로운 칭호의 하나가 되었다. 이 초기의 수세기 동안에는 이 외에도 새로운 관개 기술, 개량된 논경작체계, 더 정확한 달력 및 기타 여러 혁신적인 기술도 도입되었다. 538년으로 짐작되는 불교 教義의 야마토 전래로 초기의 한국을 통한 중국문명의 흡수는 그 정점에 달하였다(49쪽).

위의 그의 주장을 정리하면 다음과 같이 될 것이다.

① 일본은 3세기말 내지 4세기초에 정치적 통일을 이루었다.

② 일본은 5세기가 되면 강력한 국가가 된다. 그의 증거의 하나가 중국 사료에 나오는 '倭 五王'의 기사이다.

③ 6세기에 일본은 미마나(任那)에 진출하였다.

④ 6세기에 일본은 백제와 동맹관계를 맺었다.

⑤ 6세기에 일본은 한국을 통하여 중국 문화를 흡수하였다.

그러나 이러한 주장은 전부 근거가 없다.

2절에서 언급한 바와 같이 일본에서 가장 오랜 고분의 연대가 서기 500년 전후이므로[21] 3세기말부터 4세기초 사이에 일본이 통일을 달성했다는 주장은 근거가 없다. 또 '倭 五王'의 정체에 대하여 여러 가지 견해가 있다.[22] 6세기는 백제가 日本경영팀을 파견하여 경영한 시대이므로, 6세기에 일본이 백제와 동맹관계를 맺었다는 주장은 사실과 어긋난다. 그때 일본이 한국(백제)을 통하여 중국 문화를 흡수하였다는 주장도 허구이다. 6세기의 한일관계를 좀 더 구체적으로 말하면 다음과 같다.[23]

서기 501년부터 522년까지 재위한 백제 무령왕은 아직 관위가 제정·실시되지 않은 야마토왜에 백제 왕자나 오경박사를 파견하여 그곳을 통치하였으며, 통치의 결과 얻어진 야마토왜의 특산물인 말 40필을 백제로 가져오기도 하였다. 일본을 통치한 무령왕의 존재는 1971년 공주에서 발굴된 무령왕릉과 그 묘지명, 그리고 무령왕의 관을 만든 나무(棺材)가 일본에서 생산되는 목재로 이루어졌다는 물적 증거에 의해서도 뒷받침된다고 하겠다.

父王인 무령왕의 뜻을 계승한 聖王은 무령왕보다 더 규모가 큰 각종 전문인으로 구성되는 경영팀을 일본에 파견하였으며, 일본에 최초로 백제불교를 포교하기도 하였다. 성왕은 무령왕보다 더 많은 물자를 일본에서 백제로 가져왔는데, 『일본서기』에 나타난 것만도 보리 종자 1,000석, 양마 70필, 선박 10척 등 막대한 양이었다.

---

21) 石渡信一郎, 2001, 앞의 책 참조.

22) 石渡信一郎, 1992, 앞의 책, 81쪽.

23) 최재석, 2002, 「6세기의 백제에 의한 大和倭 경영과 法隆寺 夢殿의 觀音像」 『韓國學報』 109.

부왕인 성왕의 대일 불교정책을 더욱 계승 발전시킨 威德王은 백제 관리, 승려, 造寺工, 造佛工 등을 파견하여 여러 곳에 사찰과 불상을 조성하고 이를 경영하였으니, 그 가운데서도 588년부터 596년까지 8년간에 걸쳐서 조영한 法興寺(飛鳥寺)가 가장 대표적인 사찰이라 할 수 있을 것이다. 위덕왕은 야마토왜의 여성들을 불러서 교육시켜 다시 파견하였으며, 백제 승려를 파견하여 法興寺에 입주시킴과 동시에 父王인 聖王을 위해 몽전 관음상을 조성하였다는 「세이요쇼(聖譽抄)」 내용은 위와 같은 사실들을 반영한 것이라고 볼 수 있겠다.

## 7. 7~8세기 일본의 정치 상황

홀은 일본이 7~8세기에 중국 문명을 열심히 섭취하였다고 말하였다.

그러나 홀의 견해는 전혀 사실과 다르다. 사실은 6세기초부터 신라가 일본에 진출하기까지의 시기는 일본(야마토왜)은 백제에 의하여 경영된 시대라고 할 수 있고, 8세기까지는 신라에 의하여 지도된 시대라고 말할 수 있을 것이다.

6세기의 한일관계는 앞에 언급하였으므로 668년부터의 한일관계를 살펴보자. 668년부터의 신라와 일본과의 관계 시작은 백제를 도외시하고는 이해할 수 없을 것이다. 한반도를 거의 통일한 시기인 668년에 신라는 신라사인 金東嚴을 이전에 백제가 경영한 야먀토왜에 파견하여 663년 백촌강 전투에서 백제를 도운 책임을 묻고 전쟁 배상물자(絹 50필, 면 500근, 가죽 100매, 선박 2척)를 받아가지고 귀국하였다. 그 때 신라사인은 지모리노 오미마로(道守臣麻呂)·기시노 오시비(吉士小魚有) 등 두 일본사인을 데리고 귀국하였다고 『일본서기』 덴지(天智) 7년(668) 11월 1일조에 기록되어 있다. 발해사인이 일본에 갔다가 귀국할 때 일본에서 받은 많은 물품을 일본사인들을 시켜 배에 싣게 하고, 또 발해 선박에 동승시켜 발해 왕경까지 운반하게 한 것처럼[24] 신라사인도 똑같이 행동했을 것이다.

전승국이 된 신라는 그 후에도 일본에 사인을 계속 파견하여 그곳을 지도하였다. 신라는 668년부터 700년까지 32년간에 무려 24회나 사인을 파견하여 일본의 모든 제도를 신라식으로 개정하였다. 이러한 일본의 국정개혁은 신라사절의 일본 체류 중에 직접 지도로 행해진 것과 신라사인의 귀국 후에 행해진 것의 두 가지 범주로 나눌 수 있을 것 같다. 예를 들어, 691년 4월 3일의 服飾에 관한 금지규정과, 同 4월 12일의 姓의 수여는 690년 11월 24일부터 691년 8월 20일까지 일본에 체류 중인 신라사인 김약필에 의하여 지도된 것이며, 684년 10월 1일 8종의 姓의 제정은 684년 3월 23일 신라 사절이 일본에서 귀국한지 6개월 후에 행해진 것이다.

7세기에 비하면 8세기에는 신라사인의 일본 파견 횟수가 많이 줄어든다. 7세기에는, 앞에서 언급한 바와 같이, 32년간에 24회의 사인을 파견한 데 반하여, 8세기에는 100년 동안에 20회의 사인을 파견한 데 불과하다. 일본에 간 신라사인이 703년 1월 9일에 신라국왕(효소왕)의 喪을 알리자, 일본은 大赦令을 내렸으며, 신라사인에게 國喪의 부의조로 비단 2필, 시비단(絁) 40필을 진상하였다. 신라왕이 사망하였는데 일본이 대사령을 내린 사실에 신라와 일본의 두 나라 관계가 여실히 나타나 있다고 하겠다. 706년에는 일본 복식을 벗고, 신라식 흰바지를 입게 하였다. 헤이조쿄(平城京) 조영 때 일본에 간 신라사인에게 일본은 신라 국왕에게 선물할 물품을 증정하였으며, 그들이 일본에서 귀국할 때도 많은 선물을 하였다. 이와 같이 8세기에도 일본은 신라에 많은 선물을 함과 동시에 신라의 지도를 받았다.[25]

홀은 7～8세기 일본은 중국 문명을 열심히 섭취하였다고 주장하고 있

24) 최재석, 1993, 『統一新羅·渤海와 日本의 關係』, 一志社, 370쪽.
25) 위의 책, 269～289쪽.

으나, 이 시기는 일본이 신라의 지도하에 있던 시기였다. 신라는 668년부터 701년 까지 33년간 일본사인의 당나라 파견을 금지시켰다가 701년에 이르러서야 당나라에 사인을 파견하는 것을 허락하였다. 또 『일본서기』 689년 12월 8일자 기사는 일본이 이 때 唐에서 온 유희를 금지하였다고 적고 있다. 이렇게 볼 때, 홀이 일본이 7～8세기 중국의 문명을 열심히 섭취하였다는 주장은 전혀 사실이 아님을 알 수 있다.

또 7세기 후반에는 당나라가 664년부터 672년까지 8년간 일본의 관문인 쓰쿠시(筑紫)에 都督府를 설치하여 일본을 통치하였다. 패전국에 도독부를 설치하는 것이 당의 관례였다. 600년 백제의 의자왕이 항복하자 당은 그 해에 웅진에 도독부를 설치하여 백제의 옛 땅을 통치하였으며 663년 백강구 전투에서 백제왕의 군대인 왜군이 패하여 항복을 하자, 664년 쓰쿠시에 도독부를 설치하여 672년 5월 쓰쿠시도독부가 철수될 때까지 8년간 약 2,000명으로 구성되는 대부대를 6회에 걸쳐 파견하여 야마토왜를 통치하였던 것이다. 이들의 일본 체류 기간은 대체로 5~6개월 정도였다. 당은 백제에 주둔하는 총사령관으로 하여금 백제와 야마토왜를 통치하게 하였는데, 백제 주둔 총사령관은 백제는 웅진도독부, 야마토왜는 쓰쿠시도독부를 基地로 하여 양 지역을 관리하고 경영하였다. 그러나 백제 주둔 총사령관이 야마토왜를 통치하기 위하여 야마토왜에 파견한 당의 사인을 『일본서기』는 식민지 사람이 종주국에 조공을 하러 온 것으로 표현하고 있다. 또 이들 당의 사인들이 야마토왜에 파견될 때마다 야마토왜로부터 받아간 막대한 양의 전쟁배상물자를 『일본서기』는 마치 종주국인 야마토왜의 왕이 야마토왜의 속국인 당에 '하사'한 물건인 것처럼 표현하였으며, 심지어는 야마토왜에 파견된 백제진장의 사인들이 왜왕이 죽었다는 소식을 듣고 모두 상복을 입고 왜왕이 있는 곳을 향하여 세 번 절하고 哭을 하였다고 왜곡하고 있다. 즉 실제 내용은 당이 야마토왜를 경영한 것인데, 문장 표현의 형식은 야마토왜가 당의 종주국인 것으로 표현하였던 것이다.

백제 본토와 야마토왜 양 지역 모두가 백제 주둔 당나라 총사령관의 통치하에 들어갔고 당나라 총사령관이 양 지역에 백제인을 앞세워 행정을 한 점에도 백제와 야마토왜의 관계가 나타나 있다고 하겠다.[26)]

## 8. 쇼토쿠태자에 대하여

여기서도 홀의 견해부터 살펴보자. 쇼토쿠태자(聖德太子)에 관한 그의 견해는 다음과 같다.

G-1. 스이코의 조카인 쇼토쿠태자(聖德太子)란 시호로 잘 알려진 우마야도노 도요토미미노 미코도(廐戶豊聰耳尊, 574~622)가 섭정에 임명되었다. 야마토의 우지로서는 다행스럽게도 쇼토쿠태자는 소가(蘇我) 가문의 부인을 맞아들였음에도 불구하고 통치자 집안의 이익을 지키는데 노력하였다. 따라서 적어도 그의 생존 중에는 소가氏의 세력 확장을 위한 움직임은 억제되었던 것이다(52쪽).

G-2. 그러나 쇼토쿠태자는 야마토에서 그 일족의 권력을 굳히려는 목적으로 행한 정치개혁에서는 성공하지 못하였다. 그러나 그는 야마토의 군주가 군주로서의 도덕적 속성을 지니면서 궁정과 행정 관료를 지주로 한 황제의 격식을 갖춘 통치자로 인정받게 하려고 힘썼다. 603년에 그는 '冠位十二階'의 제도를 발표하였는데 이로 말미암아 군주는 관리의 서열을 신설할 수 있었다. 604년 그는 통치에 관한 17개조의 성문법('十七條憲法')을 발포하여 정치윤리에 새로운 기풍을 일으키려 하였다. 유교의 국가이론을 빌어 군주와 인민의 관계를 하늘과 땅의 관계에 결부시켰다. 그는 공용문서에서 중국제국의 개념을 채용하여 야마토 수장에 대한 '天皇'·'天子'의 위엄을 내세워 군주권에 대한 새로운 해석이 받아들여지도록 진력하였다(53쪽).

G-3. 전승된 그리고 이상화된 것이 틀림없는 이야기를 믿는다면, 쇼토쿠

---

26) 최재석, 2001, 『古代韓日關係와 日本書紀』, 一志社, 225～237쪽.

> 태자는 전 생애를 야마토의 미코토의 위세를 국내외에 확장하는 데 바쳤다고 할 수 있다. 그는 청년기에는 불교를 국가종교로 수용하기 위해 소가氏와 손을 잡고 싸웠으며, 이후로는 그의 일족을 새 종교의 으뜸가는 후원자로 만들기 위해 여러 종교 시설에 대해 많은 寄進을 행하였다. 또 몇 년간 그는 대륙에서 잃었던 세력을 회복하기 위해 힘써, 595년과 602년에는 미마나 재점거를 위한 원정군을 보냈다. 그 후 이러한 군사적 노력을 버리고 607년에는 다시 통일 된 중국제국(隋)과 직접 通交를 열었다(53쪽).

홀은 쇼토쿠 태자가 일본의 군주로서 소가씨의 권력을 억제하고 12階 관위를 제정함과 동시에 17조 헌법을 발표하고, 중국과 외교관계를 맺었다고 주장하고 있다. 그러나 필자는 쇼토쿠태자의 존재 자체에 대하여 의심을 가진다.

쇼토쿠태자에 관한 『日本書紀』의 기사는 동화같은 조작의 기사였으나, 그 후에 나온 일본의 각종 기록은 『일본서기』의 기사보다 더 치밀하고 확대되고 광범위하게 조작한 것이었으며, 오늘날의 일본도 그러한 조작 기사를 수용하여 역사적 사실로 인정하고 있는 것이 큰 흐름이다. 쇼토쿠가 사망한 해에 관해서는 두 가지 설이 있고, 출생년에 대해 세 가지 설이 있는 것은 잠시 제쳐두더라도 두 살 때 전쟁에 출정하여 政敵을 물리치고 7세에 섭정이 되어 야마토왜(大和倭)의 모든 중요 정책을 결정하였다는 기사에 의해서도 쇼토쿠가 그 존재 자체가 의심스러운 인물임을 알 수 있다. 또 추상적으로는 쇼토쿠가 섭정이 되어 모든 중요 정책을 통괄하였다고 기록하고 있으나, 실제로는 스이코(推古) 여왕(이 女王도 허구의 인물이다)이 결정한 사항들이 훨씬 많으니, 이 또한 조작이 아니고서는 있을 수 없는 기록이다. 일본의 종교사학자 다무라 엔초(田村圓澄)는 쇼토쿠태자는 역사속의 인물이 아니라, 信仰 속의 인물이라고 평하고 있다.[27]

---

27) 田村圓澄, 1994, 『飛鳥·白鳳佛教史 (上)』, 東京: 吉川弘文館, 154쪽.

그러나 일본은 여러 가지로 쇼토쿠 聖人化작업을 펴나감과 동시에 불상의 명문도 조작하여 쇼토쿠를 實存人物처럼 보이려고 하였다. 法隆寺 金堂의 본존불인 석가삼존상과 약사여래상에는 각각 623년과 607년에 쇼토쿠태자를 위해 佛像을 만들었다는 銘文이 있다. 그런데, 그 불상들이 명문이 새겨진 年代에 만들어졌다면 그 불상에는 의당 7세기 초의 백제시대 문양이 있어야 한다. 그러나 실제로는 7세기 말 統一新羅의 문양이 있으므로 그 명문은 허구임이 명백해 진다. 또 다른 사람의 초상을 쇼토쿠의 초상으로 해석하거나 각종 그림을 만듦으로써 그의 존재를 확실한 것으로 부각시키려고 노력하였다. 이른바 '쇼토쿠태자와 二王子'의 그림이 쇼토쿠태자의 것이라는 근거는 없다. 당시 야마토왜 남자의 옷이 橫幅衣(loincloth)였다는 점에서도 그 그림의 주인공이 쇼토쿠 태자가 아님을 알 수 있다.

이와 같이 일본이 출생년과 사망년도 불명확한 가상의 인물인 쇼토쿠를 오늘날까지 위대한 정치가 내지 聖人으로 부각시키고자 국가적인 집념을 가지고 작업하는 이유는 무엇인가? 그 대답은 이러하다. 첫째, 쇼토쿠를 스이코왕의 攝政으로서 뛰어난 정치가라는 것을 보여 줌으로써 야마토왜가 百濟의 직할영토가 아니라 '王'을 중심으로 한 독립국가라는 점을 보여주고, 둘째, 쇼토쿠가 佛經도 강설하고 불경 주석서도 저술할 수 있을 정도의 뛰어난 능력을 가진 聖人이라는 것을 나타냄으로써 야마토왜가 百濟의 佛敎 布敎 지역이 아니라 독자의 佛敎를 가졌다는 것을 나타내기 위해서인 것이다.[28]

홀은 이러한 일본인의 주장을 받아들여 자기도 역시 쇼토쿠 太子를 실존인물로 인정한 것으로 보인다.[29]

---

28) 최재석, 1998, 『古代韓日佛教關係史』 참조.
29) 石渡信一郎, 1992, 앞의 책 참조.

## 9. 한·중·일 3국의 사인교환과 일본의 사찰·왕경조영과 기본법제정

일본에서 사찰과 王京의 조영, 기본법의 제정시기, 한·중·일 3국의 사인교환 시기를 표로 제시하면 다음과 같다.

<표 1>에서 일본의 사찰 건립, 왕경 조영, 기본법인 다이호레이(大宝令) 제정 시기는 일본사인의 중국파견 시기와는 관련이 없고, 신라사인의 일본파견 시기와 일본사인의 신라파견 시기와 밀접한 관련이 있음을 알 수 있다.

아스카(飛鳥)·하쿠호(白鳳)·나라(奈良) 시대(6세기 중엽~8세기초)의 불교의 원류 내지 배경은 중국이 아니라 한국의 고대 불교였고, 실제로 호류지(法隆寺) 재건의 문제도 신라와의 교섭을 무시하고서는 이해할 수 없다고 다무라 엔쵸(田村圓澄)가 지적한 바 있다.[30)]

<표 1>에서 왕경 후지하라쿄(藤原京)의 조영시기는 신라사인의 일본파견 시기와 밀접한 관계가 있다고 언급하였지만, 실제로도 거기에서 출토된 기와의 문양이 통일신라의 기와 문양과 동일하였다.[31)]

후지하라쿄는 한국 자[尺]를 사용하여 조영되었는데, 이뿐만 아니라 일본에 있는 다른 고대 사원 예를 들어 호코지(法興寺), 창건 호류지(法隆寺), 시텐오오지(四天王寺), 야마다데라(山田寺), 가와하라데라(川原寺), 재건 호류지(法隆寺) 등의 사찰도 한국 자로 조영되었다.[32)]

---

30) 田村圓澄, 1980, 『古代朝鮮佛教と日本佛教』, 東京 : 吉川弘文館, 148쪽 : 최재석, 1998, 『古代韓日佛教關係史』 참조.

31) 최재석, 위의 책 참조.

32) 岡田英雄, 1989, 「飛鳥時代寺院の造營計劃」『研究論集』(奈良國立文化財研究所) 8.

〈표 1〉 한중일 3국의 사인교환과 일본의 사찰·왕경조영 및 기본법 제정

| | 日本파견 신라사인 | 신라파견 日本사인 | 中國파견 日本사인 |
|---|---|---|---|
| 호류지(法隆寺) | 680. 11.~681. 8. | | |
| 재건(680~690년대) | 681. 10.~682. 2. | 681. 7.~681. 9. | |
| | 683. 11.~684. 3. | 684. 4.~685. 5. | |
| | 685. 11.~686. 5. | 687. 正.~689. 正. | |
| | 687. 9.~ 688. 2. | | |
| | 689. 4.~ 689. 7. | | |
| | 690. 9.~ 690. 12. | | |
| | 692. 11.~ | | |
| | 693. 2.~ | 693. 3.~ | |
| | 695. 3.~ | 695. 9.~ | 702. 6.~704. 7. |
| | 697. 10.~698. 2. | | |
| 도다이지(東大寺) | 742. 2.~ | 740. 4.~740. 10. | |
| 조영(743~752) | 743. 3.~ | | |
| | 752. 윤3.~ | 752. 正. ~ | 752. 윤3.~753. 6. |
| 후지하라쿄(藤原京) | 689. 4.~689. 7. | 687. 正.~689. 正. | |
| 조영(690~694) | 690. 9.~690. 12. | | |
| | 692. 11.~ | | |
| | 693. 2.~ | 693. 3.~ | |
| | 700. 11.~ | 700. 5.~700. 10. | 702. 6.~704. 7. |
| | 703. 正.~703. 5. | 703. 10.~704. 8. | |
| | 705. 10.~706. 正. | 704. 10.~705. 5. | |
| 헤이조쿄(平城京) | 709. 3.~709. 6. | 706. 11.~707. 5. | |
| 조영(708 ~ 712) | 714. 11.~715. 3. | 712. 10.~713. 8. | |
| | | 718. 5.~719. 2. | |
| 다이호레이(大宝令) | | 693. 3.~ | |
| 제정(701) | 695. 3.~ | 695. 9.~ | |
| | 697. 10.~698. 2. | | |
| | 700. 11.~ | 700. 5.~700. 10. | 702. 6.~704. 7. |
| | | 712. 10.~713. 8. | |

비고: 예를 들어 '680. 11.~681. 8.'은 사인의 출발시기와 귀국시기를 나타냄.

7세기말부터 8세기초에 이르는 일본의 새로운 나라 만들기 시기에 일본은 신라의 도움을 필요로 하였는데, 특히 사원(호류지)의 조영이나 새로운 왕도(헤이조쿄)의 조영과 그 곳으로의 천도에는 신라의 인정이 절대

적으로 필요하였다. 709년과 714년에 일본에 간 신라사인은 이러한 역할을 하였다.

709년(성덕 8; 와도오 2) 3월 14일에 일본은 海陸 양방면으로 신라사인 김신복 일행을 맞이하였으며, 같은 해 5월 27일에는 일본은 조정에서 신라사 일행에 향응을 베풀고, 신라사에게 신라국왕에 선물할 견 20필, 미노지방 특산인 絁(Coarse silk) 30필, 견사 200구, 면(眞綿) 50돈을 증정하였다.[33] 일본을 방문한 신라사인에 대한 이러한 환대와 신라 사인을 통해 신라왕에게 막대한 양의 귀중품을 진상한 것은 신라왕이 새로운 왕도인 헤이조쿄 조영을 인준해 주고 신라인이 기술지도를 해 준 데 대한 보답으로 이해된다.

또 714년 11월 11일에 신라사인 김원정 일행 20여명이 일본에 도착하자 일본은 전국의 기병 990騎를 동원하여 환영 의식을 준비하였으며, 동 11월 15일에는 일본인들을 수도 나라에서 멀리 떨어져 있는 규슈(九洲) 쓰쿠시(筑紫)까지 보내 신라 사인들을 영접하였고, 동 12월 26일 신라 사인들이 入京할 때는 기병 170기가 王都 밖까지 나와 신라사 일행을 영접하였다. 그리고 715년 정월 16일에는 신라사 일행에게 조정에서 잔치를 베풀었으며, 동 3월 23일 그들이 신라로 귀국할 때는 5,450근과 선박 1척을 선물하였다.[34]

709년은 일본이 새로운 王都인 헤이조쿄로 천도하기 1년 전에 해당하고 714년은 헤이조쿄 조영이 끝난 지 2년이 경과한 해이다. 다무라 엔초는 앞에서 언급한 바와 같이 호류지 재건은 신라와의 교섭을 무시하고서는 정당한 이해에 도달할 수 없다고 하였으나,[35] 호류지 재건 시기와 불과 10수년 밖에 지나지 않는 시기에 조영된 헤이조쿄 조영도 신라인의 도움으로 이루어졌다고 보는 것이 타당한 견해일 것이다.

---

33) 和銅 2년 3월 14일; 5월 27일.

34) 和銅 7년 11월 11일; 11월 15일; 12월 26일; 靈龜 元년 정월 16일; 3월 23일.

35) 田村圓澄, 1978, 「行基と新羅佛教」『日本文化と朝鮮』 3.

이렇게 볼 때, 709년과 714년에 일본에 간 신라사인을 과거 어느 때보다도 일본 정부가 거국적으로 극진히 영접한 것은, 일본이 새로운 왕도 조영과 왕도로의 천도에 대하여 신라국의 인정을 받으려고 한 데 기인하는 것이다.

## 10. 소가노우마코(蘇我馬子)의 정치적 역할

홀은 소가노우마코에 대하여 구체적으로 언급하지 않고 다음과 같이 짤막하게 말하고 있다.

H-1. 587년의 승리로 소가氏는 야마토 국가에 있어서 절대적인 세력을 장악하여 이후 60년간 소가氏의 역대 수장은 야마토 국가에서 專權을 떨치고 군주권마저 찬탈할 지경에 이르렀다. 모노노베氏를 멸하는 데 공적이 있던 소가노우마코(蘇我馬子, ? ~ 626)는 592년에 그의 조카뻘인 야마토국의 수장의 암살을 감행하고 조카딸인 스이코(推古)를 그에 대신하여 여성 통치자로 내세웠다(52쪽).

H-2. 622년 쇼토쿠太子가 죽고 소가노우마코도 잇달아 정계에서 물러나자 야마토는 격렬한 정치항쟁에 휩싸이게 되었다(53쪽).

H-3. 645년, 한 국가 의식에서 나카노 오오에는 스스로 우마코(馬子)의 손자인 소가노 이루카(蘇我入鹿)의 암살에 가담하여 소가氏의 세력을 없애버렸다(54쪽).

위에 나타나 있는바와 같이, 그의 주장은 다음과 같다.

① 587년부터 60년간 소가氏는 야마토 국가의 절대적 권력을 장악하였다.

② 소가노우마코의 손자인 소가노이루카가 암살되었다.

즉, 홀은 소가노우마코 주변 이야기만 늘어놓았을 뿐, 우마코 자신이나 우마코와 한국과의 관계에 대하여는 전혀 언급이 없다. 우마코에 관한

역사적 사실은 다음과 같다.[36)]

대체로 642년(의자왕 2; 고교쿠 원년) 이전까지 소가씨(이나메·우마코)는 백제왕이 야마토왜에 파견한 백제사인(백제 관리)의 지시를 충실히 이행하였으나 642년경부터는 백제왕의 지시를 따르지 않고 독자적으로 야마토왜왕의 행세를 하고 야마토왜를 통치하기 시작하였다. 백제왕에 반역한 소가에미시·이루카 부자는 드디어 645년(의자왕 5; 대화 원년) 백제왕으로부터 철퇴를 맞게 된다. 즉 고교쿠 4년(645; 의자왕 5) 6월 12일에 있었던 소가에미시·이루카 주살사건은 백제 의자왕의 명에 의하여 일어난 사건이다.

N-1. 崇峻 전기(587) 6월 21일. 善信阿尼 등이 大臣(蘇我馬子)과 이야기하며 "출가의 도는 戒로서 본을 삼습니다. 백제에 가서 계법을 배우고자 합니다"라고 말하였다. 이달 백제 使人이 왔다. 대신이 사신에게 일러 "이 여승들을 데리고 그대의 나라에 가서 계법을 배우고자 합니다. 다 배웠을 때에 출발시키십시오"라고 말하였다. 사인이 대답하여 "본인 등이 귀국하여 먼저 국왕께 말씀드리겠습니다. 그 후에 출발하여도 늦지 않을 것입니다"라고 하였다.

N-2. 崇峻 元年(588). (前略) 蘇我馬子 宿禰는 (中略) 善信尼 등을 백제의 사인 恩率 首信 등에 딸려 학문을 시키기 위하여 출발시켰다.

N-3. 皇極 元年(642) 正月 15일. 大臣(蝦夷)의 子 入鹿은 스스로 國政을 집행하고 위엄이 아버지보다 강하였다.

N-4. 皇極 元年(642) 이해. 蘇我蝦夷는 자기의 祖廟를 葛城의 高宮에 세우고 八佾의 춤(64人의 方形의 群舞로 天子만이 하는 행사)을 추게 하였으며 全國民(야마토왜)과 180部曲을 징발하여 미리 雙墳을 今來(葛上部)에 세웠다. 하나는 蝦夷의 묘로서 大陵이라 하고, 또 하나는 入鹿의 묘로서 少陵이라 하였다.

N-5. 皇極 3年(644) 11월. 蘇我蝦夷와 아들 入鹿은 집을 甘檮언덕에 짓고 蝦夷의 집을 '上의 宮門', 入鹿의 집을 '谷의 宮門'이라 불렀다. 아들·딸을 왕자라 불렀으며, 집밖에 城柵을 치고 문 옆에 兵器庫를 지었다. 문마다 用水통 하나와 木鉤 수십 개를 두어 화

36) 최재석, 2001, 『古代韓日關係와 日本書紀』, 一志社, 239～241쪽.

재에 대비하였다. 언제나 힘센 사람으로 하여금 武器를 가지고 집을 지키게 하였다. 蝦夷는 長直에 명하여 大丹穗山(明日香村入谷)에 牟削寺를 짓게 하였다. 또 집을 畝傍山의 동쪽에 세웠다. 못을 파서 城으로 하였다. 兵器庫를 세워 矢를 비축하였다. 언제나 50人의 兵士를 거느리고 신변을 둘러싸고 출입하였다. 이를 建人이라 칭하고 東方의 從者라 하였다. 蘇我의 친척들이 들어와서 그 門에서 시중을 들었다. 遐夷는 祖子孺子(같은 조상의 아이들)라 불렀다. 漢直 등이 '上의 宮門'과 '谷의 宮門' 두 문에서 시중을 들었다.

N-6. 皇極 3年(644) 1월 1일. 中臣鎌子連(鎌足)을 神祇伯에 임명하였다. 재삼 사퇴하고 받지 아니하였다. (中略) 中臣鎌子連은 사람됨이 忠正하고 세상을 바로잡으려는 마음이 있었다. 그래서 蘇我入鹿이 군신·장유의 질서를 잃고 권력을 믿어 사직을 엿보려는 것을 분하게 여겨 왕족과 접촉하고 공명을 세우려는 명군을 구하는 중이었다. 마음을 中大兄에 붙였지만 떨어져 있어 아직도 그 깊은 생각을 펼 수가 없었다. 우연히 中大兄이 法興寺의 槻木 밑에서 蹴鞠(공을 치는 놀이)을 할 때 공을 치는 순간 가죽신이 벗겨져 나오는 것을 두 손으로 받들어 나아가 무릎을 꿇고 드렸다. 中大兄이 이에 대해 무릎을 꿇고 받았다. 이 후에는 서로 친하게 되어 같이 생각하는 바를 이야기 하였다. 이미 숨기는 바 없이 되었다. 후에 타인이 자주 만나는 것을 의심할 것을 두려워하여 같이 손에 책을 들고 스스로 周孔의 가르침을 南淵先生의 곳에서 배웠다. 노상을 왕래하는 사이에 어깨를 나란히 하여 비밀히 계획을 세웠다. 서로 맞지 않는 것이 없었다. 이 때 中臣鎌子連이 "큰일을 도모할 때에는 도움이 있는 것이 좋습니다"라고 하였다(下略).

N-7. 皇極 4년(645) 6월 12일. 天皇이 大極殿에 나왔다. 古人大兄이 옆에 있었다. 中臣鎌子連은 蘇我入鹿이 평소 의심이 많고, 주야로 칼을 가지고 있는 것을 알고 익살꾼을 시켜 속여 칼을 풀게 하였다. 入鹿은 웃으며 칼을 풀었다. 들어가 좌석에 앉았다. 倉山田麻呂臣이 나아가 三韓의 표문을 낭독하였다. 中大兄은 衛門府를 경계하여 일시에 12개의 통문을 잠그고, 왕래를 못하게 하였다. (中略) 그 때에 中大兄은 스스로 긴 창을 들고 大極殿의 옆에 감췄다. 中臣鎌子連들은 활과 화살을 가지고 그를 호위하였다. 海犬養連勝麻呂에 명하여 상자 속의 두 자루의 칼을 佐伯連子麻

呂와 葛城稚犬養連網田에게 주며 "반드시 한 순간에 베어라"라 고 말하였다. (中略) 佐伯連子麻呂, 稚犬養連網田은 入鹿을 베었다. (中略) 古人大兄은 상황을 보고 사택으로 뛰어들어 사람들에게 "韓人들이 鞍作臣(蘇我入鹿)을 죽였다. 내 마음도 아프다"라 고 말하였다. 침소에 들고는 문을 잠그고 나오지 않았다.

N-8. 皇極 4년 6월 13일. (前略) 이 날 蘇我蝦夷 및 鞍作(入鹿)의 시체를 묘에 장사지내는 것을 허가하였다. 또 곡하는 것도 허락하였다.

N-1, N-2는 蘇我馬子가 야마토왜에 파견된 백제사인을 통하여 백제왕의 허가를 얻어 야마토왜의 비구니들을 백제에 파견할 수 있었다는 것을 나타내는 기사이고, N-3 ~ N-5는 蘇我蝦夷·入鹿 父子가 백제에 반역하여 스스로 야마토왜王의 행세를 하였다는 기사이다. 그리고 N-6 ~ N-8은 蘇我蝦夷·入鹿이 백제왕이 보낸 사인(鎌足 등)에 의하여 주살되었다는 기사이다.

## 11. 맺는말

지금까지 고분의 성격을 위시하여 홀의 고대한일관계사 연구를 아홉 가지 측면에서 살펴보았는데, 어느 것이나 역사적 사실을 왜곡한 것이었다. 그의 역사서술은 일본 고대사학자들의 역사왜곡과 거의 같은 것이었는데, 이것은 일본 고대사학자들이 왜곡한 고대한일관계사를 그대로 받아들였기 때문이었다. 이러한 역사적 왜곡의 제일차적 책임은 물론 홀 자신이 져야 하겠지만, 한국학자들도 그 책임의 상당 부분을 져야 할 것으로 생각한다. 왜냐하면 홀의 책이 출간된 1970년까지 일본인 사학자들의 역사왜곡에 대하여 아무런 반응을 보이지 않았고, 그들은 한·일 고대사에 관한 영문으로 된 논저는 물론이려니와 한국어로 된 논저도 내놓지 않았기 때문이다.

그런데 한국에서는 1985년부터, 그리고 역사왜곡 일색이었던 일본에서는 1990년부터 올바른 일본고대사와 고대한일관계사에 관한 論著가 나오기 시작하였으므로, 조만간 잘못된 일본고대사 내지 고대한일관계사에 관한 인식이 바로잡힐 것으로 생각된다.

# 제13장 라이샤워의 고대한일관계사 서술 비판

## 1. 머리말

알려져 있는 바와 같이 라이샤워(Edwin O. Reischauer)는 주일 미대사와 하버드(Harvard) 대학교 교수를 역임하여 미국에서도 외교관과 대학교수로 명성이 높다. 여기서는 라이샤워의 저서 *The Japanese*(Tokyo: Charles E. Tuttle, 1977)에 서술되어 있는 고대한일관계사를 살펴보고자 한다.

라이샤워의 저서 *The Japanese*는 미국에서 베스트셀러가 되었다고 한다. 미국에서 베스트셀러가 되었다면 서구를 위시하여 전 세계에서도 많이 읽혔을 것이다. 만일 그 책이 왜곡되어 있다고 한다면 전 세계의 독자들은 그 책의 왜곡된 부분도 사실로 받아들일 것이다. 라이샤워의 이 책은 일본 고대사학자들의 역사 왜곡[1] 못지않게, 때로는 그 이상으로 왜곡

---

1) 일본 고대사학자들은 거의 전부 고대한일관계사를 왜곡하고 있지만 여기서는 그 대표적인 실례만 제시해두고자 한다.
최재석, 1986,「末松保和의 신라상고사론 비판」『한국학보』43 ; 1987,「三品彰英의 한국고대사회·신화론 비판」『민족문화연구』20 ; 1987,「今西 龍의 한국고대사론 비판」『한국학보』46 ; 1988,「末松保和의 일본고대사론 비판」『한국학보』53 ; 1988,「池內 宏의 일본상대사론 비판」『인문논집』33 ; 1989,「太田 亮의 일본고대사론 비판」『일본학』8·9합집 ; 1990,「津田左右吉의 일본고대사론 비판」『민족문화연구』23 ; 1990,「黑板勝美의 일본고대사론 비판」『정신문화연구』38 ; 1990,「平野邦雄의 일본고대정치과정연구 비판」『일본고대사연구비판』, 일지사 ; 1993,「鈴木靖民의 통일신라·발해와 일본의 관

되어 있음을 발견하게 된다. 이 때문에 이 책이 간행된 지 30여년이 지났지만 이대로 보고만 있어서는 아니 되겠다는 생각이 들어 이 논고를 집필하게 되었다. 우선 우리말로 논문을 발표하고 이어 미국을 위시하여 세계의 오해를 해소하기 위해 영문으로 된 논고를 발표할 생각이다. 이것으로 필자가 서구인의 고대한일관계사 왜곡을 비판한 논문은 모두 4편에 이른다.[2)]

## 2. 고분에 대하여

라이샤워는 일본 古墳에 대하여 다음과 같이 주장한다.

> A-1. 3세기 동안에 일본열도의 서쪽 3분의 2에 해당하는 지역에 거대한 고분이 차례로 만들어졌다. 이것은 무력을 가진 일부의 특권계급에 권력이나 부가 상당 정도 집중하고 있음을 보여준다(42쪽).

위의 라이샤워의 글에 나타나 있는 바와 같이 그는 일본의 고분을 일본의 특권계급의 무덤으로 간주하고 있으나 이는 전혀 사실이 아니다. 이른바 일본 천황의 능이라는 고분에서 발굴된 유물은 모두 고대 한국의

---

계사 연구 비판」『정신문화연구』 50 ; 1993, 「三品彰英의 『일본서기』 연구 비판」『동방학지』 77·78·79 합집 ; 1996, 「田村圓澄의 고대한일불교관계사 연구 비판」『민족문화』 19 ; 1999, 「鈴木英夫의 고대한일관계사 연구 비판」『백제연구』 29 ; 2002, 「鈴木靖民의 고대한일관계사 연구 비판」『민족문화』 25 ; 2003, 「1892년의 林泰輔의 『조선사』 비판: 고대한일관계사를 중심으로」『선사와 고대』 18 ; 2003, 「井上秀雄의 고대한일관계사 연구 비판」『민족문화』 26 ; 2009, 「田村圓澄의 고대한일관계사 연구 비판」(新稿, 본서 제7장 수록).

2) 최재석, 2003, 「페놀로사(E. F. Fenollosa)의 동양미술론 비판: 고대 한일관계사를 중심으로」『미술사논단』 16·17 합집호(본서 제10장 수록) ; 2003, 「디트리트 제켈(Dietrich Seckel)의 불교미술론 비판: 고대 한·일 관계사를 중심으로」『아세아연구』 46-4(본서 제11장 수록) ; 2009, 「홀(John W. Hall)의 일본사에 나타난 고대한일관계사 비판」(新稿, 본서 제12장 수록).

유물과 유사하며 일본열도 어디에서나 한국 유물이 나오지 않는 곳이 없으니 일본의 고분은 일본의 특권 계급의 무덤이 아니라 한국에서 이주한 한국인의 무덤인 것이다.[3)]

일본에 있는 고분이 모두 한국에서 이주한 한국인의 무덤이라는 사실과 관련하여 상기되는 것은 고대 일본의 지명은 모두 한국(신라, 백제, 고구려, 가야) 지명을 본딴 지명이라는 사실이다.[4)] 즉 마을, 다리, 절, 역, 목장, 산, 渡船場, 고개, 내(川), 들판, 해안, 상점, 저수지, 해변, 섬, 선착장, 항구 등의 이름을 한국어 명칭을 붙여 명명했던 것이다.

## 3. 6세기까지의 일본의 정치 상황

먼저 6세기까지의 일본의 정치적 상황에 관한 라이샤워의 주장을 알아본다. 이에 관한 그의 주장을 제시하면 B-1, B-2, B-3과 같다.

B-1. 6세기까지는 야마토(大和, 奈良분지)를 본거지로 하는 어떤 豪族이 서부 일본의 대부분에서 명확한 지배권을 확립하였다. 이미 정치조직이나 경제기구는 제법 확립되었지만 아직 발전단계는 아니었다(42쪽).

B-2. 국토의 태반은 우지(氏)라 불리는 반자치적인 부족국가의 관리 하에 있었다. 이러한 '氏' 집단은 신화 차원의 연결이나 실제 혹은 가공의 친척관계(bonds of kinship)에 의하여 전술한 야마토(大和, 奈良분지)를 중심으로 하는 지배적인 一族과 맺어져 있었다(42쪽).

B-3. 일본인이 명확한 형태로 역사에 처음 등장하는 것은 3세기 중국의 사서에 있어서이다. 그 기술에 의하면 당시의 일본인은 뚜렷한 계급 구분을 갖고 농경과 어로로 생활하고 반은 종교적 지위를 갖는 수장을 우두머리로 하는 100여 개의 부족국가로 나뉘어져 있었다. 수장 가운

---

3) 森 浩一, 1981, 「京滋の古墳文化」, 京都新聞社 編, 『謎の古代－京·近江: 京滋文化の源流を探る』, 東京 : 河出書房新社 ; 石野博信, 1990, 『古墳時代史』, 東京: 雄山閣.

4) 朝鮮總督府 中樞院, 1940, 『朝鮮の國名に因める名詞考』.

> 데는 여성도 있었는데, 그 중에서 그 사서가 말한 '여왕'이 가장 유력하여 다른 나라들을 거느리고 있었다. 여성 지배자가 존재하였다는 기술은 본래 일본에 여가장제도가 있었으리라는 것을 생각하게 할 뿐만 아니라 황실 계보는 태양의 여신 아마테라스오오카미 이전의 신화가 말하는 것과 합치한다(42쪽).

위의 주장을 정리하면 다음과 같이 될 것이다.

① 6세기 이전(5세기 말까지) 일본의 나라(奈良) 지방에 호족이 존재하며 서부 일본 전체를 지배하였다.

② 일정한 지역에 거주하며 공통의 언어와 종교를 가지는 생활공동체인 '우지(氏)'는 부족의 관리 하에 있었으며 일본 국토의 태반을 관리하였다.

③ '우지'가 친척관계에 의하여 야마토(奈良)의 지배족과 결합하였다.

④ '우지'는 일본 국토의 태반을 관리하였다.

⑤ '우지'는 神話, 실제 또는 가공의 친척관계(bonds of kinship)에 의하여 야마토(奈良) 지배족과 연결되어 있었다.

⑥ 중국 기록에 의하면 3세기에 100개의 부족국가가 있었고, 부족국가의 수장 가운데는 여성 지배자가 존재하였는데 이는 일본의 왕실 계보가 아마테라스오오카미로 시작된다는 신화와 합치한다.

위에 나타나 있는 바와 같이 그는 역사가 아니라 소설을 쓰듯이 일본사를 집필하고 있다. 일본학자 가운데서도 6세기까지 일본 역사를 이렇게까지 가공적으로 쓰는 사람을 아직까지 보지 못하였다. 그가 여러 가지 허위의 주장을 하고 있으나 요약하면 6세기 이전의 일본은 '우지(氏)'라는 자치단체가 관리하였다는 것이 되겠다.

6세기 이전의 일본에 자치단체인 우지(氏)와 부족과 호족이 존재하였다는 주장도, 그 우지와 부족과 호족이 일본을 통치하였다는 주장도 모두 근거 없는 허구이다. 일본 사전에 의하면, 우지는 일본 고대의 지배계급의 단위이며[5] '部族'은 일정한 지역에 거주하며 공통의 언어와 종교를 가지고 있는 생활공동체[6]라고 정의하고 있으나, 고대 일본에서는 일본어가 아니라 한국어가 사용되었다.[7]

3세기에 왜국은 100여 개의 小國이었는데, 남자는 얼굴에 문신을 하며 가로 넓이의 천을 꿰매지 않고 단지 서로 묶어 연결하여 입었고 여자는 홑옷으로 중앙에 구멍을 뚫어 머리에 뒤집어 입은 貫頭衣를 입고 머리는 풀어헤치고 발에는 아무것도 신지 않은 맨발이었다고 중국 기록은 전하고 있다.[8] 그런데 라이샤워는 그 사서에 '여왕국', '여성지도자' 기사도 있다고 강변하며 일본의 조작 신화에 나오는 아마테라스 오오카미(天照大神)를 근거가 있는 존재로 설명하려고 하였다. 그리고 위의 여러 가지 특징을 가진 사람들은 한반도에서 이주한 한민족과 다르기 때문에 일본열도에 거주하는 일본 원주민이 분명하다고 하겠다. 또 중국 사서에 3세기에 일본은 100여 개의 부족국가가 '여왕국', '여성지배자'가 존재하였다고 주장하고 있으나 사서에 100여 개의 小國이 있다는 것만 기록되어 있을 뿐 '부족국가', '여왕국', '여성 지도자'에 관하여는 언급이 없다.

앞에서 언급한 바와 같이 일본열도는 고구려, 백제, 신라, 가야의 지명으로 뒤덮여 있기 때문에 '100여 개의 소국'은 앞의 한반도 4국의 집단 이주민이 건설한 부락국가로 보는 것이 타당한 해석일 것이다.

고분시대가 시작되는 4세기 중엽은 한반도의 가야로부터의 이주민이 정착한 시기이고 5세기 이후부터는 백제로부터의 집단 이주민이 일본에 정착한 시기이다.[9] 그리고 가야가 일본을 지배한 것에 대하여는 거의 기

---

5) 小島民雄, 1993, 『國語辭典』, 東京: 集英社, 142쪽.
6) 위의 책, 1,537쪽.
7) 石渡信一郞, 1992, 『聖德太子はいなかった』, 東京: 三一書房, 25쪽.
8) 『晉書』 倭人傳.
9) 石渡信一郞, 2001, 『百濟から渡來した應神天皇』, 東京: 三一書房, 13쪽.

록에 남아있지 않지만 6세기에 백제가 일본을 통치한 기록은『일본서기』에 많이 남아있다. 그러므로 앞에 언급한 라이샤워의 주장은 모두 허구이다. 6세기 이전의 일본의 정치적 상황에 대하여는 한국과 일본의 관계 란에서 자세하게 언급하겠다.

## 4. 쇼토쿠태자에 대하여

이른바 쇼토쿠태자(聖德太子)에 대하여 라이샤워는 다음과 같이 주장한다.

C-1. 593년부터 622년까지 숙모에 해당하는 스이코(推古)의 섭정을 한 쇼토쿠태자(聖德太子) 시대에는 새로운 종교와 그것에 부수된 대륙 문명이 크게 번성하였다(43쪽).

C-2. 쇼토쿠태자는 스스로 불전의 주석서를 저술하고 사원을 건립하였다. 그 가운데도 나라(奈良)의 호류지(法隆寺)는 세계에서 가장 오래된 목조건축과 당시 만들어진 수많은 뛰어나고 아름다운 불상으로 알려져 있다(43~44쪽).

C-3. 쇼토쿠태자는 또 중국의 수도에 사절을 파견하여 그 고도의 문명을 직접 배우게 하는 한편 중국의 정치제도를 모방하여 불법과 중국의 사고를 모태로 하는 '17조 헌법'을 기초하였다(44쪽).

위의 주장을 정리하면 다음과 같이 될 것이다.

① 쇼토쿠태자(聖德太子)는 593년부터 622년까지 여왕 스이코(推古)의 섭정을 맡았다.

② 쇼토쿠태자는 불교 서적을 저술하고 호류지(法隆寺)를 창건하였다.

③ 쇼토쿠태자는 중국에 사절을 파견하여 중국의 문명과 정치제도를 도입하고 '17조 헌법'을 제정하였다.

위의 주장이 사실에 근거한 것인지 살펴보면 다음과 같다.

호류지(法隆寺)의 창건은 백제인이 건조하였으므로[10] 호류지를 쇼토쿠태자가 조영하였다는 주장은 근거 없는 주장이다.

『일본서기』에 의하면 이른바 '17조 헌법'은 604년(스이코 12) 4월에 제정되었다고 한다. 라이샤워는 헌법 제정 이전에 중국에 사절을 파견하여 중국의 정치제도를 도입한 후에 헌법을 제정하였다고 하니, 쇼토쿠태자가 중국에 사절을 파견하였다고 가정하면 파견 시기는 늦어도 604년 이전이 되어야 한다. 그런데 일본은 실제로 이보다 50여년 후인 657년에도(선박 건조 능력과 항해능력이 없어서) 중국에 사절을 파견할 수 없었다. 이 사정을 『일본서기』는 다음과 같이 전하고 있다. 『일본서기』 사이메이(齊明) 3년조에는 일본은 사신을 신라에 보내 일본 사절을 당나라에 파견하는 신라 사절에 딸려서 보내달라고 신라측에 요청하였으나 신라가 이를 받아들이지 않아 그대로 귀국하였다고 기술하고 있다.[11] 따라서 쇼토쿠태자가 604년 이전에 중국에 사절을 파견하여 중국의 정치제도를 도입하여 '17조 헌법'을 제정하였다는 주장도 허구일 수밖에 없다.

일본의 종교사학자 다무라 엔초(田村圓澄)는 쇼토쿠태자가 역사 속의 인물이 아니라 신앙 속의 인물이라고 말한다.[12] 동시에 그는 일본의 불교, 학술, 예술은 모두 한국의 영향을 받은 것이지 중국의 것이 아니라고 근거를 제시하며 명쾌하게 다음과 같이 말하고 있다.[13]

① 고대 일본 불교는 한일교섭사를 전제하지 않고서는 파악할 수 없다.

② 쇼토쿠태자 시대의 불교·학문·예술 모두 중국(隋)이 아니라 고대 한국으로부터의 직접적인 영향으로 성립되었다.

---

10) 伊東忠太, 1942, 『日本建築の研究 (上)』, 東京, 220~221.
11) 『日本書紀』 齊明 3년조.
12) 田村圓澄, 1994, 『飛鳥·白鳳 佛教史 (上)』, 東京: 吉川弘文館, 154쪽.
13) 최재석, 1998, 『古代韓日佛教關係史』, 一志社, 152쪽.

③ 쇼토쿠태자 시대의 모든 문화는 고대 한국의 틀을 벗어날 수 없고 동일하다.

④ 하꾸호(白鳳) 시대의 일본 정부는 당나라가 아니라 신라의 문화 수입에 적극적이었다.

⑤ 하꾸호(白鳳) 미술의 원류는 당나라가 아니라 신라에 있다.

⑥ 아스카(飛鳥)·하꾸호(白鳳)·나라(奈良) 시대 불교의 원류 내지 배경은 중국이 아니라 한국 고대 불교이다.

⑦ 호류지(法隆寺) 재건의 문제도 신라와의 교섭을 무시하고서는 이해할 수 없다.

이렇게 볼 때 C-2와 C-3의 주장은 전혀 사실이 아닌 허구의 주장임을 알 수 있다.

일본의 고대사학자 이시와타리 신이치로(石渡信一郎)는 6종류의 금석문을 조사하여도 쇼토쿠태자의 실존을 증명할 수 있는 금석문은 존재하지 않았으며 결국 일본의 고대국가는 한국에서 건너온 사람들이 만들었다는 내용을 담은 『쇼토쿠태자는 없었다』는 저서를 1992년에 출판하였다.[14]

## 5. 일본과 중국 관계

일본과 중국의 관계에 대하여 라이샤워는 다음과 같이 주장하고 있다.

D-1. 6세기까지는 일본은 문화면에서 이미 이웃의 중국 대륙으로부터 적지 않은 영향을 받아왔다. 청동이나 철기와 마찬가지로 그것은 농업에 있어서도 해당된다. 그러나 6세기 중엽에 이르러 異文化의 유입

14) 石渡信一郎, 1992, 앞의 책, 25쪽.

속도가 빨라짐에 따라 일본인에 의한 대륙 문화의 수용은 종래와 다른 양상을 띠게 되었다(43쪽).

D-2. 이어 다이카가이신(大化改新 ; 645년)으로 조정 내의 실권을 수중에 넣은 혁신 집단은 중국의 기술과 제도를 일층 정력적으로 차용하여 2세기에 걸쳐 그 노력이 계속되었다(44쪽).

D-3. 최초의 항구도시는 헤이조쿄(平城京)이다. 이 수도는 나라분지에 조영되었는데, 그 시가지는 중국의 수도에서 배워 바둑판처럼 만들었다. 710년부터 754년까지 정부는 헤이조쿄에 소재하였기 때문에 8세기는 일반적으로 나라(奈良) 시대로 알려져 있다(46쪽).

D-4. 일본 사람은 또한 중국식의 강력한 군주정치의 개념을 도입하여 종래의 반종교적 지도자를 중국형의 세속적·비종교적 지배자로 바꾸려고 시도하였다. 그 이후 일본의 천황은 이론상으로는 神道라는 재래종교의 '大神主'와 중국식 국가의 세속적 군주라는 두 가지 성격과 기능을 함께 가지게 되었다(45쪽).

D-5. 7세기에서 9세기에 걸쳐 중국 문화는 계속해서 일본을 석권하였다(48쪽).

D-6. 중국 문화의 차용에 있어서는 정치의 쇄신이 그 주안점이었지만 일본의 고급문화의 일체가 상당한 영향을 받은 것도 사실이다. 중국의 학문, 사상, 문학은 어느 것이나 연구의 대상이 되고 현저하게 중국의 영향을 받은 사고방식이나 생활관습도 나타났다. 직물, 칠기공예, 야금술 등 여러 분야에서 폭넓은 기술 진보가 있었다(46~47쪽).

D-7. 이러한 노력의 결과 일본은 부족단위의 후진성에서 빠져나와 9세기에 고도의 문명사회로 진입하였다. 그것은 불완전하였지만 중국을 모범으로 하였다(44쪽).

D-8. 옛부터 중국 사람은 문명이란 정치적 통합체 속에서 번영하는 것이라고 간주하였다. 일본 사람도 다른 동아시아 여러 민족과 같이 통일된 정치제도를 최우선으로 하는 이 중국적 사고를 받아들였다(44쪽).

D-9. 당시 세계 최고의 문명을 자랑하고 있던 중국이 일본의 스승이었다는 것은 일본인에 있어서는 크나큰 恩澤이었다(47쪽).

위의 라이샤워의 주장을 정리하면 다음과 같다.

① 6세기 말까지 중국 문화가 일본에 많은 영향을 주었다.

② 645년의 '다이카가이신'을 계기로 일본의 지배층이 중국의 기술과 제도를 일층 더 수용하였다.

③ 일본의 왕도 헤이조쿄(平城京)는 중국의 수도를 모방하여 만들어졌다.

④ 8세기에 일본이 중국의 군주정치를 도입하였으며 일본의 천황은 종래 종교인 神道와 중국식 군주정치의 두 가지 기능을 가지게 되었다.

⑤ 7~9세기에 일본은 중국 문화를 크게 받아들였다.

⑥ 일본은 중국의 학문, 사상, 문학, 직물, 공예, 야금술 등 어느 것이든 모두 받아들여 생활화하였다.

⑦ 일본은 중국을 모방하여 고도의 문명사회가 되었다.

⑧ 일본은 최우선적으로 통일된 정치제도를 중시하는 중국식 사고를 받아들였다.

⑨ 일본 문명의 스승은 중국이었다.

위의 것을 다시 요약하면 6세기 이전부터 9세기까지 일본은 모두 중국의 것을 받아들였다는 것이 된다. 실제로 그의 주장이 사실인지 아닌지 살펴보자.

일본, 중국, 한국 3국간의 사절 왕래 상황과 일본에 대한 중국의 태도 그리고 실제로 일본이 중국에서 가져온 문물의 3가지 관점에서, 일본과 중국 관계에 대한 라이샤워의 주장이 사실을 반영한 것인지 아니면 허구인지 살펴보고자 한다.

<표 1>에 나타나 있는 바와 같이 일본 사절이 중국에 파견된 일은 무시해도 좋을 정도로 얼마 되지 않고 일본 사절이 한국(신라)에 파견된 일과 신라 사절이 일본에 파견된 일은 대단히 많다. 그러므로 일본의 기본법인 다이호레이(大寶令) 제정, 왕경인 후지하라쿄(藤原京) 조영, 호류지 창건과 재건 호류지 조영 등은 신라의 도움으로 가능하였음을 알 수 있다.

〈표 1〉 일본·중국·한국 간의 사절 왕래와 일본의 각종제도

| | | 일본사절<br>중국 파견 | 일본사절<br>신라 파견 | 신라사절<br>일본 파견 |
|---|---|---|---|---|
| 기본법편찬 | 다이호레이(大寶令)제정<br>(700~701) | | 693. 3.~<br>695. 9.~<br>700. 5.~ 700. 10 | 697. 10.~ 698. 2.<br>700. 11.~ 701(?) |
| | 요로레이(養老令)<br>제정<br>(715~721) | 717. 3.~ 718. 10. | 712. 10.~ 713. 8.<br>718. 5.~ 719. 2.<br>719. 8.~ | 714. 11.~ 715. 3. |
| 왕경조성 | 후지하라쿄(藤原京) 조영<br>(692~694) | | 693. 3.~ | 690. 9.~ 690. 12.<br>692. 11.~ 693. 2.<br>693. 2.~ |
| | 헤이죠쿄(平城京)<br>조영(708~710) | 702. 6.~ 704. 7. | 700. 5.~ 700. 10.<br>703. 10.~ 704. 8<br>. | 705. 10.~706. 正.<br>709. 3.~ 709. 6. |
| | 헤이안쿄(平安京)<br>조영(793~794) | 777. 6.~ 778. 10. | 779. 2.~ 779. 8. | 779. 10.~ 780. 2. |
| 사찰건립 | 호류지(法隆寺)<br>창건(627)*<br>호류지(法隆寺)<br>재건 조영(7세기 말) | | 675. 7.~ 676. 2.<br>676. 10.~ 677. 6.<br>681. 7.~ 681. 9.<br>684. 4.~ 685. 5.<br>687. 正.~689. 正.<br>693. 3.~<br>695. 9.~ | 679. 10.~ 680. 6.<br>680. 11.~ 681. 8.<br>681. 10.~ 682. 2.<br>683. 11.~ 684. 3.<br>684. 12.~ 685. 3.<br>685. 11.~ 686. 5.<br>687. 9.~ 688. 2.<br>689. 4.~ 689. 7.<br>690. 9.~ 690. 12.<br>692. 11.~ 693. 7.<br>697. 10.~ 698. 2. |
| | 도다이지(東大寺)<br>조영<br>(743~752) | 752.윤3.~753. 12.<br>(제2선) | 742. 10.~<br>752. 正. | |

비고: 창건 법륭사는 백제 목수가 건립함(伊東忠太, 1942, 『日本建築の研究』 上, 220~221쪽).

일본의 사찰 도다이지(東大寺) 조영도 일본 사절의 중국 파견 이전에 완료되었으므로 중국의 영향으로 이루어졌을 가능성은 희박하다. 다시

말하면 일본, 한국, 중국 간의 사절 왕래의 시각에서는 일본의 기본법 편찬, 왕경 조영, 사찰 건립 등은 중국의 영향이 아니라 한국의 영향에 의해서만 가능하였음을 알 수 있다.

또한 중국이 일본을 멸시하는 태도나 실제로 일본이 중국에서 가져온 문물이 거의 없었다는 점에도 라이샤워의 주장은 허구임이 드러난다. 지금 이러한 점을 명확히 하는 증거를 제시하면 다음과 같다.[15)]

① 중국에 간 일본 승려 엔닌(圓仁)의 보고에 의하면 중국에 간 일본 사인의 위치는 타이족이 운남 지방에 세운 작은 나라인 南詔國의 사인보다도 아래에 있었다(圓仁, 『入唐求法巡禮行記』 839년 2월 27일).

② 중국에 간 일본대사(藤原常嗣)가 자신이 데리고 간 일본 승려 엔닌의 중국 체류 허가를 받기 위해 중국 황제에게 4번이나 간청하였으나 허락되지 않았다. 그런데 당나라에 있는 신라조계의 도움과 협조로 그것이 가능하였다.

③ 중국에 도착한 일본 사절단 일행에 대한 중국 관헌의 감시가 엄격하여 일본 사절의 자유행동은 거의 인정되지 않았다.

④ 중국에 간 일본 대사 일행은 중국 수도인 長安에서도 중국 물품을 자유롭게 살 수 없었다.

⑤ 702년부터 당나라에 다녀온 7회의 일본 사절 가운데 중국의 물품을 가져온 사절은 735년 1회 정도이다.

⑥ 중국에서 가져온 물품의 종류는 서적, 화살, 자, 악기 5종에 지나지 않았으며 서적은 주로 禮書, 달력, 樂書 정도이다.

⑦ 702년부터 838년까지 사이에 당나라에 파견된 7회의 일본 사절 가운데 중국의 정세에 관하여 보고한 사절은 777년과 838년에 파견된 2회의 사절뿐이고 나머지 5회의 사절은 아무런 보고도 하지 못했다.

15) 최재석, 2000, 『古代韓國과 日本列島』, 一志社, 344~347쪽.

⑧ 예를 들어 777년에 출발하여 이듬해인 778년에 귀국한 일본사절(判官 小野磁野)의 귀국보고를 보면 중국 황제의 이름과 연령, 황태자의 이름, 그리고 일본의 연호인 寶龜 9년이 당나라의 大歷 13년에 해당하더라는 것이 전부였다. 또, 804년에 출발하여 805년에 귀국한 일본 대사(藤原葛野麻呂)가 보고한 내용도 대체로 이와 유사하여 중국 천자의 이름과 나이, 자녀 수, 황태자의 이름과 나이, 황태후의 성, 그리고 일본의 延曆 24년은 당나라의 연호 貞元 21년에 해당한다는 것이 중국 정세 보고의 전부였다.

## 6. 한국과 일본 관계

우선 한국과 일본의 관계에 관한 라이샤워의 주장부터 살펴보자.

E-1. 재래의 神道와 (중략) 불법과 불상을 믿을 것인가 아닌가를 둘러싼 논쟁이 시작되었다. 결과는 불교 招來派의 승리로 끝났다(43쪽).

E-2. 한국 사람이나 만주의 제부족처럼 중국 문명의 영향 하에 있었던 민족 가운데는 일본인과 비슷한 모방 노력을 시도한 자가 전혀 없었던 것은 아니었다(44쪽).

E-3. 중국이나 조선에서 공부한 宮廷 내의 雅樂과 무용은 세계 最古의 진정한(authentic) 전통음악, 전통무용으로서 지금도 일본에 전해져 보존되고 있다(47쪽).

E-4. 서기 200년경부터 일본은 한반도로부터 말을 탄 침략자들(기마민족)의 침략을 받은 것 같고 적어도 한국에서 문화적 영향을 받은 것 같다(42쪽).

라이샤워가 출처를 밝히지는 않았지만, E-1은『일본서기』긴메이(欽明) 13년 10월조의 기사를 왜곡한 것이다. 본래 백제 聖王이 백제 관리(怒唎斯致契)를 일본에 파견하여 일본왕 긴메이에게 백제 불교를 신앙하라고 지시하였는데, 일본은 전부터 전해오는 神이 있지만 결국 백제왕의 지시를 따라 백제 불교를 믿게 되었다는 내용이 담겨져 있다. 그런데 라이샤워는 백제의 성왕이 일본 왕에게 불교를 신앙하라고 지시한 내용을 제거해버린 것이다.

많은 지면을 할애하며 일본의 모든 제도는 중국에서 도입되었다고 주장하고 또한 한국 사람은 만주 지방의 여러 부족처럼 일본인과 같은 모방 노력도 하지 않았다고 폄훼함과 동시에 전통 음악과 무용은 한국이 아니라 중국과 한국 두 나라에서 전해왔다고 주장하나 모두 사실이 아니다. 6세기와 7세기에 일본은 중국의 문화를 수입할 수 없었다. 수입할 수 있는 처지가 아니었기 때문이다.

서기 200년경에 일본열도에 일본이라는 나라가 존재하였다는 주장도, 200년 전후에 한반도의 기마민족이 일본에 쳐들어왔다는 E-4의 주장도 사실이 아니다. 서기 200년경에 북방 기마민족이 일본에 쳐들어가서 4~5세기에 그곳에 왕국을 수립하였다는 에가미나미오(江上波夫)의 주장[16]을 라이샤워가 약간 변경하여 발표한 데 불과하다. 모두 근거 없는 주장이다.

일본 고대사학자 이시와타리 신이치로(石渡信一郎)는 주로 고분에 근거하여 4세기 중엽 경부터는 한반도의 가야 사람들이, 그리고 5세기 말부터는 백제 사람들이 집단적으로 이주하여 일본 고대 국가를 건설하였다고 주장하고 있다.[17]

그러면 실제로 한국과 일본의 관계는 어떠하였는지 『일본서기』에 상세히 기록되어 있는 6세기의 한일관계를 살펴보자.

---

16) 최재석, 1990, 『日本古代史研究批判』, 一志社, 189~194쪽.
17) 石渡信一郎, 2001, 앞의 책, 13쪽.

### 1) 6세기의 한일관계

서기 501년부터 522년까지 재위한 백제 무령왕은 아직 관위가 제정·실시되지 않은 일본(야마토왜)에 백제 왕자나 오경박사를 파견하여 통치하였으며, 통치지역인 일본에서 특산물인 말 40필을 백제로 가져오기도 하였다. 일본을 통치한 무령왕의 존재는 1971년 공주에서 발굴된 무령왕릉과 묘지명, 그리고 무령왕의 棺材가 일본에서 생산되는 목재로 이루어졌다는 물적 증거에 의해서도 뒷받침된다.

부왕인 무령왕의 뜻을 계승한 성왕은 무령왕보다 더 대규모의 각종 전문인으로 구성된 경영팀을 일본에 파견하였으며, 일본에 최초로 백제 불교를 포교하기도 하였다. 성왕은 무령왕보다 더 많은 물자를 일본에서 백제로 가져왔는데, 554년 1월 9일에는 보리 종자 1,000석, 良馬 70필, 선박 10척 등 막대한 것이었다(<표 2> 참조).

부왕인 성왕의 대일 불교정책을 더욱 계승 발전시킨 위덕왕은 백제 관리, 승려, 造寺工, 造佛工 등을 파견하여 여러 곳에 사찰과 불상을 조성하고 이를 경영하였으니, 그 가운데서도 588년부터 596년까지 8년간에 걸쳐서 조영한 간코지(아스가데라)가 가장 대표적인 사찰이라 할 수 있다. 위덕왕은 일본(야마토왜)의 여승 젠신(善信尼)을 불러서 교육시킨 후 다시 파견하였으며, 백제승을 파견하여 법홍사에 입주시킴과 동시에 부왕인 성왕을 위해 호류지(法隆寺) 유메도노(夢殿)의 救世觀音像을 조성하였다는『세이요쇼(聖譽抄)』의 내용은 위와 같은 사실들을 반영한 것이라고 볼 수 있겠다.

위덕왕의 조부인 무령왕이 오경박사 등을 파견하여 일본을 경영하고 부왕인 성왕이 일본에 승려들을 파견하여 백제불교의 포교에 힘을 기울인 데 비해 위덕왕은 造寺工, 瓦박사, 불탑 노반 주조 기술자, 造佛工, 畫工 등 사찰과 불상 제작 전문기술자를 파견하여 일본에서 사찰과 불상을 제작하였으므로, 설사 호류지 유메도노의 관음상을 위덕왕이 제작했다는 기록이 없었다고 하더라도 그 불상은 무령왕이나 성왕 시대에 제작한 것이 아니라 위덕왕 때의 제작일 수밖에 없다는 것을 알게 된다.[18)]

그리고 663년 백촌강 전투에 참전하여 나·당 연합군과 항쟁을 한 일본군이 백제왕 豊의 군대였다는 사실은 잠시 접어두고라도, 역대 백제왕이 일본(야마토왜) 경영팀을 파견하여 그곳을 통치하고, 또 寺工과 불상조상 전문인단을 파견하여 백제왕을 위해 사찰과 불상을 조성하고 또한 조성된 불상을 안치하였다면 그곳도 백제 본토처럼 백제의 강역임이 자명해지는 것이다.

6세기 한일관계의 특징은 한국(백제)이 일본(야마토왜)에서 여러 번 군대를 징집하고 수많은 물자를 징수한 것에서도 나타나 있다.

무령왕·성왕·위덕왕은 백제관리를 파견하여 처음에는 3년 임기제, 후에는 7년 임기제로 일본(야마토왜)을 경영했을 뿐만 아니라 경영의 결과로 얻어진 과실도 여러 번 일본에서 가져왔다. 3왕 가운데 무령왕과 위덕왕은 각각 한 번 정도 일본에서 물품을 가져왔는데 비해 성왕은 여섯 번 씩이나 일본에서 군대·人夫를 비롯하여 말·보리·木船·활·화살 등을 가져왔다. 지금 『일본서기』에서 그 내용을 제시하면 다음과 같다.[19)]

무령왕은 왕 12년(512)에 일본에서 말 40필을 가져왔으며, 무령왕의 손자인 위덕왕은 왕 3년(556)에 구체적인 수량을 밝히지는 않았으나 각각 많은 양의 말과 병기를 일본에서 가져왔다. 무령왕의 아들이자 위덕왕의 아버지인 성왕은 548년(성왕 26)에 370명의 인부를 일본에서 데리고 와서 성을 수축케 하였으며, 29년(551)과 32년(554)에는 각각 1,000석에 이르는 막대한 양의 보리와 무려 1,000명에 달하는 군대를 징집하여 백제로 데리고 왔다. 이밖에 24년(546)에는 70여 필의 말과 10척의 선박을 그리고 8

---

18) 최재석, 2002, 「6세기의 백제에 의한 大和倭 경영과 法隆寺 夢殿의 觀音像」 『韓國學報』 109.

19) 최재석, 2003, 「古代 韓日관계사 연구의 기본 시각」 『한국학보』 112.

년 후인 32년(554)에는 100필의 말과 40척의 선박을 징집하여 백제로 가져왔다. 또 성왕 28년(550)에는 30구의 화살, 31년(553)에는 50장의 활과 50구(2,500본)의 화살을 일본에서 가져왔다. 이와 같이 6세기인 무령왕·성왕·위덕왕 시대에 백제가 통치한 일본에서 백제는 군대를 징집하고 말, 보리 종자 등 여러 물자를 가져왔는데, 이로부터 100여 년이 경과한 7세기 후반에도 다음 항에서 언급하는 바와 같이 왜병(왜병은 백제왕 풍의 군대였다)을 징집하고 많은 양의 활·면·포·가죽·볍씨 등을 가져왔다. 이것들은 일본을 경영한 결과 얻어진 과실이라 할 수 있을 것이다. 6세기와 7세기를 통해 백제는 변함없이 일본에서 군대를 징집하고 많은 종류의 물자를 가져온 것이다.

〈표 2〉 백제가 일본(야마토왜)에서 징집한 군대·인부와 징수한 물품

| 연 대 | 물 품 | | | | | | | |
|---|---|---|---|---|---|---|---|---|
| | 말 | 배 | 보리종자 | 활 | 화살 | 인부 | 군대 | 병기 |
| 512년(무령 12, 繼體 6) 4월 6일 | 40필 | | | | | | | |
| 546년(성왕 24, 欽明 7) 1월 3일 | 70여필 | 10척 | | | | | | |
| 548년(성왕 26, 欽明 9) 10월 | | | | | | 370인 | | |
| 550년(성왕 28, 欽明 11) 2월 10일 | | | | | 30구 | | | |
| 551년(성왕 29, 欽明 12) 3월 | | | 1,000석 | | | | | |
| 553년(성왕 31, 欽明 14) 6월 | 2필 | 2척 | | 50장 | 50구 | | | |
| 554년(성왕 32, 欽明 15) 1월 9일 | 100필 | 40척 | | | | | 1,000명 | |
| 556년(위덕 3, 欽明 17) 1월 | 많이 | | | | | | | 많이 |

『삼국사기』 성왕 32년(554) 7월조에 백제 성왕이 신라를 공격했다는

기사가 있다. 그런데 이보다 6개월 전인 554년 1월에 백제가 일본에서 군대를 징집하고 말·선박 등의 군수 물자를 징수하였으니 백제는 이러한 군대와 물자를 가지고 신라와 전쟁을 하였음을 알 수 있다.

### 2) 7~8세기의 한일관계

668년 전쟁에 패한 백제=일본(야마토왜)이 전승국이며 한반도를 통일한 신라에 막대한 전쟁 배상물자를 일본에 간 신라사절을 통해 지급하면서부터 두 나라의 관계는 시작된다.[20] 이보다 먼저 663년 백제가 신라에 항복하자 백제 장군들은 일본열도로 후퇴하여 쓰시마(對馬島), 후꾸오카, 세토나이카이(瀬戸内海)의 요충지 즉 신라군이 쳐들어올 것으로 예상되는 지점에 백제식 산성을 구축하였다.[21] 일본이 백제의 영향력 하에 있지 않고서는 백제가 일본에 백제산성을 쌓을 수가 없다(백제산성은 지금도 남아있다). 668년 이전의 일본은 백제가 경영한 지역이었다고 한다면, 그 이후부터 7~8세기의 일본은 신라의 지배하에 있었다.

신라는 685년 11월, 687년 9월, 695년 3월 등 3차에 걸쳐 신라인 사절을 파견하여 일본의 국정을 지시하고 지도하였다. 703년 10월 일본은 신라 국왕(효소왕)이 세상을 떠났다는 소식을 듣자 신라 국왕 제례비용조로 고급 비단(錦) 2필, 비단 40필을 진상하였다.

일본은 王都인 헤이조쿄(나라)의 조영계획을 신라에 보고하고, 그것을 인정받기 위하여 706년에 사신을 신라에 파견하여 신라사를 초청하였다. 초청을 받은 신라는 709년 신라사(김신복)를 일본에 파견했다. 새로운 왕도 조영의 인정이 얼마나 중요한 것인가는 일본이 신라사 일행을 맞이하기 위하여 쓰쿠시(筑紫)까지 해륙 양방면으로 영접사인단을 파견한 것에

20) 최재석, 1993, 『統一新羅·渤海와 日本의 關係』, 一志社, 272쪽.
21) 최재석, 2000, 앞의 책, 192쪽.

도 나타나 있다고 하겠다. 일본의 새로운 왕도 조영에 대한 신라의 인준에 대한 감사의 표시로 일본 정부는 일본에 초청한 신라사를 통하여 신라 국왕에 絹 20필·미노(美濃)비단 30필·絲 200구·綿 150돈을 진상했던 것이다. 710년 3월 새로운 왕도 나라(奈良)로 환도하자 일본은 다시 사신을 신라에 파견하여 신라왕에게 감사의 표시를 하였다.

710년 3월에 왕도를 후지하라쿄(藤原京)에서 헤이조쿄(平城京)로 옮겼지만, 3년간의 役事를 끝내고 故鄕으로 돌아가는 일본 국민이 식량이 떨어져 노상에서 굶고 사망하는 사례도 속출하였다. 이리하여 헤이조쿄 조영 공사는 還都 후에도 끝나지 않았으며 712년 10월에 일단 대체적인 정리가 되자 從5位下 미치노키미 오비도나(道君首名)가 신라에 파견되어 신라 성덕왕에게 헤이조쿄 천도에 대해 보고하고 713년 8월에 귀국하였다. 新都 천도의 보고를 접한 신라는 일본의 新都 조영과 천도를 승인하기 위하여 714년 11월에 金元靜 등 20여 명을 일본에 파견하였다. 일본 정부는 입경하는 新羅使 일행을 호위하기 위하여 전국에서 기병 990騎를 동원하였으며, 같은 달 15일에는 신라사를 영접하기 위한 사절을 멀리 쓰쿠시까지 파견하였다. 같은 해 12월 26일에는 기병 170기를 거느린 일본 관리가 新都 郊外까지 나와 이들을 영접하였으며, 신라사절 김원정 일행은 헤이조쿄의 슈자쿠대로(朱雀大路)를 들어온 최초의 新羅使가 되었다. '슈자쿠대로'는 왕궁에서 남쪽으로 직선으로 나 있는 王京에서 제일 넓은 대로이며 국왕이 공식 청할 때 주로 통행하는 대로이다. 新都 조영과 천도를 인정해 준 데 대한 감사의 표시로 일본 정부는 무려 綿 5,450돈과 배 1척을 일본에 간 新羅使에 진상하였던 것이다.[22]

위에 서술한 것이 고대한일관계의 실상이다. 이렇게 볼 때 일본이 주로 중국의 것을 받아들였다는 라이샤워의 주장은 전적으로 허구임을 알

22) 최재석, 1993, 앞의 책, 276~289쪽.

수 있다. 668년 이전의 일본은 전적으로 백제의 지배하에 있었고, 그로부터 7~8세기의 일본은 전적으로 신라의 지배하에 놓여있었다. 이 시기의 일본이 중국의 여러 제도를 받아들였다는 것은 희망사항으로는 있을 수 있으나 실제 기록에는 존재하지 않는다.

## 7. 맺는말

라이샤워는 일본에 있는 고분은 한국에서 이주한 사람들의 무덤인데도 일본인의 무덤이라고 주장하였으며, 일본에서 6세기까지는 가야와 백제에서 이주한 이주민이 정착한 시기인데도 일본에서 자생한 자치단체가 존재한 시기라고 주장하였으며, 쇼토쿠태자는 허구의 인물인데도 호류지를 창건한 실존의 인물이라고 주장하고 있다. 또 6세기 전부터 8세기까지 일본은 한국이 – 668년 이전은 백제가, 그 이후는 통일신라가 – 일본을 통치하고 또 모든 것은 한국의 것을 수용하였는데도 중국 것만 광범하게 받아들였다고 왜곡하고 있다.

문자도 없었으며, 남녀 모두 얼굴과 팔에 문신을 하고 물속에 들어가 고기를 잡아서 생활을 하던 원주민이 있는 일본열도에 고도의 문화를 가진 한민족이 대량으로 집단 이주하여 국가를 건설한 사실을 전적으로 도외시한 라이샤워는 고대 한일관계를 극도로 왜곡하고 있다.

고대한일관계사를 왜곡하는 사람들을 많이 보았지만 라이샤워처럼 사실과 거리가 먼 역사 왜곡을 하는 사람은 아직 보지 못하였다. 끝으로 일본 사학자들의 역사 왜곡에 기대지 말고 한국인이 집단적으로 건너가서 일본을 개척하고 경영하였다는 『일본서기』의 기록에 눈을 돌리고, 일본인들이 기피하는 한국인과 일본인의 DNA가 동일한지 아닌지를 비교함과 동시에 일본열도의 고대 지명이 모두 한국의 지명으로 되어있는 사실

(일본은 그 뒤 한국지명을 없애버리고 지금은 몇 곳만 남아있다)에 주목하라고 라이샤워에게 권하고 싶다.

# 참고문헌

『舊唐書』
『唐書』 百濟
『北史』 倭國傳
『三國史記』
『三國志』 倭人傳
『續日本紀』
『續日本後紀』
『新撰姓氏錄』
『類聚三代格』
『日本書紀』
『晉書』 倭人傳
『後漢書』 倭傳

姜友邦, 1982, 「新羅의 佛敎彫刻이 일본에 미친 영향」『新羅文化祭學術發表會論文集』(東國大學校 新羅文化硏究所) 3.

金東賢, 1998, 「百濟 建築의 對日交涉」, 한국미술사학회 편, 『百濟 美術의 對外交涉』, 서울: 도서출판 藝耕.

김리나, 1992, 「百濟 彫刻과 日本 彫刻」『百濟의 彫刻과 美術』, 공주: 공주대학교 박물관.

金相鉉, 1995, 「元曉저술의 유통과 그 영향」『韓日文化의 상호이해를 위한 제문제』.

______, 1999, 「百濟 威德王의 父王을 위한 追福과 夢殿觀音」『韓國古代史硏究』 15.

김영나, 2000, 「1893년 시카고 만국박람회의 조선관」『서양미술사학회 논문집』 13.

金英愛, 1998, 「三國時代 佛敎 彫刻이 日本 아스카(飛鳥)時代 佛敎 彫刻에 미친 영향」『文化財』 31.

______, 2002, 「8세기 統一新羅 彫刻과 天平 彫刻의 관계: 여래상을 중심으로」

『美術史學硏究』 236.
김원룡 외 (편), 1984, 『佛像』 (한국의 미 10), 서울: 중앙일보사.
魯成煥, 1989, 「한국의 日本神話硏究」 『日本學年報』 2.
文明大, 1998, 「百濟 佛像彫刻의 對日交涉: 百濟 佛敎의 日本 傳播」, 한국미술사학회 편, 『百濟 美術의 對外 交涉』, 서울: 도서출판 藝耕.
申敬澈 외 4인, 2000, 『韓國의 前方後圓墳』, 대전: 충남대학교 출판부.
安輝濬, 1989, 「三國時代 繪畫의 日本 傳播」 『國史館論叢』 10.
______, 2000, 『한국 회화사 연구』, 서울: 시공사.
오순제, 2006, 「영산강 유역의 전방후원분」 『한민족의 기원과 매장문화 학술세미나 발표 요지』.
李成美, 1995, 「日本 初期 繪畵에 나타난 韓國의 影響」 『한국정신문화연구원 예술연구실 제5회 학술세미나 발표요지』.
______, 1998, 「百濟時代 佛畵의 對外交涉」, 한국미술사학회 편, 『百濟 美術의 對外 交涉』, 서울: 도서출판 藝耕.
李進熙, 1991, 「船山大刀銘の硏究史の諸問題」 韓國文化硏究振興財團, 『靑丘學術論集』.
李春桂, 1991, 「日本의 古代服飾」 『최재석교수 정년퇴임기념논총 韓國의 社會와 歷史』, 서울: 一志社.
______, 1995, 『正倉院의 복식과 그 제작국』, 서울: 일신사.
이형구·박노희, 1986, 『廣開土大王陵碑新硏究』, 서울: 同和出版公社.
林南壽, 1994, 「韓日 古代 馬具로 본 安部首 止利佛師의 出身 背景」 『미술사연구』 8.
秦弘燮, 1983, 「古代 韓國 佛像樣式이 日本 佛像樣式에 끼친 영향」 『梨花史學硏究』 13·14합집.
崔吉城, 1988, 「日本民俗硏究의 問題點과 展望」 『日本學報』 20.
______, 1989, 「日本植民地統治理念の硏究」 『日本學年報』 2.
崔在錫, 1983, 「新羅王室의 王位繼承」 『韓國家族制度史硏究』, 서울: 一志社.
______, 1983, 「新羅王室의 親族構造」 『韓國家族制度史硏究』, 서울: 一志社.
______, 1983, 『韓國家族制度史硏究』, 서울: 一志社.
______, 1985, 「『三國史記』 初期記錄은 과연 造作된 것인가: 소위 '文獻考證學'에 의한 『三國史記』 批判의 正體」 『韓國學報』 38. (『韓國古代社會史方法論』 수록)
______, 1986, 「末松保和의 新羅上古史論 비판」 『韓國學報』 43. (『韓國古代社

會史方法論』 수록)
崔在錫, 1987,「今西 龍의 韓國古代史論 批判」『韓國學報』46. (『韓國古代社會史方法論』 수록)
______, 1987,「三品彰英의 韓國古代社會·神話論批判」『民族文化研究』20. (『韓國古代社會史方法論』 수록)
______, 1987,「新羅時代의 氏族·리니지의 存否問題」『韓國學報』48. (『韓國古代社會史研究』 수록)
______, 1987,「新羅의 姓과 親族」『新羅社會의 新研究』(新羅文化祭學術發表會論文集 8). (『韓國古代社會史研究』 수록)
______, 1987,『韓國古代社會史方法論』, 서울: 一志社.
______, 1987,『韓國古代社會史研究』, 서울: 一志社.
______, 1988,「末松保和의 日本上代史論 批判」『韓國學報』53. (『日本古代史研究批判』 수록)
______, 1988,「池內 宏의 日本上代史論 批判」『人文論集』33. (『日本古代史研究批判』 수록)
______, 1989,「太田 亮의 日本古代史論批判」『日本學』8·9합집. (『日本古代史研究批判』 수록)
______, 1989,「『新撰姓氏錄』 批判」『大丘史學』38. (『日本古代史研究批判』 수록)
______, 1990,「津田左右吉의 日本古代史論 批判」『民族文化研究』23. (『日本古代史研究批判』 수록)
______, 1990,「오늘날의 日本古代史研究批判: 江上波夫 外 13人의 日本古代史研究를 中心으로」『韓國學報』60. (『日本古代史研究批判』 수록)
______, 1990,「坂本太郎 外 3人의『日本書紀』批判」『韓國傳統文化研究』6. (『日本古代史研究批判』 수록)
______, 1990,「黑板勝美의 日本古代史論批判」『정신문화연구』38. (『日本古代史研究批判』 수록)
______, 1990,「平野邦雄의 日本古代政治過程論 批判」『日本古代史研究批判』, 서울: 一志社.
______, 1990,『日本古代史研究批判』, 서울: 一志社.
______, 1990,『百濟의 大和倭와 日本化過程』, 서울: 一志社.
______, 1991,「渤海와 日本의 관계」『韓國學報』63. (『統一新羅·渤海와 日本의 關係』 수록)

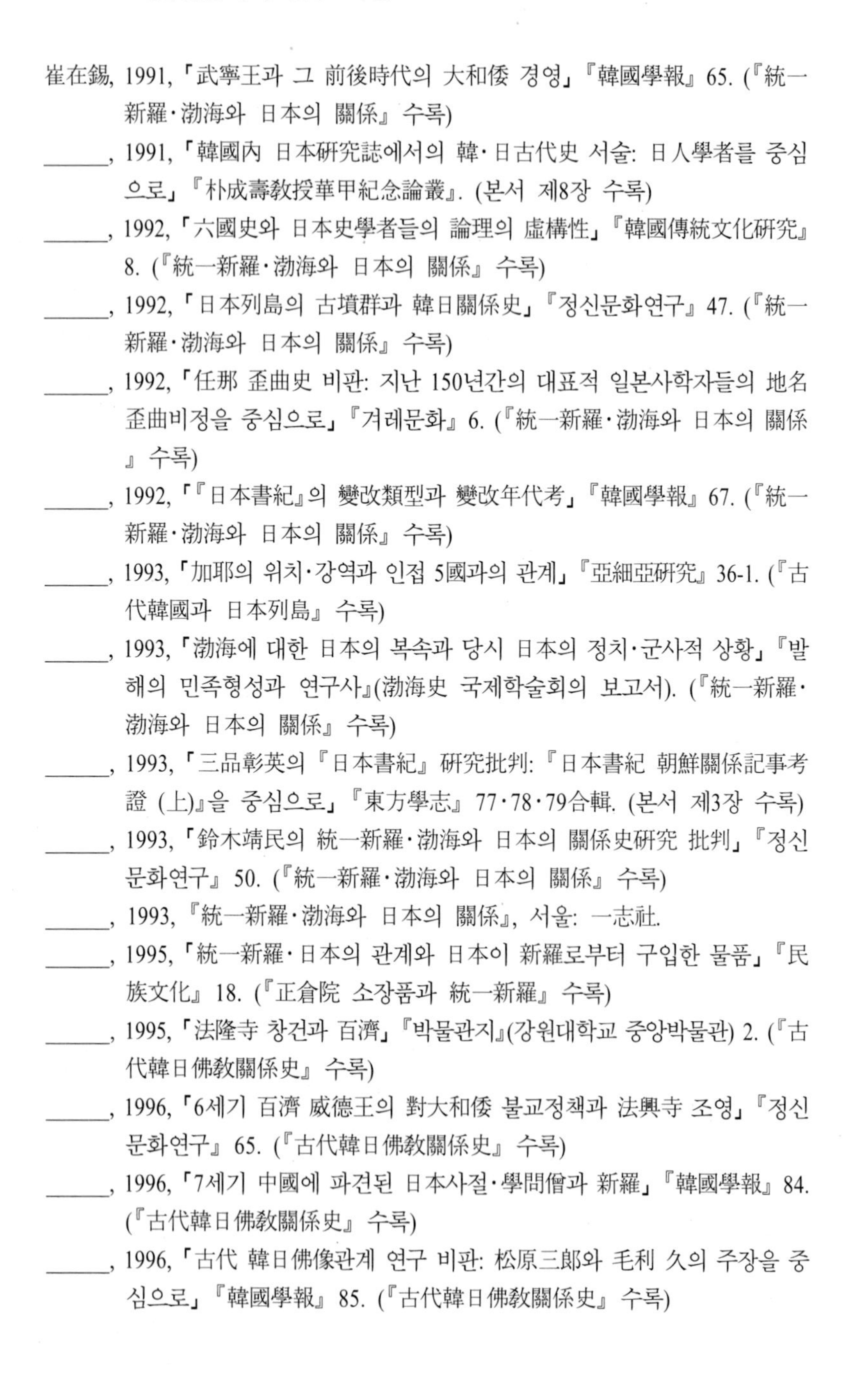


崔在錫, 1991,「武寧王과 그 前後時代의 大和倭 경영」『韓國學報』65. (『統一新羅·渤海와 日本의 關係』 수록)

______, 1991,「韓國內 日本研究誌에서의 韓·日古代史 서술: 日人學者를 중심으로」『朴成壽教授華甲紀念論叢』. (본서 제8장 수록)

______, 1992,「六國史와 日本史學者들의 論理의 虛構性」『韓國傳統文化研究』8. (『統一新羅·渤海와 日本의 關係』 수록)

______, 1992,「日本列島의 古墳群과 韓日關係史」『정신문화연구』47. (『統一新羅·渤海와 日本의 關係』 수록)

______, 1992,「任那 歪曲史 비판: 지난 150년간의 대표적 일본사학자들의 地名歪曲비정을 중심으로」『겨레문화』6. (『統一新羅·渤海와 日本의 關係』 수록)

______, 1992,「『日本書紀』의 變改類型과 變改年代考」『韓國學報』67. (『統一新羅·渤海와 日本의 關係』 수록)

______, 1993,「加耶의 위치·강역과 인접 5國과의 관계」『亞細亞研究』36-1. (『古代韓國과 日本列島』 수록)

______, 1993,「渤海에 대한 日本의 복속과 당시 日本의 정치·군사적 상황」『발해의 민족형성과 연구사』(渤海史 국제학술회의 보고서). (『統一新羅·渤海와 日本의 關係』 수록)

______, 1993,「三品彰英의『日本書紀』研究批判:『日本書紀 朝鮮關係記事考證 (上)』을 중심으로」『東方學志』77·78·79合輯. (본서 제3장 수록)

______, 1993,「鈴木靖民의 統一新羅·渤海와 日本의 關係史研究 批判」『정신문화연구』50. (『統一新羅·渤海와 日本의 關係』 수록)

______, 1993,『統一新羅·渤海와 日本의 關係』, 서울: 一志社.

______, 1995,「統一新羅·日本의 관계와 日本이 新羅로부터 구입한 물품」『民族文化』18. (『正倉院 소장품과 統一新羅』 수록)

______, 1995,「法隆寺 창건과 百濟」『박물관지』(강원대학교 중앙박물관) 2. (『古代韓日佛教關係史』 수록)

______, 1996,「6세기 百濟 威德王의 對大和倭 불교정책과 法興寺 조영」『정신문화연구』65. (『古代韓日佛教關係史』 수록)

______, 1996,「7세기 中國에 파견된 日本사절·學問僧과 新羅」『韓國學報』84. (『古代韓日佛教關係史』 수록)

______, 1996,「古代 韓日佛像관계 연구 비판: 松原三郎와 毛利 久의 주장을 중심으로」『韓國學報』85. (『古代韓日佛教關係史』 수록)

崔在錫, 1996, 「田村圓澄의 古代韓日佛教關係史研究 비판」『民族文化』19. (『古代韓日佛教關係史』 수록)

_____, 1996, 『正倉院 소장품과 統一新羅』, 서울: 一志社.

_____, 1997, 「‘聖德太子’에 관한 『日本書紀』의 기사와 日本人 주장의 허구성에 대하여」『韓國學報』 87. (『古代韓日佛教關係史』 수록)

_____, 1997, 「552년 百濟 聖王의 大和倭佛教 포교」『日本學誌』17. (『古代韓日佛教關係史』 수록)

_____, 1997, 「일본의 王都 藤原京·平城京 조영과 통일신라」『정신문화연구』 69. (『古代韓日佛教關係史』 수록)

_____, 1997, 「筑紫(大宰府)와 古代韓國」『人文論集』42. (『古代韓國과 日本列島』 수록)

_____, 1998, 「‘新羅送使’와 中國 파견 日本使人에 대하여」『民族文化』21. (『古代韓國과 日本列島』 수록)

_____, 1998, 「663년 백촌강 전투에 참전한 倭軍의 성격과 新羅와 唐의 戰後對外政策」『韓國學報』 90. (『古代韓國과 日本列島』 수록)

_____, 1998, 「7~9세기 日本列島에 존재한 新羅坊에 대하여」『韓國學報』 91·92 합집. (『古代韓國과 日本列島』 수록)

_____, 1998, 「7세기 말의 日本의 疆域에 대하여」『人文論集』43. (『古代韓國과 日本列島』 수록)

_____, 1998, 「이른바 ‘百濟三書’와 大和倭의 실제의 地名」『박물관지』(강원대학교 중앙박물관) 4·5합집. (『古代韓國과 日本列島』 수록)

_____, 1998, 『古代韓日佛教關係史』, 서울: 一志社.

_____, 1998, 『일본 고대사의 진실』, 서울: 일지사.

_____, 1999, 「백제 義慈王에 의한 蘇我入鹿 父子 誅殺과 ‘大化改新’에 관한 『日本書紀』 기사에 대하여」『民族文化論叢』20. (『古代韓日關係와 日本書紀』 수록)

_____, 1999, 「鈴木英夫의 古代韓日關係史 연구 비판」『百濟研究』29. (본서 제5장 수록)

_____, 1999, 「中國史書에 나타난 5세기의 이른바 ‘倭五王’에 대하여」『亞細亞研究』 42-2. (『古代韓國과 日本列島』 수록)

_____, 1999, 「『三國史記』 초기기록에 나타난 倭에 대하여」『韓國學研究』11. (『古代韓國과 日本列島』 수록)

_____, 1999, 「『三國史記』의 加耶 기사와 『日本書紀』의 任那·加羅 기사에 대

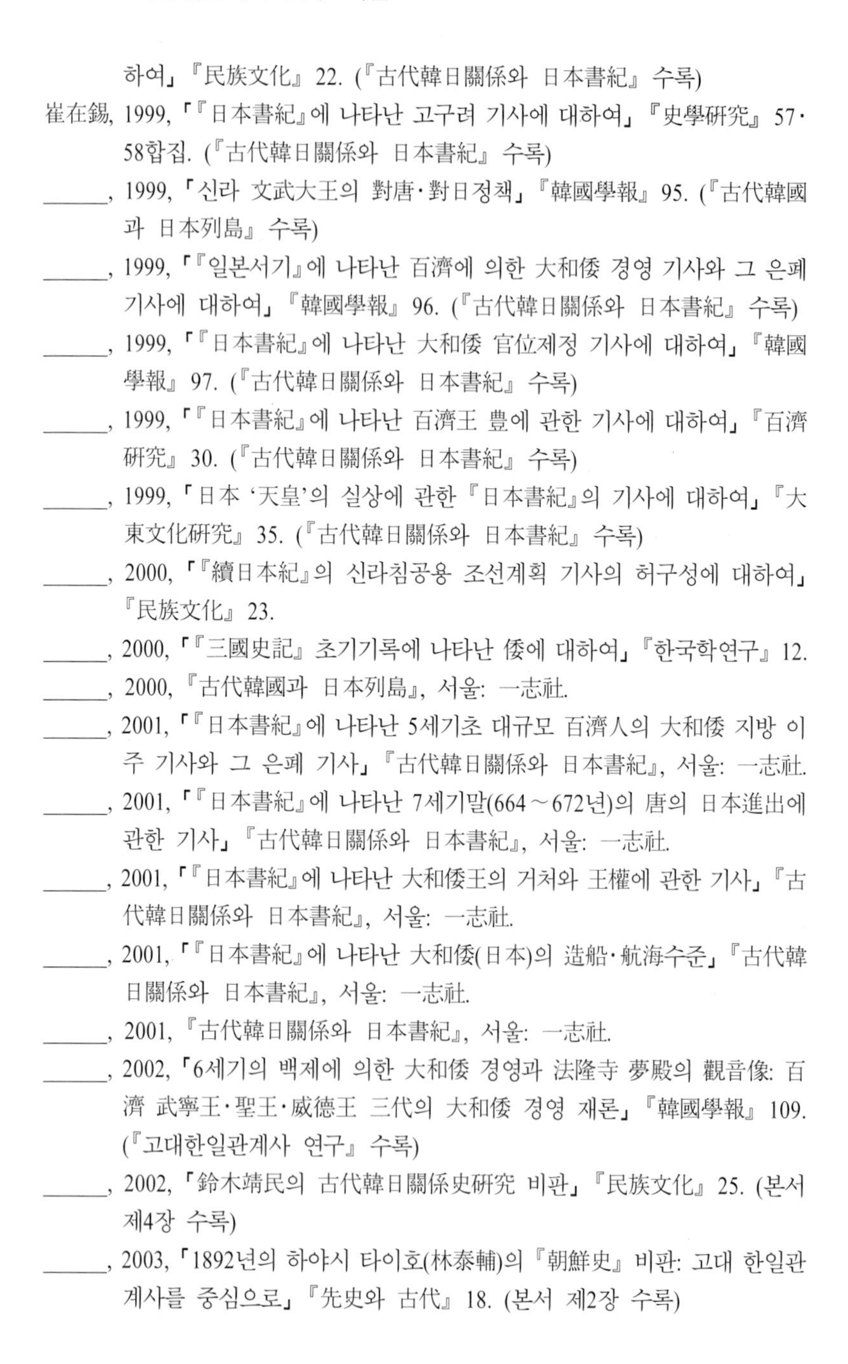

하여」『民族文化』22. (『古代韓日關係와 日本書紀』 수록)

崔在錫, 1999,「『日本書紀』에 나타난 고구려 기사에 대하여」『史學研究』57·58합집. (『古代韓日關係와 日本書紀』 수록)

______, 1999,「신라 文武大王의 對唐·對日정책」『韓國學報』95. (『古代韓國과 日本列島』 수록)

______, 1999,「『일본서기』에 나타난 百濟에 의한 大和倭 경영 기사와 그 은폐 기사에 대하여」『韓國學報』96. (『古代韓日關係와 日本書紀』 수록)

______, 1999,「『日本書紀』에 나타난 大和倭 官位제정 기사에 대하여」『韓國學報』97. (『古代韓日關係와 日本書紀』 수록)

______, 1999,「『日本書紀』에 나타난 百濟王 豊에 관한 기사에 대하여」『百濟研究』30. (『古代韓日關係와 日本書紀』 수록)

______, 1999,「日本 '天皇'의 실상에 관한『日本書紀』의 기사에 대하여」『大東文化研究』35. (『古代韓日關係와 日本書紀』 수록)

______, 2000,「『續日本紀』의 신라침공용 조선계획 기사의 허구성에 대하여」『民族文化』23.

______, 2000,「『三國史記』초기기록에 나타난 倭에 대하여」『한국학연구』12.

______, 2000,『古代韓國과 日本列島』, 서울: 一志社.

______, 2001,「『日本書紀』에 나타난 5세기초 대규모 百濟人의 大和倭 지방 이주 기사와 그 은폐 기사」『古代韓日關係와 日本書紀』, 서울: 一志社.

______, 2001,「『日本書紀』에 나타난 7세기말(664~672년)의 唐의 日本進出에 관한 기사」『古代韓日關係와 日本書紀』, 서울: 一志社.

______, 2001,「『日本書紀』에 나타난 大和倭王의 거처와 王權에 관한 기사」『古代韓日關係와 日本書紀』, 서울: 一志社.

______, 2001,「『日本書紀』에 나타난 大和倭(日本)의 造船·航海수준」『古代韓日關係와 日本書紀』, 서울: 一志社.

______, 2001,『古代韓日關係와 日本書紀』, 서울: 一志社.

______, 2002,「6세기의 백제에 의한 大和倭 경영과 法隆寺 夢殿의 觀音像: 百濟 武寧王·聖王·威德王 三代의 大和倭 경영 재론」『韓國學報』109. (『고대한일관계사 연구』 수록)

______, 2002,「鈴木靖民의 古代韓日關係史研究 비판」『民族文化』25. (본서 제4장 수록)

______, 2003,「1892년의 하야시 타이호(林泰輔)의『朝鮮史』비판: 고대 한일관계사를 중심으로」『先史와 古代』18. (본서 제2장 수록)

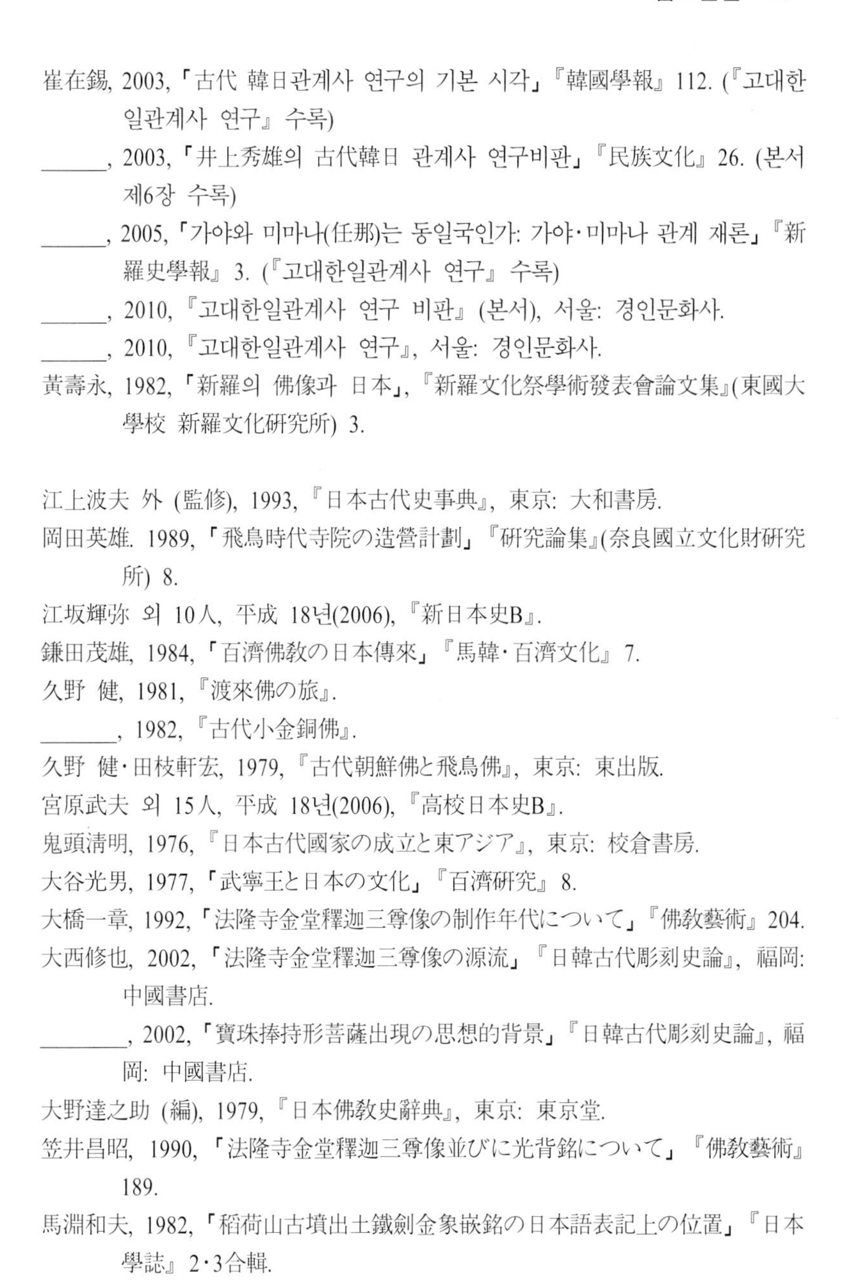

崔在錫, 2003,「古代 韓日관계사 연구의 기본 시각」『韓國學報』112. (『고대한일관계사 연구』 수록)

______, 2003,「井上秀雄의 古代韓日 관계사 연구비판」『民族文化』26. (본서 제6장 수록)

______, 2005,「가야와 미마나(任那)는 동일국인가: 가야·미마나 관계 재론」『新羅史學報』3. (『고대한일관계사 연구』 수록)

______, 2010,『고대한일관계사 연구 비판』(본서), 서울: 경인문화사.

______, 2010,『고대한일관계사 연구』, 서울: 경인문화사.

黃壽永, 1982,「新羅의 佛像과 日本」,『新羅文化祭學術發表會論文集』(東國大學校 新羅文化硏究所) 3.

江上波夫 外 (監修), 1993,『日本古代史事典』, 東京: 大和書房.

岡田英雄. 1989,「飛鳥時代寺院の造營計劃」『研究論集』(奈良國立文化財研究所) 8.

江坂輝弥 외 10人, 平成 18년(2006),『新日本史B』.

鎌田茂雄, 1984,「百濟佛教の日本傳來」『馬韓·百濟文化』 7.

久野 健, 1981,『渡來佛の旅』.

_______, 1982,『古代小金銅佛』.

久野 健·田枝軒宏, 1979,『古代朝鮮佛と飛鳥佛』, 東京: 東出版.

宮原武夫 외 15人, 平成 18년(2006),『高校日本史B』.

鬼頭清明, 1976,『日本古代國家の成立と東アジア』, 東京: 校倉書房.

大谷光男, 1977,「武寧王と日本の文化」『百濟研究』 8.

大橋一章, 1992,「法隆寺金堂釋迦三尊像の制作年代について」『佛教藝術』204.

大西修也, 2002,「法隆寺金堂釋迦三尊像の源流」『日韓古代彫刻史論』, 福岡: 中國書店.

________, 2002,「寶珠捧持形菩薩出現の思想的背景」『日韓古代彫刻史論』, 福岡: 中國書店.

大野達之助 (編), 1979,『日本佛教史辭典』, 東京: 東京堂.

笠井昌昭, 1990,「法隆寺金堂釋迦三尊像並びに光背銘について」『佛教藝術』189.

馬淵和夫, 1982,「稻荷山古墳出土鐵劍金象嵌銘の日本語表記上の位置」『日本學誌』 2·3合輯.

武藤 誠, 1988,『日本美術史』, 姜德熙 역, 서울: 知識產業社.

武田幸男, 1986,「廣開土王碑の百濟と倭」『百濟研究』 17.
尾藤正英 외 7人, 平成 18년(2006),『新選日本史B』.
芳賀 登, 1984,「日本에 있어서의 百濟史研究의 意義」(日文번역논문),『馬韓·百濟文化』 7.
_______, 1987,「古代日本における百濟の位置」『馬韓·百濟文化』 10.
法隆寺, 1989,『法隆寺とシルクロード佛教文化』.
福地復一, 1887,「日本に遺存せる三韓の佛像」『考古學雜誌』 6.
山尾幸久, 1986,「日本書紀と百濟系史料」『百濟研究』 17.
山本博文 외 11人, 平成 18년(2006),『日本史B』.
三品彰英, 1950,「高句麗의 五族에 대하여」『朝鮮學報』 6.
________, 1963,「骨品制 社會」『古代史講座』 7.
________, 1971,『神話と文化史』, 東京: 平凡社.
________, 1972,『(增補) 日鮮神話·傳說の研究』, 東京: 平凡社.
________, 1973,『古代祭政と穀靈信仰』, 東京: 平凡社.
________, 1974『新羅花郎の研究』, 東京: 平凡社.
森 浩一, 1965,『古墳の發掘』, 東京: 中央公論社.
_______, 1981,「京滋の古墳文化」, 京都新聞社 編,『謎の古代 — 京·近江: 京滋文化の源流を探る』, 東京: 河出書房新社.
_______, 1981,『巨大古墳の世紀』, 東京: 岩波書店.
上田正昭, 1981,「古代의 日本과 韓國文化」『韓日關係研究所紀要』10·11합집.
石渡信一郎, 1992,『聖德太子はいなかった』, 東京: 三一書房.
__________, 2001,『百濟から渡來した應神天皇』, 東京: 三一書房.
石母田正, 1971,『日本の古代國家』, 東京: 岩波書店.
石野博信, 1990,『古墳時代史』, 東京: 雄山閣.
石井 進 외 11人, 2006,『詳說日本史B』.
石井 進 외 12人, 2003,『高校日本史B』.
小島民雄, 1993,『國語辭典』, 東京: 集英社.
松原三郎, 1968,「飛鳥白鳳佛と朝鮮三國期の佛像: 飛鳥白鳳佛源流考として」『美術史』 68.
烟井 弘, 1989,「繼體紀の二·三の問題」『日本學』 8·9合輯.
鈴木英夫, 1996,『古代の倭國と朝鮮諸國』.
鈴木靖民, 1969,「8世紀の日本と新羅との外交」, 井上秀雄篇,『セミナー日朝關係史』 1, 東京 : 櫻楓社.

鈴木靖民, 1969,「新羅の倭典について」『古事類苑(外交部)月報』 33.
________, 1970,「皇極紀朝鮮關係記事の基礎的研究」『國史學』 82.
________, 1974,「いわゆる任那日本府および倭問題」『歷史學研究』 405.
________, 1983,「石上神宮七支刀銘についての一試論」『坂本太郎頌壽紀念 日本史學論集』 上.
________, 1984,「東アジアの諸民の國家形成と大和王權」『講座日本歷史』 1(原始·古代 1).
________, 1985,「好太王碑文の倭記事」『東アジアの古代文化』 44.
________, 1985,「倭の五王の外交と內政」, 林陸朗先生還曆紀念會編,『日本古代の政治と制度』.
________, 1985,『古代對外關係史の研究』, 東京: 吉川弘文館.
________, 1988,「好太王碑の記事と倭の實體」, 讀賣テレビ放送,『好太王碑集安の壁畵古墳』.
________, 1988,「武(雄略)の王權と東アジア」『古代を考へる雄略天皇とその時代』.
________, 1990,「8世紀の日本と新羅の文化交流」, 有光敎一 外,『古代の新羅と日本』, 東京: 學生社.
________, 1990,「廣開土王碑の'倭'關係記事」, 唐代史研究會,『東アジア文書の史的研究』.
________, 1992,「고대의 한일관계」, 歷史學硏究會 편, 山里澄江·손승철 역,『한일관계사의 재조명』, 서울: 이론과실천.
________, 1992,「7世紀東アジアの爭亂と變革」, 田村晃一·鈴木靖民 편,『アジアからみた古代日本』, 東京: 角川書店.
________, 1992,「渤海와 日本·唐의 貿易」, 장보고대사해양경영사연구회 편,『張保皐大使海洋經營史』, 전라남도: 동 연구회.
________, 1993,「4·5世紀の交の高句麗と倭」, 東京都黑區敎育委員會 編,『廣開土王碑と古代日本』, 東京: 學生社.
________, 1993,「7世紀中葉 百濟의 政變과 東아시아」『百濟史의 比較硏究』.
________, 1994,「東アジアにおける國家形成」『岩波講座 日本通史』 3.
________, 1995,「加耶(弁韓)の鐵と倭」, 仁濟大 加耶文化연구소,『加耶諸國의 鐵(국제학술회의논문)』.
________, 1997,「平城京の新羅文化と新羅人」, 武田幸男編,『朝鮮社會の史的展開と東アジア』.

鈴木靖民, 1999, 「渤海の遠距離交易と荷擔者」 『アジア遊學』 6.
鈴木靖民 外, 1998, 『伽倻はなぜほろんだか: 日本古代國家形成史の再検討』(제3차국제학술회의), 東京: 大和書房.
遠藤元男 (編), 1982, 『日本古代史事典』, 東京: 朝倉書店.
圓仁, 『入唐求法巡禮行記』.
伊東忠太, 1942, 『日本建築の研究(上)』, 東京: [s. n.].
伊藤純郎 외 10人, 平成 18년(2006), 『高等學校日本史B』.
日野 昭, 1981, 「大伴狹手彥의 傳承과 佛教」(日文번역논문) 『韓日關係研究所紀要』 10·11합집.
林 泰輔, 1891, 「加羅의 起源」 『史學雜誌』 25.
林 泰輔, 1892, 『朝鮮史』, 東京: [吉川半七].
長廣敏雄, 1982, 「古代佛教美術からみた韓國と日本」 『日本學』 2.
田村圓澄, 1975, 『飛鳥·白鳳佛教論』.
________, 1975, 『飛鳥佛教史研究』.
________, 1978, 「行基と新羅佛教」 『日本文化と朝鮮』 3.
________, 1980, 『古代朝鮮佛教と日本佛教』, 東京: 吉川弘文館.
________, 1982, 『日本佛教史 1: 飛鳥時代』, 東京: 法藏館.
________, 1983, 『日本佛教史 2: 奈良·平安時代』, 東京: 法藏館.
________, 1983, 『日本佛教史 4: 百濟·新羅』, 東京: 法藏館.
________, 1989, 「平城京の新羅使」 『日本學』 8·9合輯.
________, 1994, 『飛鳥·白鳳佛教史 (上)』, 東京: 吉川弘文館.
________, 1999, 『古代日本の國歌と佛教』, 東京: 吉川弘文館.
田村專之助, 1939, 「6世紀中葉以降に於ける日羅貿易の研究」 『青丘學叢』 30.
井上秀雄, 1972, 『古代朝鮮』, 東京: 日本放送出版協會.
________, 1973, 『任那日本府と倭』, 東京: 東出版.
________, 1974, 『新羅史基礎研究』, 東京: 東出版.
________, 1976, 「神話に現れた高句麗王の性格」 『朝鮮學報』 81.
________, 1980, 「任那의 實態」(日文번역논문) 『韓日關係研究所紀要』 9.
________, 1984, 「日本における百濟史研究」 『馬韓·百濟文化』 7.
________, 1989, 「『日本書紀』の高句麗觀」 『日本學』 8·9합집.
井上和人, 1984, 「藤原京」 『佛教教育』 154.
朝比奈正幸 외 15人, 平成 18년(2006), 『最新日本史』.
朝鮮總督府 中樞院, 1940, 『朝鮮の國名に因める名詞考』.

佐藤道信, 1999, 『明治國家と近代美術』, 東京: 吉川弘文館.

中西進, 1984, 「山上憶良は韓國人か?」 『日本學』 4.

中野政樹, 1994, 「正倉院 寶物과 新羅 遺物」(심영신 역) 『미술사연구』 8.

中井眞孝, 1984, 「7世紀の日韓佛敎交涉」 『馬韓·百濟文化』 7.

津田左右吉, 1966, 『津田左右吉全集』 別卷1, 東京: 岩波書店.

__________, 1976, 『日本上代史の硏究』, 東京: 岩波書店.

靑木美智男 외 12人, 2006, 『日本史B』 (3版).

平野邦雄, 1984, 「日本硏究의 回顧와 展望: 日本의 文獻史學을 中心으로」 『百濟硏究』 15.

黑板勝美, 1942, 『(更訂) 國史硏究年表』, 東京: [s. n.].

Fenollosa, Ernest Francesco, 1912, *Epochs of Chinese and Japanese Art,* New York: Dover Publications Inc.

Hall, John Whitney, 1970, *Japan: From Prehistory to Modern Times,* New York: Dell Publishing Co. (1986, 박영재 역, 『日本史』, 서울: 역민사).

Reischauer, Edwin O., 1977, *The Japanese,* Tokyo: Charles E. Tuttle.

Seckel, Dietrich, 1964[1962], *The Art of Buddhism (Kunst des Buddhismus),* translated by Ann E. Keep, New York: Crown Publishers, Inc. (1985, 백승길 역, 『佛敎美術』, 서울: 열화당).

Washizuku Hiromitsu, Kim Lena et al., 2003, *Transmitting the Forms of Divinity: Early Buddhist Art from Korea and Japan,* New York: Japan Society.

# 찾아보기

ㄱ

加羅 96, 97, 125, 228
加羅諸國 228
가노 도모노부(狩野友信老) 289, 308
伽倻 17, 256, 265
伽耶 36, 40, 65, 96, 97, 122, 126, 226, 227, 228, 230, 241, 291, 293
伽倻國 258
伽耶와 倭의 관계 28
가와찌(河內) 322
가와하라데라(川原寺) 360
遣隋日本使 263
敬順王 38
經典 300
鷄林 126
高句麗 4, 17, 291
고구려 使人 223
고구려 征伐計劃 119
고구려와 倭의 관계 28
고구려의 五族 44, 49
故國原王 241
『古代對外關係史の硏究』 75
古代神話 38
고대 일본열도의 여러 지명 345
『古代日本の國家と佛教』 181
古代祭政과 穀靈信仰 48
古代朝鮮 143, 144, 146, 161, 177
「古代朝鮮史年表」 146
古代韓國 40
고대 한일관계 3, 57, 246, 259, 339
고대한일관계사 27, 75, 143, 215, 216, 247, 248, 250, 253, 255, 285, 285, 338, 339, 366, 369, 388
고대 한일불교관계 338
『古代の倭國と朝鮮諸國』 112
高靈 125
고메이(光明) 184
古墳 340
高砂族 48, 242
古朝鮮 38
穀靈信仰 47
穀神 47, 48
骨品制社會 45, 49
郭務悰 78
關東지역 120
貫頭衣 138, 318, 373
관리 354
冠位 12階 108
官位제정 106
觀音像 280, 323, 354
觀音立像 297
廣開土王 34
廣開土王碑(文) 55, 115, 117, 263, 264, 350
光武帝 269
光背 280, 304
光復 245
翹岐 131, 132, 133
翹岐의 門 133
구노 다케시(久野 健) 303, 328
『舊唐書』 100

구로이타 가쓰미(黑板勝美) 29, 111, 141, 215
구마소(熊襲, Kumaso) 290
救世觀音像 296
九州지역 120
求眞的 態度 250
國喪 355
君主-臣下관계 82
掘立柱 138
歸化人 160
近肖古王 224
기나이(畿內) 82, 268, 322, 347
기시노 오시비(吉士小魚有) 354
기토 기요마키(鬼頭清明) 143
金剛力士 301
金官 106
金官加羅 228
金官伽倻 69
金官國 69, 70, 265
金堂 280
金堂內陣小壁 280
金銅佛像 300
金銅小佛像 303
錦典 107
金東嚴 354
金所毛 94
金受 12
金首露王 36
金信福 276
金元靜 81, 387
金春秋 33
金泰廉 182

나가히로 도시오(長廣敏雄) 247
羅唐연합군 113, 118, 123, 259, 296, 348, 384
나니와(難波·大阪) 22
나라(奈良)시대 262
나카 미치요(那珂通世) 240, 242
樂浪郡 150, 163
樂浪시대 49
卵生始祖神話 47, 242
卵生型神話 47
難波(大阪) 292
難波館 93
南加羅 69
南方系族 242
南方海洋諸民族 47
南方海洋諸族 47
奈勿王 147
怒唎斯致契 322, 381
盧舍那佛 개안식 182
魯成煥 244
닌토쿠(仁德) 천황묘 343, 348

多羅 36
다무라 엔초(田村圓澄) 181, 278, 325, 350, 358, 360, 375
다이호레이(大寶令) 360, 378
다케다 유키오(武田幸男) 247
檀君 38, 39
달력 380
達率 10
答炑春初 348
當麻寺 329

唐服 136
唐服制 293
『唐書』 100
唐·新羅동맹 135
大加耶 125
大加耶國 169
大刀 272
大同江 94
對馬島 97, 126, 127
臺灣 高砂族 46
帶方郡 150, 265
帶方지방 94
大赦令 355
大友皇子 269
大佐平 133
大海人皇子 269
大華嚴寺 183, 184
大宝令 263
大宝律令 295
덴무(天武) 294
덴지(天智) 31, 294
도다이지(東大寺) 182, 184, 336
都督府 293, 356
도리(止利) 佛師 302
稻葉岩吉 242
稻荷山 古墳 272
東京大學 286
東京美術學校 287
東城王 6
동아시아의 불교문학 317
『東洋美術論』 289
銅造觀音瞑想坐像 297
東晋 88
得爾辛 11
藤木古墳 出土品 106, 108
藤原京 274, 282

라이샤워(Edwin O. Reischauer) 369

馬韓 150, 163
滿鮮史 242
滿洲史 50
滿洲族 68
毛典 107
慕韓 260
木彫像 300
夢殿의 救世觀音像 297, 298, 302
武寧王 11, 22, 122, 233, 353
무령왕릉 344, 353
미노(美濃)비단 387
미마나(任那) 9, 256, 257
미마나(任那)군대 3
미야케(屯倉) 269
美人古畵 31

ㅂ

반 노부토모(伴 信友) 1
反新羅세력 106
反正 84
伴跛國 236
배흘림(entasis) 기둥 302
白江口(白村江) 전투 30, 32, 88, 100, 103, 118, 123, 135, 138, 156, 293, 356
白鳳文化 279
百濟觀音(像) 297, 328

백제구원군 258
百濟宮(구다라노미야) 348
『百濟本紀』 153, 224
백제부흥군 123, 292, 296
백제 불교 383
백제사인 4, 10, 12, 366
백제산성 259
百濟三書 153, 166, 167
백제에 의한 야마토왜 경영 109, 235
백제와 야마토왜(大和倭)의 관계 28, 146
百濟王 100, 123
百濟王權 106
백제왕자 忠勝 31
백제왕자 豊 118
백제왕 豊 30, 31
백제의 大殯 348
百濟의 佛敎 布敎 359
百濟의 日本派 106
百濟의 親倭派 106
百濟鎭將 78, 293
百濟川(구다라가와) 348
白村江 전투 256, 258, 259, 348
法隆寺 ⇨ 호류지
法隆寺 金堂의 본존불 359
法王 31
法興寺(飛鳥寺) 30, 279, 300, 306, 354
法興王 241
弁韓 150
寶冠 304
보살상 296
福信 31, 156, 258
複瓣蓮花文 280, 302, 303, 327, 329
扶餘豊之衆 100
附庸國 222
部族 373
北朝 88
佛敎美術 317, 320, 325, 338
佛舍利 306
비단벌레장[玉蟲廚子] 298, 329
비로사나불 336
比自炑 7國 33
飛天文 302
飛天像 280, 302, 329
비토 마사히데(尾藤正英) 254

謝過 218
寺典 107
사카모토 다로(坂本太郞) 237
사카모토 요시다네(坂元義種) 237
사코 가게노부(酒勾景信) 1
사쿠라이 다다나오(櫻井忠直) 264
「砂宅智積碑」 134
三國史 162
『三國史記』 3, 44, 54, 100, 107, 114, 114, 115, 116, 141, 217, 241
『三國遺事』 69, 107, 159, 162, 228
『三國志』 163
三斤王 6
三姓交代 148
三姓交立 148
三品彰英 111, 141, 142, 154, 157
三韓 9, 38
上番 79
序頭의 위장법 77, 144, 156
舒明 101
舒明朝 263
釋迦三尊佛 328

釋迦三尊佛像 300
釋迦三尊像 280, 302, 359
聖德王 93
聖德太子 ⇨ 쇼토쿠태자
聖王 11, 22, 165, 233, 353, 354
聖人化 359
『세이요쇼(聖譽抄)』 354, 383
세츠(攝津) 322
소가노 에조(蘇我蝦夷) 80, 290
소가노 에조·이루카(蘇我蝦夷·入鹿) 부자 266, 267, 366
소가노 이루카(蘇我入鹿) 109, 363
소가노 우마코(蘇我馬子) 80, 266, 366
소가씨(蘇我氏) 12, 279
小金銅佛 299, 303
蘇芳 107
蘇芳典 107
『續日本紀』 81, 94
松林寺 277, 302
『宋書』 118
쇼쇼인(正倉院) 273, 337
쇼토쿠태자(聖德太子) 31, 266, 277, 278, 285, 301, 302, 305, 306, 307, 330, 338, 357, 358, 358, 374, 376, 388
首露王神話 46
『隋書』 126
首信 300
崇神 227
스에마스 야스카즈(末松保和) 68, 72, 77, 110, 111, 141, 142, 157, 181, 215, 240, 250
스이코(推古) 여왕 358
스즈키 야스타미(鈴木靖民) 75, 111, 141, 181
스즈키 히데오(鈴木英夫) 112
승려 354, 383
시라토리 구라키치(白鳥庫吉) 240, 242
始祖廟 45
시텐오오지(四天王寺) 360
神功皇后 15, 29, 36, 224
神宮 82
神宮親祀 45
神代 173
神道 317
新羅 17, 120, 291
신라국왕(효소왕)의 喪 355
新羅坊 92
신라 불교 335
新羅使 387
『新羅史基礎研究』 143, 146
新羅使人 18, 81, 94, 276, 293, 350, 362
新羅送使 19, 134, 282
신라와 倭의 관계 28, 92
新羅王 93
신라왕자 15
신라정벌 15
신라 조공 15
新羅 七國 159
新羅花郎의 研究 45, 47, 48, 49
新譯經典 335
新譯佛教 327, 334
臣從國 222, 224
『新撰姓氏錄』 111
『神話와 文化史』 48
神話合理化 160
審祥 336
쓰다 소키치(津田左右吉) 29, 66, 77,

110, 111, 141, 157, 215, 240, 242, 250
쓰쓰이 겐조(筒井研三) 344
쓰쿠시(筑紫) 65, 126, 293, 349, 356, 362

ㅇ

아라(阿羅·安羅) 159
아리가 나가오(有賀長雄) 289, 308
아마테라스 오오카미(天照大神) 206, 348, 373
阿彌陀三尊佛像 300
아스카(飛鳥)시대 262, 325
阿莘王 30
아이누(Ainu) 290, 307
阿佐(太子) 31, 306
阿花王 29
樂書 380
安康 84
安羅王宮跡後 159
顔料 107
安藝國(岡山) 292
鞍作止利佛師造 280
閼智 47
櫻井敬德阿闍梨 288
야마다데라(山田寺) 360
야마시로(山城) 322
야마오 유키히사(山尾幸久) 230, 247
야마토(大和·奈良) 22, 322
야마토왜 경영 10
野蠻國 222
藥師寺 東院堂 297
藥師如來像 300
梁 88
『梁書』 118
에가미 나미오(江上波夫) 215, 382
에운(惠雲) 350
엔닌(圓仁) 292, 380
女主不能善理 134
染宮 107
榮山江 272
禮書 380
五經博士 30, 237, 383
오야마(大山) 고분 343, 344
오오야 미쓰오(大谷光男) 236, 247
오진(應神) 5, 15, 34
오진천황묘(應神天皇墓) 342, 348
오카무라 헤이베(岡村平兵衛) 344
오타 료(太田 亮) 111, 141, 215
玉蟲廚子 ⇨ 비단벌레장
倭系官人 106
倭奴國 114
倭兵 265
倭王權 94
倭王 武 260
倭(의) 五王 56, 84, 120, 121, 125, 138, 160, 162, 260, 268
倭의 親百濟(派) 106
倭人 265
倭人系 유물 106
倭典 106, 107
倭衆 265
우에다 마사아키(上田正昭) 237
우지(氏) 348, 372
雄略 84
熊津[공주] 22, 30, 224, 241
魏 88
委奴國 267
威德王 11, 22, 30, 31, 122, 233, 354
魏書 倭人傳 163

謂因韓政而誅 80
魏志 126
鍮器 107
遊女 46
儒理王 45
유메도노(夢殿) ⇨ 호류지 유메도노
六加耶 159
六國諸軍事 173
陸軍參謀本部 117
6세기의 한일관계 354
允恭 84
恩率 300
應神 ⇨ 오진
意富加羅 169
意富加耶 169
義慈王 31, 100, 123, 156
이나바 이와키치(稻葉岩吉[君山]) 240
이노우에 히데오(井上秀雄) 141, 246, 250
이마니시 류(今西 龍) 72, 111, 141, 142, 157, 240
이시노 히로노부(石野博信) 343
이시와타리 신이치로(石渡信一郎) 376, 382
이에나가 사부로(家永三郎) 248
履中 84
이케우치 히로시(池內 宏) 66, 72, 77, 110, 111, 141, 157, 215, 240, 242
日羅 10
일본경영팀 237
일본고대사 181, 215, 246, 253
日本使人 9, 21, 29, 183, 293
일본 사절 378
『日本書紀』 100, 108, 111, 153, 162, 228, 292
『日本書紀朝鮮關係記事考證(上)』 43, 53
日本列島 82
일본열도의 원주민 5
일본열도의 지명 32
일본왕의 왕권 정도 231
일본의 강역 231
일본(야마토왜)의 조선·항해수준 19, 32, 109, 231
日本天孫降臨神話 46
『日鮮 神話·傳說의 硏究』 48, 49
日韓關係 245
任那 120, 124, 125, 126, 127, 129, 130, 138, 159, 162, 169, 171, 226, 227, 228, 230, 231, 237, 241, 293
任那加羅 231
任那經營 53
任那內의 親新羅세력 106
任那 10國 159
任那의 調 129, 130
任那人=加耶人=倭人 169
任那日本府 106, 129, 169, 171, 231
『任那日本府と倭』 143, 160, 161, 177
任那諸國의 地理的 조건 159
『入唐求法巡禮行記』 292, 380

慈悲王 116
長安 380
齋藤總督 244
在地勢力 231
前方後圓古墳(墓) 103, 272
전설시대 4, 5, 59
傳應神陵 271

傳仁德陵 271, 272
전인덕릉 출토 銅鏡 271
前漢시대 290
接界 164
正倉院 ⇨ 쇼소인
正倉院 소장품 106
帝室博物館 287
조메이(舒明) 350
造佛 기술 184
造佛工 329, 354, 383
造寺工 329, 354, 383
『朝鮮史』 27, 40
『朝鮮史槪說』 43, 49, 51
朝鮮的 特徵 49
『朝鮮學報』 246
藻典 107
朝霞錦 107
朝霞房 107
朱蒙 47
周防國 16
主尊佛 327
中國系官人 106
中國系人物 106
『中外經緯傳草稿』 1
中原 高句麗碑 119
지모리노 오미마로(道守臣麻呂) 354
智積 133
智證王 45, 241
지토(持統) 294
珍寶 82
辰斯王 29
辰韓 150
秦韓 260
집단이주민 5

참모본부 1
天孫降臨神話 48
天衣 302, 304
鐵劍 272
鐵鑰典 107
鐵鋌 99
청동거울 318
청일전쟁 40
崔吉城 244, 245
筑紫 ⇨ 쓰쿠시
筑紫都督府 78
忠勝 78, 118, 135, 258
忠志 31, 78, 118, 135, 258
친당정책 106
親唐派 106
親新羅派 106, 135
七道諸社 82
七支刀 88, 106, 224
七支刀 銘文 56

脫民族主義的 분석 244
脫植民主義 245
脫식민지적 입장 244
脫解 114
耽羅 36
痛惜 218
統一新羅의 문양 359

八葉複瓣蓮花文 274
페놀로사(Ernest Francesco Fenollosa) 285, 294

平城京 263, 274, 276, 282, 335
漂典 107
豊 135, 293
豊璋 100
豊衆 100
被救援國 231
皮典 107
被支配國 231

하야시 야스스케(林泰輔) 27, 28
下賤民 習俗 46
하쿠호(白鳳) 325, 334
하쿠호(白鳳)시대 262
韓國古代史 181, 215, 216, 243, 250, 253, 339
韓國史 40
『한국의 전방후원분』 343
한국자[高(句)麗尺] 302, 327
韓國地名 160
韓半島의 倭人系 유적 106
漢시대 290
漢譯 불경 336
漢委奴國 269
漢委(倭)奴國王 269
韓日關係論 289
『韓日關係研究所紀要』 246
한일불교관계 319
헤이조쿄(平城京) 355, 378, 386, 387
赫居世 47
現地倭人系 106
脇侍 328
惠王 31
호류지(法隆寺) 278, 280, 296, 297, 302, 323, 326, 327, 328, 329, 331, 338, 360, 360, 374, 378, 388
호류지 유메도노(夢殿) 384
호코지(法興寺) 360
홀(John Whitney Hall) 339
紅典 107
花郎 50
花郎遊娛 46
花柳社會 46
花柳的·淫俗的 사회 48
華嚴宗 336
火焰文 328
桓雄 39
皇國 24
皇國史觀 24, 41, 57, 59, 77, 215, 233, 245, 268
皇軍 24
皇龍寺址 302, 327
皇朝 24
『皇朝兵史』 1, 2, 9, 12, 16, 18, 20, 21, 22, 23, 24
會餘錄 264
橫幅衣(loincloth) 138, 318, 306, 359
橫穴式石室 272
孝昭王 93
후지하라쿄(藤原京) 360, 378, 387
後漢 269
『後漢書』 114
後漢 양식 318
勳三等 훈장 288
興福寺의 佛頭 329
희랍적 불교미술(Greco-Buddhist art) 299
히라노 구니오(平野邦雄) 111, 141, 236, 247

## 최재석

서울대학교 사회학과 문학사 및 문학석사
고려대학교 사회학과 문학박사
중앙대학교 교수, 고려대학교 교수 역임
현재 고려대학교 명예교수
제1회 한국사회학회 학술상, 제46회 3·1문화상 등 수상

〈저 서〉
『韓國人의 社會的性格』, 『韓國家族硏究』, 『韓國農村社會硏究』, 『濟州島의 親族組織』, 『現代家族硏究』, 『韓國家族制度史硏究』, 『韓國古代社會史方法論』, 『韓國古代社會史硏究』, 『韓國農村社會變動硏究』, 『百濟의 大和倭와 日本化過程』, 『日本古代史硏究批判』, 『統一新羅·渤海와 日本의 關係』, 『正倉院 소장품과 統一新羅』, 『古代韓日佛敎關係史』, 『古代韓國과 日本列島』, 『古代韓日關係와 日本書紀』, 『한국 초기사회학과 가족의 연구』, 『한국의 가족과 사회』, 『한국사회사의 탐구』, 『일본고대사의 진실』, 『고대한일관계사 연구』, 『*Ancient Korea-Japan Relations and the* Nihonshoki』


## 고대한일관계사 연구 비판


초판 인쇄 ‖ 2010년 12월 20일
초판 발행 ‖ 2010년 12월 30일

지은이 ‖ 최재석
펴낸이 ‖ 한정희
펴낸곳 ‖ 경인문화사
출판등록 ‖ 1973년 11월 8일 제10-18호
편집 ‖ 신학태 문영주 정연규 안상준 김지선
영업 ‖ 이화표 최지현 관리 ‖ 하재일 양현주

주소 ‖ 서울특별시 마포구 마포동 324-3
전화 ‖ 02-718-4831 팩스 ‖ 02-703-9711
홈페이지 ‖ www.kyunginp.co.kr / 한국학서적.kr
이메일 ‖ kyunginp@chol.com

ISBN 978-89-499-0751-2 93910
값 29,000원